Informatik-Fachberichte 158

Herausgegeben von W. Brauer
im Auftrag der Gesellschaft für Informatik (GI)

G. Cyranek A. Kachru H. Kaiser (Hrsg.)

Informatik und „Dritte Welt“

Berichte und Analysen

Springer-Verlag Berlin Heidelberg GmbH

Herausgeber

G. Cyranek
Institut für Informatik
Eidgenössische Technische Hochschule, ETH-Zentrum
CH-8092 Zürich, Schweiz

A. Kachru
c/o 75 DDA Flats
Sheikh Sarae Malauianagar
Neu-Delhi 110017, Indien

H. Kaiser
Management Development Branch
International Labour Organisation
Bangkok, Thailand

CR Subject Classifications (1987): J.4, K.3.0, K.3.m, K.4

ISBN 978-3-540-18651-9

CIP-Titelaufnahme der Deutschen Bibliothek
Informatik und „Dritte Welt“ : Berichte u. Analysen / G. Cyranek ... (Hrsg.).

(Informatik-Fachberichte; 158)
ISBN 978-3-540-18651-9 ISBN 978-3-642-52518-6 (eBook)
DOI 10.1007/978-3-642-52518-6
NE: Cyranek, Günther [Hrsg.]; GT

2145/3140 - 543210

Vorwort des Reihenherausgebers

Informatik beschränkt sich nicht allein auf Hard- und Software sowie Theorie und Anwendungen; es gehören dazu auch Überlegungen und Untersuchungen zu Einsatzmöglichkeiten und sozio-ökonomischen Wirkungen. Auch die zivilisatorischen und kulturellen Auswirkungen des massenweisen Einsatzes der Produkte der Informatikindustrie sind gründlicher Analysen wert - zumal für Länder der Dritten Welt.

In der Bundesrepublik Deutschland haben sich bisher recht wenige Informatiker mit dieser Problematik in bezug auf die Dritte Welt befaßt. In vielen Entwicklungsländern jedoch, ebenso wie in internationalen Organisationen und Gremien ist - insbesondere aufgrund der Initiative der Entwicklungsländer - klar geworden, daß nicht nur den sozio-ökonomischen Wirkungen, sondern auch den zivilisatorischen und kulturellen Auswirkungen der Informatik besondere Aufmerksamkeit gewidmet werden muß, ja daß zum Teil von diesen her der Einsatz der Informatik überhaupt zu planen ist. Denn es hat sich schon seit längerem gezeigt, daß die Informatisierung nicht allein mit der Anschaffung von Hard- und Software zu erreichen ist, sondern daß es vor allem ankommt auf eine dem Charakter des jeweiligen Entwicklungslandes adäquate Ausbildung auf allen Niveaus und für weite Bevölkerungskreise, auf eigenständige Softwareproduktion und auf spezifischen Bedürfnissen entsprechende Anwendungsverfahren und Einsatzformen der Informatik, die auf der Grundlage der eigenen Kultur und Tradition entwickelt sind.

Aktuell geworden sind die damit zusammenhängenden Überlegungen, Pläne und Probleme erst jetzt aufgrund der drastischen Verbilligung der Hardware und der Vielfalt ihrer Kombinationsmöglichkeiten sowie der Fortschritte im Bereich der Programmierung. Den Entwicklungsländern bietet sich nun die Chance, die Informatik intensiv anzuwenden und für ihre eigenen Zwecke weiter zu entwickeln, und viele von ihnen nutzen diese Chance.

Diese Situation der Informatik in der Dritten Welt führt auch zu neuen Aufgaben und Möglichkeiten der Kooperation der Industriestaaten (und insbesondere Deutschlands) mit den Entwicklungsländern. Deshalb halte ich es für wichtig, daß ein Arbeitskreis der Gesellschaft für Informatik sich mit dem Thema "Informatik und Dritte Welt" befaßt und begrüße, als erstes Ergebnis, diese Sammlung von Untersuchungen engagierter junger Informatiker und Sozialwissenschaftler, auch wenn sie sich vornehmlich mit möglichen negativen Aspekten der Informatikanwendungen befassen. Dieser Band soll zu kritischem Nachdenken Anlaß geben.

Es ist zu wünschen, daß diese Publikation weitere Veröffentlichungen zum Thema "Informatik und Dritte Welt" in deutschen Büchern und Zeitschriften anregt.

München, im August 1987

Wilfried Brauer

Vertreter der GI in der Generalversammlung der "International Federation for Information Processing" (IFIP),

Vorsitzender des Fachausschusses TC3 "Ausbildung" der IFIP

Vorwort

Der Fachbereich 8 "Informatik und Gesellschaft" der Gesellschaft für Informatik e.V. (GI) will mit seinen Fachausschüssen und Arbeitskreisen zur Aufdeckung von Bedingungen und Auswirkungen des Einsatzes der Informatik in der Gesellschaft beitragen. Im gesellschaftlichen Spannungsfeld von Chancen und Risiken des Einsatzes der Informatik ist der Fachbereich eine Plattform für eine pluralistische, engagierte, wissenschaftliche Aufarbeitung. Die Herausforderungen und die Betroffenheit der Beteiligten, sei es im Unternehmen, in der Verwaltung, sei es als Bürger im Angesicht der sich formenden, auf Informatik gestützten Infrastrukturen des Staates spiegeln sich in den Themen wider.

Aber nicht nur die Aufgaben in der Bundesrepublik und in der industriellen Welt, auch die Probleme der "Dritten Welt" berühren uns. Sei es, daß an unseren Hochschulen Studenten der "Dritten Welt" mit unseren Problemen und wir mit ihren konfrontiert werden, sei es, daß die wirtschaftlichen und kulturellen Verbindungen auch dieses Problem nicht undiskutiert lassen können.

Die Probleme der "Dritten Welt" können durch die Informatik vermindert oder verstärkt werden. Die Arbeit des Arbeitskreises "Informatik und Dritte Welt" des FB 8 der GI hat sich in jahrelanger engagierter Arbeit intensiv mit den Problemen auseinandergesetzt. Analysen und Diskussionen mit Informatikern der "Dritten Welt" haben zu den Denkanstößen, Berichten und Aktionen geführt, die im vorliegenden Bericht beschrieben sind.

Der Dank des FB 8 gilt allen an dieser Arbeit Beteiligten. Der Dank gilt auch dem Vorstand und der Geschäftsstelle der GI für die große Unterstützung.

Die Arbeit und Diskussion hat erst begonnen. Sie wird weitergeführt in einer Arbeitstagung im Herbst 1987. Ihr und den folgenden Arbeiten wünschen wir eine tiefe Wirkung zum Wohle aller Menschen dieser Welt.

Heinz Winkler
Sprecher des Fachbereichs 8 "Informatik und Gesellschaft" der GI

Inhaltsverzeichnis

AUFGABENSTELLUNG DES GI-ARBEITSKREISES INFORMATIK UND "DRITTE WELT"

Günther Cyranek & Heidrun Kaiser

Der GI-Arbeitskreis Informatik und "Dritte Welt" wurde 1983 in Hamburg auf der Arbeitstagung Computer in der "Dritten Welt" von "Dritte Welt"-Erfahrenen und -Interessierten im Hinblick auf Fragen der Entwicklungszusammenarbeit und des Technologietransfers gegründet. Danach war es zunächst notwendig, den Rahmen für Aktivitäten abzustecken und inhaltliche Positionen zu erarbeiten.

Informationstechnologien dringen immer mehr in den Alltag ein - auch in den Ländern, die als "Dritte Welt" bezeichnet werden. Die Industrienationen der sog. "Ersten Welt", die in starkem Maß Informationstechnologien entwickeln und exportieren, sind ursächlich an dieser Entwicklung beteiligt und damit gerade für negative Folgen in diesen Ländern mitverantwortlich. Die eigenen negativen Erfahrungen der Industrieländer sollten der "Dritten Welt" frühzeitig vermittelt werden.

Vor dem Hintergrund der Nicht-Befriedigung der Grundbedürfnisse der Menschen in der "Dritten Welt" halten wir einen unkritischen Einsatz der Informationstechnologie für verantwortungslos, da eine Verstärkung negativer Tendenzen wie

- Abhängigkeit der Dritten Welt
- Arbeitsplatzverluste
- Einschränkung demokratischer Rechte durch verschärfte staatliche Kontrolle

zu befürchten ist. Ebenso sollen positive Erfahrungen aufgearbeitet und vermittelt werden.

Der Arbeitskreis ist ein Forum für den Austausch von Informationen, Literatur und Kontakten und bringt seine Erfahrung mit den Problemen der Informatikanwendungen in der "Dritten Welt" in den Fachbereich 8 "Informatik und Gesellschaft" der GI ein. Es besteht Einigkeit darüber, daß die Thematik Informatik und "Dritte Welt" nur in interdisziplinärer Zusammenarbeit der Informatiker z.B. mit Ökonomen, Soziologen und Politologen zu behandeln ist. Für die Formulierung von Fragestellungen sollte jedoch das Interesse an der Informatik im Vordergrund stehen.

Die Aufgaben und Arbeitsergebnisse des Arbeitskreises werden im folgenden kurz dargestellt. Vordringlichste Aufgabe des AK war bislang die Ausarbeitung von Analysen und Länderberichten zum Thema Informatik und "Dritte Welt", wie sie in diesem Band dokumentiert sind. Damit verfolgen wir das Ziel , einem breiteren Interessentenkreis den Zugang zu dieser Thematik und den damit verbundenen Problemstellungen zu erleichtern. Insgesamt hat in den letzten drei Jahren die Arbeit an diesem Reader dem AK viel Energie abgerungen.

Eine weitere Aufgabenstellung des AK ist die Erstellung einer aktuellen Informationssammlung über Aktivitäten der internationalen Organisationen, der DV-Industrie und der nationalen Regierungen mit ihren Entwicklungshilfe-Organisationen. Besonders kritisch sehen wir in den Beziehungen zwischen Industrie- und Entwicklungsländern die Problematik des grenzüberschreitenden Datenflusses im Hinblick auf Informationsungleichgewicht und wachsende Abhängigkeit der "Dritten Welt" von den Industrieländern.

In den für unsere Arbeit relevanten Fragestellungen zu

- Geschichte der Datenverarbeitung
- Alternativen zum Computereinsatz
- Informationsverarbeitung in anderen Kulturen

sollen die theoretischen und begrifflichen Grundlagen aufgearbeitet und vertieft werden. Daraus sollten Kriterien zur Einordnung und Bewertung der Informations- und Kommunikationstechnologien im Entwicklungsprozeß resultieren.

Eine zentrale Aufgabe des AK ist die Aufarbeitung der Entwicklungslinien zukünftiger technologischer Entwicklungen mit dem Ziel einer fachlichlichen Unterstützung von Entscheidungsträgern in Ländern der "Dritten Welt" und in den Entwicklungshilfe-Organisationen hier. Dabei sollten u.a. die Erfahrungen mit Anwendungen und Auswirkungen des Einsatzes der Informationstechnik auf Individuum und Gesellschaft in den Industrieländern und die Ansätze einer Technologiefolgenabschätzung vermittelt werden.

Besondere Bedeutung wird der Förderung und Entwicklung spezieller Lehrangebote für Informatikstudenten zum Thema Informatik und "Dritte Welt" beigemessen, was in unserer Ergänzung (Januar 1985) zu den "Empfehlungen zur Einbeziehung der gesellschaftlichen Aspekte der Informatik in die Informatik-Ausbildung" des AK 8.5

(Gesellschaftliche Aspekte der Informatik als Teil der Informatik-Ausbiidung) zum Ausdruck kommt.

Danach darf die gesellschaftliche Verantwortung der Informatiker bei der Analyse der Wirkungszusammenhänge und bei der Gestaltung menschengerechter und sozialverträglicher Systeme nicht national beschränkt bleiben, sondern hat angesichts des Technologietransfers und der Ausbildung ausländischer Informatiker/innen, besonders gegenüber Ländern der "Dritten Welt", internationale Bedeutung. Deshalb sind unserer Meinung nach im Fachgebiet "Informatik und Gesellschaft" auch Lernziele zu berücksichtigen, die sich auf die Kenntnisse unterschiedlicher Interessenspositionen und der daraus resultierenden Bewertungen zu den Auswirkungen der Informationstechnologie in der Bundesrepublik Deutschland sowie in der "Dritten Welt" beziehen.

Beispiele für so verstandene Lernziele sind:

> Kennenlernen des gesellschaftlichen Umfeldes des Einsatzes der Informationstechnik, z.B. in der betrieblichen Praxis einschließlich der rechtlichen Rahmenbedingungen, z.B. in den besonderen Einsatzbedingungen in Ländern der "Dritten Welt".

> Kenntnis von Chancen und Risiken des Einsatzes der Informationstechnik, z.B. in bezug auf die Arbeitsplätze und Arbeitsprozesse, auf die Betroffenen, auf die Funktion und Qualität der Produkte, auf Funktion und Struktur von Unternehmen und öffentlichen Verwaltungen, auf Entwicklungsstrategien in Ländern der Dritten Welt, auf militärische Strategien.

Neben der Ausarbeitung von Lehrveranstaltungen versuchen die Mitglieder des AK, die Betreuung von Studien-, Diplom- und Doktorarbeiten nach Kräften zu unterstützen sowie Forschungsaktivitäten in den Informatik-Fachbereichen anzuregen. Insbesondere ist die Betreuung und Beratung von Informatik-Student/inn/en aus der "Dritten Welt" zu fördern.

Mitglieder des AKs sind u.a. in folgenden Arbeitsgruppen und Beratungsgremien beteiligt:

- Beratungskreis der Bundesrepublik Deutschland für den zwischenstaatlichen Ausschuß zum Intergovernmental Informatics Programme der UNESCO.
- Fachbereich "Informatik und Ausbildung" der GI
- Konferenz der Informatik-Fachschaften (KIF)

- Arbeitskreis "Neue Technologien und Armutsbekämpfung" des Berlin Chapters der Society for International Development (SID)

Der Informationsaustausch mit deutschen und internationalen Organisationen, die sich mit der Thematik Informatik und "Dritte Welt" befassen, soll in Zukunft noch verstärkt werden.

Arbeitstreffen haben stattgefunden mit Vertretern der Institutionen

- Specialist Group for Developing Countries der British Computer Society (London)
- Centre Mondial Informatique et Ressources Humaines (Paris)

sowie mit Mitarbeitern der Internationalen Organisationen

- Data for Development (DfD, Genf, Marseille)
- IFIP-Committee on Informatics for Development (Genf)
- Intergovernmental Bureau for Informatics (IBI, Rom)
- Intergovernmental Informatics Program der UNESCO (IIP, Paris)
- International Labour Office (ILO, Genf)
- UNIDO (Wien)

Mitglieder des Arbeitskreises waren u.a. an folgenden Fachtagungen beteiligt:

"Neue Informationstechnologien und Entwicklungszusammenarbeit" der Deutschen Stiftung für Internationale Entwicklung (DSE), Feldafing 1984 /1/

"Grenzüberschreitender Informationsfluß: Folgen für Europa und die Dritte Welt". Friedrich-Ebert-Stiftung, Bonn 1985

International Workshop on "Advance Technology Alert Systems - towards Exchange of Experiences and Promotion of International Cooperation in Technology Assessment". Veranstaltet von DSE/UNCSTD/DGVN, Berlin 1985

"Woman, Work and Computerization", IFIP World Computer Conference Dublin 1986 (/3/, S.163-169)

"Informatics in a Developing World", IFIP World Computer Conference Dublin 1986 (/3/, S.267-270)

"Microelectronics and Professional Education in Africa", DSE, Berlin 1986 /2/

Workshop on "Curriculum Development in Mathematics, Physics and Informatics for Africa", Nairobi 1986, veranstaltet vom International Centre for Theoretical Physics, Trieste.

Der AK hat im Rahmen der GI-Fachtagung "Arbeit und Informationstechnik" des Fachbereichs "Informatik und Gesellschaft" die öffentliche Vortragsveranstaltung zum Thema "Internationale Arbeitsteilung und Informationstechnik" in Karlsruhe durchgeführt (vgl./4/, S.405-435).

Im Oktober 1987 hat der Arbeitskreis einen Internationalen Workshop mit dem Titel

"Computer against Poverty - Poverty through Computers?"

in Berlin mit finanzieller Unterstützung der UNESCO Paris, der Deutschen Stiftung für Internationale Entwicklung (DSE), der Carl-Duisberg Gesellschaft (ASA/CDG), des Senats von Berlin und des Akademischen Auslandsamtes der Technischen Universität Berlin durchgeführt. Schwerpunkte bildeten die Themenblöcke

- Entwicklungstheorie und Informationstechnologie
- Ausbildung
- Produktion
- Grundbedürfnisorientierte Anwendungen
- Auswirkungen der Informationstechnologien.

Literaturangaben

/1/ Arnold R.(Hrsg.): Neue Informationstechnologien und Entwicklungszusammenarbeit. Baden-Baden 1985

/2/ Arnold R. & Habermann D. (Eds.): Micrelectronics and Professional Education in Africa. Contributions and Results of the International Conference in Berlin (West). DSE/ZGB, Mannheim 1986

/3/ Kugler H.-J. (Ed.): Information Processing 86. Proceedings of the IFIP 10th World Computer Congress. Dublin, Ireland, September 1-5, 1986. Amsterdam, New York 1986

/4/ Schröder K. T. (Hrsg.): Arbeit und Informationstechnik. Informatik-Fachberichte, Band 123. Berlin, Heidelberg 1986

Einführung

"Informatik und Dritte Welt" erscheint auf den ersten Blick als Anachronismus: Einerseits ist die gesellschaftliche Bedeutung der Informatik in den Industrieländern noch bei weitem nicht erschöpfend untersucht, andererseits scheint die "Dritte Welt" auf den ersten Blick, gemessen z.B. an den Schlagzeilen der Tagespresse, ganz andere Probleme zu haben. Jedoch vermittelt die Katastrophenberichterstattung nur ein sehr selektives Bild der Situation in den "Entwicklungsländern". Fraglos sind in vielen von ihnen die elementarsten Bedürfnisse in einem Maße unbefriedigt, das eine kritische Reflektion über den Einsatz modernster Produktions- und Informationstechnologien als zweitrangig erscheinen läßt. Ebenso fraglos jedoch dringen die neuen Informations- und Kommunikationstechnologien in zahlreichen Ländern der "Dritten Welt" in immer mehr Lebensbereiche ein. Verantwortlich dafür sind zum einen die Regierungen dieser Länder des Südens, die dadurch eine Modernisierung nach westlichem Vorbild vorantreiben wollen. Zum anderen sind die Industrienationen des Nordens, die in starkem Maße Informationstechnologie entwickeln und exportieren, ursächlich an diesem Prozeß beteiligt, indem sie die Aufrechterhaltung der sozio-ökonomischen und kulturellen Bedingungen abhängiger Strukturen unterstützen und fördern. Die scharfe Konkurrenzsituation zwischen den Informationstechnologie-Industrien und das Bemühen der Industrieländer, ihre jeweiligen nationalen Hersteller zu fördern, hat zu verstärkten Bemühungen um die Erschließung der "Entwicklungsländer"-Märkte geführt. Mitunter werden modernste Technologien noch vor der Einführung in den Industrieländern in der "Dritten Welt" (u.U. unter Auslassung vorheriger Entwicklungsschritte) installiert.

Damit sind zentrale Triebkräfte hinter der Verbreitung der Informationstechnologie in der "Dritten Welt" benannt. Ergänzend bedarf es trotzdem einer Analyse der konkreten Auswirkungen ihres Einsatzes. Einen theoretischen Rahmen liefern dafür die beiden Beiträge des ersten Abschnitts. MICHAEL PAETAU skizziert in seinem Beitrag die entwicklungstheoretische Diskussion der letzten Jahre. Deren Kennzeichen war der Aufstieg und die Infragestellung des Dependenzparadigmas: Die "Unterentwicklung" der "Dritten Welt" wurde nicht mehr als Vorstufe der Entwicklung, sondern als notwendige Kehrseite der Entwicklung der Industrieländer begriffen. Diese These von einer "Entwicklung der Unterentwicklung", die aus der Abhängigkeit der Dritten von der Ersten Welt resultiere, geriet unter Beschuß, als deutlich wurde, daß die entwicklungspolitische Komponente der Abhängigkeitstheorien - die Empfehlung einer Abkopplung (Dissoziation) - weder theoretisch noch praktisch haltbar war. Dennoch liefert das Dependenzparadigma nach wie vor einen brauchbaren Rahmen für das Verständnis der Probleme der "Dritten Welt", gerade auch im Bereich der Technologie.

Speziell Informationstechnologie wird in der "Dritten Welt" in gleicher Weise wie in den Industrieländern angewandt - nur selten angepaßt im Hinblick auf spezifische Probleme, und auch dann nur geringfügig modifiziert. Zu diesen Problemen zählt die Heterogenität verschiedener Produktionsweisen in verschiedenen gesellschaftlichen bzw. ökonomischen Sektoren, das weitverbreitete Phänomen der absoluten Armut sowie die Besonderheit sozio-kultureller Bedingungen in Ländern der "Dritten Welt", die mit westlichen Begrifflichkeiten nicht zu erfassen und folglich mit westlichen Technologien kaum zu vereinbaren sind. Die Einführung der Informationstechnologie in das Spannungsfeld zwischen sozio-kultureller Identität und gesellschaftlicher Modernisierung ist jener Entwicklungsprozeß, der fraglos am schwierigsten zu gestalten ist.

Mit dem Gegensatz zwischen Industrialisierungs- und Basic-Needs-Theorien der Entwicklung beschäftigt sich SUSANNE DANIELS-HEROLD. Hatte man in der Frühzeit der Entwicklungspolitik noch angenommen, daß wirtschaftliches Wachstum automatisch mit Entwicklung verbunden sei, wurde bald deutlich, daß durchaus Wachstum ohne Entwicklung möglich war. In der Folgezeit wurde Entwicklungspolitik um eine soziale Komponente erweitert. Alternativ dazu proklamierten die Verfechter der Dependenztheorien - weitgehend erfolglos - eine Abkopplung oder die Schaffung einer Neuen Weltwirtschaftsordnung als Mittel zur Überwindung der Unterentwicklung. Demgegenüber vollzog sich in der offiziellen Entwicklungspolitik seit den siebziger Jahren mit der Proklamierung des Ziels "Grundbedürfnisbefriedigung" ein gewisser Wandel. Doch ist festzuhalten, daß bislang keine dieser Entwickungsstrategien einen nachhaltigen Wandel in der Lage der Menschen in den Ländern der "Dritten Welt" bewirkt hat.

HEIDRUN KAISER analysiert den Computereinsatz auf den Philippinen. Haupteinsatzgebiete sind private Unternehmen, deren Bedarf nach Großrechnern zuletzt allerdings nachgelassen hat. Demgegenüber weist der Mikrocomputermarkt zweistellige Zuwachsraten auf, wofür nicht zuletzt die ausgeprägten Verkaufsanstrengungen von IBM verantwortlich sind. Jedoch scheinen die Anwendungsmöglichkeiten erst ansatzweise erfaßt worden zu sein, zumal eine ausgeprägte Knappheit an Computerexperten (nicht zuletzt aufgrund des brain-drain) zu verzeichnen ist. Im Ausbildungsbereich liegt daher ein Schwerpunkt der Computerpolitik, während ein öffentlicher Diskurs über Risiken und Nachteile der Computernutzung praktisch nicht existent ist.

Unberührt von dieser entwicklungstheoretischen und -politischen Diskussion hat die Computertechnologie ihren Einzug in die meisten Länder der "Dritten Welt" gehalten.

Die Auswirkungen dieser Prozesse wie auch die Bemühungen, ihn zu gestalten, sind Inhalt der Fallstudien des zweiten Teils.

In ihrer Analyse der thailändischen Computerpolitik und des SCAPA-Projekts in Malaysia konstatieren EDDA STEGMANN, BURCKHARDT PLATZ und BERNWARD KAATZ das weitgehende Fehlen eines öffentlichen Diskurses über Risiken und Nachteile der Computernutzung. Das SCAPA-Projekt, in dem Kautschukproduktion von Kleinbauern durch Computereinsatz effizienter gestaltet werden soll, erscheint ihnen als Negativbeispiel technokratischer Entwicklungspolitik - unabhängige, für den Binnenmarkt produzierende Bauern werden zu für den Weltmarkt produzierenden "Gummizapfern", verlieren damit sukzessive ihre Unabhängigkeit und sind den Schwankungen des Kautschukpreises auf dem Weltmarkt ausgesetzt, ohne daß sie eigentlich etwas dazugewonnen hätten. Kaum weniger negativ ist ihre Einschätzung des Computereinsatzes in Thailand. Dort gibt es trotz der zunehmenden Verbreitung der Informationstechnologie keine einheitliche Computerpolitik. Die Autoren untersuchen, welche Computereinsätze es in diesem Land gibt. Sie gelangen zu dem Schluß, daß der Einsatz im staatlichen Bereich fast ausschließlich der Kontrolle der Bevölkerung dient. Die Privatwirtschaft hingegen richtet sich bei ihrer Computeranwendung nur nach Rentabilitätskriterien. Es gibt in Thailand keine eigene Hardwareindustrie; lediglich Anwendungssoftware wird im Lande erstellt.

Zu einer eher positiven Gesamteinschätzung kommt ASHA KACHRU hinsichtlich der Informatikpolitik Indiens. In diesem Land, das zu den Pionieren des Computereinsatzes innerhalb der "Dritten Welt" gehörte, ist heute eine Vielzahl von Anwendungen festzustellen. Für einen Großteil des Spektrums neuer Informationstechnologien sind eigenes Produktions-Know-how und -Kapazitäten vorhanden. Außerdem ist Indien eines der wenigen Länder, in denen frühzeitig den sozialen Auswirkungen des Computereinsatzes Aufmerksamkeit geschenkt wurde.

Ein gänzlich anderes Bild stellt BIJAN ATASHGAHI mit dem Iran vor. Hier ist die Informatikpolitik, wie auch das ganze Land, entscheidend durch die Revolution verändert worden. Deswegen sind zwei Phasen zu unterscheiden. Seit 1969 der erste Computer in den Iran kam, stieg der Einsatz und der Import von Rechnern ständig, und an allen Universitäten wurden Fakultäten für Informatik gegründet. Nach der Revolution von 1979 gab und gibt es keine klare DV-Politik. Die Hochschulen und mit ihnen die Informatik-Fakultäten wurden geschlossen, und durch die Verstaatlichung der ausländischen Niederlassungen von Computerfirmen stagniert die Anwendung. Zur Zeit werden nur 30% der vorhandenen Computerkapazitäten genutzt.

Einen Überblick über die Informatikpolitik und die Entwicklung der Informatik in Algerien gibt SAID HADJERROUIT, angefangen von der Einführung der Informatik in den sechziger Jahren durch französische Firmen bis zur heutigen DV-Politik der algerischen Regierung. Bestimmt wird sie durch zwei staatliche Organisationen, die für die Koordienierung der DV-Aktivitäten und die Planung einer rationellen DV-Politik sowie die Ausbildung und Schulung im Bereich Informatik zuständig sind.

In dem Bericht über EDV-Einsatz und Informatik-Ausbildung in Nicaragua werden die Auswirkungen der Revolution auf Form und Inhalte der universitären Informatik-Ausbildung aufgezeigt. KLAUS-DIETER HESS geht der Frage nach, ob es dort einen sinnvollen Einsatz der EDV gibt. Ein erster Schritt zu einem einheitlichen Informatik-Konzept ist ein neu gegründetes Informatik-Institut, an dem eine nationale Informatikpolitik konzipiert werden soll. Mittelfristig soll die EDV in Nicaragua in die Bereiche staatliche Verwaltung, Energieversorgung und Landwirtschaft eindringen. Ein Informatik-Studium ist schon heute möglich. Jedoch gibt es in Nicaragua keine kritische Auseinandersetzung mit dem EDV-Einsatz und den daraus resultierenden gesellschaftlichen Folgen.

In ihrer Analyse der Informatikpolitik in Kolumbien legt BETTINA LUTTERBECK besonderes Gewicht auf die Widersprüche zwischen den Zielsetzungen, die mit dem EDV-Einsatz verbunden sind, und den gesellschaftlichen Realitäten. Hinsichtlich der Versuche, die Effizienz von Verwaltung und Justiz durch Computereinsatz zu steigern, kommt sie zu einer skeptischen Einschätzung. Notwendige gesellschaftliche Reformen, so der Tenor ihres Beitrags, lassen sich nicht durch die Verbreitung neuer Technologien ersetzen.

RENÉ GONZALES ROJAS beschreibt auf der Grundlage eines Arbeitsaufenthaltes in Chile den dortigen Stand der Informatik. Es gibt keine staatliche Informatikpolitik, so daß die meisten Anwendungen auf privaten Initiativen beruhen. Daneben gibt es an allen Universitäten Informatik-Fachbereiche, die Implementierungskonzepte und dazugehörige Softwarepakete entwickeln. Für eine Informatik-Ausbildung an Schulen gibt es keinen Lehrplan. Nur private Schulen arbeiten auf diesem Gebiet. Vermehrter Computereinsatz findet in der Rechtsprechung statt, in der an einer juristischen Textsammlung und einer Datenbank gearbeitet wird. Im Gegensatz zur Softwareentwicklung, bei der es einige private Entwicklungen gibt, ist bei der Hardware keine eigene Entwicklung vorhanden.

JÖRG MEYER-STAMER untersucht Entwicklung und Stand der brasilianischen Informatikpolitik, die durch einen weitgehenden Ausschluß ausländischer Konzerne die Voraussetzung für die Entstehung einer eigenständigen Computerindustrie setzte. Er analysierte die ökonomischen und politischen Rahmenbedingungen für die Informatikgesetzgebung sowie den gesellschaftspolitisch brisanten Kontrast zwischen der Förderung modernster Technologie und dem Fortbestehen massenhaften Elends. Dabei beurteilt er die Informatikpolitik im Rahmen des wirtschaftlich-politischen Umfelds durchaus positiv, weil sie die Voraussetzungen für eine eigenständige Entwicklung schafft. Jedoch spricht nach seiner Einschätzung wenig dafür, daß sie ein Modell für die übrige "Dritte Welt" abgeben könnte.

Im dritten Teil werden länderübergreifend einige Problemfelder untersucht, die beim Einsatz der Informatik in der "Dritten Welt" besonderer Aufmerksamkeit bedürfen. Dabei ist der einführende Beitrag von HEIDRUN KAISER und GÜNTHER CYRANEK als Überblick über die Aktivitäten europäischer Institutionen, Hochschulen und Institute sowie internationaler Institutionen beim Transfer von EDV-Fachkenntnissen und neuen Informationstechnologien in die "Entwicklungsländer" konzipiert. Hierbei zeigt sich, daß andernorts früher als in der Bundesrepublik derartige Aktivitäten eingesetzt haben, daß jedoch auf der anderen Seite industrielle gegenüber originär entwicklungspolitischen Interessen häufig die Oberhand gewonnen haben.

Daneben gab es im Bereich der Elektronikproduktion multinationaler Unternehmen eine Phase der Verlagerung der Produktion von den teuren Standorten in den Industrieländern zu den bedeutend billigeren in der "Dritten Welt", insbesondere in deren freie Produktionszonen. Damit war allerdings nicht zwangsläufig ein Technologietransfer verbunden. Zudem wird heute aufgrund der hohen Integration von Elektronikteilen sowie weiterer Faktoren die Produktion in die Industrieländer zurückverlagert, wie SUSANNE DANIELS-HEROLD in ihrem Beitrag am Beispiel von IBM beschreibt. Außerdem beschreibt sie die Nutzung des grenzüberschreitenden Datenverkehrs und die dabei häufig vorgenommene Umgehung der Datenschutzbestimmungen einzelner Länder.

Der folgende Beitrag beschäftigt sich mit den besonderen Auswirkungen der neuen Informationstechnologien auf Frauenarbeitsplätze. Exemplarisch für die Situation erwerbstätiger Frauen in der "Dritten Welt" analysiert ASHA P. KACHRU die Arbeitsbedingungen in den südostasiatischen Mikrochipfabriken. Anhand von statistischen Tabellen legt sie darüberhinaus die geschlechtsspezifische Arbeitsteilung und das Arbeitsvolumen in Teilen der "Dritten Welt" dar. Die Aussage, daß die industrielle und technologische Entwicklung zu mehr Arbeit und weniger Einkommen für Frauen führt, verknüpft sie mit weiterführenden Fragestellungen. Neben den technisch-wirtschaftlichen und politischen Dimensionen möchte sie den/die Leser/in gezielt auf die unterschiedlichen und teilweise sogar gegensätzlichen sozio-kulturellen Faktoren im Nord-Süd-Zusammenhang aufmerksam machen. Nach ihrer Meinung wird in den Ländern der "Dritten Welt" größerer Wert auf zwischenmenschliche, soziale und traditionell bedingte Faktoren gelegt, als dies in den "technisch-entwickelten" Industrieländern der Fall ist. Die materiellen und quantitativen Meßgrößen der Industriewelt, um Entwicklungen von Gesellschaften zu definieren, können für die Länder der "Dritten Welt" deswegen nicht angewandt werden. Immer mehr Länder der "Dritten Welt" sehen neben ihren Problemen auch ihre eigenen Stärken und möchten die eigenen und nicht die von den westlichen Ländern definierten Maßstäbe anwenden. Ausgehend von der Lebens- und Arbeitssituation der Frauen der "Dritten Welt" möchte die Autorin die Neubewertung der Arbeit und der Technik erwägen.

GÜNTHER CYRANEK formuliert - aufbauend auf den Erkenntnissen der Arbeitsgruppe und der Lehrveranstaltung "Informatik und Dritte Welt" an der TU Berlin - die Rahmenbedingungen und Zielsetzungen für eine Qualifizierung im Bereich "Informatik und Dritte Welt". Wenn das Konzept der Befriedigung der Grundbedürfnisse der Masse der Bevölkerung eine Veränderung hin zu einer menschlichen Lebensqualität ohne Hunger und Armut verheißt, so gehören neben der ausreichenden Ernährung und der medizinischen Versorgung sinnvolle Arbeit, intakte Umwelt, kulturelle Identität und politische Freiheit dazu. Soll unter dieser Voraussetzung Informationstechnologie in die "Entwicklungsländer" transferiert werden, so erfordert das eine schwierigere Integration als in den Industrieländern. Eine interdisziplinäre Qualifizierung der Informatiker ist eine notwendige Voraussetzung.

Ein Projekt eines grundbedürfnisorientierten Einsatzes von Computern in der "Dritten Welt" stellt schließlich SAID HADJERROUIT , gestützt auf Selbstdarstellungen des französischen Projektträgers, vor. Durch den Einsatz medizinischer Expertensysteme soll die Gesundheitsversorgung in afrikanischen Ländern verbessert werden.

Im Dokumentationsteil werden zwei Problembereiche angesprochen, die der Arbeitskreis intensiv und kontrovers diskutiert hat und noch diskutiert.

Während der vierten Sitzung des Arbeitskreises organisierten GÜNTHER CYRANEK und MICHAELA REISIN (TU Berlin) eine Diskussionsveranstaltung über

"Ausbildungskonzepte für die Informationstechnologie in der Dritten Welt". Zentrale Themen der einzelnen Referenten waren:

- Was ist und wie geschieht "Entwicklung"; wie kann ein Technologietransfer dazu in Beziehung gesetzt werden?
- Wie kann Informationstechnologie die "Entwicklung" fördern? Wie kann sie damit zur Befriedigung von Grundbedürfnissen genutzt werden?
- Welche Bedingungen werden an eine Ausbildung und Qualifizierung bezüglich der Informationstechnologie gestellt und wie können diese umgesetzt bzw. ausgeführt werden?

DORIS HABERMANN (VDI, Berlin) forderte eine Überprüfung der Technologiepolitik, da sie davon ausgeht, daß Technologie einen Entwicklungssprung zum Wohle der jeweiligen Länder bewirken kann.

WOLFGANG FUMETTI (GTZ, Eschborn) kritisierte in seinem Beitrag die Entwicklungspolitik der Vergangenheit, die durch Großprojekte einen Technologietransfer vornehmen wollte.

Die Carl-Duisberg-Gesellschaft (CDG) führt in unregelmäßigen Abständen Trainingskurse zum Einsatz von Informationstechnologien in "Entwicklungsländern" durch. Die Teilnehmer werden danach als Multiplikatoren in den jeweiligen Ländern eingesetzt. Über dieses "Train-the-trainer"-Konzept berichtete KLAUS JAMIN (FH München).

T.Z. CHUNG (TU Berlin) schildert die Rahmenbedingungen seiner Arbeit im "Zentrum für technische Zusammenarbeit" (ZTZ) an der TU Berlin und die Ausgestaltung der Qualifizierung ausländischer Studierender sowie den Technologietransfer mit und durch Unterstützung dieser Studenten bzw. Absolventen.

Auf verschiedenen Sitzungen des Arbeitskreises wurde das Fallbeispiel Nicaragua beleuchtet und diskutiert. Im zweiten Beitrag des Dokumentationsteils stellt THOMAS DEY-MENZL eine sehr kontroverse Diskussion dar, die zum gleichen Thema in der Schweiz geführt wurde. Gegenstand war Sinn und Zweck des Technologietransfers und der universitären Ausbildung im Informatik-Bereich nach bzw. in Nicaragua. Anlaß war die konkrete Unterstützung eines Projektes durch den Schweizerischen Metall- und Uhren-Arbeiter-Verband. Die Zürcher "Wochenzeitung" berichtete darüber und löste damit eine heftige Kontroverse durch Computerkritiker aus, die behaupteten, daß die Industrieländer letztlich ihre eigenen Probleme mit der Informationstechnologie exportierten.

Ein umfangreiches Verzeichnis grundlegender und weiterführender Literatur beschließt den Dokumentationsteil.

(Redaktion der Einführung:
Hans-Hermann Büsselmann, Jörg Meyer-Stamer, Petra Schlapp)

1. Theoretische Grundlagen

Technologietransfer und Unterentwicklung — Gesellschaftliche Bedingungen für Transfer und Einsatz der Informationstechnik in der Dritten Welt

Michael Paetau
Gesellschaft für Mathematik und Datenverarbeitung
Institut für Angewandte Informationstechnik

1. Was ist Unterentwicklung? Einleitende Bemerkungen zur "Entwicklung der Unterentwicklung"

Unterentwicklung ist kein technisches, sondern primär ein gesellschaftliches Problem. Zwar hat das Aufeinandertreffen unterschiedlicher Produktivkraftsysteme eine nicht zu unterschätzende Rolle bei der Entstehung der heutigen Situation in der Dritten Welt gespielt und wird sie mit Sicherheit auch in bezug auf mögliche Überwindungsstrategien spielen, doch diese Rolle ist mehr die einer Vermittlungsinstanz anstatt eines Verursachungsfaktors.

Alle allgemeinen Erklärungsversuche über das Phänomen "Unterentwicklung" unterliegen einer grundlegenden Schwierigkeit: Es werden Aussagen über Strukturen und Prozesse gemacht, die auf außerordentlich unterschiedliche Gesellschaften, existierend in unterschiedlichen Regionen (Afrika, Asien, Lateinamerika, Ozeanien), basierend auf verschiedenen sozio-kulturelle Traditionen und teilweise konträre Entwicklungswege einschlagend, in gleicher Weise zutreffen sollen. Bei genauerer Betrachtung kann jedoch nicht verborgen bleiben, daß zwischen den verschiedenen Ländern, für die in den letzten zwanzig Jahren der Begriff "Dritte Welt" gebräuchlich geworden ist, große Unterschiede existieren. Dies betrifft sowohl die historisch gewachsenen kulturell-gesellschaftlichen Bedingungen als auch den aktuellen Entwicklungs- bzw. Unterentwicklungsgrad. Die in der Literatur aufzufindenden Klassifizierungsversuche von Dritte-Welt-Ländern umfassen primär ökonomische Dimensionen, aber auch politische und zum Teil geographische Aspekte. In Anlehnung an NOHLEN/NUSCHELER (HDW II,1, S. 19ff. können folgende Gruppen unterschieden werden:

1. Die *Gruppe der 77:* wurde im Anschluß an die UNCTAD 1964 in Genf gegründet und stellt das wesentliche Koordinierungsgremium der Dritten Welt in bezug auf die Entwicklung möglichst einheitlicher Positionen gegenüber der Industrieländern. Die Zahl der Mitgliedsstaaten ist mittlerweile auf 120 angewachsen (Stand 1982).
2. Die *Bewegung der Blockfreien* hat ihr politisches Wirkungsfeld in den 70er Jahren auf den Nord-Süd-Konflikt verlagert, so daß eine gewisse Parallelität zur Gruppe der 77 besteht. Der Blockfreienbewegung gehören ca. 80 v.H. der Dritte-Welt-Länder an.

3. Zu den *Least Developed Countries (LLDC)* gehören nach Beschluß der UN-Vollversammlung vom 18.11.1971 diejenigen Länder, deren Pro-Kopf-Einkommen unter 100 US-$, der Anteil der Industrie am BIP unter 10 v.H., die Alphabetisierungsquote unter 20 v.H. der unter 15 Jahre alten Bevölkerung beträgt. Zu dieser Gruppe gehörten 1978 dreißig Länder.

4. *Most Seriously Affected Countries (MSAC)* sind diejenigen Länder, die unter der Krise der Weltwirtschaft im Anschluß an die Energieverteuerung in den 70er Jahren am stärksten nachhaltig betroffen wurden. Als Kriterien galten: Niedriges Pro-Kopf-Einkommen, scharfer Preisanstieg bei wichtigen Importen im Vergleich zu den Exporten, hohe Verschuldung, niedrige Währungsreserven u.a.m.. Die Kriterien sind etwas weicher als bei den LLDCs. So leben in den MSACs 1982 mehr als die Hälfte der Bevölkerung der Dritten Welt, in den LLDCs etwa 12 v.H.

5. *Landlocked Countries* und *Inseln*, die wegen ihrer geographischen Lage und der sich daraus ergebenden Schwierigkeiten der Infrastruktur und des Handels einen den LLDCs vergleichbaren Status anstreben.

6. Die *OPEC* wurde 1960 in Bagdad von einer Reihe erdölexportierender Staaten gegründet. Gegenwärtig hat sie 13 Mitgliedsländer.

7. Die Gruppe der *AKP-Staaten* wird von denjenigen Ländern in Afrika, der Karibik und des Pazifiks gebildet, die 1975 und 1979 ein Abkommen mit der EG vereinbarten (Lome-Abkommen).

8. *Schwellenländer* sind Länder, die auf der Basis aggregierter Wirtschaftsdaten als an der Schwelle zum Industrieland stehend definiert werden. Wegen des Fehlens eindeutiger Kriterien gibt es keine einheitliche Auffassung darüber, welche Länder zu dieser Gruppe gehören. Da sie außer Ländern der Dritten Welt auch europäische Länder umfaßt, liegt der Begriff "Schwellenland" quer zum Begriff "Dritte Welt", bzw. läßt sich nicht eindeutig als deren Untergruppe verstehen.

Als weitere Schwierigkeit für eine einheitliche Begriffsverwendung kommt noch die in fast allen Ländern der Dritten Welt festzustellende "strukturelle Heterogenität", also das Nebeneinander von unterschiedlichen technisch-organisatorischen Formen der gesellschaftlichen Produktion. In der Literatur wird diese "strukturelle Heterogenität" in dreierlei Hinsicht untersucht:

a) in bezug auf die gesellschaftliche Form der Produktion (feudale, kapitalistische, kollektive Produktionsformen, Subsistenzwirtschaft);

b) in bezug auf die jeweils verwendete Technik ("moderner" versus "traditioneller" Sektor) und

c) in bezug auf die Beschaffenheit der Märkte ("formeller" versus "informeller" Sektor).

Trotz dieser in mehrfacher Hinsicht festzustellenden Heterogenität innerhalb und zwischen den verschiedenen Ländern existiert eine wesentliche Gemeinsamkeit: die weitgehende — wenngleich nicht vollständige — Zerstörung der historisch gewachsenen Traditionen und die gewaltsame Aufpfropfung einer fremden, durch die europäische Kolonisation geprägten Kultur, Ökonomie und Sozialstruktur, sowie die gegenwärtig fortbestehende ökonomische Abhängigkeit von den ehemaligen Kolonialmächten scheinen es zu rechtfertigen, verallgemeinernd von *der* "Dritten Welt" zu sprechen.

Die gemeinsamen Merkmale, die alle Länder der Dritten Welt als "unterentwickelt" charakterisieren, betreffen die Entstehungsursachen, den allgemeinen historischen Verlauf und gleichartige Erscheinungsformen ihrer gegenwärtigen Situation. Hervorzuheben ist jedoch, daß Unterentwicklung nicht — wie in den lange Zeit dominierenden "Modernisierungstheorien" unterstellt — der Ausdruck eines natürlichen Entwicklungsrückstandes sogenannter traditioneller Gesellschaften ist, sondern selbst das Ergebnis eines historischen Prozesses, der geprägt ist durch die Kolonialisierung und der seitdem andauernden Abhängigkeit von den entwickelten Industrieländern. Diesen Sachverhalt hat A.G. FRANK 1968 mit dem Terminus "Entwicklung der Unterentwicklung" zum Ausdruck gebracht.

Durch den Kolonialismus haben die Länder der Dritten Welt ihre politische, ökonomische und kulturelle Autonomie verloren und wurden zu Satelliten der europäischen Metropolen (FRANK 1968, S.32). Während zunächst eine militärisch erzwungene Raubkolonialisation zur Ausbeutung der Rohstoffe dieser Länder durch die sich rasch entwickelnden kapitalistischen Industrienationen führte, haben sich später in der Epoche des Imperialismus und Neo-Kolonialismus andere Formen der Abhängigkeit herausgebildet. Durch die Eingliederung der Drittweltländer in den kapitalistischen Weltmarkt haben sich sehr komplizierte "strukturelle" Abhängigkeitsbeziehungen entwickelt, die bis heute die meisten Gesellschaften der Dritten Welt bis in einzelne Elemente prägen (vergl. SENGHAAS 1975, S.126).

Im ökonomischen Bereich richteten sich viele Drittweltländer auf die Bedürfnisse der Industrienationen aus, was sich in einer einseitigen Exportstruktur (Rohstoffe, landwirtschaftliche Monokulturen etc.) und einer ebenso einseitigen Importstruktur (Maschinen, Konsumgüter etc.) äußerte. So war es diesen Ländern nicht möglich, die ökonomische Basis für eine autonome Entwicklung aufzubauen.

Daß diese Formen der Abhängigkeit erfolgreich sein konnten, lag daran, daß die kapitalistischen Metropolen es verstanden haben, die Eliten der Drittweltländer durch ein Netz ökonomischer Beziehungen eng an ihre eigenen Interessen zu binden. SENGHAAS spricht in diesem Zusammenhang von "privilegierten Brückenköpfen innerhalb eines internationalisierten Kernbereichs des kapitalistisch dominierten Wirtschaftssystems" und begründet mit ihrer Existenz die oftmals schwer zu verstehende Tatsache, daß es bis heute "trotz fast fünfhundertjähriger Geschichte von Durchdringung, Abhängigkeit und Ausbeutung — zu keiner kollektiven Konfrontation von Metropolen und Peripherien kam" (SENGHAAS 1975, S.130).

Natürlich gelang die Eingliederung der peripheren Eliten nicht bruchlos und nicht immer vollständig. Genauere Sozialstrukturanalysen der herrschenden Klassen lassen zum Teil erhebliche interne Interessenwidersprüche erkennen. Auf diese Problematik wird im Zusammenhang mit der Frage des inneren Marktes und der Agrarstruktur noch näher einzugehen sein.

Im Informations- und Kommunikationsbereich zeigen sich die Abhängigkeitsbeziehungen in der Integration in das von den westlichen Ländern dominierte weltweite Informationssystem. Auch hier basiert die Abhängigkeit nicht mehr auf direkten, sondern mehr auf strukturellen Herrschaftsbeziehungen. Sie gründet sich v.a. auf die Marktmacht der vier großen Nachrichtenagenturen "Associated Press" (AP), United Press International" (UPI), "Reuter" und "Agence France Press" (AFP), die allein 80 v.H. aller in der Welt zirkulierenden Nachrichten distribuieren (SIEBOLD 1984, S.45). Eine Flut von Daten wird als Rohstoff-Ware importiert, wird verarbeitet und dann in Form von neuen, umgewandelten Produkten in den internationalen Informationsfluß zurückgeschickt (SCHILLER 1984, S. 49). Weltweit dominant bei diesem Import von Rohdaten, ihrer Verarbeitung und ihres erneuten Exportes als "Informationen" sind die USA. John EGERS, früherer Leiter des unter der Nixon-Administration eingerichteten, mittlerweile aber aufgelösten "Office of Telecommunication Policy" formulierte aus der Sicht der us-amerikanischen Politik die Bedeutung dieses Sektors folgendermaßen:

> "Da der Export von Informationsprodukten und der Import von Rohinformationen für unsere wachsende Informationswirtschaft wesentlich ist, müssen wir diese Bestrebungen genauso behandeln wie jeden anderen wichtigen Sektor unserer Ökonomie." (zit. in SCHILLER 1984, S.54)

Die Medien der Dritten Welt sind bei der Nachrichtenversorgung auf die großen Agenturen angewiesen. Das betrifft sowohl die Nachrichten, die aus anderen Ländern für die nationalen Medien empfangen und aufgearbeitet werden als auch diejenigen Nachrichten, die aus den jeweiligen Ländern für die internationale Medienwelt zur Verfügung gestellt werden. Aufgrund klarer Kriterien, die die großen Agenturen für ihre Nachrichtenauswahl aufgestellt haben (vergl. SIEBOLD 1984, S. 78) werden diese Nachrichten nach den Interessen der westlichen Welt, manchmal sogar nach den jeweils aktuellen Interessen der Regierungen, gefiltert. So werden den Entwicklungsländern einerseits westliche Nachrichteninhalte aufgeherrscht, andererseits werden Ereignisse in der Dritten Welt in einer Weise ausgewählt und aufbereitet, die die Interessen der Industrieländer widerspiegelt. So beeinflussen die großen Agenturen erstens das Bild der Dritten Welt in den Industrieländern, zweitens — und das ist wohl noch problematischer — ist die Dritte Welt gezwungen, sich selbst mit den Augen der westlichen Welt zu sehen.

Die wenigen Nachrichtenagenturen der Dritten Welt haben aufgrund ihrer deutlichen technologischen und finanziellen Unterlegenheit keine Chance, am internationalen Nachrichtenaustausch gleichberechtigt teilzunehmen. Waren früher Kartelle und eine direkte Kontrolle der Nachrichtenmittel (Infrastruktur etc.) für eine Dominanz auf dem Nachrichtenmarkt nötig, so stellt sich heute der "freie Informationsfluß" als ein Mittel dar, fremde Gebiete für die Industrieländer in einer nachrichtenmedialen Abhängigkeit zu halten. Mit der Dominanz der westlichen Agenturen werden gleichzeitig die Interessen der Herkunftsländer der jeweiligen Agenturen vertreten (SIEBOLD 1984,S.79)

Das Anliegen des Arbeitskreises "Informatik und Dritte Welt" ist es, die Bedeutung des Technologietransfers allgemein und der Informationstechnik im besonderen in bezug auf die spezifische Situation der Drittweltländer, d.h. vor allem auf deren Charakter als "unterentwickelte Gesellschaften", zu betrachten. Für derartige Fragen reichen Überlegungungen auf einer allgemeinen Ebene nicht aus. Viele — die bisherige Diskussionen um "Modernisierung", "Angepaßte Technolgie" und "Dritte Welt" beherrschende Positionen — sind Pauschalbewertungen, die sich bei genauerem Hinsehen kaum von neo-kolonialistischem Missionseifer oder aber — als extremer Gegenpol — von einem neuen, diesmal im alternativen Gewand erscheinenden "kritischen Ethnozentrismus" unterscheiden. In beiden Fällen werden gesellschaftliche Sachverhalte in der Dritten Welt nach Interpretationsmustern erklärt, die v.a. dem Erfahrungsbereich der westlich-kapitalistischen Industriegesellschaften entnommen sind.

Nach dem gegenwärtigen Stand des Wissens über die Einsatzbereiche, den Verbreitungsgrad, die angestrebten Problemlösungen und die dem jeweiligen Einsatz zugrundeliegenden Zielkriterien scheint eine wissenschaftliche Verallgemeinerung über die Rolle des Transfers und des Einsatzes von Informationstechnik in den Ländern der Dritten Welt verfrüht zu sein. Unser Arbeitskreis wird sich dementsprechend in der nächsten Zeit vor allem mit der Auswertung konkreter Erfahrungen befassen. Um diese Auswertungen in ein allgemeines entwicklungstheoretisches Paradigma einzuordnen, sollen im folgenden einige zentrale Aspekte skizziert werden, die den Analysen über mögliche Veränderungen in der Folge des Einsatzes moderner Informationstechnik zugrundeliegen müssen.

Unterentwicklung äußert sich als vielschichtiges gesellschaftliches Phänomen. Der Einsatz von Informationstechnik kann auf die einzelnen Aspekte in sehr unterschiedlicher Weise wirken. Diese Wirkungsmechanismen sollen hier kurz angedeutet werden, wobei der Schwerpunkt der Argumentation auf die gesellschaftlichen Determinanten gerichtet ist, von denen ein Einfluß auf die künftige Entwicklung vermutet wird. Im einzelenen werden die Ebenen der sozialen, der ökonomischen, der politischen und der kulturellen Probleme aufgegriffen.

2. Strukturelle Abhängigkeit und autozentrierte Entwicklungspolitik

Die Hoffnungen der Länder der Dritten Welt auf eine möglichst rasche ökonomische und soziale Entwicklung stützte sich in verschiedenen Epochen auf sehr unterschiedliche Strategien, meistens schwankten sie zwischen starker Exportorientierung und einer gezielten Importsubstitution. Der Transfer moderner Technologie von den Industrieländern in die Drittweltländer spielte dabei immer eine sehr wichtige Rolle, v.a. aber in den letzten 30 Jahren, also der Zeit nach der Beendigung des Zweiten Weltkrieges. (vergl. hierzu auch den im vorliegenden Band veröffentlichten Aufsatz von S. DANIELS).

Wenn heute, nach einer Zeit der beispiellosen Internationalisierung von Märkten, Kapital und Technolgie in der Dritten Welt sich deren ökonomische, v.a. aber *soziale* Situation dramatisch zugespitzt hat, anstatt — wie gehofft — einen lebhaften Entwicklungsschub einzuleiten, so mag dies ein Indiz für eine generelle Falsifizierung der gewählten Strategie oder aber an zuvor nicht berücksichtigten Einflußfaktoren liegen, die eine erfolgreiche Umsetzung der Entwicklungsstrategien verhindert haben. Jedenfalls werden heute starke Zweifel daran geäußert, daß der "freie Welthandel" das ideale Mittel ist, sozialen und ökonomischen Wandel und damit den Ausgleich der weltwirtschaftlichen Disproportionen zu erreichen.

Die sich gegenwärtig belebende Diskussion um den Transfer von Informationstechnologie trifft auf eine zugespitzte weltwirtschaftliche Situation, in der es durchaus unklar ist, ob sie auch in den kommenden Jahren durch freien, durch nationale Zollschranken unbehinderten Waren- und Kapitalverkehr oder durch einen zunehmenden Protektionismus gekennzeichnet sein wird (vergl. FAZ v. 23.4.85).

Kritik an Entwicklungsstrategien, die auf einem ungehinderten Transfer von Technologie und ihrer Penetration basieren, wurde bereits Mitte der 60er Jahre, v.a. von Gesellschaftswissenschaftlern aus Lateinamerika, in verschiedenen Ansätzen der "Dependencia-Theorie" formuliert.

In Lateinamerika hatte man eine besondere Erfahrung mit dem freien Welthandel gemacht, der eine Zeitlang eine gewisse Verbesserung der sozio-ökonomischen Lage mit sich brachte, längerfristig sich jedoch als eine spezifische "Entwicklungsillusion" herausstellte. Nach dem Zusammenbruch des Weltmarktes in der Weltwirtschaftskrise der 30er Jahre unseres Jahrhunderts wurde in Lateinamerika versucht, die traditionellen Handelsbeziehungen mit Europa und den USA, die über ein Jahrhundert im Export von Rohstoffen und Lebensmitteln und im Import von Produktionsmitteln und Konsumgütern bestand, grundlegend zu verändern. Die bislang geübte Praxis, Produktionsmittel zu importieren anstatt selbst zu produzieren, wurde als zentraler Verhinderungsfaktor für den Aufbau einer eigenständigen Investitionsgüterindustrie und damit einer autonomen industriellen Entwicklung gesehen. Als Ausweg wurde eine "Import-Substituierende Industrialisierung" vorerst im Konsumgüterbereich, später dann auch *im Bereich der Schwerindustrie gesehen. Der nationale Reproduktionsprozeß sollte gegenüber dem internationalen gefördert werden* ("desarrollo autosustenido y independiente"). Diese Importsubstitutions-Industrialisierung führte allerdings nur zu einer Verschiebung der externen Abhängigkeit, die nun nicht mehr in dem durch Exportdevisen zu finanzierenden Konsumgüterimport lag, sondern sich verlagerte auf den zum Aufbau einer Konsumgüterindustrie notwendigen Produktionsmittelimport. Darüber hinaus mußte der Aufbau einer eigenen Industrie in Ermangelung interner Akkumulationsquellen vorerst durch externe Finanzierungen geleistet werden, d.h. durch Import ausländischen Kapitals.

Die durch diesen Prozeß hervorgerufene Internationalisierung der lateinamerikanischen Binnenmärkte signalisierte das Scheitern eines national-kapitalistischen Entwicklungsweges und führten innerhalb der lateinamerikanischen Sozialwissenschaft zu einer wachsenden Kritik aller bis dato vorherrschenden Modernisierungskonzeptionen. Ganz allgemein wurde allen Modernisierungsansätzen der Vorwurf gemacht, mehr dem Rechtfertigungsdrang einseitiger Wachstumsinteressen der Industrieländer zu entspringen und die sozialen Kosten, zu denen dieser Entwicklungstyp in den Drittweltländern führte, dabei geflissentlich zu übersehen.

Aus dieser Kritik erwuchsen zahlreiche neue Ansätze der Erklärung und Konzeptionen zur Überwindung des Phänomens "Unterentwicklung". Diese Ansätze besitzen trotz ihrer stark abweichenden theoretischen Grundannahmen (das Spektrum reicht von neo-klassischen über neo-keynesianischen bis zu marxistischen Ansätzen) eine Reihe gemeinsamer Aussagen, die auch in der heutigen Diskussion über Technologietranfer und Unterentwicklung eingeflossen sind. Diese gemeinsamen Aussagen lassen sich wie folgt skizzieren (vergl. EVERS/WOGAU 1973):

— Die entscheidende Rolle bei der Erklärung von Unterentwicklung spielen *externe* Faktoren (Abhängigkeit). Die gegenwärtigen Formen der Ökonomie und der Sozialstruktur in der Dritten Welt sind nicht Ergebnis autonomer historischer Prozesses, sondern sind wesentlich geprägt durch den Einfluß ausländischer Hegemonialmächte. Endogene und Exogene Faktoren stehen somit in einem unauflösbaren Zusammenhang.

— Unterentwicklung und Entwicklung sind nicht zeitlich aufeinanderfolgende gesellschaftliche Stufen, sondern gleichzeitige, funktional aufeinander bezogene Seiten desselben historischen Prozesses, nämlich der Entwicklung des kapitalistischen Weltmarktes. Die Entwicklung der Unterentwicklung des einen Teils der Welt wurde zur Voraussetzungen für die Entwicklung des anderen. Die Situation der heutigen unterentwickelten Länder ist somit nicht mit der historischen Frühphase der heutigen Industrieländer zu vergleichen. Dementsprechend kann auch der einzuschlagende Entwicklungsweg und die zu durchlaufenden Entwicklungsetappen nicht mit denen der Industrieländer identisch sein.

— Zur Überwindung der Unterentwicklung ist also eine Überwindung der externen Abhängigkeit zentrale Voraussetzung. Um dies zu erreichen — so wird geschlußfolgert — müsse die bisherige "Assoziationspolitik" der Drittweltländer in den kapitalistischen Weltmarkt ersetzt werden durch eine "Dissoziation" und eine "autozentrierte Entwicklungspolitik". Diese Stratgeie formuliert D. SENGHAAS folgendermaßen:

1. Herauslösung aus dem Weltwirtschaftssystem und Aufbau einer neuen, kontrollierten Kooperation (Rearrangement) mit den Metropolen, in der eine eigenständige Entwicklung der Peripherieländer möglich ist;

2. Rekonstruktion der peripheren Gesellschaftsformationen, und Aufbau eines eigenständigen Produktionspotentials als interne Basis, um die gegenwärtige strukturelle Heterogenität zu homogensisieren;

3. Aufbau neuer regionaler, die Grenzen einzelner Länder übergreifender sozio-ökonomischer Infrastrukruren. (vergl. SENGHAAS 1974, S. 32 f.)

Über die Möglichkeit der Realisierung einer solchen autozentrierten Politik wurden von den verschiedenen Verfechtern des Dependencia-Ansatzes teils ausgesprochen illusionäre teils nüchtern-skeptische Auffassungen vertreten. Einig war man sich darin, daß diese Frage von von einer Reihe gewichtiger Faktoren, vor allem von den ökonomischen und politischen Auseinandersetzungen der verschiedenen gesellschaftlichen Klassen und Interessengruppen innerhalb der Dritten Welt selbst abhängt. So hatte beispielsweise SENGHAAS als Bedingung für eine solche Politik nichts geringeres als die "Reorganisation der Gesellschaftsformation" formuliert, was ja ohne weitreichende Eingriffe in gewachsene ökonomische, soziale und politische Strukturen, wie Besitzverhältnisse und Privilegien, nicht denkbar ist.

Die sich aus der Dissoziationsthese ableitenden Entwicklungskonzeptionen, in die sich partiell auch die Konzeption einer an "mittlerer Technik" orientierten Entwicklungspolitik einordnen läßt, ist interessanterweise nicht nur bei Autoren, die sich einer liberalen Weltwirtschaft verpflichtet fühlen, kritisiert worden , sondern ebenfalls von Autoren, die einen kapitalismuskritischen Standpunkt vertreten. Kritisiert wurde vor allem die Unterschätzung des ökonomischen Entwicklungspotentials, das der assoziative Entwicklungstyp trotz aller — empirisch nicht widerlegten — Probleme bietet (vergl.: SCHOELLER 1976; ESSER 1979; HURTIENNE 1984; EMMANUEL 1984). Vor allem EMMANUEL — in den 70er Jahren einer der prononciertesten Verfechter der "Theorie des ungleichen Tausches" hält mit Nachdruck daran fest, "daß die internationale Verbreitung der Technologie, unbeschadet aller anderen Überlegungen, ein Instrument zur Verkürzung bzw. Beschleunigung der Entwicklung ist" (EMMANUEL 1984, S.38). Auch SENGHAAS hat mittlerweile seine theoretischen Ansichten nicht unerheblich modifiziert (vergl. SENGHAAS 1982).

3. Technologietransfer und Weltmarktkonkurrenz

Die Frage der Assoziation oder Dissoziation der Drittweltländer in den kapitalistischen Weltmarkt hat eine zentrale Bedeutung für die Technologiepolitik. Vereinfacht lassen sich zwei Hypothesen ableiten: 1. Ohne Veränderung der weltwirtschaftlichen Beziehungen zwischen den Industrieländern und den Entwicklungsländern gibt es kaum eine Möglichkeit, die gegenwärtig geübte Praxis des Technologietransfers und der häufig damit verbundenen problematischen Konsequnzen zu verändern; im Gegenteil, es gibt weltwirtschaftliche Determinanten, die genau diese Praxis aus der Sicht der Entwicklungsländer erzwingen. 2. Unter einer "selektiven Dissoziation" kann der Transfer modernster Technologie — mithin auch und vor allem der Informationstechnologie — eine gewaltige Schubkraft für die Entwicklung der Dritten Welt darstellen. Diese Hypothesen sollen im folgenden kurz erläutert werden:

Noch Anfang der 70er Jahre war die Ansicht weit verbreitet, daß durch einen verstärkten informationstechnischen Transfer die Entwicklungsländer innerhalb relativ kurzer Zeit den Anschluß an die in den entwickelten Ländern übliche Computernutzung erlangen, ja daß die damit verbundenen technologischen Diffusionswirkungen wichtige Impulse für die gesamte sozio-ökonomische Entwicklung dieser Länder geben können (JAMIN 1980).

Diese Hoffnung hat sich bekanntlich als trügerisch in zweierlei Hinsicht erwiesen: Weder hat sich die Hoffnung auf eine grundlegende Verbesserung der sozio-ökonomischen Situation in der Dritten Welt erfüllt, noch ist es der computerherstellenden Industrie gelungen, Produkte für die Dritte Welt anzubieten, die deren besonderer sozio-ökonomischen Situation gerecht werden, um die erhofften Diffusionswirkungen hervorzubringen. In allen bislang vorliegenden Studien über den Computereinsatz in der Dritten Welt wird festgestellt, daß Informationstechologie vor allem in den Wirtschaftsbereichen eingesetzt wird, die ihrer Struktur nach denen der Industrieländer ähneln, also vor allem in den für den Weltmarkt produzierenden Sektoren (Rohstofförderung, verarbeitende Industrie) und in bestimmten Bereichen der Administration. Gerade diejenigen Sektoren jedoch, die den größten Problemdruck auf die Regierungen der Entwicklungsländer ausüben (kleine und mittlere Produktionsstätten der grundbedürfnisorientierten Investitionsgüterproduktion, Infrastruktur u.a.), sperren sich weitgehend einer Anwendung der vorhandenen informationstechnischen Produkte. Hier existieren Problemstrukturen, die so grundlegende Unterschiede zu denen der Industrieländer aufweisen, daß die auf dem Markt erhältlichen Systeme — natürlich mit Ausnahmen — ungeeignet erscheinen.

Die Nichtangepaßtheit eines Großteils der verfügbaren Technik für die spezifischen Bedürfnisse der Drittweltländer hat mittlerweile zu Reaktionen geführt, die die Brauchbarkeit von Informationstechnologie, ja sogar ganz generell die Nützlichkeit moderner Technologie in der Dritten Welt bezweifeln. In seinem berühmten Buch "Small is Beautiful" fordert E.F. SCHUMACHER eine radikale Abkehr von der gegenwärtigen technologischen Entwicklungspolitik. Auch der 1984 und 1985 in Genf von der Internationalen

Arbeitsorganisation (ILO) vorgelegte WELTARBEITSBERICHT empfiehlt den Regierungen der Entwicklungsländer, sich einer Technik zuzuwenden, die eine möglichst große Nutzung der vorhandenen, vorwiegend einfach qualifizierten Arbeitskräfte ermöglicht. Allerdings geht die ILO nicht so weit, die Bedeutung der Informationstechnik generell in Frage zu stellen. Und in der Tat zeigt eine Reihe von Erfahrungen in den letzten Jahren, daß die vielen Vorschläge für einen weitgehenden Verzicht auf den Einsatz von modernster Technolgie und eine radikale Zuwendung zu arbeitsintensiven Techniken nur neue Formen von Entwicklungsillusionen genährt haben, die mittlerweile von der Realität eingeholt wurden.

J. RADA hat in seinem Beitrag zu dem Bericht an den Club of Rome (1982) einige Konsequenzen aufgezeigt, die aus einer einseitigen Ausnutzung moderner Technologien auf seiten der Industrieländer für die Entwicklungsländer resultieren. Ich möchte hier an zwei Punkte, die mir in seinen Ausführungen besonders wichtig erscheinen, anknüpfen: die Weltmarktbeziehungen und die Möglichkeiten für die Entfaltung eines inneren Marktes.

Eine der zentralen Thesen von RADA ist, daß die zunehmende Ausdehnung der Informationstechnik in den Industrieländern zu einem systematischen Abbau des *relativen Kostenvorteils* (komparative Kosten) der Drittweltländer auf dem Weltmarkt führt und damit sich deren Konkurrenzsituation drastisch verschlechtert. Der komparative Kostenvorteil der Entwicklungsländer besteht bislang darin, daß Arbeitskräfte wegen ihres reichlich vorhandenen Angebots billig, Kapital dagegen wegen seiner knappen Verfügbarkeit teuer ist. Viele entwicklungspolitischen Vorschläge der letzten Zeit liefen deshalb darauf hinaus, die vorhandenen — meist nur einfach qualifizierten — Arbeitskräfte zu mobilisieren und so auf der Basis geringer Lohnkosten und arbeitsintensiver Techniken auf dem Weltmarkt in die Konkurrenz zu treten. Nach den ersten empirischen Erfahrungen mit solchen Konzeptionen müssen deren Erfolgsaussichten allerdings stark bezweifelt werden. In der Vergangenheit konnten zwar einige Länder durch solche Strategeien eine zeitlang ihren Weltmarktanteil für bestimmte Waren ausbauen, verloren ihn teilweise jedoch wieder und müssen heute sogar befürchten, ihre einheimischen Märkte an die Konkurrenz aus den Industrieländern zu verlieren (vergl. SCHÖLLER 1981).

Der Grund für diese Entwicklung liegt darin, daß in den Industriestaaten durch Einsatz der Informationstechnik die Arbeitsproduktivität derart gesteigert werden konnte, daß — trotz des erheblichen Reallohngefälles — in vielen Fällen die *Lohnstückkosten* unter das Niveau der Entwicklungsländer gesunken sind. Wenn sich diese Tendenz fortsetzt, schwindet zunehmend jede Möglichkeit der Drittweltländer selbst wenn man dort zu dem sozialpolitisch fragwürdigen Konzept einer ständigen Lohnsenkung greifen sollte — einen komparativen Kostenvorteil zu erlangen. Diese Länder müßten sogar befürchten, daß ihr einheimischer Markt zunehmend von ausländischen Unternehmen beherrscht wird.

Unter der Voraussetzung der Einbeziehung der Drittweltländer in den Weltmarkt ist der Einsatz moderner Technologien in den für den Außenhandel produzierenden Sektoren ein kaum umzustoßendes Gebot. Nur so ist die Produktivität und das Niveau der Produktionskosten dem Weltstandard anzugleichen und damit die Konkurrenzsituation des betreffenden Landes aufrechtzuerhalten.

Doch die Technik bestimmt nicht nur die Produktion von Waren, sondern wird auch als wichtiger Bestandteil der auf dem Weltmarkt zu verkaufenden Güter nachgefragt. Das heißt, die *Gebrauchswertqualität* der Produkte ist in vielen Fällen nur dann auf ein Niveau zu stellen, das den Weltmarktanforderungen entspricht, wenn modernste Technologie eingesetzt und verarbeitet wird. Das gleiche gilt für die Aufrechterhaltung der *Produktionsflexibilität.*

Diese ökonomischen Notwendigkeiten fordern allerdings einen hohen, für viele Länder *zu* hohen Preis. Denn in der gegenwärtigen weltwirtschaftlichen Situation ist eine sukzessive Verringerung der Beschäftigten in den betroffenen Sektoren die Folge. Da auch der Binnenmarkt in den meisten Entwicklungsländern gegenwärtig keine expansiven Anzeichen erkennen läßt, können freigesetzte Arbeitskräfte von den anderen Wirtschaftssektoren nicht aufgefangen werden. Die sozialen Probleme verschärfen sich, anstatt sich zu verringern.

Damit komme ich zu dem zweiten wichtigen Komplex, zur Frage der Entwicklung des inneren Marktes.

4. Zur Frage des inneren Marktes

In der letzten Zeit wurde von verschiedener Seite die Empfehlung an die Länder der Dritten Welt ausgesprochen, ihren Binnenmarkt unter weitgehendem Verzicht auf moderne Technologien und unter Anwendung "mittlerer", arbeitsintensiver Technik zu entfalten. Diese Position gerät meines Erachtens in die gleiche Schwierigkeit wie oben. Zwar ist es kaum zu bestreiten, daß arbeitsintensive Produktion bei sehr kleinen, überschaubaren Märkten eine sinnvolle Lösung sein können. Allerdings zeigen auch hier die Erfahrungen aus den letzten Jahren, daß dies nur für eine relativ kurze Übergangszeit gilt. Sobald sich der Markt entfaltet — was ja das ausdrückliche Ziel aller Entwicklungspolitik ist — entwickelt sich auch die Konkurrenz der Anbieter und damit die Versuche, die Produktionskosten zu ökonomisieren. Spätestens wenn sich eine Infrastruktur mit einem verbesserten Transportsystem entwickelt hat, muß mit einer Vernetzung der kleinen dezentralen Märkte zu einem überregionalen, nationalen Markt gerechnet werden. Dann werden auch Unternehmen mit moderner Großtechnik in die Konkurrenz einsteigen können, da die mittlerweile erreichte Größe des Marktes eine Auslastung auch größerer Kapazitäten nicht mehr unmöglich macht. Die größere Produktivität und die damit verbundenen geringeren Stückkosten derjenigen Unternehmen, die mit modernster Technik arbeiten, setzen die arbeitsintensiv produzierenden Unternehmen unter einen hohen Konkurrenzdruck. Ein Versuch, die Konkurrenzfähigkeit auch mit arbeitsintensiver Technik aufrechtzuerhalten, müßte zu einem Druck auf die Löhne und damit auf das Einkommen der Beschäftigten führen. Erfahrungsgemäß setzt sich in einer solchen Situation die kapitalintensive Technik gegenüber der arbeitsintensiven Technik durch. D.h. diejenigen Unternehmen, die vorher mit einfacher Technik produziert haben, sind gezwungen, auf moderne Technik umzusteigen.

Hält man an der Prämisse fest, daß der innere Markt sich entwickeln muß, um die gegenwärtigen sozialen Probleme in den Griff zu bekommen, ist ein weitgehender Verzicht auf den Einsatz von Informationstechnik in der Dritten Welt erstens objektiv unmöglich und zweitens keineswegs so wünschenswert, wie in zahlreichen Empfehlungen der letzten Zeit behauptet wird (seltsamerweise werden diese Empfehlungen viel mehr aus den Reihen der Industrieländer vorgetragen als aus den betroffenen Drittweltländern selbst).

Um der Frage nachzugehen, inwieweit der Transfer von Informationstechnologie auf die "Unterentwicklung" der betreffenden Länder wirkt, also zu einer weiteren "Entwicklung der Unterentwicklung" beiträgt oder eher zu ihrer Überwindung, reicht es allerdings nicht aus, die binnen- oder außenwirtschaftlichen Daten zu analysieren. Es ist ja gerade ein charakteristisches Merkmal der Drittweltländer, daß Entwicklungsprozesse in bestimmten Bereiche einhergehen mit gleichzeitigen Deformationsprozessen in anderen Bereichen. Die "strukturelle Heterogenität" dieser Länder behindert ja gerade die Durchlässigkeit von Innovationsprozessen eines Bereiches in andere Bereiche. So hat sich beispielsweise die in den letzten Jahren zweifellos rasch durchgesetzte "Modernisierung" des "primären Sektors" (Rohstofförderung, wie z.B. Erdöl. Erze etc.) nur in engen Grenzen auf den "sekundären Sektor" übertragen. Innerhalb des "sekundären Sektors" wird nur in dem auch als "modernen Pol" (PINTO 1973) bezeichneten Produktionsbereich, der in erster Linie für den Weltmarkt produziert, modernste Technologie eingesetzt. Teilweise moderne, aber vielfach auch noch traditionelle Technik wird im sogenannten "mittleren Pol" (meist verarbeitende Industrie für den Binnenmarkt) verwendet. Handwerkliche oder subsistenzwirtschaftliche Produktion (in der Literatur teilweise als "primitiver Pol" bezeichnet, vergl. PINTO 1973; QUIJANO 1974) ist der dritte gesellschaftliche Bereich, in dem meistens nur ein sehr geringes Produktivitätsniveau existiert, daß häufig noch unter dem der Kolonialzeit liegt. Ein vierter Bereich, der sich einer quantifizierbaren Analyse weitgehend entzieht, ist der sogenannte "Marginale Sektor", in dem ausschließlich Subsistenzwirtschaft betrieben wird, abgekoppelt vom durchschnittlichen gesellschaftlichen Reproduktionsprozeß. Er ist meist in den Slumgebieten der städtischen Zentren zu lokalisieren.

Ähnlich heterogen ist die Situation auf dem Lande: Hier zeigt sich in besonderer Weise, daß die oft vorgenommene Einteilung in einen "modernen" und einen "traditionellen" Sektor (definiert nach der jeweils verwendeten Technik) oder in einen "formalen" und einen "informalen" Sektor (definiert nach der Beschaffenheit der Märkte) die soziale Situation auf dem Lande nur unzureichend widerspiegelt. Denn zusätzlich ist zu berücksichtigen, daß innerhalb dieser Sektoren sehr unterschiedliche "soziale" Formen der Produktion existieren, die auf die Wahl der Technik ebenfalls einen erheblichen Einfluß haben. In Lateinamerika existieren folgende gesellschaftliche Produktionsformen nebeneinander (BAUMGÄRTNER/POPPINGA 1975):

a) Feudale Produktionsweisen (persönliche Abhängigkeit vom Großgrundbesitzer. Teilweise besitzen die Latifundienarbeiter kleine Landstriche (Pacht), die sie für den eigenen Bedarf bebauen können. Der größte Teil der Arbeit muß aber für den Großgrundbesitzer geleistet werden).

b) Kapitalistische Landwirtschaftsbetriebe (z.B. Plantagen) auf der Basis von Lohnarbeit.

c) Subsistenzwirtschaft und kleine Warenproduktion (die Bauern besitzen hier kleine Landstriche, die sie für sich selbst bearbeiten können, meist jedoch neben einer Tätigkeit als Landarbeiter).

d) Kollektive Produktionsweise (Genossenschaften aber auch Überreste von Stammeswirtschaft oder indianischen Dorfgemeinschaften).

Will man also analysieren, in welcher Weise der Einsatz modernster Technologie zur Entwicklung bzw. zur Überwindung von Unterentwicklung beiträgt, sind weitere Indikatoren zu berücksichtigen, die den Entwicklungstand, vor allem bezüglich seiner *sozialen* Dimensionen angemessener zum Ausdruck bringen, als rein außen- oder binnenwirtschaftliche Daten.

Vor allem die in der öffentlichen Diskussion über die soziale Lage der Dritten Welt weit verbreitete Verwendung aggregierter volkswirtschaftlicher Daten, wie beispielsweise das Bruttosozialprodukt und seine Umrechnung in ein durchschnittliches Pro-Kopf-Einkommen ist oft kritisiert worden, da es die sozialen Strukturen innerhalb einer Gesellschaft unberücksichtigt läßt und dementsprechend die z.T. dramatische Armut bestimmter Bevölkerungsschichten verdeckt. Erst die Berücksichtigung der gesellschaftlichen Einkommensverteilung und der Beschäftigungssituation kann einigermaßen realistisch Auskunft über die soziale Entwicklung eines Landes geben. Statistisch ist es somit keineswegs ein Widerspruch, daß in Ländern, die auf der Basis aggregierter Wirtschaftsdaten mittlerweile als "Schwellenländer" bezeichnet werden und in der Tat zum Teil ein beachtliches Wirtschaftswachstum verzeichnen, den Grad der Armut bislang nicht abbauen konnten. Die Marginalität großer Teile der Bevölkerung ist nach wie vor hoch. In einigen Ländern konnte zwar der rapide Anstieg der Verelendung gebremst werden (z.B. Brasilien), dagegen ist er in anderen noch weiter angestiegen (z.B. Venezuela). Durch den oft gleichzeitig verlaufenden Prozeß von Verelendung einerseits und Anstieg des Reichtums der privilegierten Schichten andererseits wird das Phänomen einer zunehmenden "Entwicklung der Unterentwicklung" statistisch verdeckt.

5. Soziale Indikatoren der Unterentwicklung

In seiner berühmten Rede vor der UNCTAD 1973 in Nairobi hat der frühere Weltbankpräsident McNamara sehr eindrucksvoll das Problem der "absoluten Armut" geschildert und den "Zustand solch entwürdigender Lebensbedingungen, wie Krankheit, Analphabetentum, Unterernährung und Verwahrlosung" zur Charakterisierung der Unterentwicklung in großen Teilen der Welt verwandt (vergl. SENGHAAS 1974, S.8). Doch das Phänomen Unterentwicklung beschränkt sich nicht auf den Mangel an lebensnotwendigen Gütern, sondern läßt sich als ein "Bündel von Mangelerscheinungen" (NOHLEN/NUSCHELER 1982, S.27) hinsichtlich der Befriedigung menschlicher Grundbedürfnisse (basic human needs) definieren.

Bereits 1969 hat das "UN-Research Institute for Social Development (UNRISD)" ein Konzept entwickelt, das insgesamt 24 Indikatoren enthält, in denen verschiedene soziale und ökonomische Faktoren berücksicht sind, und die mittels einer Korrespondenzanalyse für eine einheitliche und systematische Untersuchung des Entwicklungsstandes eines Landes zusammengefaßt werden können. Die sozialen Indikatoren basieren auf den verfügbaren Daten aus dem Gesundheits-, Bildungs-, Ernährungs-, Wohnungs- und Kommunikationswesen. Darüber hinaus werden ökonomische Indikatoren aus der Landwirtschaft, der Industrie, dem Außenhandel, dem Transportwesen und der Technologie verwendet.

Als relevante Indikatoren für die Frage der Entwicklung im Gesundheitswesen gelten vor allem die allgemeine Lebenserwartung, die Kindersterblichkeitsrate, die Todesfälle aufgrund von Infektions- und Parasiten-Krankheiten, die Einwohnerzahl pro Arzt und Krankenbett (UNRISD 1974, S. 253).

Im Erziehungsbereich wurden die Alphabetisierungsrate der Erwachsenen, die Einschulungsrate, die Rate der Hochschulausbildung und das Schüler-Lehrer Verhältnis vorgeschlagen.

Im Ernährungswesen gibt es noch keine zufriedenstellenden Indikatoren. Gegenwärtig wird der durchschnittliche Kalorien- und Proteinenverbrauch pro Kopf und Tag als Meßgröße verwendet.

Für eine angemessene Analyse des Wohnungswesens wird empfohlen, den Anteil der in "Wohnungen" lebenden Bevölkerung zugrundezulegen. Dabei wird differenziert nach Personen, die in Wohnungen mit WC bzw. mit fließend Wasser leben. Außerdem wird die Anzahl der Personen pro Wohnraum als Indikator verwendet. Als Hauptproblem für eine Analyse des Wohnungswesens wird das Fehlen von zuverlässigen Daten genannt.

Was in der UNRISD-Liste fehlt, worauf aber Dudley SEERS aufmerksam macht, ist der Erfüllungsgrad des "Grundbedürfnisses nach Arbeit". Auch er sollte als ein sozialer Entwicklungsindikator angesehen werden (SEERS 1974, S. 42). Das gleiche gilt für "Soziale Sicherheit" (z.B. Krankenversorgung, Arbeitslosenversicherung, Rentenversicherung etc.).

Das UNRISD-Indikatorensystem ist in den 70er Jahren von verschiedenen Forschungsgruppen, vor allem aber am UNRISD selbst, weiterentwickelt worden (vergl. NOHLEN/NUSCHELER 1982, S. 451-485; über methodische Probleme der Messung und Auswertung vergl. den Aufsatz von McGRANAHAM u.a. in HDW II,1,1982).

Will man die gesellschaftlichen Wirkungen des Einsatzes von Informationstechnik in den Ländern der Dritten Welt analysieren, dann sind es diese Faktoren, die in bezug auf mögliche Veränderungen zu überprüfen sind. So könnte man etwa anhand der sogenannten "Trendverstärkungshypothese" (REESE u.a. 1978) Veränderungen messen. So ist beispielsweise der verschiedentlich geforderte Einsatz von Video-Geräten für Lehrzwecke an der Veränderung der Analphabetenrate zu messen. Dabei sind natürlich eine Reihe von intervenierenden Variablen zu berücksichtigen, wie z.B. die Veränderung der Zahl der Lehrer. Generell gilt, daß das Zurückführen von Veränderungen im sozialen Bereich — wie auch in allen anderen gesellschaftlichen Bereichen - nur sehr vermittelt auf die "Informatisierung" der Gesellschaft zurückgeführt werden kann. Andere Kennzahlen aus dem ökonomischen und politischen Bereich wirken immer gemeinsam mit der technischen Ausbreitung.

6. Technologietransfer und sozio-kulturelle Bedingungen

Technologien, die in den entwickelten Industrieländern entstanden sind, tragen nicht nur den Kontext der ihnen zugrundeliegenden sozio-ökonomischen Strukturen als inhärente Bedingungen in sich, sondern auch bestimmte kulturelle Wertvorstellungen. Die Begriffe "Rationalisierung" und "Säkularisierung" sind sicher nicht die einzigen, aber vielleicht die treffendsten mit denen sich diese Werte beschreiben lassen. Implizit, teilweise auch explizit, wird in allen Entwicklungskonzeptionen unterstellt, daß Entwicklungsprozesse, unabhängig von ihrer historischen Ausgangssituation, ihres Tempos und ihrer besonderen ökonomischen Ausprägung *im Prinzip* mit gleichartigen sozio-kulturellen Wandlungsprozessen verbunden sind und sein müssen. Diese — vielfach als "universalistisch" und "eurozentristisch" kritisierte — Vorstellung ist in den letzten Jahren zunehmend in Frage gestellt worden, nachdem sich herausgestellt hatte, daß intendierte technologische Innovationsprozesse in ihrer Penetrationswirkung durch vorhandene traditionelle Normen und Verhaltensweisen behindert wurden (OHE u.a. schildern ein Beispiel aus Peru, wo die indianischen Bauern Vorschläge zur effizienteren und rationelleren Bearbeitung ihres Bodens nicht akzeptiert haben, da sie ihre traditionelle Anbauweise, von oben nach unten und unten nach oben, nicht ersetzen wollten durch eine Bearbeitung entlang des Hanges. Diese Haltung war religiös begründet. Verletzung des Bodens bedeutet für die Indios Verletzung der Gottheit. Es müssen deshalb die denkbar größten Anstrengungen unternommen werden, um die Gottheit zu versöhnen. (OHE u.a. 1982, S.15)

Umgekehrt haben andere technische Innovationen die vorhandenen Werte so stark zersetzt, daß es zu erheblichen Störungen in den historisch gewachsenen Sozialbeziehungen, in den Verhaltensweisen, in den Familien- und Verwandtschaftsstrukturen etc. gekommen ist. OHE u.a. beschreiben hierzu ein Beispiel, wo den Yir-Yoronte im Norden Australiens in großer Anzahl Stahläxte zur Verfügung gestellt wurden. Vorher wurden Steinäxte verwendet, deren Herstellung sehr aufwendig war, weil die Steine von weit her geholt werden mußten. Diese Steinäxte waren daher äußerst knapp, und hatten einen hohen symbolischen Wert, was ja bekanntlich in Industrieländern nicht anders ist (Gold, Diamanten etc.). Durch die Stahläxte, die an jedes Mitglied des Stammes verteilt wurden, wurde die gesamte Sozialordnung durcheinandergebracht, was zu Auflösungserscheinungen der historisch gewachsenen Gemeinschaft führte. (OHE u.a. 1982, S.89f.)

In der wissenschaftlichen Reflexion all dieser Probleme wird heute ein zunehmender Zweifel an einem Entwicklungsprozeß artikuliert, der auf einem Modernisierungsbegriff im Sinne einer allumfassenden Rationalität basiert. Ohne Zweifel ist jede angestrebte technisch-ökonomische Modernisierung mit einer Rationalisierung vorhandener Arbeitsweisen verbunden. Dies ist auch das erklärte Ziel jeglicher Entwicklungsmaßnahme. Entweder geht es um die Erhöhung der Arbeitsproduktivität, des Bodenertrages, die Steigerung der internationalen Wettbewerbsfähigkeit, um neue Formen der Kommunikation, Erleichterungen von statistischen Berechnungen und damit Schaffung von Voraussetzungen für gesellschaftliche Entwicklungsinitiativen, also geplante Eingriffe in bislang spontan ablaufende Prozesse. Mit all diesen Effekten ist gesellschaftlicher Wandel verbunden, der vor den sozio-kulturellen Dimensionen nicht Halt machen kann. Aber — und das ist die entscheidende Frage, die sich alle an diesem Prozeß Beteiligten zu stellen haben — wie kann ein sozialer Wandel stattfinden, der nicht mit einem radikalen Identitätsverlust einer Gesellschaft erkauft wird bzw. die Chance beinhaltet, eine neue "authentische" Identität aufzubauen (OHE u.a 1982, S.9).

Diese Frage — soviel kann jetzt schon gesagt werden — ist bislang nicht zufriedenstellen beantwortet. Es beginnt gerade der Versuch, die analytischen Kategorien zu gewinnen, anhand derer Begriffe wie "authentische Identität", "kultureller Wandel" etc. inhaltlich bestimmt werden können. OHE u.a. haben in einer 1982 erschienen Studie den Vorschlag gemacht, den empirisch feststellbaren Wandlungsprozeß im Rahmen dreier Gegensatzpaare zu fassen: Universalismus versus Relativismus, Ethnozentrismus versus Perspektivismus, Identität versus Wandel. Kultur begreifen die Autoren als einen Relationsbegriff, der die "Beziehungsweisen zwischen den grundlegenden Wirklichkeitskonzeptionen wie Religion, Sinnsystemen, traditionellen Weltbildern und deren sozialer Ausdrucksformen, verstanden als Aktualisierung eben dieser Wirklichkeitskonzeptionen" meint (OHE u.a. 1982. S.4). Für empirische Untersuchungen möglicher sozio-kultureller Probleme im Gefolge von Modernisierungsbestrebungen identifizieren die Autoren eine Reihe von Konfliktfeldern, die ich im folgenden stark verkürzt skizzieren möchte:

1. *Religiöse Deutungssysteme:* Bestimmte Modernisierungsbestrebungen, die nach europäischen Wertmustern durchgeführt werden (z.B. Natur als manipulierbare und auszubeutende Ressource), können in Konflikt geraten mit sakralen Naturdeutungen und religiös begründete Tabus verletzen (z.B.: heilige Kühe, Speisetabus, geographische Tabuzonen, zeitliche Tabus u.a.m.).

2. *Produktions- und Austauschformen:* In einigen Regionen sind bestimmte Produkte mit mythischer Bedeutung behaftet (z.B. Tansania: Getreide), was zu Konflikten mit bestimmten Anbauformen führen kann. Auch die Wertzuschreibungen gegenüber Produkten können sich an anderen Kriterien orientieren (z.B. Nordkamerun: Länge der Hörner eines Rindes anstatt der Fleischmenge). Surplusgewinne sind manchmal an bestimmte rituelle Verwendungszwecke gebunden, können also nicht zur Kapitalakkumulation verwendet werden, was natürlich im krassen Gegensatz zur europäischen Rationalitätsvorstellung steht (z.B. Agni in der Elfenbeinküste).

3. *Arbeitsethik:* An rationalem Produktivitätsfortschritt orientierte Arbeitsnormen wie Zuverlässigkeit, Pünktlichkeit, Regelmäßigkeit, Sachlichkeit, Pflichtbewußtsein, Leistungsorientierung, der Trennung von Arbeit und Freizeit u.a.m., stehen manchmal im Gegensatz zu bestimmten Verhaltensgewohnheiten, die mehr an religiösen oder sozialen Verpflichtungen orientiert sind oder auch stärker vom Klima abhängig sind als in Europa.

4. *Zeitbegriff:* Das lineare Zeitverständnis, das für die moderne europäische Industriewelt prägend ist, kann im Widerspruch zu einem mehr zyklischen Zeitbegriff stehen, wie er in einigen Kulturen verbreitet ist. In Indien und Arabien ist beispielsweise eine genaue Zeitbestimmung für "morgen" unbekannt. In anderen Kulturen sind langfristige Vorausplanungen ungewöhnlich.

5. *Traditionelle Solidarität und Abhängigkeitsbeziehungen:* Den Erfordernissen bürokratischer Planungen im politischen und ökonomischen Bereich stehen familiäre und ethnische Verhaltenserwartungen und Verpflichtungen gegenüber. Der Austausch von Gütern und Dienstleistungen ist zum Teil nicht an abstrakten Tauschrelationen gebunden, sondern mehr bestimmt von sozialen Beziehungen (z.B. Tradition des gegenseitigen Helfens, Klientelbeziehungen etc.).

6. *Wissenssysteme:* Das wissenschaftlich begründete Wissen, Basis des Einsatzes moderner Technologien, gerät oft in Konflikt mit "traditionellem Wissen" (z.B. Medizin, mythologisierter Umgang mit Feuer).

7. *Geschlechterrollen:* Viele Entwicklungsprojekte sind bereits an traditionellen Familiennormen gescheitert. Hiervon betroffen sind vor allem medizinische Projekte (z.B. Marokko: Frauen nahmen außerhalb des Hauses keine ärztliche Hilfe in Anspruch), Alphabetisierungsprojekte (z.B. Afghanistan: Massiver Widerstand gegen die Alphabetisierung, weil Jungen und Mädchen in einer Klasse lernten, was

gegen traditionelle geschlechtsspezifische Tabus verstieß), landwirtschaftliche Projekte (z.B.: Männer weigern sich, landwirtschaftliche Tätigkeiten zu verrichten, weil diese Arbeit in bestimmten Kulturen traditionellerweise von Frauen ausgeübt wird).

8. *Eigentumsformen:* Landwirtschaftliche Projekte stießen oft auf Probleme mit überlieferten Eigentumsvorstellungen (z.B. Kenya/Tansania: Von Nomaden wurde zwar kollektives Eigentum an Boden akzeptiert, nicht aber an Vieh). Modernisierung und Erhöhung der Produktivität erfordert oft eine höhere Konzentration der Produktionsmittel. Diese Anforderung gerät in Konflikt mit traditionellen Besitzverhältnissen. Z.B. stößt die bei vielen landwirtschaftlichen Projekten als notwendig erachtete kollektive Nutzung des Bodens auf den erbitterten Widerstand der traditionellen Großgrundbesitzer.

9. *Bildung und Ausbildung:* Oft wird europäisches Lehrmaterial einfach übertragen, ohne auf die kulturellen und geographischen Unterschiede Rücksicht zu nehmen. So werden beispielsweise Lehrbeispiele verwendet, die in vielen Ländern nichts mit der Lebenswelt der Kinder zu tun haben (z.B.: die vier Jahreszeiten, Weihnachten im Schnee, Rechenbeispiele mit D-, Eil- und Inter-City-Zügen).

10. *Kommunikationsformen:* Bei der Veränderung des Kommunikationswesens werden oft traditionelle Gebräuche mißachtet. So ist es z.B. in einigen asiatischen Kulturen nicht üblich, ein eindeutiges JA oder NEIN zum Ausdruck zu bringen, sondern die Auffassung zu umschreiben. Dies kann bei Europäern durchaus Irritationen auslösen. Kommunikationsformen, die von Europäern geprägt sind, lassen oft keinen Platz für besondere Respekt- oder Höflichkeitsbezeugungen, was wiederum bei den Einheimischen zu Irritationen führt.

11. *Entscheidungsfindungssysteme:* Rationale Entscheidungsfindungssysteme europäischer Denkart, stehen nicht selten im Widerspruch zu den Gebräuchen in anderen Ländern der Welt. So ist z.B. in afrikanischen Ländern der Palaver ein gängiges Entscheidungsfindungsverfahren. Dabei wird solange diskutiert, bis kein Widerspruch mehr vorhanden ist. Das kann mitunter die Geduld von europäischen Experten arg strapazieren.

12. *Persönlichkeitsmodell:* Arbeits-, Beziehungs- und Wohnformen, die europäischem Muster entsprechen und die mit entsprechenden Verhaltensweisen gekoppelt sind, wie z.B. individuelles Leistungsstreben und Konkurrenzorientierung, stehen im Widerspruch zu Entwicklungsformen der Ich-Identität, die viel stärker auf kollektiven Identifikationsmöglichkeiten beruhen als in Europa (Familie, Sippe, Stamm etc.).

13. *Trieb und Konfliktregelung:* Kollektiv geregelte Möglichkeiten der Aggressionsentladung verlieren ihre organisatorische Basis und müssen unter Umständen durch individualistische Aggressionsentladungsmechanismen ersetzt werden, was zu enormen Sozialproblemen führen kann.

Ebenso wie bei der oben vorgenommenen Betrachtung der ökonomischen Faktoren ist auch bei sozio-kulturellen Aspekten die ***strukturelle Heterogenität*** in den Ländern der Dritten Welt eine wichtige Ausgangsbedingung. Zweifellos sind zwischen den — oft durch europäische Normen stark beeinflußten - Eliten und der breiten Masse der Bevölkerung starke Unterschiede in bezug auf ihre kulturelle Identität vorhanden. Geht man davon aus, daß "jede Wissenskonstellation ihre Berechtigung hat und nicht die Überlegenheit einer bestimmten — der "modernen"/westlichen/technokratischen — angenommen werden kann" (OHE u.a. 1982, S.172), dann dürfen die oben skizzierten sozio-kulturellen Konfliktfelder nicht nur als entwicklungspolitische Hemmfaktoren betrachtet und lediglich nach entsprechenden Überwindungsstratgien (=Anpassung an europäische Kulturnormen) gesucht werden. Ebensowenig kann allerdings der umgekehrten Auffassung zugestimmt werden, daß die vorhandenen, traditionellen sozio-kulturellen Normen ein unverrückbares Element der sozio-kulturellen Identität eines Landes oder einer Region darstellen, die unangetastet bleiben müssen. Sozio-kulturelle Identität ist keine statische Größe, sondern hat sich in jahrhundertelangen Entwicklungsprozessen herausgebildet und befindet sich — ganz gleich auf welchen Niveau der Produktivkraftentwicklung — in beständiger Veränderung. Jede Entwicklungsstrategie wird mit einer Veränderung der Produktivkräfte verbunden sein. Unter den heutigen Bedingungen, vor allem der weltweiten ökonomischen Verflechtungen, gehen die erforderlichen Integrationstendenzen — und das bedeutet immer auch Anpassung — ungleich schneller vor sich als in allen anderen historischen Epochen zuvor. Das enorme Tempo der Veränderung der technisch-ökonomischen Struktur wird alle gesellschaftlichen Bereiche tangieren und einen Prozeß der "Rationalisierung" auslösen, der alle genannten sozio-kulturellen Dimensionen in dieser oder jener Weise erfaßt. Diesen Prozeß und die dabei auftretenden Widersprüche zwischen Tradition und Wandel als einen dynamischen Prozeß des Identitätswandels zu gestalten, anstatt als Identitätszerstörung wirken zu lassen, ist Aufgabe einer verantwortungsvollen Entwicklungspolitik. Bewußte Gestaltung dieses Prozesses setzt immer eine auf rationale Durchdringung und wissenschaftliche Analyse basierende Planung voraus, was selbst schon als Widerspruch zu bestimmten traditionellen, historisch gewachsenen Verhaltensweisen in Erscheinung tritt. Diese Planung spielt nicht nur auf den Ebenen des politischen Systems eine Rolle, sondern auf allen Ebenen, die mit Fragen des Technologietransfers zu tun haben. Das Mindeste, was in dieser Beziehung zu erwarten ist, ist daß diese Überlegungen nicht erst bei der Frage der *Vermarktung* von technischen Produkten, sondern bereits in der Projektphase zum Tragen kommen, und insofern als Planung einer an die realen Bedingungen der Dritten Welt angepaßten Technologie zum Ausdruck kommen.

LITERATURVERZEICHNIS

BAUMGÄRTNER/POPPINGA (1975): Grundzüge der Agrarstruktur im peripheren Kapitalismus. In: TIBI/BRANDES (Hg.): Handbuch 2 — Unterentwicklung, Frankfurt am Main: EVA, 1975, S. 207-241

BECKER, J. (1984): Informationstechnologie in der Dritten Welt. Eine kritische Analyse theoretischer und empirischer Studien. Frankfurt am Main: GID, 1984

COMITE INTERAMERICANA DE DESARROLLO AGRICOLOA (CIDA) (1973): Die Landarbeiterschaft in einer Latifundienwirtschaft. In: E. FEDER (Hg.): Gewalt und Ausbeutung. Lateinamerikas Landwirtschaft, Hamburg: Kiepenheuer &Witsch, 1973, S. 162-218

DANIELS, S. (1986): Industrialisierungsstratgien vs. Basic-Needs-Strategie zur Entwicklung (Abgedruckt im vorliegenden Band)

EMMANUEL,A. (1984): Angepaßte Technologie oder unterentwickelte Technologie? Frankfurt am Main: Campus, 1984

ERNST, D. (1980): The New International Division of Labour, Technology and Underdevelopment. Consequences for the Third Wold. Frankfurt am Main: Campus, 1980

ESSER, K. (1979): Lateinamerika. Industrialisierungsstrategien und Entwicklung. Frankfurt am Main: Suhrkamp, 1979

EVERS/WOGAU (1984): "dependencia": lateinamerikanische Beiträge zur Theorie der Unterentwicklung. In: Das Argument, Nr. 79 (1973), S.404-454

FRANK, A.G. (1968): Kapitalismus und Unterentwicklung in Lateinamerika. Frankfurt am Main: EVA, 1968

HDW I,1 (1974): Handbuch der Dritten Welt, hrsg. v. NOHLEN/NUSCHELER. Band 1: Theorien und Indikatoren von Unterentwicklung und Entwicklung. Hamburg: Hoffmann und Campe, 1974

HDW II,1 (1982): Handbuch der Dritten Welt, hrsg. v. NOHLEN/NUSCHELER. Band 1: Unterentwicklung und Entwicklung. Theorien-Strategien-Indikatoren. (Völlig überarb. u. erw. Neuaufl.), Hamburg: Hoffmann und Campe, 1982

HURTIENNE, T. (1984): Das Beispiel Brasilien. Anmerkungen zur Entwicklungstheorie von Dieter Senghaas. In: Medienmacht im Nord-Süd-Konflikt: Die Neue Internationale Informationsordnung. Friedensanalysen 18, Frankfurt am Main: Suhrkamp, 1984, S. 349-391

ILO (Hg.) (1984/85): Wold Labour Report, Vol. I and II. Genneva: ILO

JAMIN,K. (1980): Bedeutung der Entwicklungshilfe im Bereich der Datenverarbeitung. In: IKD 1980 (Dokumentation), S. 751-754

McGRANAHAN/PIZARRO/RICHARD (1982): Methodologische Probleme bei Selektion und Analyse von Indikatoren für sozioökonomische Entwicklungen. In: HDW II,1, (1982), S.414-431

MÜLLER-PLANTENBERG, U. (1973): Technologie und Abhängigkeit. In: SENGHAAS, D. (Hg.): Imperialismus und strukturelle Gewalt. Analysen über abhängige Reproduktion. Frankfurt: Suhrkamp 1973, S. 335-355

NOHLEN/NUSCHELER (1982a): Was heißt Dritte Welt? In: HDW II,1, S. 11-24

NOHLEN/NUSCHELER (1982b): Indikatoren von Unterentwicklung und Entwicklung. Probleme der Messung und quantifizierenden Analyse. In: HDW II,1, S. 451-485

OHE u.a. (1982): Die Bedeutung sozio-kultureller Faktoren in der Entwicklungstheorie und -praxis. Köln: Weltforum-Verlag 1982

PINTO,A. (1973): La "Heterogenidad Estructural": Aspecto fundamental del desarrollo latinoamericana, Santiago de Chile 1973

QUIJANO, A. (1974): Marginaler Pol der Wirtschaft und marginalisierte Arbeitskraft. In: SENGHAAS (1974), S.298-341

RADA, J.F. (1982): Aussichten für die dritte Welt. In: FRIEDRICHS/SCHAFF (Hg.): Auf Gedeih und Verderb. Mikroelektronik und Gesellschaft. Bericht an den Club of Rome. Wien: Europa Verlag, 1982, S.225-255

REESE u.a. (1979): Gefahren der informationstechnologischen Entwicklung. Frankfurt am Main: Campus, 1979

SCHILLER, H.I. (1984): Die Verteilung des Wissens. Information im Zeitalter der großen Konzerne. Frankfurt am Main: Campus 1984

SCHOELLER; W. (1976): Weltmarkt und Reproduktion des Kapitals. Ffm.-Köln: EVA 1976

SCHOELLER,W. (1981): Zur ökonomischen Entwicklung Mocambiks seit der Unanbhängigkeit. In: Peripherie Nr. 5/6 (1981), S. 92-106

SCHUMACHER, E.F. (1977): Die Rückkehr zum menschlichen Maß. Alternativen für Wirtschaft und Technik. Reinbek bei Hamburg: Rowohlt 1977

SEERS, D.(1974): Was heißt "Entwicklung"? In: SENGHAAS (1974), S.39-67

SIEBOLD, T. (1984): Zur Geschichte und Struktur der Weltnachrichtenordnung. In: Medienmacht im Nord-Süd-Konflikt: Die Neue Internationale Informationsordnung. Friedensanalysen 18. Frankfurt am Main: Suhrkamp 1984, S. 45-92

SENGHAAS; D. (Hg.) (1974):Peripherer Kapitalismus. Analysen über Abhängigkeit und Unterentwicklung. Frankfurt am Main: Suhrkamp, 1974

SENGHAAS, D. (1975): Strukturelle Abhängigkeit und Unterentwicklung. Einige einführende Überlegungen. In: TIBI/BRANDES (Hg.): Handbuch 2 — Unterentwicklung. Frankfurt am Main — Köln: EVA, 1975, S. 120-137

SENGHAAS, D. (1977): Weltwirtschaftsordnung und Entwicklungspolitik. Plädoyer für Dissoziation. Frankfurt am Main: Suhrkamp, 1977

SENGHAAS, D. (1982): Autozentrierte Entwicklung. In: HDW II,1, S. 359-379

UN Research Institute for Social Development (UNRISD) (1974): Indikatoren der Entwicklung. In: HDW I,1, S. 251-257

WERLHOF/NEUHOFF (1979): Zur Logik der Kombination verschiedener Produktionsverhältnisse: Beispiele aus dem venezolanischen Agrarsektor. In: BENNHOLD-THOMSEN u.a. (Hg.): Lateinamerika. Analysen und Berichte, Bd. 3, Berlin: Olle &Wolter, 1979

INDUSTRIALISIERUNGS-STRATEGIE VS. BASIC-NEEDS-STRATEGIE ZUR ENTWICKLUNG

Susanne Daniels-Herold
Kaiserslautern

1. Vorbemerkung

Zu Beginn der 60er Jahre entstanden in der Bundesrepublik sowohl auf staatlicher Seite (Bundesministerium für wirtschaftliche Zusammenarbeit) als auch auf kirchlicher Seite (MISEREOR bei den Katholiken, Brot-für-die-Welt bei den Protestanten) Institutionen, die sich ausschließlich auf Entwicklungshilfe konzentrierten. Dies geschah vor dem Hintergrund, daß vor allem in Afrika in dieser Zeit die meisten Länder ihre Unabhängigkeit erlangten und in der Bundesrepublik Deutschland die Wiederaufbauphase nach dem Zweiten Weltkrieg abgeschlossen war.

Vor allem in den Kirchen war noch nicht die Erinnerung erloschen an die nach dem Zweiten Weltkrieg erhaltene Hilfe, die nun durch eigene Hilfeleistungen aufgewogen werden sollte. Vor diesem geschichtlichen Hintergrund bildeten sich in den letzten 30 bis 40 Jahren verschiedene Strategien und Kritiken der Entwicklungshilfe.

Bei all diesen Strategien scheint durch, daß es problemlose Entwicklungshilfe nicht geben kann, sondern daß sie immer auf ihre mehr oder weniger gewollte Nebenwirkung untersucht werden muß, um herauszufinden, ob wirkliche Schritte zur Überwindung der Unterentwicklung getan werden. Es ist auch die Frage wer mit welchen Mitteln versucht, welche Ziele zu erreichen. Zudem ist es schwierig, Entwicklung und Unterentwicklung überhaupt zu definieren (s.auch den Beitrag von Michael Paetau).

2. Entwicklungskonzepte

Entwicklung und Unterentwicklung läßt sich deshalb so schwer definieren, weil es sich hier um Begriffe handelt, die einmal ständigen Veränderungen unterworfen sind und zum anderen von verschiedenen Gesellschaften sowie von verschiedenen sozialen Gruppen innerhalb einer Gesellschaft sehr verschieden verstanden werden. Ein aktuelles Beispiel dafür aus der

Bundesrepublik ist die Debatte um das Kohlekraftwerk Buschhaus als Beitrag zur "Entwicklung des Zonenrandgebietes" und die verschiedenen Positionen, die Parteien, Gewerkschaften und andere dazu einnehmen.

2.1 Strategie 1: Entwicklung gleich Wirtschaftswachstum

Das war die Devise, die 1951 von den Vereinten Nationen ausgegeben wurde. Man hoffte, daß wirtschaftliches Wachstum ein ausreichend großer Sog sei, um politische und soziale Ungerechtigkeiten in den sogenannten Entwicklungsländern zu überwinden. Dabei wurde angenommen, daß dies nur eine Sache von ein bis zwei Jahrzehnten sei und die Kluft zwischen reichen und armen Ländern durch massive technische und Kapital-Hilfe gelöst werden könne. Es wurde auch in Kauf genommen, daß diese Art von Entwicklungshilfe zuerst einseitig einer reichen Minderheit zugute kommen würde, dachte man doch, daß den Armen nicht einmal Brosamen vom Tisch der Reichen zufallen könnten, wenn dieser selbst leer sei (trickle-down effect).

Die Lage der Masse der Armen verschlimmerte sich jedoch und nur die wenigen Reichen wurden wirklich reicher. Bevölkerungs-Explosion, Rohstoff-Preisverfall, bürokratische Mißwirtschaft und Inflation taten ein übriges, um reine Wachstumsstrategien zum Scheitern zu verurteilen.

2.2 Strategie 2: Entwicklung gleich Wachstum und Sozialer Wandel

Das war die Devise des zweiten Entwicklungsjahrzehnts, denn man hatte eingesehen, daß Entwicklung wohl nicht möglich sein werde, wenn politisch bzw. soziokulturell alles beim Alten bliebe. Dies war die Zeit der großen Investitionen im sozialen Bereich der Gesundheits- und insbesondere der Bildungs-Systeme, und der Forderung nach einer gerechten Verteilung der Landressourcen durch Landreformen.

Die Durchsetzung sozialen Wandels gelang nirgends friedlich, da die Nutznießer von Macht und Reichtum nicht einer friedlichen Umverteilung zustimmen wollten. Ausgehend von Kuba (1959) vollzogen sich einige Revolutionen mit dem Ziel, eine eigenständige Entwicklung mit mehr sozialer Gerechtigkeit zu erreichen.

Nicht nur in der politischen Auseinandersetzung sondern auch in der wissenschaftlichen Diskussion ging vor allem von Lateinamerika ein erheblicher Denkumschwung aus. Unterentwicklung wurde nicht mehr als selbstverschuldeter gleichsam vorgeschichtlicher Zustand begriffen, sondern in den Dependenz-Theorien als Auswirkung der Ausbeutung der Kolonien und Integration der unabhängigen Länder in den Weltmarkt beschrieben.

2.3 Strategie 3: Aufheben der Abhängigkeit (ausgehend von den Dependenz-Theorien)

Die Dependenz-Theorien sind ein weites Feld verschiedener Theorien. Vereinfacht wurden hier zur Überwindung der Abhängigkeit zwei entgegengesetzte Methoden entwickelt, die vor dem Hintergrund verschiedener politischer Zielsetzungen zu sehen sind:

* Die Abkopplungs-These

schlägt eine längerfristige Loslösung der Entwicklungsländer aus dem Weltmarkt vor, um der Entwicklung eigener Möglichkeiten eine faire Chance zu geben. Sie ist vor dem politischen Hintergrund zu sehen, daß manche sich Entwicklung nicht durch Integration in den kapitalistischen Weltmarkt vorstellen können. Die gleiche Idee wurde in Deutschland durch den Deutschen Zollverein (um 1840) verwirklicht.

* Die Neue Weltwirtschaftsordnung

wurde erstmals Anfang der siebziger Jahre diskutiert. Sie hat als Ziel die Integration der Entwicklungsländer in den Weltmarkt und zwar zu gerechteren Bedingungen als dies derzeit der Fall ist. Der Rohstoff-Fonds zur Stabilisierung der Rohstoffpreise am Weltmarkt ist bei uns in der öffentlichen Diskussion am bekanntesten geworden. Er ist jedoch nur Teil eines umfangreichen Forderungkataloges, den die Entwicklungsländer seit 1972 zunehmend differenzierter, vor allem bei den UNCTAD-Konferenzen auf den Verhandlungstisch gelegt haben.

Sowohl Abkopplung als auch Neue Weltwirtschaftsordnung sind derzeit weitgehend als Methoden zur Überwindung der Unterentwicklung unbrauchbar geworden, obwohl sie immer noch lautstark eingefordert werden. Die Gründe für das Scheitern sind vielschichtig, als wichtigste sind anzuführen, daß die Abkopplungs-These in der Dritten Welt nicht aufgegriffen wurde, die Neue Weltwirtschaftsordnung dagegen sich nicht realisieren läßt, weil es zwischen den

Entwicklungsländern und den Industrieländern grundlegend verschiedene Interessen gibt.

2.4 Strategie 4: Die Grundbedürfnis-Strategie (Basic-Needs)

Diese Strategie proklamierte in den 70er Jahren die Weltbank (McNamara) als Neuansatz zur Überwindung von Unterentwicklung. Wachstum wurde nicht mehr nur als quantitativ meßbare Steigerung des Einkommens verstanden sondern als konkrete Verbesserung der Lebensbedingungen der armen Massen, vor allem in den Bereichen Ernährung, Gesundheit, Wohnen, Bildung und Arbeit.

Nur die Entwicklungshilfeorganisationen hielten sich an diese Strategie, die nach der "Wende" in den achziger Jahren ihre Fortsetzung in der "Direkten Armutsbekämpfung" fand.

3. Die Situation heute

Bei der Diskussion um Neue Technologien in Entwicklungsländern werden vor allem die Hoffnungen der 50er Jahre immer wieder bemüht. Aber auch die anderen Theorien spielen immer wieder eine Rolle.

So ist z.B. Chung vom Zentrum für Technologische Zusammenarbeit in Berlin überzeugt, daß Informationstechnologie in den Entwicklungsländern das ersehnte Wirtschaftswachstum bringen, und dieses Wirtschaftswachstum wiederum die Armut beseitigen hilft.. Diese Position wird auch von der derzeitigen Bundesregierung vertreten. (Für dies und die folgenden Beispiele s. ARNOLD.)

Tanaka von der UNIDO fordert "sozialen Wandel", nämlich Ausbildung, ein technologiepolitisches Rahmenprogramm, intergrierten Systemansatz, "Technologies for Humanity". Bei Jörg Becker ist eine Weiterentwicklung der Abkopplungsthese zu finden, ebenso wie die Forderung nach einer Weltinformationsordnung, die an die Forderung nach einer Neuen Weltwirtschaftsordnung erinnert. Ebel von der ILO findet Beispiele für Informationstechnologie-Anwendungen zur Direkten Armutsbekämpfung, die dieses Lob sicher eher verdienen als das, was die Bundesregierung in diesem Zusammenhang als Direkte Armutsbekämpfung zu verkaufen versucht. Als Ergebnis des Tagungsbandes wird statiert, daß Informationstechnologien wohl kaum zur Direkten Armutsbekämpfung geeignet seien.

Betrachtet man die derzeitige Situation, so fällt auf, daß
- die Schere zwischen reich und arm sich noch weiter geöffnet hat
- zwei Drittel der Weltbevölkerung unter Hunger und Krieg zu leiden haben
- die Verletzung der Menschenrechte weltweit zunimmt
- die Industrieländer es sich leisten und erlauben können, nicht mehr vorstellbaren ··· finanziellen Aufwand zu betreiben, um hochzurüsten
- das alles vor dem Hintergrund zunehmender Arbeitslosigkeit und Umweltzerstörung ···auf der ganzen Welt.

Bei dieser Lage kann sich niemand mehr anmaßen zu wissen, wie Unterentwicklung in konkreten realistischen Schritten überwunden werden könne.

Nur radikales Umdenken in den Industrieländern (wie etwa nach dem "Ölschock"), Einsatz öffentlicher und privater Gelder nach anderen (sozialen) Kriterien, Überwindung des Rassismus und der Unterdrückung von Minderheiten in den Entwicklungsländern, möglicherweise auch der Erfolg mancher Befreiungsbewegungen könnten hier mehr bewirken als jede wirtschaftliche oder technische Einmischung.

Es ist sogar zu überprüfen, ob in bestimmten Fällen eine solche Einmischung nicht eher eine positive Entwicklung behindert als sie zu fördern. So wird verschiedentlich davor gewarnt, daß staatliche Entwicklungshilfe doch nur zur Erhaltung der Strukturen beiträgt. Dem wird die Idee der "Hilfe zur Selbsthilfe" entgegengesetzt.

Eine Übertragung der Hoffnungen, die sich in den Industrieländern an die Neuen Technologien knüpfen, ist schon deshalb nicht sinnvoll, weil in den Entwicklungsländern andere Bedingungen herrschen, zudem ist auch noch nicht klar, ob sich die Hoffnungen in den Industrieländern überhaupt erfüllen. Vor allem ist aber zu befürchten, daß sich die Konsequenzen aus den Wachstumstheorien der 50er Jahre wiederholen und die Schere zwischen arm und reich sich immer weiter öffnet.

Literatur

ARNOLD, Rolf (Hrsg), Neue Technologien und Entwicklungszusammenarbeit
Schriftenreihe der Deutschen Stiftung für Entwicklungshilfe 1985

NOHLEN, D., Lexikon Dritte Welt, rororo 6295

STRAHM, Rudolf H., Warum sie so arm sind
Peter Hammer Verlag Wuppertal 1985

Partnerschaft Dritte Welt e.V., Zehn Jahre Dilemma, Herrenberg 1984

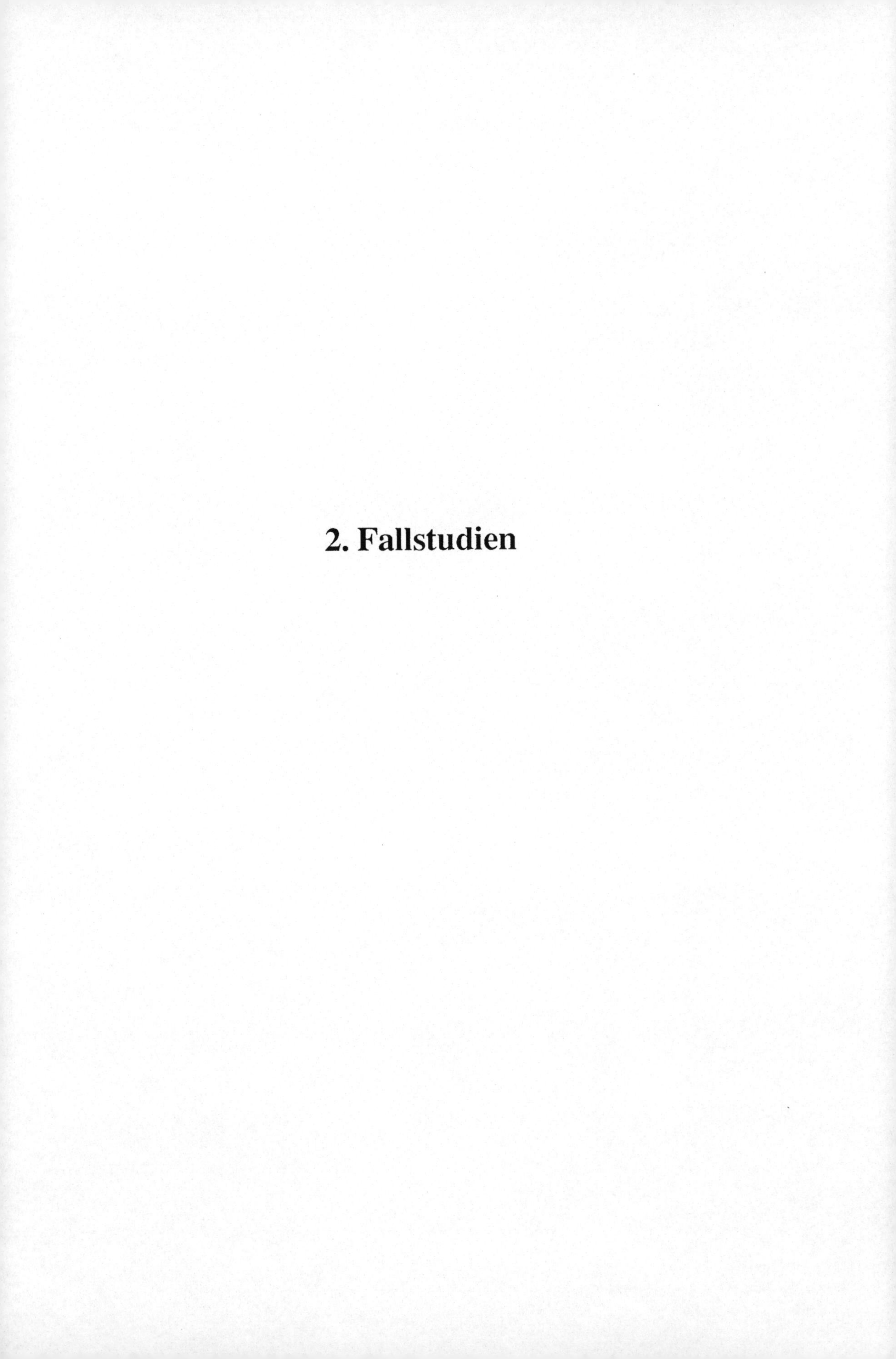

2. Fallstudien

TECHNOLOGY IS POWER - USE IT

oder

COMPUTEREINSATZ AUF DEN PHILIPPINEN

HEIDRUN KAISER
International Labour Organisation
(ILO)

Anmerkung: Der folgende Bericht entstand im Jahre 1985 und spiegelt im wesentlichen die Zustände vor der Revolution auf den Philippinen wieder. In einem Nachtrag werden jedoch die wesentlichen Veränderungen seit dem Regierungswechsel ergänzt.

EINLEITUNG

Am 30.9.1985 berichtet das Arbeitsministerium der Philippinen in der Tageszeitung "Bulletin Today":

> "Während sich landesweit 33 Betriebe im Streik befinden, konnten in der vergangenen Woche 5 Konflikte beigelegt werden. Insgesamt wurden in diesem Jahr 208 Streiks und Aussperrungen gemeldet, von denen 38 bereits im letzten Jahr ausbrachen. Bei den in der letzten Woche geregelten Auseinandersetzungen handelte es sich im wesentlichen um Verhandlungsunwilligkeit der Unternehmen, um Diskriminierungen und Beeinträchtigung der Gewerkschaftsarbeit sowie um die Verweigerung eines 13. Monatsgehalts."

Diese Informationen des Statistischen Dienstes im Arbeitsministerium wurden mithilfe eines sog. Streik-Informationssystems zusammengestellt. Die Bewältigung der zahllosen Streiks in dem wirtschaftlich angeschlagenen Land war für den Arbeitsminister Ople, selbst ein begeisterter Befürworter der Neuen Technologien und Besitzer eines Heimcomputers, eine der vordringlichsten Anwendungen für Mikrocomputer in seinem Ministerium.

Das Informationssystem erfasst alle Streiks, Streikandrohungen und Aussperrungen mit Einzelheiten über Ursachen, Betriebe, Sektoren, Dauer und getroffene Massnahmen und Vereinbarungen. Von einer Analyse dieser Daten über einen grösseren Zeitraum hinweg erhofft man sich Hilfestellungen für die Vermeidung von Konflikten oder wenigstens eine schnelle Beilegung und günstige Bedingungen (für das Unternehmen).

Diese schon fast kuriose Anwendung von Computern spricht für sich selbst und schien mir gut in die allgemeine Technologiepolitik des Präsidenten Marcos zu passen, die mir auf einer Hauswand des regierungseigenen "Technology Resource Centers" in Manila stolz und meterhoch präsentiert wurde:

"Technology is power - use it."

Während meines ersten Besuchs auf den Philippinen im September und Oktober 1985 habe ich viele solcher Eindrücke gesammelt, über den Umgang mit Computern, insbesondere Mikrocomputern, welche Strategien verfolgt werden und wie sie eingesetzt werden. Der folgende Bericht basiert auf Gesprächen in Manila mit Vertretern und Mitarbeitern des Arbeitsministeriums, der Beratungsfirma SGV, der "Development Academy of the Philippines" DAP, des nationalen Rechenzentrums NCC, der Computergesellschaft PCS, des "Asian Institute of Management" AIM, des Dachverbands der Gewerkschaften TUCP, des Arbeitgeberverbandes ECOP und des regionalen Büros der Internationalen Arbeitsorganisation (ILO).

Nach einer kurzen Einführung in das Land möchte ich über den Computereinsatz im privaten und öffentlichen Sektor berichten, die Rolle von Mikrocomputern und insbesondere IBM näher ausführen, mich mit Ausbildungsfragen beschäftigen und mit einer Beschreibung der philippinischen Computergesellschaft abschliessen.

DIE PHILIPPINEN - HINTERGRUND

Die Republik der Philippinen ist ein Archipel von ca. 7000 Inseln südöstlich des asiatischen Festlands. Die maximale Ausdehnung in Nord-Süd-Richtung beträgt 1850 km und in Ost-West-Richtung 1120 km. Die Bevölkerung wird auf 55 Millionen geschätzt, bei einem jährlichen Bevölkerungszuwachs von 2,4%. Mehr als 70% der Bevölkerung lebt auf dem Lande.

Auf den Philippinen werden etwa 87 verschiedene Dialekte gesprochen, meist malayisch-indonesischen Ursprungs. Die offiziellen Landessprachen sind Filipino (Tagalog) und Englisch. Die Hauptstadt, Metro-Manila, hat mehr als 8 Millionen Einwohner und wurde vor dem Regierungswechsel von der First Lady, Imelda Marcos, regiert. Die dominierende Religion ist die katholische (74%), danach kommen Protestanten (9%) und Moslems (7%).

Manila wurde 1571 von spanischen Eroberern gegründet, die das Land nach dem spanischen König Philip II benannten. Die Spanier hielten die Philippinen bis 1898 besetzt, danach die Amerikaner nach dem spanisch-amerikanischen Krieg bis 1941, und zuletzt die Japaner bis 1945. Präsident Marcos trat 1965 sein Amt an, 1972 verhängte er das Kriegsrecht, das erst 1981 wieder aufgehoben wurde. Marcos wurde zum Präsidenten der neuen Republik ernannt. Sein Regime wurde nach den Wahlen von 1986 gestürzt und von Präsidentin Aquino abgelöst.

Auf den Philippinen dominiert der private Sektor den öffentlichen; die Landwirtschaft trägt ein Drittel zum Bruttosozialprodukt, zwei Drittel zu den Hauptexporteinnahmen und zur Hälfte zur Beschäftigung bei. Die wichtigsten landwirtschaftlichen Produkte sind Reis, Mais, Gemüse, Kokosnuss, Zucker, Tabak, Obst und Fische. An Mineralien werden Kupfer, Gold und Eisen abgebaut. Zu den wichtigsten industriellen Produkten zählen Textilien, Nahrungsmittel, Getränke, Tabak-Produkte, Papier, Pharmazeutika, Elektrogeräte und Autoreifen. Wesentliche Industriebereiche sind Düngemittel, Zucker, Zement, Stahl, Automobile und Raffinerien. An einem Atomkraftwerk auf der Halbinsel Bataan wird seit mehreren Jahren gebaut. Viele der ländlichen Gebiete sind jedoch noch ohne Wasser- oder Stromversorgung, Telefonverbindungen fehlen weitgehend.

Der überwältigende amerikanische Einfluss ist auf den Philippinen überall zu spüren, sei es beim Anblick der vielen McDonalds und Dunkins Donuts, oder nicht zuletzt an den durchwegs guten Englischkenntnissen der Filipinos mit überwegs amerikanischem Akzent.

Die Bundesrepublik Deutschland unterhält gute wirtschaftliche und kulturelle Beziehungen mit den Philippinen. So wurde z.B 1985 ein Kulturabkommen unterzeichnet. Ausserdem engagiert sich die Firma Siemens beim Aufbau eines automatischen Landesfernwählnetzes in der digitalen Version des Elektronischen Wählsystems (EWS).

COMPUTEREINSATZ AUF DEN PHILIPPINEN

Computer werden auf den Philippinen seit 1959 eingesetzt, zunächst waren es die IBM-Anlagen 650 und 1401. Abb. 1 zeigt das Wachstum der Computerindustrie bis 1982 (grössere und mittlere Systeme). IBM hatte zu diesem Zeitpunkt im Bereich der grossen Systeme einen Marktanteil von ca. 70%.

90 bis 95% der grossen und mittleren Rechner wurden in privaten Unternehmen, im wesentlich den 1000 führenden Unterneh men der Philippinen installiert. Die Anwendungsentwicklungen folgten im wesentlichen westlichen Mustern und waren stark von dem dominierenden amerikanischen Einfluss geprägt. Am weitesten fortgeschritten sind die Computeranwendungen in Banken. So sind einige der größten Banken bereits seit mehreren Jahren mit Bankomaten ausgestattet (vgl. hierzu die Anzeige von Philips in Abb. 2).

Im öffentlichen Sektor übernahm das 1971 gegründete "National Computer Center" (NCC) die Koordinierung von Beschaffung und Einsatz von Rechenanlagen. Hier wurden die meisten Informationssysteme für die Regierung entwickelt. Das NCC ist weiterhin zuständig für Wartung und Ausbildung im Bereich Computer. Jede Installation in einer Regierungsinstitution muss vom NCC bewilligt werden. Als 1979 in einer Untersuchung festgestellt wurde, dass viele regierungseigene Anlagen nur gering ausgelastet waren, verbot ein Dekret für eine Weile den Erwerb weiterer Computer. 1985 wurde das Genehmigungsverfahren liberalisiert, z.B. war für Anlagen bis 100.000 US$ keine Genehmigung mehr erforderlich. Inzwischen ist dieses Verfahren ganz abgeschafft.

Das NCC koordiniert gleichfalls die nationale Computerpolitik, d.h. den optimalen Einsatz von Computern , um Wirtschaftswachstum und Stabilität zu sichern. Hierzu gehören Strategien zur Verbesserung der Kommunikations-Infrastruktur, zur Verhinderung des Abwanderns von Fachkräften (sowohl vom öffentlichen in den privaten Sektor als auch ausser Landes) und die Planung von Ausbildungskapazitäten. Während die Regierung die eigene Herstellung von Rechnern eher pessimistisch beurteilt, strebt sie verstärkt Unabhängigkeit in Systemanalyse, Programmierung und dem Betrieb von Rechenanlagen an. Es gibt derzeit nur einen im Lande hergestellten Mikrocomputer, genannt "Chico", der sich aber im Preis noch nicht mit anderen IBM- oder Apple-kompatiblen Rechnern messen lassen kann. Dass die Firma unter dem Marcos-Regime dennoch überleben konnte, sollte angeblich an den guten Beziehungen zur Marcos-Familie liegen.

1985 plante das NCC Ausbildungsgänge in Software Engineering, um Kapazitäten für Softwareentwicklung und -export aufzubauen.

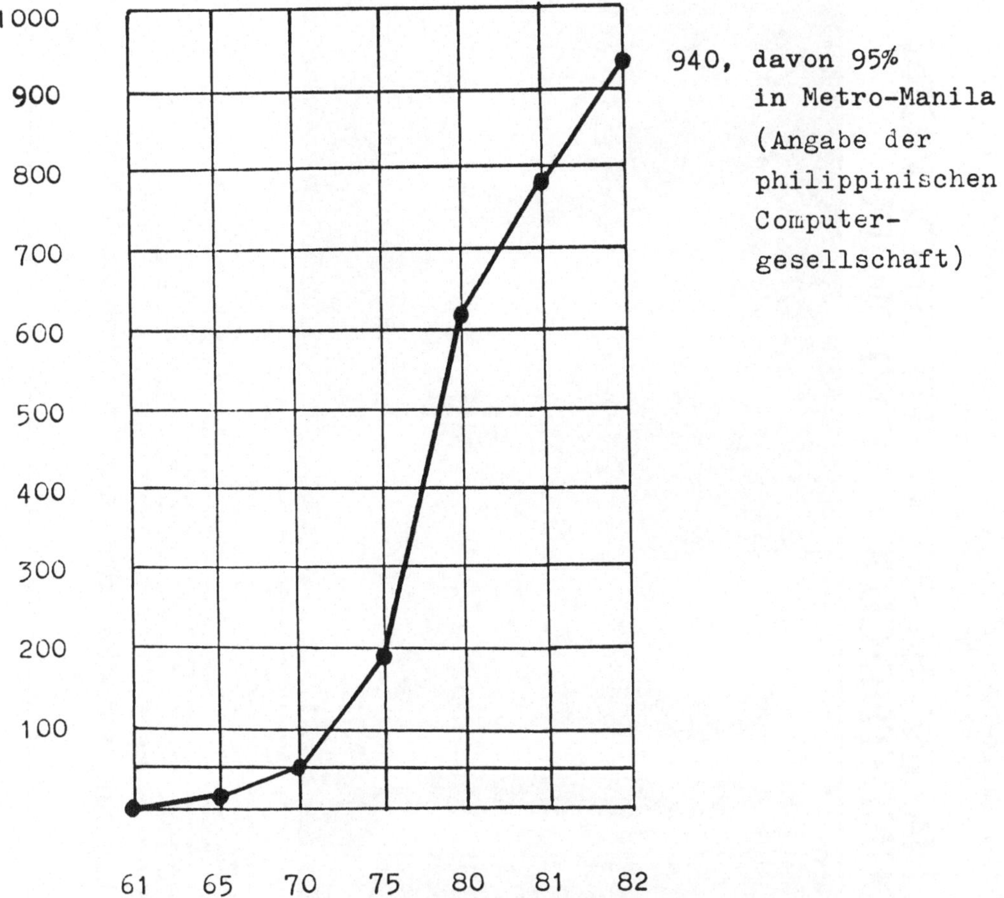

Abb. 1: Anzahl der Computeranlagen auf den Philippinen (nach Mendoza)

Anwendungsbeispiele aus dem öffentlichen Bereich sind eine Datenbank zur Stadtplanung in Metro-Manila und eine Agrar-Datenbank des "Agricultural Research Center" (z.B. zur Optimierung der Getreideerzeugung, Erstellung von Prognosen für Vieh-, Fisch-, Populationsentwicklung, etc.).

Abb. 2: Anzeige aus dem "Bulletin Today", 26.9.1985

DAS KOMMEN DER MIKROCOMPUTER UND DIE ROLLE VON IBM

Etwa 1983 schien der Markt für Grossanlagen gesättigt zu sein, jedoch sorgte der sprunghaft gestiegene Bedarf an Mikrocomputern weiterhin für Wachstumsraten in der Elektronikbranche von 40 bis 50%. Abb. 3 verdeutlicht die Anzahl der im Lande installierten Mikros von Ende der siebziger bis Anfang der achtziger Jahre.

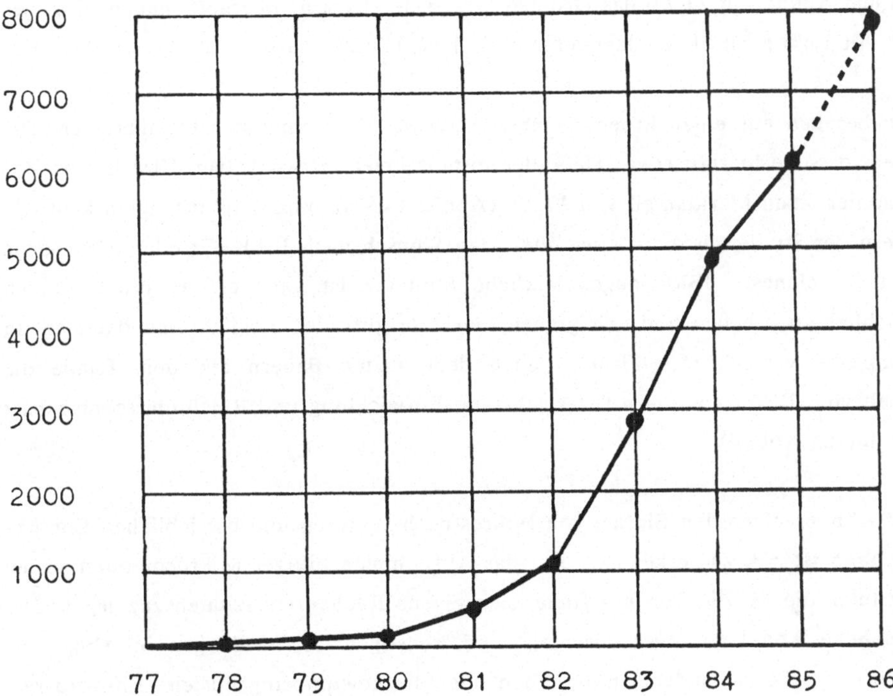

Abb. 3: Anzahl der Mikrocomputer auf den Philippinen (nach SGV)

Diese Zahlen, sowie weitere Informationen zum Mikrocomputer einsatz auf den Philippinen, gehen auf eine Studie zurück, die IBM von einer der grössten Beratungsfirmen, Sycip, Gorres, Velayo & Co. (SGV) erstellen liess und die im August 1985 vorgelegt wurde. Hauptziel dieser Studie war es, ein Marktprofil der gegenwärtigen Mikrocomputeranwendungen zu erarbeiten im Hinblick auf zukünftige Absatzmärkte für IBM.

Die Studie sollte weiterhin Anhaltspunkte liefern, wie der florierende graue Markt an IBM- (und Apple-) kompatiblen PCs und Software besser kontrolliert werden kann. Von 36 Firmen, die in Manila IBM PCs vertreiben, sind beispielsweise nur vier offizielle IBM-Händler. Die kompatiblen PCs stammen aus Hongkong, den USA, Singapur, Japan und Thailand und kosten etwa ein Drittel des offiziellen Preises. Diese "clones" or "fakes" sind in mehreren Riesen-Einkaufszentren in Manila legal zu erstehen, zusammen mit Software zum Kopierpreis und Raubdrucken der zugehörigen Handbücher. Anders als beim Apple II, wo die nachgemachten PCs mit einem Anteil von 24,7% das Original (9,9%) bereits weit überholt haben, liegt der "IBM PC clone" mit 1,4% noch hinter dem echten IBM PC (11,2%) zurück.

Die Daten beruhen auf einer Erhebung über ca. 6000 Mikrocomputer-Installationen. Die Autoren schätzen, dass sie hiermit etwa 80% aller Installationen erfasst haben. IBM hat im Bereich Mikrocomputer einen Marktanteil von 17,2% (Apple: 14,9%). Von den befragten kaufwilligen Teilnehmern der Studie äusserten etwa 50% den Wunsch nach IBM PCs oder XTs, sowie etwa 15% nach PC clones. IBMs augenblickliche Strategie ist ganz offensichtlich, diesen Marktanteil erheblich zu erhöhen und den grauen Markt so gut wie möglich einzudämmen. In einer Werbekampagne versucht die Firma, auch dem letzten Bauern auf dem Lande die Unentbehrlichkeit von IBM Computern für Wachstum, Entwicklung und Reichtum schmackhaft zu machen (vgl. hierzu Abb. 4).

Abb. 5 und Abb. 6 zeigen den Einsatz von Mikros nach Sektoren und betrieblichen Einsatzbereichen. In Abb. 5 ist z.B. zu erkennen, dass das Aufkommen billiger Mikrocomputer vielen Ausbildungsinstituten die Möglichkeit eröffnete, sich eigene Rechnerkapazitäten zuzulegen. Der verhältnismässig hohe Anteil von "ver mischten" und "sonstigen" Anwendungen in Abb. 6 ist Ausdruck der noch vorherrschenden Unklarheiten über die gewinnbringendsten Einsatzbereiche für Mikrocomputer. Viele Betriebe beschaffen sich die Geräte erst einmal, um ihre Angestellten mit der Technik vertraut zu machen und im Lauf der Zeit nützliche Anwendungen zu entwickeln. Folglich sind viele PCs nur schwach ausgelastet oder werden hauptsächlich zur Textverarbeitung eingesetzt.

AUSBILDUNG UND TRAINING

Computerausbildung begann auf den Philippinen in den sechziger Jahren mit der Einführung der ersten Computer und wurde im wesentlichen von den Herstellern durchgeführt. Die ersten unabhängigen Ausbildungs-Institute entstanden Ende der sechziger Jahre. Sie boten zunächst Programmierkurse an (IBM-Assembler für die damals vorherrschenden IBM 1401), später allgemeine Datenver arbeitung, Betriebssysteme, sowie Codierung, Dateneingabe und Operating. Da IBM den Markt beherrschte, waren die meisten Kurse auf IBM ausgerichtet.

Abb. 4: Anzeige aus dem "Bulletin Today", 14.10.1985

SEKTOR	ANZAHL	%
Ausbildung	1927	33,2
Produktion	1046	18
Banken / Finanzen	728	12,5
Handel	532	9,2
Dienstleistungen	371	6,4
Regierung	336	5,8
Baugewerbe	151	2,5
Versicherungen	138	2,4
Transport	133	2,7
Sonstige	447	7,7
	5809	100

Abb.5: Einsatz von Mikros nach ausgewählten Sektoren (nach SGV)

BEREICH	ANZAHL	%
EDV	1053	18,1
Zweigstellen	693	12
Buchhaltung/Finanzen	679	11,7
Produktion	332	5,8
Planung	298	5
Verwaltung	116	2
Marketing	74	1,3
Verkauf	74	1,3
Forschung/Statistik	61	1
Personal	52	0,9
Vermischte Anwendungen	1318	22,7
sonstige	1059	18,2
	5809	100

Abb. 6: Einsatz von Mikros nach ausgewählten Geschäftsbereichen (nach SGV)

Mitte der siebziger Jahre war EDV-Ausbildung wenig gefragt, nahm dann jedoch gegen Ende des Jahrzehnts mit dem Aufkommen der ersten Mikrocomputer schlagartig zu. Die Ausbildungsinstitute konnten sich jetzt eigene Rechner leisten, statt Rechenzeit zu mieten. Dominierend waren Apple PCs oder ihre Nachbauten.

Die meisten EDV-Kurse sind heute auf Mikrocomputer-Technologie, interaktives Programmieren und Basic ausgerichtet. Abb. 7 zeigt gängige Kursangebote von mittlerweile mehreren hundert Anbietern und Abb. 8 Ausschnitte aus der Zeitungswerbung. Da die angebotenen Kurse sich qualitativ erheblich unterscheiden, versucht die Regierung zusammen mit NCC Standard-Kursinhalte zu entwickeln, aufgrund derer dann Ausbildungsinstitute öffentliche Anerkennung erhalten können.

An den philippinischen Universitäten wird seit Ende der siebziger Jahre Informatik unterrichtet. Interessant ist ein vorgeschriebener Teil des Curriculums über soziale Implikationen des Computereinsatzes, wobei Themen wie Datenschutz/Datensicherheit, Arbeit und Freizeit, rechtliche, politische und wirtschaftliche Auswirkungen genannt sind. Zur Zeit erhalten etwa 100 Studenten jährlich einen Informatik-Abschluss. Der Bedarf scheint grösser zu sein, zumal die Philippinen wie die meisten Entwicklungsländer unter dem Abwandern von hochqualifizierten Fachkräften, oder "brain drain" zu leiden haben. Auf Universitäts- und College-Ebene sind inzwischen EDV-Kurse für alle Studiengänge vorgeschrieben. Gleichzeitig finden erste Versuche statt, Informatikunterricht in der Schule einzuführen.

DIE PHILIPPINISCHE COMPUTERGESELLSCHAFT

Die philippinische Computergesellschaft geht auf das Jahr 1964 zurück, als die philippinische Untergruppe der amerikanischen "Data Processing Management Association" (DPMA) gegründet wurde. Fünf Jahre später verselbständigte sie sich als die "Philippine Computer Society" (PCS). PCS vertritt die Philippinen in der "South East Asian Regional Computer Confeference (SEARCC), die wiederum Mitglied des Dachverbandes der Computergesellschaften (IFIP) ist. Die PCS hat zur Zeit etwas mehr als 400 Mitglieder. Als Standesvertretung der EDV-Fachleute fordert sie Ausbildung und Forschung, den Informations-Austausch und den bestmöglichen Einsatz von Computern auf den Philippinen. Zu der Zeremonie der Aufnahme neuer Mitglieder gehört das Abspielen der Nationalhymne, ein persönliches Glaubensbekenntnis zum Computer und ein Eid, dem Land und dem Arbeitgeber stets treu zu dienen.

In einer wöchentlichen Spalte "Your Computer" versucht die PCS der Bevölkerung die "Wunder" der Computertechnik näherzubringen. Im April 1986 wurde unter Schirmherrschaft der PCS eine riesige Computershow der SEARCC in Manila abgehalten, deren Schwerpunkt es war zu demonstrieren, wie Computeranwendungen den asiatischen Verhältnissen angepasst wurden. Die PCS ist ausserdem wesentlich an der Erarbeitung eines nationalen Plans zur Informationstechnologie beteiligt, der z.B. Richtlinien für Ausbildung, den Aufbau einer eigenen Elektronik-Industrie, Softwareentwicklung und -export umfasst.

TABLE 1. COMPUTER COURSFS OFFERED BY COMPUTER TRAINING CENTERS

COURSE	COURSE DESCRIPTION	USUAL NUMBER OF INSTRUCTION HOURS
EDP Concepts/ Programs Logic Development	This course familiarizes the participant with the language of EDP. He is informed of the "Why" and "How" of Computers and is developed to be computer literate. The second part of the course usually instructs the student in logic formulation techniques, employing flow-charting and pseudo code	20 – 120
Computer Programming	This course instructs the student on the use of a programming language such as BASIC or COBOL and on how to translate the logic formulation technique learned in the previous course into programming language.	40 – 90
Microcomputer Packages	This course type which is very popular instructs the participant on the use of a particular Microcomputer Software Package such as VISICALC, DBASE II or LOTUS 1-2-3-.	20 – 40
Systems Analysis and Design	This course, usually conducted in workshop format, trains the participant in Systems Development Concepts and Techniques. The course usually employs cases to illustrate the various approaches to application problem solving in a computer environment.	90 – 200
Data Entry Operations	This course instructs the participant on Data Entry Concepts and Techniques, usually utilizing a Key-to-Diskette or On-line Terminal Environment.	16 – 30
Microcomputer Servicing	This is a "hardware-based" course which teaches the student basic concepts on the servicing of the more common microprocessor-based systems such as Apples or IBM PCs.	60 – 120

Abb. 7: Das Angebot an Computerkursen auf den Philippinen (nach Lopez-Manuel/Cuyugan)

Abb. 8: Zeitungswerbung für Computerkurse

ZUSAMMENFASSUNG

Der Computereinsatz auf den Philippinen geht auf das Ende der sechziger Jahre zurück und ist heute weit fortgeschritten. Die Grenzen für fortgeschrittene Anwendungen liegen hauptsächlich am Fehlen der nötigen Infrastruktur für integrierte Netze. Viele Betriebe zögern noch, innerbetriebliche Netze aufzubauen, da sie missbräuchliche Zugriffe fürchten und die Vernetzung mit Mikros zusätzliche Probleme der Datensicherheit aufwerfen. Seit Beginn der achtziger Jahre haben sich Mikrocomputer und Textverarbeitungssysteme immer mehr durchgesetzt, jedoch fehlt es - wie in den Industrieländern - an einem einheitlichen Konzept, um die unkontrollierbare Menge und den unkoordinierten Einsatz von Mikros besser zu beherrschen. Dieser Trend wird noch bestärkt durch einen ausgedehnten grauen Markt an IBM- und Apple-kompatiblen PCs und Software zum Kopierpreis.

Ausbildungs- und Beratungskapazitäten sind ausreichend vorhanden. Die Begeisterung vieler für die "Wunder" der Technik zeigt sich z.B. an dem Aufkommen der ersten Benutzergruppen und dem grossen Angebot an EDV-Kursen, die aber kaum den Bedarf decken. Für viele ist dies hauptsächlich ein Sprungbrett für eine Karriere im Ausland.

In den öffentlichen Diskussionen fehlen kritische Positionen über negative Auswirkungen des Computereinsatzes, wie z.B. Gefahren für die Gesundheit, Überwachung oder Beeinträchtigung der Privatsphäre völlig. Produktivitätssteigerung und Kontrolle der Beschäftigten sind anerkanntes Ziel der meisten Computeranwendungen. Von offizieller Seite her ist man überzeugt, dass Computer die Entwicklung des Landes beschleunigen und Arbeitsplätze schaffen. Wie bereits erwähnt, war der Arbeitsminister unter Marcos selbst erklärter Computer-Fan und übertrug diese Begeisterung auf sein Ministerium. Er verhinderte durch seine Einstellung jede kritische Diskussion über Computer und Arbeitslosigkeit. Selbst die Gewerkschaften haben dem nichts entgegenzusetzen. Sie glauben an den technischen Fortschritt und beschränken sich auf Forderungen nach Mitbestimmung und Gewinnbeteiligung. Der Gewerkschafts- Dachverband TUCP ist stolz auf seinen von der ILO gestifteten Mikrocomputer, mit dem z.B. Betriebsvereinbarungen analysiert werden.

Es ist abzusehen, dass der unkritische Computereinsatz in den nächsten Jahren mit Nachdruck fortgesetzt wird, so dass negative Auswirkungen verschwiegen oder schlichtweg abgestritten werden.

NACHTRAG

Die Revolution im Februar 1986 hat in der Computerwelt der Philippinen nicht viel verändert. In einem Brief kongratulierte die PCS Mrs. Aquino als erster Präsidentin der Philippinen und sichert ihr ihre Unterstützung zu. Das noch nicht verabschiedete nationale Programm in Informationstechnologie wurde überarbeitet und der neuen Regierung vorgelegt.

Während der Stimmenauszählung spielte eine kleine Gruppe von Informatikern des NCC jedoch eine ungewöhnliche Rolle:

> "Dreissig Programmierer und Kodierer, 28 davon Frauen, verliessen am Montagabend um halb elf unter Protest das Computerzentrum , weil sie massive Manipulationen bei der Auswertung der Wahlergebnisse entdeckt hatten. Nach Aussagen der 'Dissidenten' deuten die Resultate auf einen Sieg Aquinos hin, während auf den Anzeigentafeln der Computer-Bildschirme (...) stets eine Mehrheit für Marcos ausgedruckt wurde." (TAZ, 11.2.1986)

Unmittelbar nach der Regierungsübernahme durch Mrs. Aquino veröffentlicht die PCS Vorschläge für kurzfristige Massnahmen für die neue Regierung im Bereich Informationstechnologie:

- Abschaffung des nationalen Rechnenzentrums NCC,
- Einberufung eines nationalen IT-Kommitees,
- Computerisierung der staatlichen Wahlkommission "Comelec",
- Nutzung von Computern zur Sicherstellung illegalen Besitzes und zur Verbesserung der Mitbestimmung durch die Bevölkerung
- Erstellung eines langfristigen Regierungsprogramms in Informationstechnologie auf der Grundlage des PCS-Entwurfs (SPRINT: Strategic Program on Information Technology).

Das IT-Programm SPRINT, bereits unter der Marcos-Regierung entwickelt, baut auf den drei folgenden nationalen Zielsetzungen auf:

- Die Beschleunigung der Benutzung und Verbreitung von Informationstechnologien in der Wirtschaft und der Regierung zur Produktivitäts- und Effizienzsteigerung
- Die Unterstützung der nationalen Computerindustrie als Wachstumsindustrie
- Die Vorbereitung der Filipinos für die Informationsgesellschaft des 21. Jahrhunderts

Generell zielt das Programm darauf ab, Kapazitäten im Be reich Softwareentwicklung, -engineering und Programmierung, sowie Informatik- und EDV-Ausbildung zu verstärken. Der Aufbau einer Infrastruktur für die Datenübertragung soll beschleunigt werden. Im Regierungsbereich sollen Computer helfen, die Dienstleistungen für die Bevölkerung zu verbessern. Die Verantwortung für Entwicklungen im IT-Sektor sollen vom öffentlichen in den Privatsektor verlagert werden. Mir erschien dieses Programm zu allgemein und ausserdem etwas ehrgeizig zu sein.

Einen letzten positiven Eindruck nahm ich jedoch von meiner Reise im Sommer 1986 aus Manila mit. Gewohnheitsmässig führte mich mein Weg am "Technology Resource Center" vorbei. Diesmal war der Spruch "Technology is Power - Use it", dick übermalt und nicht mehr zu erkennen.

LITERATUR

MENDOZA, E.:Der Beitrag der Industrie zur Verbreitung von Zukunftstechnologie in Entwicklungsländern - am Beispiel der Informationstechnologie in Südost-Asien. In: Zukunftstechnologien für Entwicklungsländer? Seminar vom 24. bis 28. Januar 1983 am Zentrum fur Technologische Zusammenarbeit. Problemorientierung, Entwicklungsländerbezug, ZTZ, Heft 1 und 2, Berlin 1983

BAROIDAN, P.F.: The continuing relevance of national computer policies of the Republic of the Philippines during the 1980s. In: Computers in Developing Nations.

BENNETT, J.M., KALMAN R.E. (Eds.): Proceedings of the IFIP TC-9 International Seminar on Computers in Developing Nations. Melbourne, Australia, 13 October 1980, North Holland, 1981

LOPEZ-MANUEL, C., CUYUGAN, A., LOPEZ, M.: Computer education and training in the Philippines. Skillstech, January 1985

SGV (Ed.): IBM: A market profile of microcomputer installations in the Philippines, August 1985

BOSCHMANN, N.: Wahlbetrug im Computerzentrum. Die Tageszeitung, 11.2.1986

PCS (Ed.): The role of computers in nation building. Info trends, February-March 1986, published by the Philippine Computer Society

SCAPA, EIN LANDWIRTSCHAFTLICHES INFORMATIONSSYSTEM IN MALAYSIA

Edda Stegmann
Burckhardt Platz
Bernward Kaatz

Universität Hamburg

Geht man der Frage nach, ob die Informationstechnologie eine positive Rolle in dem angestrebten Entwicklungsprozeß der Dritten Welt spielen kann, stellt sich bald die Aufgabe, Beispiele für einen entwicklungsfördernden Einsatz dieser Technologie zu finden. Dazu ist als erstes zu klären, was unter dem Begriff "Entwicklung" zu verstehen ist. Dies geschieht oft durch die von niemandem zu bestreitende, aber zu kurz greifende Aussage, Entwicklung sei an der Befriedigung elementarer Grundbedürfnisse zu messen. So stellt z. B. Olu Longe fest:

> "The basic ingredients of national development include education, employment, health, food and housing."
> (LONGE 1981, 190)

Longe schlägt dann als entwicklungsfördernde Anwendungen vor:[1]

- die Einführung computergestützten Unterrichts im Bildungsbereich, um dem Lehrermangel entgegenzutreten;
- die Einrichtung von Datenbanken zur Arbeitsvermittlung, um der Arbeitslosigkeit und Unterbeschäftigung zu begegnen;
- den Aufbau von Krankenhausinformationssystemen, um dem Mangel an Personal abzuhelfen;
- die Einrichtung von landwirtschaftlichen Datenbanken zur Erhöhung der Nahrungsmittelproduktion;
- den Einsatz von Simulationen und Datenbanken, um den aus der Landflucht resultierenden Wohnungsmangel zu beheben.

Um zu beurteilen, ob eine Computeranwendung tatsächlich entwicklungsfördernd ist, ist eine genauere Analyse nötig. Eine Anwendung in einem Bereich, der mit der Befriedigung von Grundbedürfnissen zusammenhängt, ist nicht automatisch förderlich, und Entwicklung ist mehr als nur die Befriedigung elementarster Bedürfnisse.[2]

---

[1] Vgl. LONGE 1981, 190ff.

[2] Vgl. NOHLEN/NUSCHELER 1982, 54

Für eine genauere Analyse bietet sich SCAPA (System for Computer Aided Agricultural Planning and Action) an, da es in diesem Zusammenhang oft zitiert wird.[3] Bei der Betrachtung einer ausführlichen Beschreibung des Systems[4] kamen wir zu dem Schluß, daß SCAPA nicht als Beispiel für eine entwicklungsfördernde Anwendung dienen kann. Dies wollen wir im folgenden belegen.

SCAPA ist ein computergestütztes System zur Unterstützung von einzelnen Kleinbauern, Projektpersonal und Entwicklungsinstituten in den folgenden Bereichen:

- Farmplanung
- Verwaltung der Inputversorgung[5]
- Bereitstellung von Informationen
- Verwaltung von Krediten
- Finanzbuchhaltung der Kleinbauern.

Es wurde von International Computers Limited (ICL) und dem Institute of Science and Technology der University of Manchester entwickelt. Seit 1981 läuft das SCAPA-Pilotprojekt im Bereich der kleinbäuerlichen Kautschukproduktion in Malaysia.

Auf der IFIP TC5 Working Conference on Computer Applications in Food Production and Agricultural Engineering im Oktober 1981 in Havanna auf Kuba hat der englische Agrarwissenschaftler Fred Robson SCAPA und dessen Anwendung in Malaysia vorgestellt. In seinem Vortrag bemerkte er, daß in den meisten Entwicklungsgebieten ein großer Teil der armen Kleinbauern weniger als drei acres[6] Land bewirtschaftet. Die Produktivität dieser Anwesen ist gering. Robson sieht die Ursachen für dieses Problem in der Struktur der Farmen und in den soziofamiliären Beziehungen. Er meint, daß die übliche Methode zur Ertragssteigerung, nämlich der vermehrte Einsatz von Düngemitteln und Pflanzenschutzmitteln, sowie besserem Saatgut und "modernen" Säe- und Erntetechniken, die Situation nicht verbessert. Er führt dieses darauf zurück, daß es an Koordination und Information der einzelnen Bauern fehlt. Die Folgen sind uneffektiver Einsatz sowie erhöhte Ausgaben für die oben erwähnten sogenannten modernen Inputs.

Eine Lösung dieser Probleme sieht Robson in der Errichtung eines Verwaltungs- und Informationskanals, durch den die Farmer informiert und beaufsichtigt werden können. Wegen der großen Zahl der Kleinbauern, der großen Informationsmengen und der großen

---

[3] HURTADO 1984, 15; NARASIMHAN 1984, 33f.; KAISER/KÜHN 1982, 12

[4] ROBSON 1982

[5] Unter den landwirtschaftlichen Inputs versteht man all die Güter, die zur landwirtschaftlichen Produktion nötig sind, wie z. B. Saatgut, Düngemittel, Pflanzenschutzmittel, Traktoren.

[6] 1 acre = 40,47 Ar, 1 Ar = 100 m²

Bandbreite an notwendigen Aktivitäten hält er den Computereinsatz für sinnvoll. Es entstehen zwar zusätzliche Ausgaben durch mehr Projektpersonal und Ausstattung (Ausbildung, Koordination, Hardware...), was sich allerdings wegen der Einsparungen bei den Inputausgaben lohnt. Als Beispiel für eine Computeranwendung, die die oben erwähnten Zwecke erfüllt, nennt Robson SCAPA.

Im folgenden werden wir SCAPA und dessen Anwendung in der malaysischen Kautschukproduktion etwas ausführlicher beschreiben.

1 Aufbau und Funktion des Systems

Für SCAPA werden drei verschiedene Informationsmengen benötigt:

- Farmprofile, in denen Informationen über die einzelnen Farmen und Farmer festgehalten werden.
- Allgemeine Anbauregeln, in denen Informationen über das Wachstum einzelner Pflanzen oder Feldfruchtkombinationen unter bestimmten Bedingungen festgehalten werden.
- Bewirtschaftungspläne, die Handlungsanweisungen für einzelne Farmen enthalten, welche aufgrund persönlicher Gespräche des Projektpersonals mit den Farmern unter Berücksichtigung der spezifischen Anforderungen einzelner Feldfruchtsysteme beim Wachstum in speziellen Landstrichen entstanden sind.

Das Konzept von SCAPA beinhaltet eine Planungsphase und ein Produktionsphase:

Während der Planungsphase vergleicht das Computerprogramm die Bewirtschaftungspläne mit den individuellen Farmprofilen. Vorgeschlagene Bewirtschaftungspläne, die unter den bestehenden Bedingungen nicht durchgeführt werden können, werden verworfen und müssen überarbeitet werden. Wenn ein Bewirtschaftungsplan akzeptiert wird, so wird er zur Grundlage der Handlungen des Farmers, kann jedoch im Laufe des Farmjahres modifiziert werden, wenn äußere Einflüsse (z. B. unerwartetes Einsetzen der Niederschläge oder von dem Bewirtschaftungsplan abweichende Handlungen des Farmers) dieses erfordern.

Eine wichtige Voraussetzung für den Erfolg von SCAPA ist, daß die einzelnen Farmer die Handlungen (oder zumindest die Handlungen mit Schlüsselfunktionen), die ihnen die Bewirtschaftungspläne vorschreiben, auch akzeptieren und tatsächlich ausführen.

Die Aktivitäten der Produktionsphase beruhen auf einem wechselseitigen Informationsfluß zwischen den Kleinbauern und dem Projektpersonal in Form eines vorgedruckten Blattes, auf dem sie vollendete bzw. nicht vollendete Handlungen ihres Bewirtschaftungsplanes abhaken, über den Fortgang ihrer Arbeit (siehe Abbildung 1). Das System erstellt aus diesen Berichten Zusammenfassungen und Erwartungsberichte, die dem Projektpersonal und verschiedenen Serviceeinrichtungen zur Verfügung gestellt werden.

Abbildung 1

Table 5

SCAPA In Operation - Production

FARMER'S MONTHLY REVIEW FORM

This part is completed by the computer system

1. YOUR NAME AND ADDRESS ______________________

2. ACTIONS DONE LAST MONTH (AS REPORTED LAST TIME) ______

3. ACTIONS FOR NEXT TWO MONTHS (FROM YOUR AGREED PLAN)

4. PROJECT BROADCAST (SPECIAL MESSAGES FROM EXTENSION STAFF AND OTHERS)

(TEAR OFF AND RETURN PLEASE)

5. REPORT FOR MONTH

MR J K ABBAS
KANGEMA, KELANTAN

MONTH	ACTION NO	ACTIVITY	REPORT	
March	4	Sow soya beans between each rubber row, 16 cms between rows, 10 cm in row	YES ☐	NO ☐
March	5R	Confirm order for Carbofuran and Endosulfan insecticide. Quantity 10KG Cost 20.1 $	YES ☐	NO ☐

COMMENTS BY FARMER ______________________

(aus ROBSON 1982)

Die Struktur des Systems ist modular. Es setzt sich aus 20 einzelnen Teilen zusammen. Zur Programmierung wurden FORTRAN (für die forschungsorientierten Module) und COBOL (für die restlichen Module) verwendet. Neben der Farmplanung und der Bereitstellung von Informationen ist auch die Erledigung von routinemäßigen Verwaltungsarbeiten vorgesehen. Außerdem stehen Untersysteme für die Verwaltung der Inputversorgung, die Verwaltung der Kredite und die Absatz- und Farmbuchhaltung zur Verfügung. Diese wollen wir nun etwas ausführlicher beschreiben.

Auf der Grundlage der Bewirtschaftungspläne und den aus den Berichten der Farmer erstellten Zusammenfassungen lassen sich Vorhersagen über den Inputbedarf machen. Diese Informationen werden den Serviceorganisationen (z. B. Einkaufsgenossenschaften und Banken) mitgeteilt, damit diese ihre Planungen darauf einstellen und somit die Verfügbarkeit der nötigen Inputs für die Farmer gewährleisten. Die Inputversorgung der Farmen erfolgt mittels einer vorgedruckten Bestelliste, in die der Farmer die in seinem Bewirtschaftungsplan enthaltene Bestellung mit exakten Mengenangaben einträgt. Er füllt diese Bestelliste einen Monat im voraus aus. Aus diesen Listen wird vom System der Bedarf einer Region errechnet, die Lieferung veranlaßt und auf den Namen des Farmers abgerechnet.

Bei der Verwaltung der Kredite wird die Kreditvergabe davon abhängig gemacht, ob sich die Bauern am System beteiligen und regelmäßig über ihre Handlungen berichten.

Das System wird ebenfalls bei der Vermarktung der Erträge und bei der Abrechnung mit den Farmern benutzt. Die Erlöse der Farmer werden zur Rückzahlung der Farmanleihen verwendet und darum von den Ladenbesitzern oder Einkäufern auf Formularen aufgezeichnet. Die Rechnungen der Farmer werden aus diesen Erlösen bezahlt. Zusammenfassungen über die Quantität und Qualität der verkauften Produkte gehen ans Projekt und andere Instanzen. Auf Wunsch des Farmers können seine Abrechnungen auf monatlicher oder jährlicher Basis vom System übernommen werden.

Eine weitere Komponente von SCAPA ist die Bereitstellung eines sogenannten angegliederten Service. Jeder Farmer erhält am Ende einer Planungsphase seinen eigenen Plan, in regelmäßigen Intervallen einen Überblick über seine Handlungen inklusive eines Ausschnittes aus seinem Bewirtschaftungsplan und am Jahresende eine Darlegung seiner Einnahmen und Ausgaben, damit er sich einen Überblick über seine Aktivitäten verschaffen kann. Die Projektmitarbeiter erhalten Aufzeichnungen über den Fortschritt der Farmen in ihrem Gebiet. Hinzu kommen regelmäßige Besuche der Projektmitarbeiter auf den ihnen zugewiesenen Farmen sowie Extrabesuche in Problemfällen. Die Mitarbeiter können außerdem die Analyseeinrichtungen SCAPAs nutzen, die z. B. beim Erkennen von Ursachen abweichender Ergebnisse oder von Krankheiten helfen sollen.

Für die Verwaltung der Daten wurden anfänglich konventionelle, indexsequentiell organisierte Dateisysteme entwickelt. Später ging man dazu über, kommerzielle Datenbanksysteme zu verwenden. Für das Pilotprojekt in Malaysia nutzte man das IDNS der Cullinane Corporation, ein Datenbanksystem, das auf dem Netzwerk-Datenmodell beruht.

Die zwei Satztypen Farmprofil und Bewirtschaftungsplan sind folgendermaßen aufgebaut:

Zur Erstellung der Farmprofile werden bei den Gesprächen zwischen Projektpersonal und den einzelnen Farmern gesammelte Daten über die Farmen genutzt. Die Farmprofile setzen sich aus obligatorischen und wahlfreien Angaben zusammen, die auf drei Ebenen abgespeichert werden:

Obligatorische Daten auf

- Kernebene:

  Temperatur- und Niederschlagscharakteristika, die für alle im Farmprofil beschriebenen Farmen gleichermaßen Gültigkeit besitzen,
  Anzahl der Farmen.
- Farmebene:

  Farmkennziffer,
  Name des Farmers,
  Adresse des Farmers,
  Bodenfläche der Farm und deren Verteilung,
  kultivierbare Fläche,
  kultivierte Fläche,
  Anzahl der Parzellen innerhalb einer Farm,
  Besitzverhältnisse der Farm.
- Feldebene:

  Größe.

Wahlfreie Daten auf

- Kernebene:

  Sind vom Benutzer zu spezifizieren.
- Farmebene:

  Dem Benutzer steht ein Satz von Datenfeldern zur Verfügung, die er wahlweise benutzen kann. Hierzu zählt z. B. die Distanz zur nächsten Straße und deren jahreszeitlich bedingte Passierbarkeit, die Verfügbarkeit von Arbeitskräften, Schul- und Ausbildungscharakteristika der Farmer, zur Verfügung stehende Wasservorräte und Antriebskräfte. Der Benutzer hat die Möglichkeit, weitere Datenfelder selbst zu spezifizieren.
- Feldebene:

  Sind zur Aufzeichnung von Informationen über Bodencharakteristika, Schatten, vorherrschende Windverhältnisse, die Vorgeschichte des Feldes und weiterer vom Benutzer zu wählender Informationen vorgesehen.

Die Bewirtschaftungspläne werden vom Projektpersonal erstellt. Es handelt sich um eine Menge von Modellen für Parzellen. Wird SCAPA bei einer Studie eines bereits existierenden Farmensystems benutzt, so kann es sein, daß ein Bewirtschaftungsplan nur eine zusammenfassende Auflistung der vom Farmer ohne äußere Intervention durchgeführten Handlungen beinhaltet. Existieren jedoch Praktiken, die laut Forschungs- und Projektpersonal die Produktivität der Farmen und die wirtschaftliche Lage der Farmer verbessern könnten, so enthält der Bewirtschaftungsplan außerdem eine Auflistung von Handlungen, die auf diesen Praktiken beruhen. Der Farmer muß diesen Handlungen nach Diskussion mit dem Projektpersonal zugestimmt haben. Die fertigen Bewirtschaftungspläne werden vom Computer in der Sprache der Farmer ausgedruckt und beinhalten folgende Informationen:

- Monat der Durchführung,
- Nummer der Handlung,
- Handlungsbeschreibung,
- Vollendungsdatum,
- Handlungsnummern notwendiger Vorgängerhandlungen,
- annähernde Zahl der Manntage, die die fragliche Handlung in Anspruch nimmt,
- Kreditfaktor.

Der gedruckte Bewirtschaftungsplan ist die Grundlage, auf der jede Unterstützung des Farmers geplant wird. Farmer und Projektpersonal besitzen Kopien dieses Planes.

Abbildung 2

Table 4

Action Lists

Contain a set of actions derived from each farm's production plan:

A typical action list would cover:

	Example
Action number	13
Target month	April
Activity description	Herbicide control. Spray with Gramoxone between rows of seedlings prior to interplanting beans
Necessary Predecessors	11
Expiry date	28th April
Credit Factor	2
Effort required	1 Man Day

Associated with each action list is its Master Profile, which defines the desired range of environmental characteristics.

(aus ROBSON 1982)

2 Das Pilotprojekt in Malaysia

Ein Beispiel für den Computereinsatz im Bereich der kleinbäuerlichen Produktion ist das 1981 begonnene SCAPA-Pilotprojekt in Malaysia. An diesem Projekt arbeiteten die Rubber Industry Smallholders Development Authority (RISDA) und der Computerhersteller International Computers Limited (ICL) zusammen. Die RISDA ist eine staatliche Entwicklungsorganisation mit 4000 Mitarbeitern, deren Aufgabe die Modernisierung der Kautschukproduktion ist. Es waren vier Gruppen von insgesamt 400 Kautschukbauern beteiligt. Zwei Gruppen arbeiteten zum Vergleich mit dem konventionellen Verfahren.

Malaysias Hauptexportprodukt ist der Naturkautschuk. Durch die Erfindung des aus Erdöl synthetisch hergestellten Kautschuks ist weltweit der Anteil der Naturkautschukproduktion drastisch gesunken. 1935 betrug dieser Anteil noch 99%, bis 1980 war er auf 30% zurückgegangen.[7] Wegen der Ölpreissteigerungen der siebziger Jahre und der damit verbundenen Verteuerung der Synthesekautschukproduktion ist der Naturkautschuk jedoch wieder konkurrenzfähig geworden.

In Malaysia wurden 1983 1.488.000 Tonnen Naturkautschuk produziert und davon dann 1.378.000 Tonnen ausgeführt.[8] Damit ist Malaysia der weltgrößte Produzent und Exporteur von Naturkautschuk, der zu 60% von Kleinbauern erzeugt wird. Die meisten bewirtschaften weniger als 5 acres Land, was nicht ausreicht, um ein ausreichendes Einkommen für eine durchschnittliche Familie zu erzielen.[9] Traditionelles Anbauprodukt der malaysischen Kleinbauern ist das Grundnahrungsmittel Reis, das sie hauptsächlich für den eigenen Bedarf anbauten. Viele dieser Reisbauern begannen die für den Export bestimmten Produkte Kautschuk oder Palmöl anzubauen, da ihnen hohe Gewinne versprochen wurden. 1973 wurde die RISDA gegründet, welche sich um die Interessen und das Wohlbefinden dieser Bauern kümmern soll.

Ursprünglich sollte die RISDA nur die Kautschukproduktion erhöhen helfen, indem sie Um- und Neupflanzungsprogramme erstellte und sich um die kontinuierliche Rehabilitation des bestehenden Baumbestandes kümmerte, Inzwischen bietet sie zusätzlich einen umfangreichen angegliederten Service an, der von der Errichtung von Verarbeitungszentren für den Milchsaft der Kautschukbäume bis hin zu weniger unmittelbar auf den Anbau bezogene Aktivitäten (z. B. Gemeindeentwicklungsprogramme und Ausbildung), welche die Attraktivität des Landlebens erhöhen sollen, reicht.

---

[7] ALMANACH 1985, 734

[8] ALMANACH 1985, 734

[9] Vgl. KASCH 1984, 197

Zur Bewältigung all dieser Aktivitäten wurde eine Datenbank, das sogenannte Smallholders Information System (SIS), entwickelt. SIS speichert nur eine begrenzte Zahl statistischer Daten pro Kleinbauer und ist in allen Ländern Malaysias im Einsatz. Nach Meinung der RISDA ist SCAPA eine sinnvolle Ergänzung des SIS, wenn es auf Bezirksebene zur Anwendung kommt.

Das malaysische SCAPA-Pilotprojekt beinhaltet mehrere Stadien. Zuerst wurde versucht, die Um- und Neupflanzungsverfahren zu verbessern. Dafür wurden Pläne erstellt, die das Ersetzen alter Bäume durch junge Hochertragsbäume zum Ziel haben. Gleichzeitig wurde die teilweise Computerisierung des RISDA-Umpflanzungsverfahrens erarbeitet. Als alternative Bewirtschaftungspläne wurden den Kleinbauern 14 verschiedene Variationen von Feldfruchtkombinationen zwischen jungen Kautschukbäumen und "Kurzzeitfeldfrüchten" vorgelegt. Die Möglichkeit der Produktivitätssteigerung durch Zwischenpflanzung junger Kautschukbäume zwischen die älteren mußte wegen des zu komplexen zusätzlichen Aufwandes vernachlässigt werden.

Das nächste Stadium bestand aus der stufenweisen Einführung computergestützter Krediteinrichtungen zur Unterstützung der Zwischenpflanzungen, dann folgte die Einführung eines teilweise computerisierten Inputversorgungssystems. Die Bewirtschaftungspläne gehen per Boten vom Computerzentrum in die Regionen und zu den einzelnen Farmen.

Laut Robson wurde die Erfahrung gemacht, daß die Schulung des Personals, das mit den Farmern in Kontakt kommt, sehr wichtig ist, da hiervon in einem hohen Maße die Akzeptanz des Projektes abhängt. Allerdings sind seiner Meinung nach die meisten der teilnehmenden Farmer sowieso ausreichend motiviert, an dem Projekt teilzunehmen, da sie sich davon Verbesserungen erhoffen.

Die Bauern haben, wenn die Bewirtschaftungspläne feststehen, kein Mitspracherecht mehr. Wenn sie die ihnen "vorgeschlagenen" Pläne nicht befolgen, werden sie vom Projekt ausgeschlossen.

3 Das Ende der Selbstbestimmung

Aus selbständigen Kleinbauern, die das Grundnahrungsmittel Reis anbauten, wurden für den Weltmarkt produzierende "Gummizapfer". Sie sind zwar immer noch selbständig, unter dem Einfluß der RISDA und durch den Einsatz von SCAPA verlieren diese Bauern aber mehr und mehr ihre Unabhängigkeit. Die Partizipation der Bauern am Projekt beschränkt sich darauf, dem Projektpersonal die nötigen Informationen zu geben. An der Gestaltung, der Fällung von Entscheidungen und der Kontrolle über das Projekt sind sie nicht beteiligt. Eine Aus- bzw. Weiterbildung der Bauern ist auch nicht vorgesehen. Durch SCAPA werden sie nur noch effektiver verwaltet. Hinzu kommt, daß die Bauern einen gesicherten Absatzmarkt für Dünger und Pestizide bilden und ihre Erträge planbar geworden sind. Ihre Situation ähnelt eher der von Landarbeitern einer zentral gelenkten staatlichen Großfarm, deren Risiko von den Arbeitern getragen wird, als der selbständiger Unternehmer. Entsprechend sind übrigens die Bedingungen, unter denen die Kautschukzapfer auf den großen malaysischen Plantagen arbeiten. Dort richten sich die Löhne nach den Preisen, die der Kautschuk auf dem Weltmarkt erzielt, und nicht nach den erbrachten Arbeitsleistungen.[10]

Weiterhin ist uns aufgefallen, daß Robson die Anwendung von SCAPA ausschließlich für landwirtschaftliche Bereiche, in denen für den Export produziert wird, vorgeschlagen hat, wie z. B. für die Kautschukbauern in Malaysia, die Kaffeebauern in Kenia oder die Bananenbauern in Westindien. In diesen Bereichen besteht Interesse an einer effektiven, zentralen Steuerung der Produktion, da die für den Export bestimmten Produkte für die Ausfuhr an zentralen Orten, meist den Häfen, gesammelt werden müssen. Bei der Grundnahrungsmittelproduktion dagegen wird überwiegend für den eigenen Bedarf bzw. für den lokalen Markt produziert. Demzufolge existiert dort wenig Interesse an der Einführung von Mechanismen zur zentralen Koordination und Steuerung.

Es bleibt die Frage, wem SCAPA eigentlich nützt. Die Situation der Kleinbauern wird durch dessen Anwendung eher noch verschlechtert. Vorteile könnten sich im volkswirtschaftlichen Rahmen abzeichnen, da die effektivere Exportproduktion einen verstärkten Außenhandel und eine Erhöhung des BIP bzw. des Pro-Kopf-Einkommens bewirken könnte.

(Die Tageszeitung, 16.4.1980)

[10]Näheres siehe Inside Asia, November/December 1985

4 Literatur

ALMANACH 1985
Der Fischer Weltalmanach 1985; Frankfurt/Main 1984

HURTADO 1984
Maria Elena Hurtado:
Seeds and microchips
in: South 3/84

KAISER/KÜHN 1982
Heidrun Kaiser, Michael Kühn:
Computer Applications - Prospects for Developing Coutries; Madras 1982

KASCH 1984
Volker Kasch:
Agrarpolitik in Malaysia: Zur Rolle des Staates im Entwicklungsprozeß;
Baden-Baden 1984

LONGE 1981
Olu Longe:
Computer Applications to Basic Needs of Developing Nations
in: John M. Bennett, Robert E. Kalman (eds.): Computers in Developing Nations;
Amsterdam, New York, Oxford 1981

MALAYSIA 1983
Südostasiengruppe in der ESG Bochum (Hrsg.):
Malaysia: Kautschuk oder Elektronik - Über die neokoloniale Ausbeutung eines
reichen Landes; Stuttgart 1983

NARASIMHAN 1984
R. Narasimhan:
Guidelines for Software Development in Developing Countries; Wien 1984;
UNIDO/IS.439

NOHLEN/NUSCHELER 1982
Dieter Nohlen, Franz Nuscheler:
Was heißt Entwicklung?
in: Dieter Nohlen, Franz Nuscheler (Hrsg.): Handbuch der Dritten Welt, Band 1;
völlig überarbeitete und erweiterte Neuauflage, Hamburg 1982

ROBSON 1982
Fred Robson:
Advanced Technology in Developing Agricultural Economies
in: Robert E. Kalman, Jesus Martinez (eds.): Computer Application in Food
Production and Agricultural Engineering; Amsterdam, New York, Oxford 1982

SHAHIR 1981
Wahab Shahir, Colin L. A. Leakey, Graham P. Tottle:
Agricultural information and support systems for smallholders in Developing
Countries and their applications in the Malaysian rubber industry
in: Computer Society of India: Informatics 81 - An International Symposium on
Informatics for Development, Feb. 27 - Mar. 1, 1981, New Delhi; New Delhi 1982

HALF SPEED TOWARD HI-TECH

COMPUTER IN THAILAND

Edda Stegmann
Burckhardt Platz
Bernward Kaatz

Universität Hamburg

Das Königreich Thailand liegt auf dem südostasiatischen Festland. Unter den Ländern der sogenannten Dritten Welt nimmt es keine Ausnahmestellung wie Brasilien oder Indien ein, deren Entwicklung durch ihre Größe bedingt ein besonders breit gefächertes Spektrum aufweist. Auch ist Thailand kein Schwellenland wie Singapur oder Mexiko, die als neuindustrialisierte Staaten an dem Übergang zum Industrieland stehen. Als Besonderheit ist aber zu erwähnen, daß es, anders als alle Nachbarländer, nie Kolonie einer europäischen Macht war.

Thailand ist ein Land mittlerer Größe mit einer Fläche von ca. 500 000 km² (ungefähr der Größe Frankreichs entsprechend). Es liegt der Größe nach auf Rang 45 der 117 Staaten der Erde, die Bevölkerungsdichte ist bei ca. 50 Mio. Einwohnern nicht ungewöhnlich.[1] Das für die Definition eines Schwellenlandes von dem Bundesministerium für Wirtschaftliche Zusammenarbeit herangezogene Pro-Kopf-Einkommen 1976 von 630 US-$ wurde auch 1979 mit 569 US-$ nicht erreicht.[2] Inzwischen ist es auf über 770 $ gestiegen, stagniert aber.[3] Grund dafür ist die anhaltende Rezession in den südostasiatischen Staaten.

Andererseits liegt Thailand im Gebiet der sich schnell entwickelnden Länder Singapur, Hongkong und Taiwan und weist einige Übereinstimmungen in der politischen Zielsetzung in bezug auf die Industrialisierung auf, die es für ausländische Investoren als zukunftsträchtig erscheinen lassen. Aus diesen Gründen wählten wir Thailand, um an einem Entwicklungsland den Grad der Computerisierung anhand der erreichbaren Literatur zu untersuchen.

Wir beginnen mit einem geschichtlichen Überblick, der aufgeteilt ist in Geschichte allgemein, die der ASEAN, einem Einblick in die Wirtschaft und in die Geschichte der Computerisierung Thailands. Dann folgt ein kurzes Kapitel über die staatliche Compu-

---

[1] Vgl. ALMANACH 1985, 420

[2] Vgl. LEXIKON 1984, 510 und FUHS/WEBER 1983, 482

[3] Vgl. ALMANACH 1985, 421

terpolitik. Anhand der Hard- und Softwareproduktion wird die Computerindustrie vorgestellt. Einige Computeranwendungen werden als Beispiel erläutert, gefolgt von einer Betrachtung der Ausbildung und Forschung. Zuletzt werden die Probleme Thailands mit der Computerisierung aus der Sicht einheimischer Experten dargestellt und zusammenfassend kommentiert.

1 Geschichte

1.1 Allgemein

Ein kurzer Blick in die Geschichte Thailands soll helfen, dieses Land kennen und verstehen zu lernen, indem gezeigt wird, daß es sich seine Eigenständigkeit, umgeben von der kambodschanischen, chinesischen und birmanischen Kultur bzw. von englischen und französischen Kolonien, durch die Aufnahme fremder Einflüsse und deren Einarbeitung in die eigene Kultur bewahren konnte.

Die Geschichte Thailands begann mit der jahrhundertelangen Einwanderung von Thaivölkern aus dem südlichen China in die hinterindische Halbinsel. Diese durchdrangen im 11. und 12. Jahrhundert das Mon-Reich, dessen Volk und Kultur von den Thai aufgesogen wurde. Mitte des 13. Jahrhunderts entstand dann das erste Thai-Königreich der Sukhothai. Dieses wurde um 1350 von einer neuen Dynastie übernommen, die Thailand zu einem der mächtigsten Königreiche Südostasiens entwickelte. 1767 wurde es von den Birmanen erobert und zerstört, den Resten des Heeres gelang jedoch die Rückeroberung und Neugründung Thailands. Der Nachfolger des siegreichen Offiziers, der sich zum König Thailands gemacht hatte, begründete die Chakri-Dynastie, der auch der heutige König angehört.

Zur Zeit der Kolonialisierung Südostasiens wurde Thailand von militärisch stark überlegenen europäischen Kolonien umgeben, konnte aber durch das diplomatische Können der Könige Rama IV, Monkut und Rama V, Chulalongkon unter Ausnutzung der gegensätzlichen Interessen der Kolonialmächte England und Frankreich seine Unabhängigkeit bewahren. Dafür mußte es ca. ein Drittel der Fläche an die britischen und französischen Kolonien abtreten, das Land für chinesische Arbeitskräfte öffnen und als Reislieferant die Versorgung der Kolonien mit Lebensmitteln übernehmen.

Mitte des 19. Jahrhunderts wurden unter Rama V eine Reihe von Reformen zur Modernisierung des Landes und seiner Verwaltung eingeleitet. 1932 kam es zu einem Staatsstreich, durch den die absolute durch die konstitutionelle Monarchie abgelöst wurde. Schon 1933 kam es in den folgenden Machtkämpfen zu einem zweiten Putsch, der den

Militärs die führende Rolle einbrachte, die diese bis heute, von zwei Unterbrechungen (1944 bis 1947 und 1973 bis 1976) abgesehen, behielten. Seit 1967 ist Thailand Mitglied der ASEAN.[4]

1973 wurde in Thailand eine radikale Demokratie eingeführt, in der 1974 eine neue Verfassung verkündet wurde. Die nur schwer gebildeten Mehrheiten der Regierung waren kaum regierungsfähig, das Beharren auf dem vollständigen Abzug der US-Truppen führte 1976 zum Sturz der Regierung. Die anschließenden Unruhen lieferten den Vorwand für einen lange vorbereiteten Putsch von rechts, dessen Drahtzieher hohe Militärs waren, die sich dadurch die Macht sicherten, welche noch heute in ihren Händen liegt. Die von ihnen 1978 verkündete Verfassung hat als Hauptziel eine handlungsfähige Regierung, die, besonders in Fragen der Sicherheit und der Erhaltung der öffentlichen Ordnung, besondere Entscheidungsgewalt und Befugnisse erhält.

Insgesamt weist der geschichtliche Ablauf kaum Brüche auf. Die alle Jahre wiederkehrenden Putsche und Putschversuche (seit 1932 fünfzehn) lösen im allgemeinen keine weitreichenden Veränderungen der Politik aus, sondern führen, bei Erfolg, nur zur Ersetzung der Regierung. Es ist charakteristisch für Thailand, daß fast alle Dinge sich selbst überlassen bleiben, ohne daß regelnd eingegriffen wird. Die daraus resultierende Stabilität einerseits, aber auch eine gewisse Rückständigkeit andererseits sind die notwendigen Folgen.

1.2 ASEAN

1967 wurde in Bangkok die Association of South-East Asian Nations (ASEAN) von den Staaten Indonesien, Malaysia, Philippinen, Singapur und Thailand gegründet. 1984 trat als sechstes Mitglied das Sultanat Brunei in den Staatenbund ein. Das Ziel der ASEAN war und ist die Förderung der regionalen Kooperation und die Stärkung der wirtschaftlichen und sozialen Stabilität der Region.

In der ASEAN gibt es keine Organe mit übernationalen Befugnissen, es finden aber jährlich Außenministertagungen statt, es gibt einen ständigen Ausschuß, ständige Komitees und Ad-Hoc-Kommissionen. Außerdem wurde die Erziehungsorganisation SEAMEO gegründet.

Trotz starker Differenzen und zahlloser Konflikte zwischen den einzelnen Staaten (z. B. der Grenzkonflikt zwischen Malaysia und den Philippinen, der Fischereikrieg

---

[4] Vgl. Kapitel 1.2

zwischen Thailand und Malaysia, die Streitigkeiten um die Provinz Sarawak (Borneo) zwischen Malaysia und Indonesien u. v. a.) hat die ASEAN bisher die direkte militärische Konfrontation zwischen den Mitgliedsstaaten verhindern können. Diese veranstalten gemeinsame Militärübungen, und die Haltung von Thailand im Grenzkrieg mit dem von Vietnam besetzten Kambodscha läßt darauf schließen, daß zumindest dieses in der ASEAN auch einen militärischen Rückhalt sieht.[5]

1977 gelang eine Einigung über Vorzugszölle innerhalb der Gemeinschaft, einer der wenigen kleinen Schritte zur Integration, die wegen der Verschiedenheit der Mitglieder schwer zu erreichen ist.

Haupthandelspartner der ASEAN ist Japan, gefolgt von den USA und der EG, mit der im März 1980 ein Abkommen über Handel und wirtschaftliche Zusammenarbeit geschlossen wurde. Seitdem konnte diese ihren Anteil am Handel der ASEAN beständig vergrößern, liegt aber noch weit hinter Japan und den USA.

Die ASEAN-Staaten setzen entsprechend ihrer Möglichkeiten auf eine Entwicklung durch Exportpolitik auf der Basis von Rohstoffen (Brunei und Indonesien), von Billiglohnarbeiterschaft (Singapur) oder einer Kombination derselben mit Nahrungsmittelexport (Thailand, Malaysia und die Philippinen). Die niedrigen Löhne werden durch politische Repressionen von den Regierungen durchgesetzt. Als Folge der Exportorientierung gibt es zwar wirtschaftliches Wachstum, aber auch eine starke Abhängigkeit von der Weltmarktlage.

1.3 Wirtschaft

Die Wirtschaft Thailands ist abhängig von Rohstoff- und Nahrungsmittelexporten, davon alleine Reis mit 20% des Exportwertes, Mais und Kautschuk mit je 10-12%, Zinn und Zucker mit je 5-10%, gefolgt von Jute, Tapioka und Holz. An Bedeutung gewannen jedoch nach dem Zweiten Weltkrieg auch die industrielle Produktion (1981 28% des BIP) und durch die Zunahme des Tourismus der Dienstleistungssektor.[6]

Die Landwirtschaft ist mittel- bis kleinbäuerlich organisiert, 75% aller Betriebe ist kleiner als 5 ha. Zwei Drittel aller Landwirtschaftsbetriebe wendet wenig produktive Methoden an. Die Bauern drückt eine hohe Schuldenlast, sie sind meist ab-

---

[5] Vgl. HANISCH 1983, 283f.

[6] Vgl. LEXIKON 1984, 559f.

hängig von chinesischen Kreditvermittlern. Die Zinsen betragen bis zu 10-12% monatlich. 60% der Bauern sind so hoch verschuldet, daß sie ihre Schulden niemals zurückzahlen können.[7]

Auf dem Land leben ca. 9 Mio. Menschen (von 50 Mio. Einwohnern Thailands) am Rande des Existenzminimums, die Einkommensunterschiede zwischen Stadt und Land verstärken sich. 15% der Bevölkerung lebt in den Städten, mit ca. 5,5 Mio. (im Großraum sogar 8 Mio.) Einwohnern (1983) ist die Hauptstadt Bangkok die größte Stadt Thailands; sie ist mehr als fünfzigmal so groß wie die zweitgrößte. 69% der städtischen Bevölkerung Thailands wohnt in Bangkok, durch die Landflucht von jährlich 240 000 Menschen hat diese Stadt eine jährliche Wachstumsrate von 6%. Die Arbeitslosenquote liegt in Bangkok unter 2%, auf dem Lande unter 1%, dafür besteht eine starke strukturelle Unterbeschäftigung durch zuviele Arbeitskräfte in Familienbetrieben. Die Regierung versucht, die Großgrundbesitzer nicht zu beunruhigen und eine dringend benötigte Landreform zu vermeiden; die Unruhe in der Bauernschaft wächst.[8]

In Thailand gilt das Prinzip der "freien Marktwirtschaft". Seit 1961 stellt die Regierung Fünf-Jahres-Pläne zur Planung der staatlichen Entwicklungsaktivitäten auf.[9] Darin werden Leitlinien und Ziele der gesamtwirtschaftlichen Entwicklung formuliert. Während des 1. bis 4. Fünf-Jahres-Planes betrug die durchschnittliche Wachstumsrate 7% pro Jahr bei einer Vervierfachung des BIP. Durch alleiniges Setzen auf Wachstum wurde aber das Ungleichgewicht gefördert (siehe Stadt-Land-Gegensatz). Die schnelle Zunahme landloser und landarmer Familien führte zu sozialen Spannungen, in die auch der Versuch der Industriearbeiter, sich gewerkschaftlich zu organisieren, einzuordnen ist.

Der 5. Fünf-Jahres-Plan soll die Leistungen des Staates an die Gesellschaft gerechter verteilen helfen. Das Wirtschaftswachstum bleibt zwar Ziel, verliert aber seine zentrale Bedeutung. Es wird der Versuch unternommen, die Wirtschaft zu diversifizieren. Die Industriewachstumsrate lag in den sechziger Jahren bei 11% jährlich, heute bei 8%. Damit liegt sie über dem Landesdurchschnitt. Die Industrie ist immer noch auf den Import von Rohstoffen und Halbfertigwaren angewiesen. Das industrielle Wachstum beruht hauptsächlich auf günstigen Exportmöglichkeiten und weniger auf guter Inlandsnachfrage.

Unterstützt wird dieser Trend durch die Politik der Regierung, die durch Exportorientierung eine Entwicklung des Landes durchführen und Arbeitsplätze schaffen

---

[7]Vgl. LEXIKON 1984, 560
[8]Vgl. LEXIKON 1984, 560; ALMANACH 1985,421; DRAGUHN 1980, 337; FUHS/WEBER 1983, 472
[9]Im folgenden vgl. FUHS/WEBER 1983, 479ff.

will. Trotzdem ist Thailand im Vergleich zu den anderen ASEAN-Staaten zurückhaltender bei der Industrialisierung. Diese vollzieht sich hauptsächlich in dem Großraum Bangkok, wodurch wiederum die bereits erwähnte Landflucht begünstigt wird.

In jüngster Zeit gerät die Regierung Thailands, ähnlich wie die anderer ASEAN-Staaten - allen voran Singapur - in eine Art "High-Tech-Fieber". Angezogen von den großen Wachstumsraten im Elektronikbereich wird versucht, durch die Errichtung dreier neuer Exportproduktionszonen zusätzlich zu der bestehenden, vor allem der Elektronikindustrie günstige Bedingungen anzubieten und diese dort anzusiedeln. Ob diese Strategie allerdings angesichts anhaltender weltweiter Rezession, die auch vor den Wachstumsbereichen nicht haltmacht, von Erfolg gekrönt sein wird, ist nicht abzusehen. Sicher ist, daß durch solche Maßnahmen eine breite Entwicklung des Landes nicht erreicht werden kann. Stattdessen wird sich durch die mögliche Schaffung von Arbeitsplätzen die Landflucht noch verstärken. Kommt es dann zur Flaute in dem Absatz der Produkte, werden die Arbeitskräfte "freigesetzt" - ihnen droht die Entwurzelung.

1.4 Computer

1963 wurden die ersten Computer in Thailand installiert: am National Statistical Office ein IBM 1401 für die Datenverarbeitung des landwirtschaftlichen Zensus und an der Chulalongkorn University ein IBM 1620 an der Fakultät für Handel und Rechnungswesen, wo er für Forschung und Lehre eingesetzt wurde.

Von diesem Zeitpunkt an stieg die Zahl der Computer ständig (siehe Abb. 1). Die Zahlen der Tabelle sind allerdings nur bedingt zu glauben, weil die Hersteller nicht sehr auskunftsfreudig sind und die späteren Angaben auf Schätzungen aufgrund einer Telefonumfrage vom Ende des Jahres 1983 beruhen, da schriftliche Umfragen nur eine Rücklaufquote von 20 bis 25% hatten.

Auch Importstatistiken sind nicht sehr aufschlußreich, da aufgrund der hohen Importzölle und Steuern viele Computer und Computerteile auf illegale Weise nach Thailand gelangen. Allerdings sind im Oktober 1984 die Importzölle auf Computer von 30 auf 20% und die Importzölle auf Computerteile von verschiedenen Prozentsätzen auf 10% gesenkt worden.[10]

---

[10] Südostasien aktuell, November 1984

Year	Number of Computers		
	Mini&Main Frame	Micro	Total
1964	2	-	2
1965	4	-	4
1966	5	-	5
1967	10	-	10
1968	10	-	10
1969	18	-	18
1970	22	-	22
1971	28	-	28
1972	36	-	36
1973	43	-	43
1974	60	-	60
1975	72	-	72
1976	96	-	86
1977	120	-	120
1978	150	20	170
1979	200	50	250
1980	250	100	350
1981	300	300	600
1982	360	2000	2360
1983	500	6000	6500
Mid 1984	700	10000	10700

Abb. 1 (aus CHARMONMAN 1984, 14)

Die in den ersten eineinhalb Jahrzehnten eingeführten Computer waren Großrechner, ihre ersten Nutzer waren die staatliche Verwaltung und Universitäten, dann auch Dienstleistungsunternehmen wie Banken, Versicherungen und Fluggesellschaften. Später begann auch die Industrie Computer einzusetzen. Nach dem Asian Computer Yearbook 1980/81 gab es in Thailand 149 Computer, 23 davon, das entspricht ca. 15%, in der verarbeitenden Industrie. Diese Zahlen sind aber als Untergrenze anzusehen, da im Asian Computer Yearbook nur ca. 75% der Anlagen erfaßt sind.[11] Alle nicht-staatlichen Nutzer waren Niederlassungen von multinationalen Konzernen und thailändische Großunternehmen. Seit Beginn der achtziger Jahre haben die Mikrocomputer rapide zugenommen, seit 1979 werden solche sogar in Thailand hergestellt.

Fast alle Computer Thailands sind im Großraum Bangkok konzentriert. So berichtet Charmonman, daß 1983 ca. 90% der Mikrorechner dort zu finden seien.[12] Dies ist eine Folge der starken Dominanz Bangkoks in der industriellen Entwicklung und wird sich auf absehbare Zeit nicht ändern.

---

[11] Vgl. UNIDO 1982, 13f.

[12] CHARMONMAN 1983

2 Computerpolitik

1969 wurde ein "Komitee zur Beratung von Themen, die Computer betreffen" von der thailändischen Regierung eingesetzt. Das Komitee sollte Informationen über die existierenden Computeranwendungen im Regierungsbereich sammeln, was auch geschah. Eine genauere Analyse und Bewertung dieser Anwendungen scheiterte jedoch an mangelnden Handlungskompetenzen. Des weiteren wurde die Einrichtung eines nationalen Computerzentrums empfohlen, das auch für die Ausbildung des Personals zuständig sein sollte.

Diesem Komitee folgten weitere mit ähnlichen Aufgaben. Letztendlich entstand aus ihrer Arbeit das "National Computer Board", das sich um den Computereinsatz im Regierungsbereich und im öffentlichen Bereich kümmern soll. Hierzu zählt auch die Ausbildung des Personals und die Entwicklung eines möglichst umfassenden regierungsweiten Managementinformationssystems. Die aufeinander folgenden Komitees waren im Laufe der Jahre bis zur Bedeutungslosigkeit herabgesunken. Das letzte wurde 1983 aufgelöst.

Es gibt in Thailand keine einheitliche Computerpolitik. Die Aktivitäten der Regierung beschränken sich auf den öffentlichen und den Regierungsbereich. Eine Kontrolle des Computereinsatzes in der privaten Wirtschaft sowie der Entwicklung der Elektronikindustrie wird nicht für nötig gehalten. Man überläßt die Entwicklung dem "freien Markt". Vor allem wird kein Anlaß zu einer Einschränkung gesehen. Eher bemüht sich die Regierung um eine Förderung von Computereinsätzen und Elektronikindustrieansiedelungen, was sich z. B. an der Senkung der Importzölle für Computer und Computerteile und an Steuerbefreiungen bis zu acht Jahren für ausländische Elektronikindustrien zeigt. Der Erfolg solcher Vergünstigungen hält sich allerdings wegen der auf übermäßigem Verwaltungsaufwand beruhenden schlechten Zusammenarbeit der zuständigen Behörden in Grenzen.[13]

3 Computerindustrie

3.1 Hardware

Es gibt keine nennenswerte Computerfertigung in Thailand, nur eine Firma stellt Mikrocomputer her, hat aber im Vergleich zu den am Markt vertretenen über 40 ausländischen Herstellern keine große Bedeutung. IBM verfügt mit 35% der Installationen

[13] Asian Wall Street Journal Weekly vom 28.1.85

über den größten Marktanteil.[14] Hardware-Interfaces zur Verbindung von Computern und Peripheriegeräten verschiedener Marken werden in Thailand entwickelt und hergestellt.

Größere Bedeutung hat die Herstellung von integrierten Schaltkreisen. Fünf US-Firmen produzieren in ihren thailändischen Niederlassungen ICs und beschäftigten Anfang 1985 ca. 12 500 Leute.[15] Diese Betriebe fertigen fast ausschließlich für den Export (ICs gehören inzwischen zu den zehn Hauptexportprodukten), die Rohstoffe müssen zu 97% importiert werden. Im Vergleich zu den anderen ASEAN-Staaten besitzt Thailand die kleinste Elektronikindustrie, was sich aber in Zukunft ändern könnte, da die Regierung sich in der Hoffnung auf Arbeitsplätze verstärkt um die Ansiedelung von Elektronikbetrieben bemüht und im Vergleich zu den Konkurrenzländern ähnliche Vergünstigungen und niedrigere Löhne anbieten kann.

3.2 Software

In Thailand besteht eine große Nachfrage nach speziell entwickelter Software. Nach verschiedenen Schätzungen sind 70 bis 90% der Anwendungssoftware im Land produziert. Die Gründe für diesen hohen Anteil lokal entwickelter Software dürften zum einen in den hohen Importabgaben von bis zu 120% liegen. Zum anderen erweist sich importierte Standardsoftware meist als ungeeignet für thailändische Verhältnisse und muß zumindest angepaßt werden. Die meisten Betreiber von Rechenanlagen ziehen darum speziell für ihre Bedürfnisse maßgeschneiderte Software vor.

Weiterer Bedarf entsteht durch staatliche Bestimmungen, nach denen verschiedene Dokumente, wie z. B. Rechnungen, in Thai abgefasst sein müssen. Das erfordert spezielle Textverarbeitungsprogramme und Ein/Ausgabegeräte, da das Thai-Alphabet 44 Konsonanten und 14 Vokale besitzt, die auf vier Linien dargestellt werden.

Eine wachsende Zahl von Software-Firmen konnte sich demzufolge etablieren, und im Herbst 1984 veranstalteten diese die erste nationale Software-Messe.

4 Computeranwendungen

Im allgemeinen werden Computer für relativ einfache Anwendungen eingesetzt, und zwar für Gehaltsabrechnungen und Statistiken sowie für Teile der Buchhaltung, des Rechnungswesens und der Kontenführung.

---

[14] Nachrichten für den Außenhandel vom 4.11.83

[15] Asian Wall Street Journal Weekly vom 28.1.85

Nach einer Umfrage, die die Behörde für Wissenschaft und Technologie in Zusammenarbeit mit der USAID im Jahre 1983 durchgeführt hat, ist der öffentliche Bereich der größte Nutzer von Computern. Regierungsstellen sind die zweitstärkste Benutzergruppe, gefolgt von Handelsfirmen, Banken, Universitäten und der verarbeitenden Industrie.

In der verarbeitenden Industrie kommen zu den üblichen Anwendungen vor allem noch Lagerhaltungsprogramme hinzu, andere Anwendungen sind selten. In diesem Sektor finden sich 15% der in Thailand installierten mittleren und großen Rechenanlagen, allerdings nur bei den größten und modernsten Firmen, d. h. bei Niederlassungen transnationaler Konzerne, bei Joint-Venture-Unternehmen mit ausländischer Beteiligung und einigen großen thailändischen Unternehmen. Nach einer Studie der UNIDO[16] aus dem Jahre 1982 über die Verwendung von Mini- und Mikrocomputern in der verarbeitenden Industrie sind die befragten Betriebe mit ihren Computeranwendungen zufrieden und wollen ihren Computereinsatz noch ausweiten. In vielen Betrieben herrscht allerdings zum Teil aufgrund schlechter Erfahrungen Skepsis gegenüber Computern vor. Als typischer Fall wird im Asian Business von Dezember 1984 von dem Besitzer eines großen Familienunternehmens berichtet, der ein Buchhaltungs- und Produktionsinformationssystem installieren wollte. Nach mehrmonatiger Diskussion wurde dieser Plan wieder verworfen, da die Installation des Systems eine Veränderung der Entscheidungsstrukturen und der üblichen Verfahrensweisen erforderte, die das soziale Gefüge des Unternehmens auf den Kopf gestellt hätte.

Erwähnenswert ist noch, daß Unternehmen immer weniger das Angebot bestehender Dienstleistungsrechenzentren nutzen und sich stattdessen eher eigene kleine Computer anschaffen. Im Bankensektor breitet sich der Computereinsatz sehr schnell aus und führt zu großen Veränderungen. So will die Bangkok Bank die Möglichkeit, Bankgeschäfte von zu Hause aus abzuwickeln, sowie elektronische Überweisungen an ihre Zweigstellen einführen. Die Siam Commercial Bank hat die Geldautomaten in Thailand eingeführt. Bei den Fluggesellschaften wird der Computer bei Reservierungen und zu administrativen Zwecken eingesetzt.

Der öffentliche Bereich und der Regierungsapparat sind die stärksten Nutzer von Computern. Zu den üblichen administrativen Anwendungen und Statistiken kommen hier vor allem noch Datenbanken und Informationssysteme hinzu. Computer werden z. B. in öffentlichen Versorgungsbetrieben, für die Fahrzeug- und Führerscheininhaberverwaltung, bei Straßenbau-, Bewässerungs- und ähnlichen infrastrukturellen Projekten, bei Landrodungsprojekten, bei Volkszählungen und ähnlichen Umfragen und Analysen, bei der Steuer- und Zollabwicklung, für militärische und nationale Sicherheitszwecke,

---

[16] UNIDO 1982

zur Beschäftigungssicherung, bei der Landerfassung u. v. a. m. eingesetzt. Die durch den Computereinsatz verursachten Kosten steigen ständig. Schuld daran sind hauptsächlich Projekte, die den Computer nicht effektiv einsetzen. Viele Installationen scheinen sowieso mehr Statusobjekt als nützliche Hilfe darzustellen. Auch spielen politische Faktoren eine Rolle. Der Status einer Organisation ist nicht selten an der Größe ihrer Einrichtungen, insbesondere ihrer Computer, abzulesen. Der Einsatz von Computern hat bereits zu einer Veränderung der Organisationsstrukturen und Methoden im Regierungsapparat geführt, insbesondere die Verwaltung des Personals und Autoritätslinien wurden beeinflußt.

In der letzten Zeit sind eine ganze Reihe von Datenbanken und Informationssystemen im Regierungsbereich errichtet worden. Einige sind fertig, einige stecken in den Anfängen und viele befinden sich im Planungsstadium. Sie werden fast alle für Kontroll- und Planungszwecke eingesetzt.

Es gibt z. B. das Informationssystem für auswärtige Angelegenheiten.[17] Dieses System dient zur Entdeckung von gefälschten Pässen und gesuchten bzw. auf der schwarzen Liste stehenden Personen. Außerdem soll es zur Bekämpfung des Rauschgifthandels eingesetzt werden. Im Computer der Drogenkontrollbehörde werden zu diesem Zweck Daten über Paßinhaber und über Kriminelle, die das Land nicht verlassen dürfen, in einer Datenbank gespeichert. Das Außenministerium ist über ein Online-System mit dieser Datenbank verbunden. So kann die dort angesiedelte Paßabteilung vor der Ausstellung eines Passes überprüfen, ob der Antragsteller das Land verlassen darf. Außerdem werden täglich Informationen über Paßinhaber von der Paßabteilung an die Drogenkontrollbehörde weitergeleitet, so daß die Datenbank immer auf dem aktuellsten Stand ist. Die Computersysteme der Einwanderungsbehörde sind ebenfalls durch ein Online-System mit dem Computer der Drogenkontrollbehörde und dem Außenministerium verbunden. Von den zwei Computersystemen, die die Einwanderungsbehörde besitzt, steht eines auf dem nationalen Flughafen Don Muang und eines im Computerzentrum der Einwanderungsbehörde. Diese Systeme sind auch untereinander verbunden. Die Einwanderungsbehörde setzt sie ein, um mit gefälschten Pässen Reisende und gesuchte bzw. auf der schwarzen Liste stehende Personen zu entdecken und sie an der Ausreise aus Thailand zu hindern. Die Bearbeitungszeit pro Nachforschungsfall beträgt eine Minute. Es werden auch Abreise- und Ankunftsdaten aller Aus- und Einreisenden in der Datenbank der Drogenkontrollbehörde erfaßt. Die Einwanderungsbehörde plant, das Online-System auf weitere Grenzübergänge auszuweiten. Verbunden mit dem System des Außenministeriums, das auf Provinzebene ausgeweitet werden soll, um auch dort schnelle Paßanfragen und Paßausstellungen zu ermöglichen, können dann alle Bewegungen von Ausländern im Land kontrolliert werden. Es ist geplant, auch Vergehen aus-

---

[17] Vgl. auch Südostasien aktuell, September 1984

ländischer Besucher zu erfassen. Man hofft, daß so der Rauschgifthandel im Land bekämpft werden kann. Das Informationssystem für auswärtige Angelegenheiten wird durch ein Programm in Höhe von 160 Mio. Baht (ca. 7 Mio. US-$) von Australien unterstützt.

Im Innenministerium gibt es das Bevölkerungserfassungs- und Informationssystem. Es dient zur Erfassung, Überprüfung und Kontrolle der thailändischen Bevölkerung. Dieses System soll auch die Fälschung und Veruntreuung von Erfassungsdokumenten verhindern sowie die Nutzung der dreizehnstelligen Personenkennziffer für andere staatliche Aktivitäten ermöglichen. Letztendlich lassen sich auch noch Bevölkerungsstatistiken für Planungs- und Entwicklungszwecke in den verschiedensten Bereichen, wie z. B. Wirtschaft, Soziales, Politik, Bildung und Streitkräfte, damit erstellen. In der Datenbank werden elementare Informationen wie beispielsweise Personenkennziffer, Name, Geschlecht, Geburtsdatum, Nationalität, Wohnungskennummer und Adresse von allen in Thailand lebenden Personen, einschließlich der Flüchtlinge, erfaßt. Potentielle Nutzer dieses Systems sind:

- Sekretariat des nationalen Sicherheitsrates im Amt des Premierministers
- Nationaler Wirtschafts- und Sozialentwicklungsausschuß im Amt des Premierministers
- Amt für Polizei und Planung im Innenministerium
- Nachrichtendienst- und Auslandsabteilung im Innenministerium
- Untersuchungs- und Berichtsabteilung im Innenministerium
- Abteilung für öffentliche Wohlfahrt im Innenministerium
- Personaldirektionsabteilung im Verteidigungsministerium
- Ministerium für öffentliche Wohlfahrt
- Staatshaushaltsbüro im Amt des Premierministers
- Einkommensabteilung im Finanzministerium
- Ausschuß für den öffentlichen Dienst im Amt des Premierministers
- Polizeiabteilung im Innenministerium
- usw.

Siehe auch Abbildung 2.

Ein anderes Beispiel ist das Finanzinformationssystem. In ihm werden Daten über Wirtschaft, Währung, Finanzen und Steuern als Kontroll- und Entscheidungshilfsmittel für das Finanzministerium erfaßt. Der Einsatz des Computers führte zu einer Beschleunigung der Steuereinnahmen sowie zu einer besseren Nutzung von Finanzdaten als Entscheidungshilfe bei der Festlegung von Steuer- und Zollsätzen. Außerdem wird dieses System bei der Abrechnung des Staatshaushaltes und zur Kontrolle von Regierungsunternehmen genutzt, da auch deren Betriebsdaten erfaßt werden. Das System schließt die Datenbanken des Finanzministeriums, der Zollabteilung und der Einkommensabteilung ein. Änderungen dieser Datenbanken werden mittels eines Online-Systems durchgeführt, daß die drei Computersysteme miteinander verbindet. Informationen über die Transaktionen der einzelnen Abteilungen des Finanzministeriums werden in diesen Abteilungen gesammelt und dann per Terminal von dort an das Finanzministerium weitergeleitet, um die Datenbanken entsprechend zu ändern.

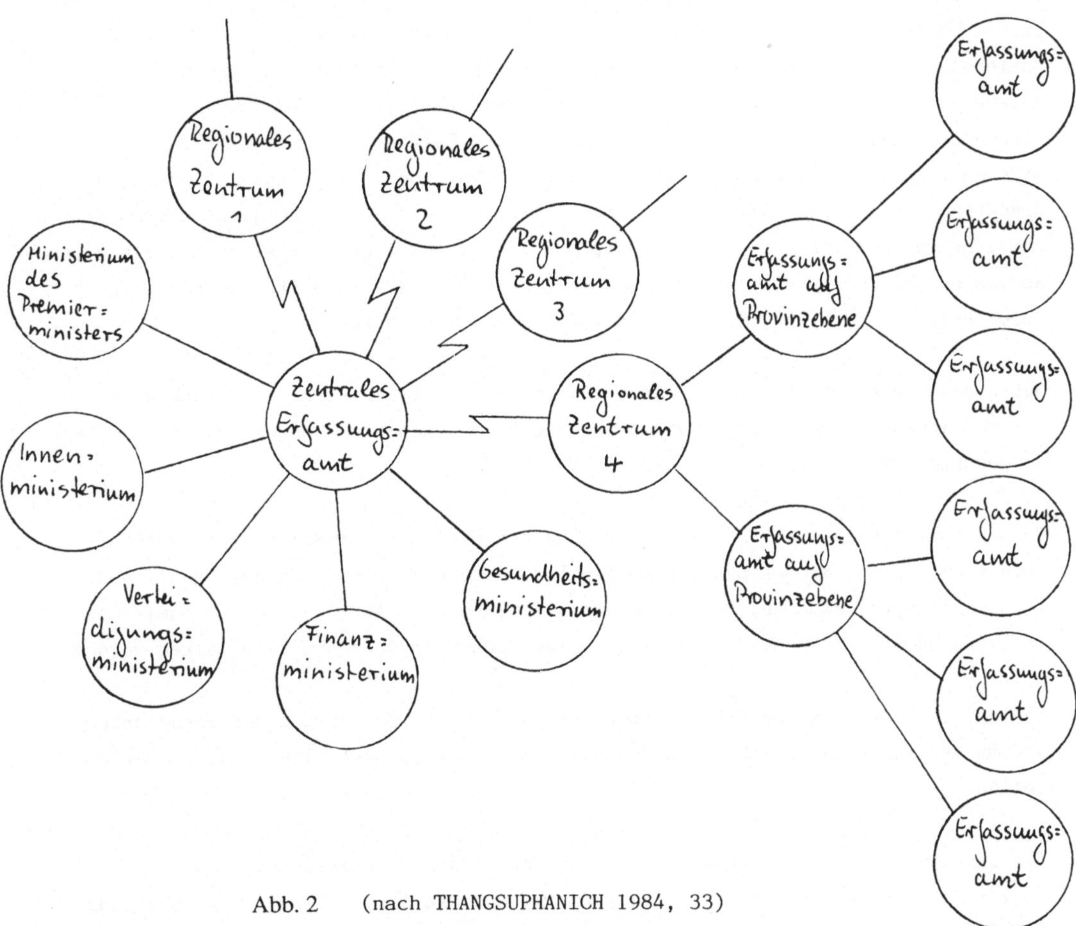

Abb. 2 (nach THANGSUPHANICH 1984, 33)

Weiterhin ist ein Landinformationssystem geplant, das den Regierungsstellen bei der Erschließung neuen Ackerlandes helfen soll. Die Idee zu diesem System ist aus der Zusammenarbeit des Amtes für landwirtschaftliche Reformen und der Grundstücksabteilung heraus entstanden. Die Datenbanksysteme dieser beiden Regierungsstellen sollen miteinander verbunden werden.

Landwirtschaftsministerium, Handelsministerium und Zollamt haben ihre Computersysteme gekoppelt und so ein Informationssystem geschaffen, das hauptsächlich zur

Erstellung von Statistiken und Trendvorhersagen über den Handel und das Gewerbe in Thailand dient.

Teilweise fertig ist das Informations- und Retrievalsystem für den Bibliographischen Einheitskatalog. Es soll als Retrievalsystem für die Bibliotheken und zur Erstellung und Veröffentlichung eines bibliographischen Katalogs dienen. Nutzer werden die in einem Netz vereinten Bibliotheken des Landes sein. Die Nationale Bibliothek arbeitet seit 1975 in Zusammenarbeit mit dem Nationalen Statistikamt an diesem Projekt. Die Nationale Bibliothek sammelt Daten über ausgewählte Veröffentlichungen aus einem Netzwerk von Bibliotheken und schickt diese zur Kontrolle und Einfügung in den bestehenden Katalog an die Datenbank im Nationalen Statistikamt. In regelmäßigen Abständen wird dann der Bibliographische Einheitskatalog in Thai vom Computer ausgedruckt und an die beteiligten Bibliotheken verschickt. Gegenwärtig ist dieses System zum größten Teil ein Batch-System. Geplant ist eine Weiterentwicklung mittels eines Netzes aus Minicomputern zu einem Online-System, mit dessen Hilfe die Benutzer in jeder beteiligten Bibliothek Informationen wiederfinden können.

Neben den bisher beschriebenen ganz bzw. teilweise realisierten Datenbanken und Informationssystemen im Regierungsbereich gibt es noch eine Menge Pläne für weitere Anwendungen dieser Art.

So soll beispielsweise ein nationales Landentwicklungsinformationssystem erstellt werden. Mit Hilfe dieses Systems sollen Kontrolle und Auswertung des ländlichen Entwicklungsprogramms auf Dorfebene ermöglicht werden. Außerdem können damit schnell Informationen aus der Hauptstadt in die ländlichen Regionen weitergeleitet werden.

Geplant ist auch ein Gerichtsinformationssystem, mit dem Gesetze und Paragraphen erfaßt und für alle Gerichte und das Justizministerium zugänglich gemacht werden sollen.

Die Institute für Bevölkerungsstudien der Chulalongkorn Universität und der Mahidol Universität sowie das Nationale Statistikamt und die lokale Verwaltungsabteilung des Innenministeriums arbeiten an einem Bevölkerungsstatistikinformationssystem, das als zentrale Informationsquelle für Regierungsstellen bei Entscheidungs- und Planungsanalysen dienen soll.

Das wohl umfangreichste Projekt ist die Entwicklung des Nationalen Informationszentrums. Dieses soll wirtschaftliche und soziale Informationen sowie Kabinettserklärungen und die Reden des Premierministers in einer integrierten Datenbank sammeln und dem Kabinett, dem Premierminister, den Parlamentsmitgliedern, den einzelnen Ministerien und Regierungsämtern sowie Projektverwaltern für Planungs- und Kontrollzwecke zur Verfügung stellen. Dafür soll ein Computernetzwerk zwischen den einzelnen Ministerien und Abteilungen aufgebaut werden, das auch bestehende Datenbanken mit einbezieht.

5 Ausbildung und Forschung

Die ersten Pläne zur Anschaffung eines Computers für eine Universität tauchten 1960 auf und einer der ersten beiden Computer, die 1963 nach Thailand kamen, war für Forschungs- und Lehrzwecke an der Chulalongkorn Universität bestimmt. Den ersten computerorientierten Studiengang gab es 1971. Über einige wenige Universitäten hinausgehende Verbreitung fanden Computer im Bildungsbereich aber erst durch das Auftauchen der ersten Mikrocomputer Ende der siebziger Jahre.

1984 gab es an elf der siebzehn staatlichen Universitäten und Institute Ausbildungsgänge im Computerbereich mit unterschiedlichen Ausrichtungen. Einige Studiengänge sind elektronik- und hardwareorientiert, andere weisen eine starke Anwendungsorientierung auf. Stärker theoretisch ausgerichtete Studiengänge sind in der Minderheit. Für Studenten anderer Fachrichtungen existieren Computerkurse, die in spezielle (z. B. medizinische) Anwendungen oder Grundlagen der Programmierung einführen.

An einigen Sekundarschulen gibt es Computerkurse, die zum Teil durch Schenkungen von Computerfirmen möglich wurden. Es fehlt dabei aber an passend ausgebildeten Lehrern und an Konzepten. Weitere Kurse auf der Grundlage eines 1984 ausgearbeiteten Lehrplans sollen dazukommen. Voraussetzung für die Einrichtung dieser Kurse an einer Schule ist das Vorhandensein von ausreichend qualifiziertem Lehrpersonal und genügend Mikrocomputern. Ziel dieser Kurse soll die Vermittlung grundlegender Kenntnisse über Computer, Programmierung und Benutzung von Programmen sowie das Einüben systematischen Denkens sein.

Innerhalb der Lehrerausbildung gibt es noch kein Computer-Ausbildungsprogramm. 1984 wurden an einer von 36 Ausbildungsstätten Einführungs- und BASIC-Programmierkurse angeboten. An ein paar Berufsschulen gibt es schon Computerkurse, und entsprechende Lehrpläne sind in der Entwicklung.

In der Primarstufe gibt es bislang noch keinen Computereinsatz. Es ist aber vorgesehen, ein computergestütztes Lernprogramm für Mathematik zu entwickeln, das als Ergänzung zum Unterricht für fortgeschrittene Schüler der sechsten Klasse eingesetzt werden soll.

Daneben werden in vielen Bildungsinstituten Mikrocomputer für Verwaltungszwecke eingesetzt und bilden oft den Ausgangspunkt für entsprechende Bildungsangebote.

Aufgrund der immer weiteren Verbreitung von Computern in allen Bereichen existiert auch eine große Nachfrage nach Computerkursen außerhalb des Schulsystems. Dieser Bedarf wird durch Angebote von kommerziellen Schulen, Computerfirmen, Berufsorganisationen, Behörden wie dem National Statistical Office, Universitäten und speziellen Trainingszentren gedeckt. Daneben gibt es in Banken u. ä. auch innerbetriebliche Weiterbildungsangebote. Über diesen Bereich lassen sich allerdings schwerlich fundierte Aussagen machen.

Im Ausbildungsbereich treten die folgenden Probleme auf:

- Da Englisch als Fremdsprache in Thailand nicht sehr verbreitet ist, gibt es Verständnisschwierigkeiten mit Programmen, Kommandos, Handbüchern und Computerbüchern. Es gibt keine geeignete Computerliteratur und erst recht keine Handbücher der Hersteller in Thai.
- Die verschiedenen Lösungen für die Verwendung des Thai-Alphabets auf Computern sind inkompatibel und zum Teil ungenügend.
- Es mangelt an passend qualifizierten Lehrern und Ausbildern.
- Es existieren (bis auf den universitären Bereich) keine einheitlichen Lehrinhalte und Abschlüsse.

An den Universitäten und Instituten haben neben der Ausbildung verschiedene Forschungsaktivitäten ihren Platz. Eine führende Stellung nimmt dabei das 1959 als autonomes internationales Technologieinstitut für Ausbildung und Forschung gegründete Asian Institute of Technology (AIT) ein, das in Bangkok angesiedelt wurde. Seit 1965 wird dort auch mit Computern gearbeitet, und derzeit stehen dem Institut neben der IBM 3031 - Großrechenanlage des Regional Computer Center diverse Mini- und Mikrocomputer zur Verfügung.

Die Titel einiger Abschlußarbeiten des seit 1979 bestehenden Studiengangs "Computeranwendungen", die zum Teil in Zusammenarbeit mit staatlichen Stellen und privaten Firmen erstellt wurden, geben einen Einblick in die Forschungstätigkeit:[18]

- Simulation der Sonnenscheindauer in Thailand
- Taifunvorhersage für Taipeh: statistische Methoden
- Modellierung und Simulation der stündlichen Windgeschwindigkeit und -richtung in Malaysia
- System und Simulation eines Abakus

---

[18] Eine Auswahl von Themen aus den Jahren 1982 bis 1984, vgl. AIT 1984

- Modell zur Vorhersage der Gütertransportmittelnachfrage in Thailand
- Design eines mikrocomputergestützten Fernüberwachungsnetzes
- Entdeckung der Änderungen des Waldbestandes in Nordostthailand auf Grundlage von LANDSAT- und Hilfsdaten
- Computerpaket zur Zeitreihenanalyse und seine Anwendung zur Vorhersage der Ölpreise auf dem Spotmarkt Singapurs
- Ein Informationssystem zur Wissenschafts- und Technologiepolitikanalyse
- Datenbank für landwirtschaftliche und natürliche Ressourcen in Thailand (Teilweise implementiert am Ministerium für Landwirtschaft und Genossenschaften)
- Design einer Datenbank zur Fahrzeugregistrierung und zur Besteuerung für das Landtransportdepartment
- Mikrocomputerbasiertes Softwarepaket zur Computerauswahl
- Design eines computergestützten Lagerhaltungssystemes
- CAD-System zur Analyse und Entwicklung von Wasserversorgungsnetzen
- Thai CAI-System für den Mathematikunterricht
- Ein ergänzendes CAI-System für den Geometrieunterricht an Sekundarschulen
- Ein Thai-Silbentrennungsalgorithmus
- Mikrocomputergestütztes Expertensystem zur grammatikalischen Überprüfung von Verben und Artikeln in englischen Sätzen (in PROLOG)
- Dokumentenretrievalsystem mit dynamischer Anfrageberichtigung auf Grundlage der Fuzzy-Set-Theorie
- Computergestütztes medizinisches Diagnosesystem

6 Probleme

Bei der Einführung von Computern sehen sich die Nutzer verschiedenen Schwierigkeiten gegenüber, die den Computereinsatz behindern. Diese Schwierigkeiten sind keine thailändische Besonderheit, ja noch nicht einmal typisch für Entwicklungsländer, auch wenn sie dort deutlicher zutage treten.

Als Hauptproblem wird der Mangel an qualifiziertem Computerpersonal beklagt. Es fehlt an Programmierern, Systemanalytikern, Operateuren etc. Beim Management wird ein Mangel an Wissen über Computer festgestellt.

Das nächste Problem ist der "brain drain", die Abwanderung des vorhandenen Personals aus dem staatlichen Bereich in die Privatwirtschaft, wo die Löhne erheblich höher sind, und die Abwanderung von Experten in andere Länder, wo noch bessere Bezahlung lockt.

Ein weiteres Phänomen ist, daß die angeschafften Anlagen nicht oder nicht voll genutzt werden. Gründe dafür sind Personalmangel, Prestigekäufe von überdimensionierten Rechanlagen, Mangel an Software (da zu teuer) und Probleme technischer Art. Die Unterstützung durch die Händler läßt nach dem Kauf sehr zu wünschen übrig.

Die erhältliche Software ist für thailändische Verhältnisse nicht geeignet, da es z. B. andere gesetzliche Bestimmungen in Thailand als im Herkunftsland der Programme gibt.

Dies sind die Probleme, die von Computerexperten gesehen werden, da sie ihre Arbeit behindern. Hinweise auf eine Auseinandersetzung mit problematischen Auswirkungen der Informationstechnologie konnten wir mit Ausnahme einer ansatzweisen Diskussion der Folgen für die Beschäftigungslage nicht finden.

7 Zusammenfassung

Der Verlauf der Computerisierung in Thailand läßt sich wohl recht treffend mit einer Zeitschriftenüberschrift vom Dezember 1984 charakterisieren: "half speed toward hi-tech"[19]. Die Durchdringung Thailands durch die Informationstechnologie verläuft nicht überstürzt, sondern langsam aber stetig.

Einige wichtige Punkte sind hervorzuheben:

Im staatlichen Bereich werden Computer vorwiegend genutzt, um die Kontrollmöglichkeiten über die Bevölkerung auszubauen.

Der Computereinsatz in der Privatwirtschaft wird nur durch Rentabilitätskriterien begrenzt, negative Auswirkungen auf die Zahl der Arbeitsplätze und die Arbeitsinhalte sowie eine Stagnation der Löhne sind zu befürchten.

Die installierten Computer sind auf den Großraum Bangkok konzentriert. Es zeigt sich eine extreme Stadt-Land-Disparität, die auch bei den Mikrocomputern zu beobachten ist.

In der Hardwareproduktion besteht eine große Abhängigkeit von Importen und Exportmöglichkeiten. Die Elektronikindustrie ist voll in den Weltmarkt eingebunden und mangels inländischer Nachfrage Krisen schutzlos ausgesetzt.

---

[19] Asian Business, Dec. 1984

Sogenannte Linkage-Effekte, d. h. Anstöße für vor- und nachgelagerte Industrien sind praktisch nicht zu finden. Die Schaffung von Beschäftigungsmöglichkeiten hält sich aufgrund der kapitalintensiven Produktionsweise in Grenzen, ist aber positiv zu vermerken.

In der Erstellung von Anwendungssoftware ist Thailand sehr autonom.

Die Schwierigkeiten mit Standardsoftware aus anderen Ländern zeigen deutlich, daß diese nicht an thailändische Verhältnisse und an die thailändische Kultur angepaßt ist. Diese Schwierigkeiten lassen sich durch angepaßte Eigenentwicklungen nur vermindern und nicht gänzlich beseitigen. Bei den meisten Computeranwendungen stellen sich Veränderungen der Organisationsstruktur ein oder sind im allgemeinen schon Voraussetzung für einen effektiven Computereinsatz. Aus diesem Grunde finden sich erfolgreiche Anwendungen gerade bei den Niederlassungen ausländischer Konzerne und in den Betrieben, die stark in den Weltmarkt eingebunden sind, während in vielen einheimischen Unternehmen negative Erfahrungen mit Computern gemacht wurden.

Die bestehenden Computeranwendungen ähneln denen in Industrieländern, besondere kulturelle Eigenarten sind nicht zu finden.

> "Die gleichen Werkzeuge produzieren die gleichen Folgen. Alle motorisierten Streifenpolizisten und alle Informatikspezialisten gleichen einander; auf der ganzen Erdoberfläche haben sie das gleiche Auftreten und die gleichen Gesten, wohingegen die Armen sich von Region zu Region unterscheiden."
> (ILLICH 1980, 41)

8 Literatur

AIT 1984
Asian Institute of Technology, Division of Computer Application: Research Summary Sept. 1983 - Aug. 1984: Bangkok 1984

ALMANACH 1985
Der Fischer Weltalmanach 1985; Frankfurt/Main 1984

BHALLA 1984
A. Bhalla, D. James, Y. Stevens (Eds.): Blending of New and Traditional Technologies - Case Studies; Dublin 1984

CHARMONMAN 1983
Srisakdi Charmonman: State of Computer Technology in Thailand (Für: Regional Meeting on "The Popularization of Science and Technology in South-East Asia", August 15-18, 1983)

CHARMONMAN 1984
Dr. Srisakdi Charmonman:
Computerization in Thailand - Hardware, Software and Peopleware
in: Business Review, Juli 1984

DRAGUHN 1980
W. Draguhn, R. Hofmeier, M. Schönborn (Hrsg.):
Politisches Lexikon Asien und Südpazifik; München 1980

FRÖBEL/HEINRICHS/KREYE 1986
Folker Fröbel, Jürgen Heinrichs, Otto Kreye:
Umbruch in der Weltwirtschaft; Reinbek 1986

FUHS/WEBER 1983
Friedrich W. Fuhs, Karl E. Weber:
Thailand
in: HDW II/7

HANISCH 1983
Rolf Hanisch:
Struktur- und Entwicklungsprobleme Südostasiens
in: HDW II/7

HDW II/7
Dieter Nohlen, Franz Nuscheler (Hrsg.):
Handbuch der Dritten Welt, Band 7 - Südasien und Südostasien: Unterentwicklung und Entwicklung; völlig überarbeitete und erweiterte Neuauflage; Hamburg 1983

ILLICH 1980
Ivan Illich:
Selbstbegrenzung - "Tools for Conviviality"; Reinbek 1980

INDURUWA 1985
Dr. Abhaya S. Induruwa:
Towards an Information Society in Asia
in: Asian Exchange, Vol. III, Nos, 2/3 1984, published 1985, Hongkong

KANARAT 1978
Kwanchai Kanarat:
The Computer Impact in Thailand; Wien 1978; UNIDO paper id. 78 - 8785

LEXIKON 1984
Dieter Nohlen(Hrsg.):
Lexikon Dritte Welt; Reinbek 1984

MALAIVONGS 1984
Kanchit Malaivongs:
Microcomputers in Education in Thailand: A Country Report; 22. Feb. 1984

PRAPINMONGKOLKARN 1984
Dr. Prasit Prapinmongkolkarn, Thavisakdi Thangsuphanich:
The Computer and Information Development in Thailand (Für: AMIC - East-West-Center Research Workshop on "The Computer & Information Development in ASEAN", Singapore March 27-30, 1984)

THANGSUPHANICH 1983
Thavisakdi Thangsuphanich:
Computer Policy and Activities in Thailand (Für: Conference on National Computerisation Policy, Honolulu Jluy 31 - August 6, 1983)

THANGSUPHANICH 1984
Thavisakdi Thangsuphanich:
Computers and Information Development in Thailand (Für: AMIC - East-West-Center Research Workshop on "The Computer & Information Development in ASEAN", Singapore March 27-30, 1984)

UNIDO 1982
UNIDO:
Small-Scale Computer-Based System for Industrial Management in Developing Countries; Wien 1982; UNIDO paper IO.559

Autonome Informatikpolitik Indiens - Ein Modell für die sog. Dritte Welt?

Asha Purna Kachru
Institut für Technologietransfer
Gesellschaft für Mathematik und Datenverarbeitung
Postfach 1240, 5205 St. Augustin 1

Mir ist bewußt, daß meine Ausdrucksweise auf Deutsch nicht immer meine Gedanken exakt wiedergibt. Es ist sehr frustrierend und zeitaufwendig, mich in einer nicht-Muttersprache korrekt und verständlich auszudrücken. Es ist ja auch nur EIN Beispiel für die Probleme, mit denen eine "Dritte-Welt-Person", die in der Industriewelt lebt, zu tun hat.

Ich habe Schwierigkeiten, mit den herkömmlichen Methoden der Naturwissenschaft und Empirie Beweise für meine "Wahrheiten" zu liefern, v.a. wenn es um Begriffe wie "Entwicklung" oder "Unterentwicklung" geht.

Meine Vorstellung von der Entwicklung beinhaltet qualitative Faktoren wie Unabhängigkeit, sowohl in materiellem als auch im psychisch-seelischen Sinne, Autonomie in der Entscheidungsfindung und nicht zuletzt eine Einsicht in die Notwendigkeit, die aus gegenseitiger Liebe und Respekt entsteht. Eine einseitige Fixierung auf Befriedigung der Grundbedürfnisse, die Höhe des Bruttosozialprodukts eines Landes und des quantitativen Lebensstandards ist nicht nur falsch, sie ist auch gefährlich, v.a. wenn es um die Lösung der Probleme der sog. Dritten Welt geht. Einige persönliche Bemerkungen am Ende dieses Beitrags mögen dies etwas näher erläutern.

INHALTSVERZEICHNIS:

---

* Leicht veränderte Version des Vortrags auf der GI-FB8-Tagung "Arbeit und Informationstechnik", Juli 1986, Karlsruhe.

1. Allgemeines über das Land:

Indien ist das siebtgrößte Land der Erde. Er gehört zu den 19 ärmsten Ländern, obwohl es mittlerweile zur zehntgrößten Industrienation der Erde aufgerückt ist.

In Indien leben heute etwa 700 Mio. Menschen. Mit Ausnahme des Staates Kerala sind die Männer den Frauen gegenüber in der Überzahl, das Verhältnis beträgt 1000: 935. Die Bevölkerungsdichte in Indien ist 221 Menschen pro KM2. Der Anteil der des Lesens und Schreibens Kundigen an der Gesamtbevölkerung beträgt heute 36,17 Prozent (davon 24,88 Prozent weiblich und 46,74 Prozent männlich). Indien hat eine vorwiegend junge Bevölkerung. Im Jahre 1971 stellte die Altersgruppe o-14 jahren 42 Prozent der Bevölkerung. Der Anteil der Landbevölkerung beläuft sich heute auf 80 Prozent. Die Zahl der Dörfer beträgt etwa halbe Million und die der Städte etwa 3.000.

Das Bevölkerungswachstum, das gegenwärtig ca. 2 Prozent jährlich beträgt, macht den wirtschaftlichen Fortschritt weitgehend unwirksam. Indiens Bevölkerung, die sich auf 15 Prozent der gesamten Weltbevölkerung beläuft, ist auf lediglich 2,4 Prozent der Weltoberfläche eingeschränkt.

Das Land besteht aus vier deutlich gekennzeichneten Regionen, der größten Himalayaregion, der Indus-Gangesebene, der Wüstenregion und der südlichen Halbinsel. Das Klima variert von Schneekälte bis zu tropischem Monsunklima.

Umgeben von Himalaya-Bergen und dem indischen Ozean konnten die Inder lange Zeit geschützt von der restlichen Welt leben. Die Geheimnisse der Heilkräfte der Kräuter in den Himalayagebirgen sind heute noch ein Thema für Wissenschaftler in Ost und West.

Die wichtigsten Religionen in Indien sind Hinduismus, Islam, Christentum, Sikhismus, Buddhismus und Jainismus. Die Hindus bilden 82,72 Prozent und die Muslims etwa 11,20 Prozent der Bevölkerung.

In den 22 Unionsstaaten und 9 Unionsterritorien Indiens werden etwa 16 verschiedene Sprachen und hunderte von Dialekte gesprochen. Hindi in Devanagri-Schrift ist die offiziele Amtssprache der Union, englisch als Amtssprache soll bald ein Ende finden.

Bei den Haushaltsansätzen für 1984/85 waren 60 Prozent für Entwicklungsausgaben gegenüber 17 Prozent für Militärausgaben vorgesehen, d.h. 2.8 Prozent des Bruttosozialprodukts für Militärausgaben!

Indien ist ein reiches Land, was die natürlichen Ressourcen anbetrifft. In Indien gibt es unvorstellbare Reichtümer unter den Adligen, den Rajas und Ranis (Könige/Königinnen) und den multimilliardären Inustriellen wie Birla's und Tata's, die zwar eine erhebliche Rolle für die wirtschaftliche Entwicklung Indiens gespielt haben und noch spielen, haben aber nicht zum Allgemeinwohl beigetragen. Indien bleibt ein Land der größten Kontraste.

Indien war bis 1947 eine englische Kolonie. In der Unabhängigkeitsbewegung spielten Menschen wie Mahatama Gandhi, der den Weg des Ahimsa (Gewaltlosigkeit) und der Betonung der Traditionen und

Selbsthilfe für die Entwicklung Indiens folgte und Jawaharlal Nehru (Großvater Rajiv Gandhis, des heutigen Ministerpräsidenten Indiens), der den sozialistischen Weg nach russischem Muster einführte und großen Wert auf die technisch-wirtschaftliche Entwicklung Indiens legte, eine große Rolle.

2. Geschichte der Computerentwicklung in Indien:

Die ersten Computer in Indien wurden Anfang 1960 im Zusammenhang mit der Erstellung des nationalen Wirtschaftplans in Zusammenarbeit mit dem Indian Statistical Institute (ISI) und Jadavpur University entwickelt.

Prof. Mahalanobis, Direktor von ISI, hatte damals, um große Gleichungssysteme nicht mehr per Hand lösen zu müssen, diesen Auftrag gegeben. Damals war auch die Atomforschungsgruppe am Tata Institute of Fundamental Research in Bombay sehr an automatisierter Datenverarbeitung interessiert und unterstützte die Aktivitäten am ISI.

Die ersten Arbeiten entstanden an Hochschulen und den 4 Indian Institutes of Technology (IIT) in Madras, Bombay, Kanpur und Delhi. Damit waren die ersten Anwendungen der Computer in Indien eher im wissenschaftlich-technischen Bereich zu finden. Erst später kam die Industrie und die öffentliche Verwaltung dazu.

Electronics Corporation of India Limited (ECIL), der erste Computer-Hersteller in Staatsbesitz, stellte Anfang 1960 Computer der dritten Generation TDC-312 und TDC-316 fast eigenständig her.

Bharat Electronics Limited (BEL) stellt seit längerer Zeit MINI- und Mikrocomputer her. Tata Consultancy Services (TCS) und Computer Maintenance Corporation (CMC) sind Beispiele für große Software-Herstellungs- und Wartungsfirmen, die sogar für den internationalen Bedarf Software-Produkte liefern.

3. Hardware- und Software-Markt und Informatik-Politik Indiens:

Mit der "Industrial Policy Resolution" 1948 legte die indische Regierung den Wirkungsbereich der privaten Industrie für die industrielle Entwicklung Indiens fest. Damals ordnete man den Bereich der Telekommunikation ausschließlich dem öffentlichen Sektor zu. Die Elektronik-Industrie wurde mit dem Aufbau des "Departement of Electronics" ab 1963 offensiv gefördert, ab 1970 sogar von der Premierministerin Indira Gandhi selber verwaltet.

Der Eigenproduktion wurde so große Bedeutung beigemessen, daß man versuchte, sie mit allen Mitteln zu forcieren. Mit dem "Foreign Regulations Act" 1973 wurden erstmalig ausländischen Firmen, die mehr als 40% Beteiligung hatten, Beschränkungen auferlegt. Zollraten von 35 bis 100% sollten die Einfuhr von ausländischen Produkten erschweren.

Die Entwicklung der Computer-Hardware, einheimische und ausländische, läßt sich aus der folgenden Tabelle ablesen:

Computermarktstruktur:

	1960-6		1967-72		1973-7		1978-80	
	No. -	%	No. -	%	No. -	%	No. -	%
ECIL	-	-	13	9	79	41	98	10
IBM	31	74	106	73	6	3	0	0
ICL	2	5	17	12	19	10	20	2
Burroughs	0	0	0	0	5	3	25	3
DEC	0	0	0	0	49	26	35	4
HCL	-	-	-	-	-	-	390	41
DCM	-	-	-	-	-	-	265	28
ORG	-	-	-	-	-	-	70	7
Other	9	21	17	6	34	17	59	5
Total	42	100	153	100	192	100	962	100

(aus /13/ seite 138)

Währernd zu Anfang der sechziger Jahre drei Viertel der Computer in Indien IBM-Computer waren, fasste später die regierungseigene Firma ECIL immer mehr Fuß.

Da die indische Regierung immer mehr Wert auf autonome Produktion und Kontrolle der Computerentwicklung legte, verlangte sie 1972 sowohl von ICL als auch von IBM, die Anteile an ihren indischen Tochtergesellschaften maximal auf 40 Prozent zu beschränken. Als 1977 die Regierung fest davon überzeugt war, daß ECIL mit 40 Prozent Marktbeteiligung und TATA in Zusammenarbeit mit BURROUGHS Indiens autonome Informatikpolitik gewährleisten können, lehnte sie IBM's Alternativen zu ihren Forderungen ab, woraufhin IBM 1978 das Land verließ.
Die indische Regierung verfolgt seither sehr zielbewußt eine exportorientierte Informatikpolitik, u.a. auch um sich von der Auslandsverschuldung zu befreien.
Zur Zeit wird mit 75% Zollraten auf ausländische, elektronische Produkte, und mit 200% auf Computer und Computersysteme, die bis 8.000 US-Dollar kosten, die Einfuhr dieser Produkte kontrolliert. Größere Computersysteme können jedoch nun wieder eingeführt werden.
Man hat damit erreicht, daß die größte Produktivitätssteigerung im Bereich der "Consumer Electronics" mit 78% liegt, gefolgt von 30% im Bereich der "Components and computer control".

Bei Einfuhr von Computern aus dem Ausland hat das Arbeitsministerium Vetorecht, falls Arbeitsplatzvernichtung befürchtet wird. Die Einfuhr sah in den Jahren 1981-83 folgendermaßen aus:
(1DM = 6 Rupien)

Produkt	1981/82	1982/83
	(in Rs. 1000)	
Koml. digitale DV-Anlagen		
davon aus:		
Bundesrepublik Deutschland	1708	353
Frankreich	-	476
Großbritannien	1333	682
USA	18490	32089
kompl. "digital central processing units"	5494	4682
davon aus:		
Bundesrepublik Deutschland	-	1831
Großbritannien	-	339
USA	1009	2119
Japan	-	349
Peripheriegeräte	6588	11977
darunter: Kartenlesegeräte	694	1640
Drucker	4961	2343
davon aus:		
Bundesrepublik Deutschland	-	11
Großbritannien	3299	499
USA	681	1441
Sonstige	933	7993
davon aus:		
Bundesrepublik Deutschland	51	1060
Großbritannien	9	682
USA	635	5747
"Offline equipment"	5314	12787
Teile f. EDV-Anlagen	130908	183379
davon aus:		
Bundesrepublik Deutschland	2528	2585
Frankreich	21353	5538

(Quelle: Monthly Statistics of the Foreign Trade of India)

Für 1983/84 wird der Import auf Rs. 327 mio. beziffert. Die USA bleiben weiterhin Hauptlieferant.

Bei den Einfuhren dürfte die größte Steigerung im Bereich der Groß- und Superrechner liegen.

Nach den Plänen des Department of Electronics sollen die Hauptimportobjekte außerdem in den Bereichen Telekommunikation, Militär, Raumforschung und Atomenergie liegen.

Die indische Produktion von EDV-Systemen wird für 1984/85 auf ca. Rs. 1,2 mrd geschätzt, darin sind 40 Mainframes, 400 Minis und 2500 Mikrocomputer enthalten.

Folgende Tabellen geben einen Überblick über die einheimische Elektronik-Produktion und über die Kosten:

Requirement and production of electronic items (1989-90)
(in crores of rupees)

	Requirement	Production	Gap
Components	3180	2510	670
Consumer electronics	3045	3045	-
Telecommunications	3250	3100	150
Aerospace defence	540	540	-
Control, instrumentation and industrial electronics	2572	2011	561
Computer office Equipment	680	500	180
	13267	11706	1561

Value of production (in crores of rupees)

	85/86	86/87	87/88	88/89	89/90	Total
Components	760	1035	1380	1830	2510	7535
Consumer	860	1180	1620	2220	3045	8925
Telecom	600	900	1350	2050	3100	8000
Aerospace and defence		not available			540	2320
Control etc.	605	783	1068	1457	2011	5924
Computers etc.	120	180	280	400	500	1480
Total	2965	4078	5698	7957	11706	34184

(1 $US = Rs. 12 approx.)(1 crore = 10 million)

(Aus /13/ Seite 136)

Obwohl man ursprünglich vermutete, daß in dem Bereich der Supertechnologie, die militärisch bedeutsam sein kann, ein Austausch nur mit Ländern des Warschauer Pakts möglich sein kann, sieht es mittlerweile ganz anders aus. US- und europäische Firmen ringen darum, Indien mit ihren Produkten zu beliefern.
Control Data Corporation und CII-Honeywell-Bull sind Beispiele. IBM hat erneut einen Versuch unternommen, Indien mit einem Supercomputer zu beliefern, und es scheint soweit zu sein, daß ein Vertrag über den Kauf eines Supercomputers aus den USA für Indien zustande kommt.

Der Export von Software aus Indien, reguliert durch die "Software Export Promotion Policy" 1982, wächst um 40% jährlich. Das liegt daran, daß die Löhne und Gehälter der Inder/innen sehr niedrig sind (bis 10% dessen der Menschen aus USA). Für die westlichen Länder lohnt es sich auch, Produktionsstätten in Indien aufzubauen, z.B. richtet IBM in der Santa-Cruz-Freihandelszone eine 100% exportorientierte Softwarefirma ein. Texas Instruments plant eine 100% Tochterfirma in Bangalore, die nur Export betreiben soll. Die Investitionssummen betragen US $ 100 mio.

Indiens größte Industriefirma TATA mit ihren Softwarehaüsern TATA Cosultancy Services und TATA BURROUGHS (Zusammenschluß mit BURROUGHS) ist auch ihre größte Softwarelieferantin für den Weltmarkt. Tata Burroughs hat z.B. mit einem 100-Personen-Jahre Projekt für die Society for Worldwide Interbank Financial Telecommunications (SWIFT) sowie für die schweizer Fluggesellschaft SWISSAIR an einem Communications Development System gearbeitet. Grindlays Bank, die ein großes Bank-Netz in Indien hat, ist auch an der Aufstellung eines Computer Centers in Indien interessiert. Beispiele für die internationale Arbeitsteilung!
(siehe auch /1./3/./10/./17/./18/./19/.)

4. Einige DV-Einsatzgebiete:

-- Personal-Informationsystem

-- Landwirtschaftliches Informationssystem

-- Computerunterstützte Übersetzung der Devanagri-Schriften

-- Eisenbahn-Transport-Informationssystem

-- Computerunterstützte Straßenplanung

-- Computerunterstützte Diagnose in der Homöopathie

-- Meteorologische Anwendungen wie z.B. für Wetter-Vorhersagen.

-- Polizeiliches Informationssystem.

-- Computer-unterstützte Tomographie.

-- Computer in der Schule, sowohl als Werkzeug als auch als Gegenstand.

-- Computer-unterstützte Farbmischung für die Textilindustrie.
usw.

Einige Groß-Anwendungsgebiete sind:

A. Computer in der Atomforschung: TIFRAC und TDC12, Computer, die vom Tata Institute of Fundamental Research in Bombay und vom Bhabha Atomic Research Institute in Trombay gemeinsam hergestellt wurden, haben wesentlich dazu beigetragen, daß die Produktion der indischen Atombombe erst möglich wurde.

B. Computer in der Massenkommunikation: TDC-16, der von der Electronics Corporation of India (ECIL) hergestellte Computer wird zunehmend zur Steuerung von Telefonvermittlungszentralen und zur Simulation der Vermittlungsfunktionen mit Hilfe von Fernschreibern, die an den TDC-16 angeschlossen sind, genutzt.

C. Computer in der Raumfahrtforschung: Die Inder haben inzwischen zwei eigens hergestellte Satelliten ARYABHATTA (genannt nach dem gleichnamigen indischen Mathematiker und Astronom Anfang dieses Jahrtausends) und INSAT.

An dieser Stelle ist interessant zu erwähnen, daß die indische Raumfahrtforschungsinstitution ISRO eng mit den deutschen Kollegen vom

DFVLR in Köln zusammenarbeitet. Im indischen Labor ist neben einer IBM360 und einer PDP11 auch eine MINSK zu sehen.
(siehe auch /5./6/.)

5. Informatik-Gremien in Indien:

In Indien gibt es ein eigenes Ministerium für den Bereich der Elektronik. Vielfältige Gremien sind für die koordination der wissenschaftlichen, produktionsbezogenen und Import-Export-Fragen in Zusammenhang mit Computern und neuen Technologien zuständig.

Die Electronics Trade and Technology Development Corporation ist für die Import - Export- Fragen und deren Ausgleichsverhältnis verantwortlich.

Die Electronics Commission, die oberste Behörde zur Koordinierung der Elektronik-Entwicklung in Indien, hat 1971 eigens für die Informationstechnologien eine Information, planning and Analysis Group eingerichtet. Parallel dazu gibt es eine Arbeitsgruppe der Technology Development Council. Diese hat 28 Projekte für Informationstechnologien gefördert, 14 davon auf dem wissenschaftlich-technischem Forschungsgebiet, 12 im Bereich der öffentlichen Verwaltung und 2 für die private Industrie.

Zuletzt sei auf die Entwicklung der indischen Computergesellschaft Computer Society of India (CSI) hingewiesen. CSI existiert seit 17 Jahren. Sie hat etwa 5150 Mitglieder, hauptsächlich Wissenschaftler und Studenten. Verschiedene nationale Informatik-Kommissionen und hohe Beamte sind ebenfalls aktiv an der Entwicklung der CSI beteiligt. Es gibt 21 regionale Gruppen. Jedes Jahr findet eine Jahresversammlung der gesamten Gesellschaft statt, neben vielen dezentralen Treffs in Ortsgruppen. Der Nachwuchs wird durch viele Informatik-Wettbewerbe gefördert.

In Zusammenarbeit der CSI mit den Universitäten sind verschiedene DV-Ausbildungsmöglichkeiten in der Informatik-Branche gegeben. Diplome in Computer Science, Fort- und Weiterbildungsangebote, über audio-visuelle-Medien und in Abendstunden, Fernstudiumsmöglichkeit sind Beispiele dafür.

Es gibt zwei Veröffentlichungsorgane der CSI, das CSI-Journal und die CSI-Communications, die zur Förderung des wissenschaftlich-technischen Wissens und als Erfahrungsaustausch zwischen den über ganz Indien verteilten Benutzern und Anwendern der Computer dienen sollen.
(siehe auch 7.)

6. PERSÖNLICHE ENTWICKLUNGSPOLITISCHE BEMERKUNGEN:

Es ist allgemein bekannnt, daß die Inder/innen im mathematisch-technisch-wissenschaftlichen Bereich internationalen Rang haben. Sie sind große Theoretiker: was ihnen schwer fällt, ist die praktische Umsetzung. Da sie aber im Ausland auch gute, praktische

Arbeit leisten, versucht nun die indische Regierung, sie aus dem Ausland zurückzuholen. Neuerdings versucht man sogar mit Hilfe der westlichen Firmen, wie z.B. Texas Instruments, in Indien lukrative Computer Center aufzubauen, um diese Elite heimzuholen.
Um nun von Indien ausgehend einige allgemeine Aussagen machen zu können, möchte ich folgende Erfahrungswerte, die ich als Inderin UND Deutsche in Indien und in der Bundesrepublik gemacht habe, weitergeben.

Die Länder der sog. "Dritten Welt" sind sehr unterschiedlich in ihrem technischen Entwicklungsstand. Brasilien und Indien sind Beispiele für sog. Drittweltländer, in denen eine autonome Informatik-Entwicklung stattfindet. Saudi Arabien und einige afrikanische Länder andererseits sind im wesentlichen auf Technik aus dem westlichen Ausland angewiesen. Auf der anderen Seite gibt es viele Gemeinsamkeiten zwischen diesen Ländern der sog. "Dritten Welt".

Wichtig ist auch zu unterscheiden zwischen Ländern der sog. Dritten Welt, die Kolonialländer gewesen sind und andere, die es niemals waren. Wenn man den asiatischen Kontinent vor Augen hat, so ist die große Abweichung Japans gegenüber anderen asiatische Ländern sehr gut dadurch zu erklären, daß Japan keine Kolonie gewesen ist. (/20/).

Auffällig ist, daß in diesen Ländern (auch Japan), im Gegensatz zu westlichen, industrialisierten Ländern, ein traditions- und kulturbetontes Wertesystem als Maßstab für alle Aktivitäten, auch im Umgang mit der Technik, herrscht. Wirtschaftliche und politische Dimensionen sind ohne diesen Kontext nicht vollständig zu erfassen.

Familie und das soziale Gefüge sowohl im privaten Bereich als auch am Arbeitsplatz sind lebenswichtige Parameter, im Gegensatz zum Individuum-zentrierten Leben in den oben skizzierten westlichen Ländern. Menschliche Arbeitskraft ist in solchen Größen vorhanden, daß Automation und Technik eine andere Rolle spielen muß in der Rationalisierung der Arbeit. Produktionssteigerung ist existentiell notwendig.

Die meisten Menschen haben jedoch existentielle Probleme. Chaos, verursacht u.a. durch zyklische Zeitvorstellungen, Mythos und religiöse Ethik verhindern einerseits eine rationale, planbare Systementwicklung, andererseits wird dadurch auch eine in der westlichen Welt oft vermisste spontane, Einzelsituationbezogene Abweichung erst möglich.

Arbeit in der Erwerbswelt bzw. in der Familie ist zwar traditionell, d.h. geschlechtsbezogen vordefiniert, aber insgesamt doch ganzheitlicher organisiert als in den westlichen Ländern. Z.B. werden am Arbeitsplatz in der Erwerbswelt auch persönliche Parameter zugelassen und darauf Rücksicht genommen, und man hört nicht pedantisch an einem bestimmten Zeitpunkt auf, sich über diese Arbeit Gedanken zu machen. Freizeit in dem Sinne, wie sie hier im Westen gibt, gibt es dort nicht. Es gibt kein so riesiges Angebot, daß man in die Versuchung kommen muß, auch die Freizeit effektiv zu planen.

Man unterhält Kontakt miteinander über mehrere tausend Kilometer hinweg, trotz schlechter Infrastruktur.Es gibt sehr viel verbalen und gütermäßigen Austausch, da vieles durch die vielen traditionellen, religiösen und kulturellen Rituale fest vorbestimmt ist.

Mit dem Fallbeispiel Indien wurde ein Beispiel für ein "Dritte Welt"-Land gegeben, welches ein autonomes Informatik-Konzept entwickelt hat und mit immer mehr Selbstbewußtsein vorantreibt. Durch die alten Kulturen, Mythologien und philosophischen Weltanschauungen, die in Indien schon seit Jahrtausenden gibt , trotz vieler Fremdherrschaften, ist es besonders interessant zu beobachten, wie in Indien Kultur und Technik doch vereinbart werden. Am besten kann man dies daran festhalten, daß die hinduistische Lebensweise für einen hinduistischen Technokraten nicht in Frage gestellt zu sein scheint. Mit Stolz werden die Probleme im Zusammenhang mit der Technik in Form von alten Tanzdramen auf Messen und sonstigen DV-Veranstaltungen dargeboten. Grundsätzliches Mißtrauen gibt es an sich kaum. Und dies drückt sich auch im zwischenmenschlichen Umgang aus.
Einiges läßt sich dadurch erklären, daß Hinduismus keine Religion in herkömmlicher Sinne ist. Es ist eher als eine Lebensphilosophie zu erklären. Es gibt z.B. mannigfaltige Götter und Göttinnen, die sehr praktische Bedeutung für den Lebensalltag der Hindus haben.

Mir geht es darum, zu betonen, daß andere Länder andere Kulturen und andere Wertsysteme haben(können)und die Rolle und Bedeutung ein und desselben Werkzeugs in verschiedenen Ländern sehr verschieden sein kann. Mir ist auch bewußt, daß gewisse Gemeinsamkeiten in machtstrukturellen Verhältnissen weltweit vorhanden sind. Wichtig dabei ist, aus meiner Sicht, daß die Beteiligten sich selber von Abhängigkeiten befreien. Da wäre die Hilfe unter Gleichgestellten natürlich notwendig und wünschenswert.
(siehe auch /8/./9/./14/./16/.)

Die Rolle, die die "Dritte Welt"-Arbeit für die internationale Arbeitsteilung spielt, ist vergleichbar mit der weltweiten Rolle der Frauenarbeit (das Verhältnis "Erste Welt"/"Dritte Welt" patriarchalisch). Sie ist billig zu bekommen, sie ist nicht sozialversichert und sie hat den Charakter der Rohstofflieferung, das Endprodukt wird von dem westlichen Arbeitgeber selber hergestellt und der Preis durch den Weltmarkt bestimmt. Die Arbeit ist gesamtgesellschaftlich nicht anerkannt.
(siehe auch/2/./4/./13/./14/./15/. und mein Beitrag zu Frauenarbeit in diesem band)

Die Rolle der Technik liegt leider bisher nicht im Abbau von Machtstrukturen und Abhängigkeiten. Es ist sogar eine umgekehrte Tendenz festzustellen. Daher ist die Solidarität der internationalen Gewerkschaftsbewegungen und der internationalen Frauenbewegungen unbedingt erforderlich.

7. LITERATUR:

/1/ Aggarwal, S.M. "Electronics in India: past Strategies and future possibilities" World Development, Vol. 13, No.3, page 273-292, 1985.

/2/ "Indien - Ein Überblick", Indische Botschaft, Adenauerallee 262-264, 5300 Bonn1, 1981.

/3/ Behara, Meenakshi "Getting ready to face the future", far Eastern Economic Review, Nr. 43, 1985.

/4/ "Entwicklungspolitik - Sechster Bericht der Bundesregierung", Bundesministerium für Wirtschaftliche Zusammenarbeit, Bonn, 1985.

/5/ Chakrabarti Dr., Craemer Dr., Töpfer Prof. Dr. "Report on a visit to India", Stabstelle für Internationale Beziehungen, GMD, Nov. 1977.

/6/ "Computing in India" DATAMATION 1'78.

/7 Craemer-Kachru, Asha P. "Entwicklung und Anwendung neuer Informationstechnologien in Indien" in Arnold, Rolf (Hrsg.) "Neue Informationstechnologien und Entwicklungszusammenarbeit", NOMOS Verlagsgesellschaft, Baden-Baden, 1985.

/8/ -dto- "About the role of computers in Developing countries", CSI-Communications, August 1981.

/9/ -dto- "Informatics for the rural and educational problems of a developing country", Proceedings CSI- National Conference 1981.

/10/ Deutsch-Indische Handelskammer "Der Indische Computer-Markt heute", Nr.4, 1985.

/11/ Elliott, J. "Showing the way for developing countries", The Financial Times, Nr. 29744, 1985.

/12/ Greenberger, R.S. "Control Data to sell India $500 mio. of Computers", The Wall Street Jourlal, Nr. 7, 1986.

/13/ Suresh Verghese, "Appropriate Policies for Electronics in India", "Information Technology for Development", vol1, Number2, June 1986, Oxford University Press.

/14/ Kachru, Asha "About the Role of International Firms" in Chairman's Report of TIDE 2000, Tokyo, Nov.1985.

/15/ -dto- ,"Frauenarbeit und Informationstechnik in der sog. Dritten Welt", Beitrag in diesem Band.

/16/ Meyer-Stamer, J. "Die brasilianische Informatik-politik: Modell für die Dritte Welt", Beitrag in diesem Band.

/17/ Miller, M. "U.S., European Computers Makers battle for Toehold in Blossoming India Market", The Asian Wall Street Journal Weekly, Nov.4 1985.

/18/ Tenorio, V. "India strives to join High-Tech World", ELECTRONICS, Sept.2 1985.

/19/ "The New Computer Policy", Commerce Nr. 4796, 1984.

/20/ Ingeborg Y. Wendt, "Indien-Japan, Wirtschaft und Gesellschaft im entwicklungsgeschichtlichen Vergleich", Junius Verlag, Hamburg 1986.

COMPUTER IM IRAN - EINE KRITISCHE BETRACHTUNG

Bijan Atashgahi / Technische Universität Berlin

1. Allgemeine Geschichte

Iran ("Land der Arier") (1) hat eine Oberfläche von 1.645.000 qkm, das ist ein Gebiet so groß wie Frankreich, Italien, Spanien, Großbritannien und die Schweiz zusammen, und mit einer Gesamtbevölkerung von ca. 40-44 Mio. Menschen ist der Iran relativ dünn besiedelt (2). Iran ist ein Vielvölkerstaat; 50 Prozent der Bevölkerung bilden die iranischen Perser, im Nordwesten leben die iranischen Aserbaidschaner und Kurden, im Süden die Luren und Belutschen, in den Städten leben auch Juden und Armenier, und am Ufer des Persischen Golfes sind die iranischen Araber. Das Land grenzt im Süden an den Persischen Golf und an den Golf von Oman, im Westen an den Irak und die Türkei, im Osten an Pakistan und Afghanistan und im Norden an das Kaspische Meer und die Sowjetunion (die Grenze ist 2.500 km lang).

Wohl kaum ein Land dieser Erde kann auf eine so wechselvolle Geschichte zurückblicken wie der Iran, und diese Geschichte findet noch heute ihren Niederschlag in der Kultur, Wirtschaft und Politik des Landes. Die Geschichte des Iran ist voll von Überfällen und Einmischungen seitens der Fremden. Durch die islamische Armee im Jahre 642 über die Mongolen zu Beginn des 13.Jahrhunderts über den Putsch der USA im Jahre 1953 bis ... ist der Iran mehrmals seinem Niedergang gegenüber gestanden, aber konnte immer wieder seinen Aufgang mit neuer Energie erleben.

Der Iran war und ist für die Fremden von großer Bedeutung. Die Faktoren wie z.B. die Seidenstraße, als der wichtigste Handelsweg zwischen Fernost und West; seine entwickelte Staatsform in der Zeit der Entstehung des islamischen Reiches; seine bedeutsamen Wissenschaftler; seine Lage als Kontrollpunkt der Schiffahrtslinien nach der Entdeckung des Seewegs nach Indien; sein Erdöl; seine strategische Lage in einer der bedeutsamsten Regionen der Welt, nämlich Nahosten und seine Grenze mit der Sowjetunion, seien hier genannt.

Iran, der einst über Jahrhunderte hinweg zu den entscheidenden und mächtigsten Staaten gehörte, fand seinen wichtigsten Rückfall im Jahr 1794, als der Turkmene Agha Mohammed, ein dem Wahnsinn naher Sadist, an die Macht kam und die Dynastie der Kadscharen gründete.

2. Industrialisierung

Die Geschichte des Iran nach dem Zweiten Weltkrieg ist mit der "Weißen Revolution" verbunden. Die "Weiße Revolution" wurde von Mohammed Reza Pahlewi mit wesentlicher Hilfe der Kräfte außerhalb des Iran initiiert, und zwar mit der strategischen Zielsetzung, durch die beschleunigte Entwicklung der kapitalistischen Produktionsverhältnisse das Regime an der Macht zu halten und damit die Herrschaft der Fremden, vor allem der USA, im Iran zu stabilisieren.

Seit Beginn der 60er Jahre, als der Staat mit der planmäßigen Förderung kapitalistischer Entwicklung begann, hat die iranische Wirtschaft einen Wandel durchgemacht. Diese Entwicklung wurde mehrmals als Wirtschaftswunder bezeichnet. Aber was tatsächlich hinter diesem Wunder steckte, verdeutlicht H.D.Schön:

> "Ohne Iran wäre Westeuropa und die Bundesrepublik bald jeder beliebigen Erpressung des mit dem Osten ideologisch bereits stark verbundenen arabischen Raumes ausgesetzt, oder es wären sogar Verteidungsmaßnahmen zur Sicherung der für das existentielle Überleben Westeuropas noch für Jahrzehnte unentbehrlichen Energie aus Öl notwendig." (3)

Ein weiterer Aspekt ist in diesem Zusammenhang die Tatsache, daß sich Iran zu einem der größten Absatzmärkte entwickelt hat. Der damalige Bundeswirtschaftsminister Friedrichs stellte fest:

> "Die Kontakte und Verbindungen zwischen Unternehmern in der Bundesrepublik Deutschland und Persien können inzwischen wohl als ein Wunderbeispiel für Kooperation angesehen werden." (4)

Tatsächlich gab es keine multinationalen Konzerne in der BRD, die nicht mindestens mit einer Tochtergesellschaft oder Beteiligung im Iran vertreten gewesen wären.

Insgesamt gesehen teilte die kapitalistische Entwicklung die Gesellschaft des Iran in zwei entgegengesetzte Pole: Auf der einen Seite eine privilegierte Minderheit, die sich aus der Großbourgeoisie, den Großgrundbesitzern und der hochbezahlten Bürokratie zusammensetzte, und auf der anderen Seite eine verarmte Mehrheit, zu der die Arbeiter, die Bauern, die Handwerker, die arbeitslosen Slumbewohner und ein beträchtlicher Teil der Intelligenz und der Angestellten zu rechnen sind. Ein Soziologe schildert die beiden iranischen Familientypen so:

> "Die eine lebt mit eigenem Haus, Ferienhaus in den Bergen und am Kaspischen Meer, mehreren Autos, mit Urlaub im Sommer auf den Bahamas, im Winter in der Schweiz; die andere haust im Teheraner Süden in einer Lehmhöhle und hält ihre Kinder mit Abfällen aus dem Mülleimer am Leben." (5)

Mit der Entwicklung seit 1979 ist ein tiefer Einschnitt in der Geschichte des Iran vollzogen worden, der nur mit den Ereignissen von 642, 13.Jahrhundert und 1794 zu vergleichen ist. Nur mit einem Unterschied, daß das Volk diese getragen und sich aber eine ganz andere Entwicklung versprochen hat.

3. Computer in diesem Prozeß

Nach offiziellen Angaben hat der Computer seinen Weg 1969 in den Iran gefunden.

Das Regime unter M.R. Pahlewi importierte 1970 78 Computer, und in den folgenden Jahren hat sich diese Zahl erhöht: 1973 auf 161, 1976 auf 309 und 1977 auf 616. Zusätzlich wurden jährlich weitere Computer gemietet. Im Jahre 1976 betrugen die Mieten

42 Mio. US-Dollar.

Die multinationalen Computerkonzerne waren mit ihren Niederlassungen im Land vertreten. Die Firmen IBM, NCR, UNIVAC und DIGITAL hatten im Iran den überwiegenden Marktanteil. Ihnen wurde weitgehend freie Hand gelassen.

Die Computer wurden unter anderem in der Armee und Geheimpolizei SAVAK, im Amt für die Planung und das Budget, in den Fluggesellschaften und Flughäfen, bei der Post, für die Abrechnung von Strom und Wasser und in vielen Ministerien und staatlichen Einrichtungen eingesetzt. (6)

Die Fakultät "Informatik" wurde in allen Universitäten des Landes eingeführt und die "Fachhochschule für Informatik" eingerichtet. (7)

Die iranischen Informatiker haben die "Gesellschaft für Informatik" gegründet und eine Zeitschrit "Informatik" herausgegeben. In dieser Zeitschrift wurden eigene Artikel oder Übersetzungen publiziert und die neuen Systeme vorgestellt.

4. Computer in der islamischen Gesellschaft

Die Entwicklung der Informatik im Iran nach der Revolution ist aus zwei Gründen schwer zu beschreiben: Zum einen sind die Informationen unvollständig und widersprüchlich, zum anderen ist unklar, was die staatlichen Stellen selbst wollen.

Die regierungsnahe Tageszeitung Keyhan veröffentlichte am 10.-13.April 1985 zum ersten Mal eine Reportage über den Stand der Computertechnik im Iran. Die folgenden Ausführungen stützen sich auf diese Reportage.

Die politisch Verantwortlichen wollten nach der Revolution eine andere Politik im Bereich der Informatik, als sie unter dem Schah-Regime betrieben wurde.

> "Die staatliche Organisationen des alten Regimes haben den Computer nicht als ein vorteilhaftes Mittel für die Gesundung des wirtschaftlichen und landwirtschaftlichen Zustandes des Landes eingesetzt. Der Computereinsatz war damals mehr Formsache. (...) Mit dem Sieg der islamischen Revolution und mit der Beendigung der Tätigkeiten der multinationalen Konzerne im Iran war es notwendig, mit neuer Politik die Anwendung der Computer neu zu organisieren."

Im Juni 1980 wurde der "Oberste Rat für Informatik" ins Leben gerufen, um die Anwendung des Computers in "der islamischen Gesellschaft" zu regeln.

Die Fachhochschule für Informatik war eine der ersten Hochschulen, die für ungeeignet erklärt und geschlossen wurde. (Danach folgte die Schließung der gesamten Hochschulen des Landes.)

Die Niederlassungen der ausländischen Firmen wurden verstaatlicht und umbenannt. Die ausländischen Experten mußten (zunächst) das Land verlassen. Viele Computerzentren wurden für unnötig gehalten und geschlossen. Deswegen entstand in den Jahren 80/81 zunächst eine Stagnation bei der Anwendung der Computer. Zur Zeit werden die Computer "nur zu 30% ihrer Kapazität" eingesetzt.

"Der oberste Rat" führte mehrere Verhandlungen mit ausländischen Firmen. "Nach der Revolution wurde mit IBM verhandelt. Nach einem Jahr wurde die Einigung erzielt, daß alle Computeranlagen im Iran bleiben. Dafür werden 3 Mio. Dollar auf ein Konto bei der Zentralbank Irans überwiesen. IBM verpflichtet sich, daß dieser Betrag im Iran bleibt und für die Wartung und Reparatur der Anlagen verwendet wird."

Nach dem Bericht von Keyhan ist festzustellen, daß die iranische DV-Politik, wenn eine existiert, insgesamt widersprüchlich ist.

Die Verantwortlichen bezeichnen den Computer als "Wunder des Jahrhunderts" und führen aus:

> "Wenn die Anwendung des Computers genau und im Interesse der iranischen Bevölkerung geplant wird, dann kann dieser nützlich und wirkungsvoll zur Lösung der wirtschaftlichen Probleme beitragen."

Um das "Wunder des Jahrhunderts" überhaupt im Interesse der Menschen einzusetzen, ist eine eigenständige Computerindustrie von hoher Bedeutung:

- Im Bereich der Kleincomputer sind die Verantwortlichen der Meinung, daß "mit den vorhandenen Plänen eine Kleincomputerindustrie errichtet werden kann". Im Rahmen des ersten Fünfjahresplans ist nach dem Bericht dafür die Einrichtung der industriellen Institutionen vorgesehen.

Zur Zeit werden 30 bis 40 Kleincomputer der Marke "Laleh"*, deren Teile "alle im Iran gebaut worden sind, in verschiedenen Institutionen eingesetzt".

- Im Softwarebereich wird behauptet, daß Iran "100% unabhängig" werden kann. Die iranischen Experten "sind in der Lage, die notwendigen Softwaresysteme herzustellen".

Einige Softwaresysteme, die mit persischen Schriftzeichen ausgestattet sind und früher im Ausland hergestellt wurden, "werden jetzt im Iran gemacht". Zur Zeit "wird mit einigen arabischen Ländern über Verkauf der entsprechenden Software verhandelt".

- Im Hardwarebereich kann der Iran "kurzfristig nicht unabhängig und Selbstversorger" werden, da sich die Herstellungstechnologie von Tag zu Tag fortentwickelt. Die kapitalistischen Länder können "mit den vielen Möglichkeiten, die sie in Wissenschaft, Technik und mit Kapital besitzen, diese Entwicklung vorantreiben". Deshalb wird der Entwicklungsvorsprung ständig größer.

Daß die iranischen Wissenschaftler immer "Wunder" vollbringen können, dafür gibt es in der Geschichte zahlreiche Beispiele. Aber wie kann heute ein Land wie der Iran

- ohne die vielseitige Verbreitung und Festigung der Basisindustrie,

----

*die Blume Tulpe, die im Iran als Symbol für Martyrium bezeichnet wird.

- ohne die Erhöhung des Ausbildungsniveaus bezüglich der Anwendung und Herstellung von Computern in den Hochschulen, (dabei wurden die Hochschulen, besonders die Fachhochschule für Informatik geschlossen)
- ohne jegliche klare DV-Politik

die Unabhängigkeit erringen und "den Computer nützlich einsetzen"?

Das alte Regime unter M.R. Pahlevi wollte oder konnte das wegen seiner Abhängigkeit nicht. Darin ist jedermann einig. Ob die islamische Republik das schaffen kann ? Dafür gibt es keine klaren Hinweise. Auf jeden Fall kann man im 20.Jahrhundert mit Worten keine unabhängige DV-Politik betreiben.

Die tatsächlichen gesellschaftlichen Probleme Irans sind aber andere. Bei der Lösung der Probleme, mit denen Iran heute konfrontiert ist und in absehbarer Zukunft noch stärker sein wird - z.B. weit über 4 Mio. Arbeitslose, und viele Fabriken arbeiten mit äußerst geringer Auslastung, mehrere Millionen Aussiedler und Obdachlose infolge des Krieges mit Irak, weit über 75% Analphabeten, ständig andauernde Landflucht usw. - nimmt der Computer und sein nutzbarer oder unnutzbarer Einsatz in den nächsten Jahren zwangsläufig die letzten Reihen ein.

> Im Leben gibt es Wunden, die wie Aussatz den Geist langsam in der Einsamkeit auffressen und auslöschen. Diese Schmerzen kann man niemandem erklären; denn im allgemeinen haben die Leute die Gewohnheit, diese unglaublichen Schmerzen den seltenen und merkwürdigen Ereignissen zuzurechnen... Denn die Menschheit hat für sie noch kein Mittel und keine Medizin gefunden; und die einzige Arznei hierfür ist Vergessen mithilfe von Wein und künstlichem Schlaf aus Opium und Betäubungsmitteln. Doch leider ist die Wirkung derartiger Drogen vorübergehend und anstelle von Linderung nimmt nach einiger Zeit die Heftigkeit des Schmerzes zu." (8)

Anmerkungen:

(1) Der Name IRAN wurde 1937 von Reza Khan, dem Vater des 1979 gestürzten Mohammed Reza Pahlewi, eingeführt.

(2) Die letzte Zahl stammt von 1981 und beträgt 42 Mio.

(3) H.D. Schön, Wirtschaftswunder Persien, in: Monatshefte für freiheitliche Wirtschaftspolitik, 12/1971.

(4) Zit. nach: Überseerundschau, 3/1973.

(5) Spiegel, 42/1978.

(6) Diese Angaben sind aus unvollständigen Literaturen und eigenen Beobachtungen.

(7) Über den Inhalt des Studiums stehen keine genauen Informationen zur Verfügung, da aus dem Iran - wie bei den meisten Ländern der "Dritten Welt" - keine Angaben folgen.

(8) Der Anfang des berühmtesten aller modernen persischen Romane: "Die blinde Eule"

DIE ENTWICKLUNG DER INFORMATIK IN ALGERIEN

Said Hadjerrouit

Technische Universität Berlin

1. Geschichtliches

Algerien bemüht sich, wie manche Länder der Dritten Welt, ein leistungsfähiges und zuverlässiges Informatiksystem zu errichten. Wenn man davon ausgeht, daß die Neuen Technologien (Elektronik, Informatik, Telematik und Satellitentechnologie) ein Erbe der Industrieländer sind, und wenn man nicht in die Falle der "Technologischen Abhängigkeit" geraten will, dann ist es notwendig, so die algerische Regierung, eine solide Organisationsbasis zur Erforschung und Entwicklung der Informatik einzurichten. Vorbedingung für die Aneignung und Beherrschung der Informatik ist jedoch eine geeignete und umfassende DV-Politik.
Betrachtet man kurz die Geschichte der Einführung der Informatik in Algerien, so stellt man fest, daß es drei Phasen gibt :

1. Die erste Phase (1962-1969) wird als Übergangsphase bezeichnet. Nach der Unabhängigkeit wurde die Informatik zum größten Teil durch fränzösische Firmen eingeführt zur Automatisierung verschiedener Tätigkeiten wie Gehalt, Statistik, Steuer etc.

2. In der zweiten Phase (1970 -1981), Organisationsphase, erfährt die Informatik sorgsame Aufmerksamkeit der Regierung. Es entstand eine staatliche Zentraleinrichtung (C.N.I : "Commissariat National pour l'Informatique") zur Koordinierung der nationalen Aktivitäten im Bereich der Informatik. Das C.N.I wurde beauftragt, die Entwicklung der Informatik zu fördern und

den öffentlichen Sektor mit Rechnern auszustatten. Da die Regierung dem Ausbildungsbereich eine außerordentliche Wichtigkeit beimißt, entstand gleichzeitig das Ausbildungs -und Forschungszentrum "Centre d'Etudes et de Recherches en Informatique" (C.E.R.I) in Algier.

3. Schließlich wird in der dritten Phase (1982 - 1985) eine mittel- und langfristige DV-Politik erarbeitet, getragen vom Willen nach technologischer Unabhängigkeit. Die Kontrolle durch den Staat soll die DV-Aktivitäten der ausländischen Hersteller im Lande und den Druck hochentwickelter Wirtschaften reduzieren. Darüber hinaus sollen Richtlinien zum Aufbau einer DV-Industrie erarbeitet werden. Vorbedingung dafür ist die Sammlung der Kenntnisse, die zum Bau von Rechnern nötig sind. Eines der wichtigsten Ziele bleibt jedoch die Ausbildung hochqualifizierter Fachkräfte.

Algerien war nach der Unabhängigkeit 1962 mit Verwaltungsproblemen aus Mangel an hochqualifizierten Kadern konfrontiert, da die meisten fränzösischen Fachleute das Land verlassen haben. Aus diesem Grund haben einige Unternehmen zur Lösung der entstandenen Verwaltungsprobleme die Informatik bevorzugt. Die Einführung der Informatik in Algerien von 1962 bis 1969 wurde von ausländischen Firmen durchgeführt und war nicht Gegenstand einer geeigneten DV-Politik. Diese Situation brachte negative Folgen mit sich :

1. Schlechte Vertragsbedingungen

2. Mangel an Beratung, Schulung und sonstiger Betreuung

3. Die ausländischen Firmen waren mehr an ökonomischen und politischen Zielen als an den reellen Bedürfnissen des Landes orientiert.

Obwohl der Import von DV-Produkten bis 1970-71 stark zunahm, war eine Verbesserung der Situation nicht zu verzeichnen, weil die ausländischen Firmen nur ihre Interessen vertraten, deshalb waren sie keineswegs bereit, einen Beitrag zur Lösung der Verwaltungsprobleme zu leisten. Darüber hinaus fand eine Anpassung an örtliche Verhältnisse nicht statt. Auf diese Weise war die Fehlleistung der DV-Systeme praktisch vorprogrammiert.

Mangels einer angemessenen DV-Politik zeichnete sich eine gefährliche und zunehmende Abhängigkeit durch Fremdbestimmungen ab. Nur eine Aktion des Staates kann durch ein Modell einer eigenen und eigenständigen Entwicklung einen Spielraum schaffen, in dem die DV-Aktivitäten vereinheitlicht und koordiniert werden. Dies erfordert daher eine große Urteilsfähigkeit bei der Auswahl geeigneter Maßnahmen, mit denen entsprechende Anstrengungen unternommen werden können. Im sozialistischen Algerien ist eine gemeinsame und koodinierende Aktion im Rahmen des Planungssytems durch Festlegung einer Gesamtstrategie möglich.

2. Die DV-Strategie der algerischen Regierung

Die algerische DV-Politik verfolgt eine Strategie, die das Land in die Lage versetzen soll, ein Informatiksytem zu errichten und zu kontrollieren. Sie basiert im wesentlichen auf zwei staatlichen Organisationen :

- "Commissariat National pour l'Informatique" (C.N.I)

- "Centre d'Etudes et de Recherches en Informatique" (C.E.R.I).

2.1 Das "Commissariat National pour l'Informatique " (C.N.I)

Das C.N.I wurde 1969 gegründet und dient zur Koordinierung der DV-Aktivitäten und zur Planung einer rationellen DV-Politik im Rahmen der sozialistischen Wirtschaftspolitik, die an die Bedürfnisse und Besonderheiten des Landes angepasst ist. Die wesentlichen Aufgaben des C.N.I sind :

- Kontrolle der importierten DV-Produkte

- Anwendung und Beschaffungspolitik

- Analyse der einzelnen Wirtschaftssektoren, die eine Informatisierung benötigen.

- Ausbildung hochqualifizierter Fachkräfte.

Die Kontrolle der importierten DV-Produkte soll die Abhängigkeit von ausländischen Firmen reduzieren. Infolgedessen soll eine gewisse Autonomie im Bereich der Realisierung und Wartung von Software durch Bildung algerischer Arbeits- und Forschungsgruppen erreicht werden. Die Ausbildungspolitik soll den Bedarf der einzelnen Wirtschaftssektoren an hochqualifiziertem Personal decken und zur Beseitigung der nach der Unabhängigkeit entstandenen Verwaltungsprobleme führen. Nach der Organisationsphase 1970-1981 ist das C.N.I beauftragt worden, die Umrisse einer zukünftigen DV-Industrie zu entwerfen.

Das Eingreifen des C.N.I ermöglicht eine entscheidende Verbesserung der Datenverarbeitungssituation. Die Ergebnisse sind in der Tat vielversprechend:

- Ab 1970 wurde die chaotische Einführung von DV-Produkten durch ausländische Firmen gestoppt. Dies führte zur Reduzierung der installierten DV-Systeme als Folge einer klaren und konsequenten Beschaffungspolitik.

- Erkennung der Risiken und Chancen der Informatik, die zur Überfremdung führen kann, wenn sie nicht geeignet eingesetzt wird. Je nach der Art der Politik wird die Informatisierung das beste oder das schlimmste bewirken.

- Verstärkung des Bewußtseins über die möglichen Wege einer auf der Informatik beruhenden wirtschaftlichen Entwicklung.

- Eine relative Automonie im Bereich der Softwareherstellung ist erreicht worden.

- Entstehung einer kleinen Montage-Industrie im Bereich der Mini-Computer.

<u>Installierte Softwaresysteme (Stand 1977)</u>:

Mehrere DV-Systeme wurden mit eigenen Mitteln und Unterstützung des C.N.I installiert. Die wichtigsten sind :

- Verschiedene Systeme zur Verwaltung der Staats- und Gemeindehaushaltspläne.

- Verwaltung des Sozialamts und des Postscheckamts.

- Verwaltung der regionalen Bestände der "Pharmacie centrale d'Algerie".

- Automatische Reservierung von Flugtickets der algerischen Fluggesellschaft Air Algerie.

- Verwaltung der Gehälter der pensionierten algerischen Befreiungskämpfer.

- Volkszählung.

- Verwaltung der hergestellten Fahrzeuge in Algerien und des Straßenfrachtverkehrs.

- Automatische Überwachung der Erdöl-Raffinerie.

- Verwaltung der Gehälter aller staatlichen Unternehmen.

- Verwaltung der Produktion des Stahlwerks in Annaba.

- Automatische Schließung der Absperrschieber der Erdölbrunnen.

Der Fünf-Jahresplan 1980-1985 legt mehr Gewicht auf folgende Sektoren:

- Gesundheitswesen
- Bauwesen
- Bildungs- und Erziehungswesen

Die Informatik soll einen Beitrag zur Lösung der Probleme dieser Sektoren leisten, z.B im Gesundheitswesen wurden im Fünf-Jahresplan (1980-1985) folgende Projekte vorgesehen:

- Automatisierung der Datenbestände in der Kardiologie

- Automatisierung des Entgiftungszentrums

- Managementsystem für hybride Datenbestände

- Analyse und Kontrolle von computergestützten Blutbilddialysen

- Automatisierung der Bluttransfusionszentrale

- Medizinische Statistik

Telematik :

Im Bereich der Telematik haben das C.N.I und die nationale Post eine gemeinsame Aktion mit dem Ziel gestartet, ein Pilotprojekt zur Errichtung eines Telekommunikationsnetzes zum Daten- Nachrichtentransfer in Gang zu setzen, das fünf staatliche Einrichtungen untereinander verbindet :

- Die Zentrale Verwaltung des Postamtes

- Die Hauptzentren des C.N.I.
- Die Zentralstelle des Verkehrsamtes
- Die Fluggesellschaft Air Algerie
- Die Erdöl- und Gasgesellschaft SONATRACH

Geographische Verteilung der installierten Computer (Stand 1977):

80% der installierten DV-Systeme sind in Algier konzentriert, vor allem in staatlichen Unternehmen und Ministerien. Dagegen sind nur 13.5% im Westen und 6.7% im Osten.

	Algier	West	Ost	Süd	Gesamt
Anzahl	71	12	6	0	89
%	79.8	13.5	6.7	0.0	100
Wert(in Mi.DA)	154.9	8.8	6	0.0	169.7
%	91.3	5.2	3.5	0.0	100

Anzahl und Wert der DV-Installationen in Algerien (1963-1985)

In der folgenden Tabelle kommen nur Rechner in Betracht die einen Wert von über 100.000 $ haben.

JAHR	RECHNER-ANZAHL	WERT IN MI. DA	WERT/BSP
1963	2	1	0.01
1964	3	3	0.02
1965	6	6	0.04
1966	11	11	0.06
1967	14	13	0.07
1968	23	24	0.10
1969	34	31	0.13
1970	41	51	0.20
1971	50	69	0.29
1972	55	81	0.33
1973	60	108	0.37
1974	67	133	0.39
1975	76	145	0.28
1976	84	163	0.29
1977	89	170	0.25

1982	250/300	450	0.45
.	.	.	.
.	.	.	.
1985	500/600	1100	0.81

Anteil der einzelnen Hersteller am DV-Markt in Algerien (Stand 1977)

Der Anteil von IBM war bis 1969 etwa 80% aller installierten Datenverarbeitungsanlagen. 1971 wurde das Machtmonopol der amerikanischen Firma gebremst (nur noch 41.0 %). Anfang der siebziger Jahren sind andere Firmen vertreten, vor allem CII-HB, die an der ersten Stelle vor IBM steht (Anteil 45.5%)

Hersteller	Anzahl	%	Wert(in Mi.DA)	%
IBM	34	41	87.501	58.7
CII-HB	37	45.5	33.962	22.8
UNIVAC	1	1.2	12.000	8
RXDS	3	3.6	10.000	6.7
HEWLETT PACKARD	3			
DATA GENERAL	1	9.6	5.695	3.8
LOGABAX	2			
KONGSBERG	2			
GESAMT	83	100.0	149.158	100.0

Zum Schluß einige Kritikpunkte zur Informatisierung in Algerien bis Anfang der achtziger Jahre:

- Trotz Einführung der Informatik in mehreren Gebieten ist ein relativ schwacher Informatisierungsgrad sowohl auf regionaler als auch auf nationaler Ebene zu verzeichnen.
- Ungleiche Verteilung der DV-Ressourcen auf regionaler Ebene
- Ungleiche Verteilung der DV-Ressourcen auf einzelne Sektoren
- Die Staatsbetriebe und die Staatsapparatverwaltung sind in der Informatisierung den mehr der Öffentlichkeit zugewandten Verwaltungen z.B im Gesundheitswesen oder Bildungswesen voraus.

2.2 "Das Centre d'Etudes et de Recherches en Informatique" (C.E.R.I)

Das C.E.R.I ist eine Unterorganisation des C.N.I. Es entstand 1969 und öffnete im Oktober desselben Jahres. Das C.E.R.I ist der zentrale Stützpfeiler der algerischen Strategie zur Ausbildung und Schulung im Bereich der Informatik. Ziele des C.E.R.I sind Entwicklung und Erforschung der Informatik sowohl im Hardware- als auch im Softwarebereich. Darüber hinaus veranstaltet C.E.R.I spezielle Seminare, Symposien und Schnellkurse zur Erweiterung und Verbesserung der Kenntnisse des Personals verschiedener Unternehmen und Verwaltungen. C.E.R.I ist das leistungsfähigste und größte Ausbildungszentrum in Afrika. Es bietet drei Ausbildungszyklen an:

1. Für Ingenieure (5 Jahre). Für dieses Zyklus gibt 4 Fachgebiete:

   - Angewandte Informatik
   - Operations research
   - Betriebsysteme und Programmiersprachen
   - Hardware

2. Für Techniker (3 Jahre)

3. Programmierer (1 Jahr)

Die Lehrerschaft bestand 1979 aus 95 Dozenten, davon 57 Algerier und 38 Ausländer. Die Anzahl der ausländischen Professoren nimmt ständig ab. Darüber hinaus haben viele Studenten aus Afrika und arabischen Ländern Studienplätze erhalten.

<u>Anzahl der ausgebildeten DV-Fachleute</u>:

	1979	1982	1986
Ingenieure	207	400	800/900
Techniker	351	800	1700/2000

Programmierer	403	1600	3300

Zur Erweiterung der Aktivitäten des C.E.R.I und zur Deckung des Bedarfs an Informatiker, der noch sehr groß ist, sind inzwischen zwei Regionalzentren eröffnet worden. Darüber hinaus sollen die Universitäten die DV-Bildungspolitik der Regierung unterstützen, indem mehr Ingenieure und Techniker ausgebildet werden.

Neben der Ausbildung von Fachleuten gibt es Forschungsarbeiten, deren langfristige Ziele auf die Schaffung einer algerischen DV-Industrie ausgerichtet sind. Dies erfordert jedoch die vollkommene Beherrschung der Informatiktechnologie. Die Aufgabe der Forschungsgruppen konzentrieren sich zur Zeit auf folgenden Themen:

- Untersuchung von Computerarchitekturen und Bauelementen: Komponenten, Zentraleinheiten und Pheripheriegeräte.

- Entwicklung eines "arabischen" Computers. Großes Interesse hat davon vor allem das Justizministerium, weil dort nur die arabische Sprache benutzt wird.

- Entwicklung verschiedener Softwaresysteme und Datenbanken. Die algerische Fluggesellschaft "Air Algerie" besitzt bereits ihre eigene Datenbank.

- Montage und Wartung von Mini-Computern. Dies soll zur Herstellung eines vollständigen Mini-Computers führen.

- Herstellung von Interface-Geräten zur Anpassung von Peripherie-Geräten an verschiedenen CPU's.

- Anwendungen der Informatik (Computer-aided instruction, computer-aided medical diagnosis, etc.)

2.3 Beschreibung der Strategie zur Errichtung einer DV-Industrie

Das C.N.I setzte seit Anfang seiner Aktivitäten die Beherrschung der Montage importierter Computerteile als oberstes Ziel fest, das im ersten Schritt zur Entwicklung einer DV-Industrie führen soll. Die Aktionsprinzipien in diesem Bereich sind die folgenden: Das C.N.I. kauft die Computerteile und montiert sie Schritt für Schritt. Diese Strategie bringt mehrere Vorteile mit sich :

- Sie führt zur Beherrschung der Computertechnologie bis mindestens zur Ebene des Entwurfs von Betriebssystemen.

- Sie räumt den algerischen Experten mehr Initiativen bei der Auswahl und Gestaltung geeigneter Computerkonfigurationen ein.

- Montage von Computerteilen bedeutet gleichzeitig die Möglichkeit zur Wartung. Dadurch kann sowohl eine gewisse Autonomie im Wartungsbereich erreicht werden als auch eine Reduzierung der Abhängigkeit gegenüber Fremdbestimmungen.

- Einsparung harter Devisen und Möglichkeit zum Export.

Diese Strategie ist in der Tat vielversprechend, denn sie trägt bereits die ersten Früchte. Das C.N.I. teilte zu diesem Zweck mit, daß 25 "algerische" Mini-Computer in vielen Bereichen installiert wurden : Innen- und Verteidigungsministerium, Postwesen, Universität von Algier und Oran, Zollamt und Krankenhäuser.

3. Globale Beschreibung der algerischen DV-Politik

Für die algerischen Politiker ist die Informatik weder ein Selbstzweck noch ein Spielzeug für die Konsumgesellschaft, sondern ein priviligiertes Instrument zur Planung und Erreichung der durch die sozialistische Regierung festgesetzten nationalen Ziele. In dieser Hinsicht ist die algerische DV-Politik im wesentlichen ein Ausdruck der Informationspolitik, die vom Computer getragen wird. Folglich wird Informatik verstanden als :

- Verbesserung der Managementsysteme der Unternehmen in allen Branchen.

- Steigerung der Effizienz und Reduzierung der Bürokratie.

- Rationalisierung und Förderung des Informationsaustauschs zwischen den Wirtschaftssektoren zu einer besseren Integration in das nationale Managementsystem.

- Entscheidungsunterstützung bei der Planung.

- Lösung der Probleme bezüglich der optimalen Verteilung aller Ressourcen, die erforderlich sind für wirkungsvolle Aktionen im Kontext eines Entwicklungslands.

- Verstärkung der internationalen Zusammenarbeit zur Errichtung einer neuen internationalen Informationsordnung als Komponente einer neuen internationalen Wirtschaftsordnung.

3.1 Informatik für die Planung

Die Benutzung der DV-Techniken ermöglicht die Überwindung der Schwierigkeiten bei der Handhabung grosser Datenmengen und verschafft mehr Sicherheit für das sozialistische Planungssytem. Ausserdem gestattet die Informatik die konkrete Realisierung des auf nationaler Ebene geplanten Informationssystemes (NIS) zur Integration verschiedener sektorialer Datenbanken. Der Computer ermöglicht dank seiner hohen Speicherkapazität und der Möglichkeit der Datenfernübertragung die Datenerfassung und die Verbreitung der Informationen gemäß den Bedürfnissen des Managements innerhalb und ausserhalb der Wirtschaftssektoren.

3.2 Informatik für die öffentliche Verwaltung

Die Bedürfnisse und die Managementprobleme der öffentlichen Verwaltung können mit Hilfe des Computers gelöst werden. Die Vorteile der Informatik lassen sich hauptsächlich in drei Richtungen angeben:

- Beschleunigung der geographischen und hierarchischen Dezentralisierung in Verbindung mit gewissen vorher festgesetzten Verpflichtungen der lokalen Regierungseinheiten.

- Vereinfachung der in Beziehung mit der öffentlichen Hand zu verrichtenden Verwaltungsvorgängen.

- Steigerung der Produktivität der Büroarbeit.

3.3 Informatik für das sozio-ökonomische Leben

In Zusammenhang mit dem Fünf-Jahresplan (1980-1985) werden die meisten sozio-ökonomischen Sektoren als diejenigen angeführt, die vom Einsatz der Informatik profitieren können. Diese sind:

- Transport und Konsumgüterversorgung. Im sozialistischen Algerien stehen Einzel- und Großhandel unter monopolistischer Verwaltung. Wegen der durch die rasche Verstädterung provozierten tiefgreifenden Veränderungen ist es notwendig geworden, alle Verknappungsarten zu inventarisieren. Hier wiederrum kann die Informatik einen entscheidenden Beitrag zur Lösung der Verteilungsprobleme leisten.

- Gesundheitswesen. Die Verwaltung des staatlichen Sozialversicherungssytems und der Krankenhäuser kann durch Informatisierung der Personaldatenbestände verbessert werden. Die informatisierte Verwaltung der "pharmacie centrale d'algerie" ist ein konkretes Beispiel dafür.

- Bildungswesen. 1/3 des nationalen Budgets ist dem Schulwesen gewidmet. In dieser Hinsicht kann die Informatik als Instrument für massive

Computerunterstützte Ausbildung herangezogen werden. Der Alphabetisierungsprozeß, gerade in der arabischen Sprache, die von der Regierung stark gefördert wurde, könnte mithilfe der Informatik beschleunigt werden.

3.4 Informatik für den industriellen Sektor

Neben den klassischen Verwaltungsproblemen mehrerer Produktionseinheiten, die mit Hilfe des Computers gelöst werden, spielen die Techniken der "Process-control" eine wichtige Rolle. Die Erdöl- und Gasindustrie (allgemein die petro-chemische Industrie), die im Mittelpunkt der algerischen Wirtschaft steht, zieht die Realisierung komplexer Produktionseinheiten nach sich. Diese Einheiten brauchen hochqualifizierte Fachkräfte, die in Algerien noch immer mangelhaft sind. Deswegen gewinnen informatisierte "Process-control" mehr und mehr an Bedeutung bezüglich der Anwendungen der Informatik im industriellen Sektor.

3.5 Informatik für den Zugang zum internationalen Informationsaustausch

Technologietransfer beginnt mit Informationstransfer. Die algerischen Behörden sind sich darüber bewußt und wollen in Rahmen des Informationswelthandels mit mehreren internationalen Gesprächspartner in Beziehung treten.

3.6 Die politische Dimension der Informatik

Algerien ist bekannt als ein Land, das seit Jahren progressive Stellungsnahmen auf internationaler Ebene vertritt. Die Regierung hat die politische Dimension der Informatik erkannt, die über die rein industrielle Sphäre hinausgeht. Algerien wurde, wegen seiner aktiven Rolle innerhalb der Blockfreien Länder, zum Wegweiser im Bereich des Technologietransfers von den Industrieländern in die Entwicklungsländer, der neue Formen von Neokolonialismus verursachen kann. Die ständige Beteiligung von Algerien an internationalen Treffen gibt der Regierung die Möglichkeit, ihre Politik über Erklärungen und Deklarationen zum Ausdruck zu bringen.

4. Zusammenfassung

Das C.N.I. hat die Bedeutung und die Tragweite der Informatik in der Wirtschaft in Entwicklungsländern erkannt, sowie die Grenzen und Gefahren dieser Technik unterstrichen. Wenn die importierte Technologie ohne Vorsicht gefördert wird, kann es zur Überfremdung kommen. Um diesem Risiko entgegenzukommen, müssen alle zur Verfügung stehenden Mittel, sowohl im Ausbildungs- und Industriebereich als auch im Forschungsbereich, aufgeboten werden zur Beherrschung dieser Technologie. Dies bildet der wichtigste Schützpfeiler der DV-Politik, die vom C.N.I. vorgenommen wurde. Es wurde aber erkannt, daß der von der Informatik zu leistenden Beitrag zur nationalen, wirschaftlichen, sozialen und wissenschaftlichen Entwicklung nicht konkrete Realität werden kann und kurzfristig keine positive Auswirkungen zur Folge haben wird, weil das aktuelle Informatisierungsniveau keine entscheidende Auswirkungen auf die Wirtschaft erwarten läßt. Darüber hinaus kennzeichnen sich die installierten Computer durch eine qualitative, quantitative Unzulänglichkeit und eine ungleiche sektorielle und geographische Verteilung.

Die Ausübung der Kontrolle durch das C.N.I hinsichtlich der Beschaffungspolitik hat den chaotischen Zuwachs der installierten Anlagen, wie es in der sechziger und siebzieger Jahren der Fall war, gestoppt. Parallel zu diesen Schutzmaßnahmen wurden große Anstrengungen im Ausbildungs- und Wartungsbereich unternommen. Dennoch sind Probleme hinsichtlich der Ausbildung der Hardwareingenieure aufgetaucht, weil es schwierig für sie ist, eine Beschäftigung zu finden. Sie müssen in diesem Fall umgestellt werden.

Da die Wartung der Anlagen zum Teil von den Herstellern gewährleistet ist, sind die im C.E.R.I ausgebildeten Wartungstechniker der Arbeitslosigkeit ausgesetzt. Daher muß die Informatik verstärkt auf Planungs,- Verwaltungs,- Handels,- und Produktionsbereich der strategischen Sektoren angewendet werden, die wegen einer möglichen Rückständigkeit Sperrungsknoten für die wirtschaftliche Entwicklung bilden könnten. Diese Integration impliziert eine enge Beziehung zwischen der Entwicklung der Informatik, der Verstärkung und der Anpassung der Telekommunikationsinfrastruktur, die mit der Datenübermittlung verbunden ist.

Es ist vorgesehen, daß die Informatik einen Beitrag mit der gewünschten Sicherheit zur wirtschaftlichen, ökonomischen, sozialen, wissenschatlichen und technologischen Entwicklung des Landes leisten wird.

LITERATURVERZEICHNIS

LE MONDE , Freitag, 2.10.1979,
Dossier Algérie "25 ans de révolution", Paris

L. BOURAS , "Exemple de politique nationale de formation en Informatique: l'expérience algérienne" in Computers in Education, S. 377-383
O. Lecarme and R. Lewis (edit.)
IFIP North-Holland, 1975.

M. BOUARFA, The Algerian Computerisation Plan.
IBI leaflet, 1976, S. 44-52.

CERI, Brochure de présentation.

CNI, l'informatique en Algérie, la stratégie de son développement, Brochure, Juli 1978, Algier

01-INFORMATIQUE HEBDO, August/September 1979. Interview of the Commissariat National, S. 157-164.

IBI-UNESCO Conference on Strategies and Policies for Informatics, Spain,
September 1978:
- Reply of the CNI to the IBI questionnaire;
- Speech made by the Head of the Algerian Delegation;
- Analytical results of the SPIN Conference outputs and particulary the recommendations put forward by the Algerian Delegation.

EL-MOUDJAHID, algerische Tageszeitung,
le développement à l'ère de l'informatique,
Dezember 1984, Algier

EDV-Einsatz und Informatik-Ausbildung in Nicaragua: Computer für die Revolution?

Klaus-Dieter Hess

1. Wirtschaftsgeographische Basisdaten

Nicaragua hat knapp 3 Mio Einwohner und ist mit einer Fläche von 130000 km^2 das am dünnsten besiedelte Land Mittelamerikas. Wirtschaftsgeographisch ist es aufgeteilt in drei Zonen:
a) In der pazifischen Küstenebene konzentrieren sich die Industrie, die Baumwoll-, Zucker- und Bananenexportkulturen. Hier befinden sich die größeren Städte, hier leben drei Viertel der Gesamtbevölkerung.
b) Im zentralen Bergland des Nordens gibt es die Kaffeeplantagen und die extensive Viehzucht (beides für den Export) sowie Subsistenzlandwirtschaft.
c) Die feuchtheiße karibische Küstenebene, welche die Hälfte Nicaraguas umfaßt, besteht aus nahezu menschenleerem tropischen Regenwald, der von savannenartigen Ebenen durchbrochen ist. Neben der Subsistenzwirtschaft gibt es eine kleine Bergbauindustrie und Fischerei.
Vergleichbar mit anderen sogenannten Entwicklungsländern ist auch Nicaraguas Außenhandelsstruktur dadurch geprägt, daß einige wenige Rohstoffe ausgeführt (Tab. 1 zeigt, daß allein Kaffee und Baumwolle 50% des Exports ausmachen), andererseits Konsumgüter für die gehobenen Schichten, Zwischenprodukte und Kapitalanlagen für die Produktion (Maschinen, chemische Dünger, Pestizide, Transportmittel) sowie Lebensmittel eingeführt werden (vgl. Tab. 2).

2. Traditionelle Produktionsstruktur und EDV

Der extensive Anbau von Exportprodukten in Plantagenwirtschaften führte zur Vertreibung der Bauern von ihrem angestammten Land, zu Minisubsistenzwirtschaft, zurückgehender Nahrungsmittelproduktion für den Binnenmarkt und zur Zunahme der landwirtschaftlichen Arbeitskräfte ohne eigenes Land.
Auf der anderen Seite führte die exportorientierte Wirtschaft zu einem relativ kapitalintensiven, technisch entwickelten Agrarexportsektor insbesondere in der Baumwollindustrie.
Eine Industrialisierung findet in geringem Maße seit Beginn der 60er Jahre statt, als der Gemeinsame Mittelamerikanische Markt (MCCA) gegründet wurde, der den Handel mit den Nachbarländern durch Abbau der Zollschranken fördern sollte. Diese Industrialisierung kann folgenderweise charakterisiert werden /3/:
1. Sie ist hauptsächlich mit ausländischem Kapital finanziert (in Form von Direktinvestitionen oder vom Ausland finanzierten staatlichen Investitionen) und erhöhte die Verschuldung von 22 Mio $ (1960) auf 165 Mio $ (1970).
2. Es wurde keine Produktionsmittelindustrie aufgebaut, sodaß in zunehmendem Maße Maschinen und Rohstoffe importiert werden mußten, um die Industrie aufrecht zu halten.
3. Neue Abhängigkeiten wurden dadurch geschaffen, daß die Industrieprodukte nicht komplett in Nicaragua hergestellt, sondern meist nur zusammengesetzt, abgefüllt oder abgepackt werden.
4. Die neue Industrie hatte kaum arbeitsplatzschaffende Effekte, da sie kapitalintensiv mit moderner und zudem importierter Technologie arbeitete und gleichzeitig das traditionelle Handwerk, z.B. Textilien- und Schuhproduktion, zerstörte.

So ging in dieser Phase der Anteil der Erwerbstätigen in der Landwirtschaft rapide zurück, die in die Stadt drängenden Menschen fanden nur wenig Arbeit in der Industrie, sondern blähten den tertiären Sektor auf (Tab.3 und 4). Als Gelegenheitsarbeiter und informell Beschäftigte trifft man sie überall im Straßenbild der Städte an. Sie sind die Arbeitskraftreserve für Industrie und Landwirtschaft. Indem sie billig Funktionen übernehmen, die das nationale Kapital nicht bereitstellt (wie Essenzubereitung, Verteilung, Kleinhandel, Transport), ermöglichen sie überhaupt erst die Überausbeutung in der Industrie /2/.
Dieser abhängige Kapitalismus" erfüllte auch in seiner "Industrialisierungsphase" die von der industrialisierten Welt zugedachte und für ganz Lateinamerika typische Funktion als billiger Rohstofflieferant, Absatzmarkt für Konsumgüter und neuerdings billiges Arbeitskräftereservoir für die Ansiedlung von Tochterfirmen.
Auch für die Anwendungen der EDV treffen diese Charakterisierungen zu. Sämtliche Einrichtungen wurden importiert. Da der US-Einfluß politisch, militärisch und wirtschaftlich vorherrschend war, verwundert es nicht, daß bei den Computerimplementationen die Großcomputer der USA, IBM und Burroughs, dominierten. Anwendungen in der Produktion gab es keine, stattdessen hauptsächlich im Personalverwaltungs- und Finanzwesen, besonders bei den US-amerikanischen Banken.
Waren schon sämtliche Industrieprojekte "Inseln" in der nationalen Kapitalreproduktion, so trifft das auf die EDV erst recht zu. Die für den EDV Einsatz notwendigen konstanten Umgebungsbedingungen, wie stabile Organisationsstruktur im Betrieb, gleichmäßige Stromversorgung mit konstanter Spannung und Frequenz, adäquate Temperatur und Luftfeuchtigkeit, waren absolut nicht gegeben. Entweder mußten sie unter hohem Aufwand künstlich hergestellt, z.B. die entsprechenden Zusatzgeräte (Klimaanlage, Zusatzaggregate) mitimportiert werden oder die EDV Anlage fiel ständig aus.
Der beste Beweis für die mit der EDV geschaffenen neuen Abhängigkeiten zeigte sich 1979 beim Sturz des Diktators Somoza. Die ausländischen Experten, insbesondere die aus den USA, sind alle abgezogen; häufig haben sie Software mitgenommen bzw. unbrauchbar gemacht. Oft folgten die von ihnen angelernten Nicaraguaner auch ins Ausland nach, wo sie besser verdienen. Die alten Maschinen verrotten, weil keiner sie warten und reparieren kann und es nur wenige gibt, die die in Hardware und Software steckenden Nutzungsmöglichkeiten kennen oder gar die entsprechende Programmiererfahrung besitzen.

3. Die traditionelle Rolle von Ingenieuren in der Gesellschaft

Der oben geschilderten traditionellen Wirtschaftsstruktur entspricht auch die Rolle von Technikern und Ingenieuren in der Industrie. Da diese weder Bedürfnissen des inneren Marktes entsprang noch auf Produktionsmittel aus dem eigenen Lande aufbaute, waren innovative Fähigkeiten kaum gefragt. Das typische Berufsbild des Ingenieurs, dem es in der Hauptsache um sein Geld ging, war eher von imitierenden als von kreativen, eher von verwaltenden und finanziellen als von technischen Fähigkeiten geprägt. Üblicherweise wurde eine Fabrikanlage komplett im Ausland gekauft und mußte nur montiert und in Betrieb gesetzt werden. Die Hauptfragen waren Finanzierung, Publizität und Markterforschung. Technologie hatte nur die sekundäre Funktion von Installation und Instandhaltung. Maximal kam es zum billigen Kopieren des Modells. Innovative Kräfte gab es unter den herrschenden Klassen, der Grundbesitzerbourgeoisie und dem Finanzsektor, nicht. Die Irrationalität dieses Systems wird daran deutlich, daß es als wichtige "Industrieaktivität" galt, Säfte aus Flaschen in Plastikbeutel umzufüllen, und das in einem Land, wo es bei weitem nicht genug von diesem Rohstoff gibt, um die elementaren Bedürfnisse der Bevölkerung zu erfüllen.

Im EDV Sektor wurden kaum qualifizierte Arbeitsplätze geschaffen: das notwendige Wartungspersonal kam gleich mit aus den USA, das Bedienungspersonal wurde teilweise angelernt oder im Finanzministerium ausgebildet. Eine Lehre dort bedeutete nicht unbedingt umfassendes Wissen, aber meist einen guten Titel und die Sicherung einer Geldpfründe. An den Hochschulen gab es in dieser Zeit keine Informatikausbildung.

4. Ingenieurausbildung im vorrevolutionären Bildungsweg

Ingenieurausbildung gibt es seit 1941, als eine Ingenieurschule mit 33 Schülern und 5 Professoren gegründet wurde. Sie wurde später als "Fakultät der mathematisch-physikalischen Wissenschaften" in die damalige "Zentraluniversität Nicaraguas" (einzige Universität) eingegliedert und beinhaltete Bauingenieurwesen, Bergbau, Elektrotechnik und Architektur.

Erst mit der o.g. "industriellen Modernisierung", mit der Öffnung für Multi-Niederlassungen zur Importsubstitution, erfuhr die Ingenieurausbildung einen relativen Zuwachs. In den 60er Jahren gründete die "Nationale Autonome Universität" (UNAN) einen Zweig in Managua mit einer Ingenieurfakultät. Auch die katholische Universität (UCA) bot seit ihrer Eröffnung 1969 Ingenieurausbildung an (vgl. Tab. 5 und 6).

Die Ausbildung, von der Volksschule bis zur Universität, funktionierte als Kanal für die Repräsentanten der Macht, um mittels eines Titels ihren Platz in der Verwaltung und als Nutznießer des Reichtums einnehmen zu können. Für die Besitzlosen hieß das Analphabetismus, der in manchen Gebieten bis zu 80% betrug. Die soziale Situation und das schlechte Schulsystem bewirkten eine starke Abgangs- und Wiederholungsrate (allein vom 1. auf das 2. Jahr um 50%). Von denen, die es bis zur Sekundarstufe geschafft hatten, schlugen fast 90% den Weg zum Abitur (reine Hochschulzugangsberechtigung) oder den kommerziellen Bildungsweg ein, machten also Abschlüsse ohne technische oder Berufsbildungsanteile. Nur 0,1% machte eine Landwirtschaftsausbildung und 2% gingen auf die technische Oberschule. Auch hierin widerspiegelt sich der Finanzcharakter dieser unterentwickelten abhängigen Gesellschaft.

In der Hochschule setzte sich das fort: unter Somoza war diese Rekrutierungsbasis für die politische und ökonomische Führung. Den Studenten ging es in erster Linie um die Erlangung von Titeln, die sie für die Einnahme eines gehobenen Platzes in der gesellschaftlichen Hierarchie oder die Absicherung der damit verbundenen Pfründe brauchten. Der "ingeniero", "licenciado", "abogado", "doctor" als Titel vor dem Namen zählte mehr als Fertigkeiten oder Kenntnisse. Dementsprechend ließen sich reiche Eltern das Studium ihrer Kinder einiges kosten. Bürgersöhnchen oder -töchter z.B., die an der katholischen Eliteuniversität UCA (Universidad Centroamericana) studierten, zahlten umgerechnet 160 US$ pro Studienjahr zur Absicherung der Exklusivität. Gemäß dieser Funktion der Hochschule waren Geschichte, Unternehmensverwaltung, Jura, Finanz- und Bankverwaltung beliebte Studienfächer.

Trotzdem waren die beiden großen Universitäten UCA und UNAN immer auch ein Hort der Rebellion (die UNAN setzte 1958 ein Autonomiestatut gegen den Staat durch), sodaß die Somozaregierung als soziales Gegengewicht die Gründung vieler kleiner privater Ausbildungszentren unterstützte, deren einziges Ziel es war, Titel gegen gutes Geld zu verkaufen. Insgesamt wurden 54 Spezialisierungen -z.T. doppelt und dreifach, Unternehmensverwaltung sogar fünffach- angeboten, wobei die Mehrheit der Studenten sich in Finanz- und Unternehmensverwaltung immatrikulierte. 60% schrieben sich für den tertiären Sektor, nur 18% im primären und sekundären Sektor ein, darunter ganze 2% für den Agrarbereich.

5. Die Einbettung von EDV im sandinistischen Wirtschaftskonzept

Seit 1979 setzten die Sandinisten folgende Zielsetzungen um: Enteignung des Großgrundbesitzes und der somozistischen Industriebetriebe unsd Überführung in Volkseigentum, eine umfassende Agrarreform zugunsten landloser Kleinbauern oder neugegründeter Kooperativen, eine gesteigerte Nahrungsmittelproduktion nach dem Prinzip regionaler Selbstversorgung, der Aufbau einer weiterverarbeitenden Agroindustrie, um ländliche Arbeitslosigkeit und Hunger abzubauen, die Durchführung von Alphabetisierungs- und Gesundheitskampagnen. Politik orientierte sich erstmals an nationalen Interessen, an der Entwicklung der zurückgebliebenen Regionen und den Interessen der unterdrückten Klassen; zugleich sollten diese Klassen selbst zum handelnden Subjekt werden: durch "participaciòn" bei der Kontrolle und Verwaltung von Betrieben, durch Selbstbestimmung in Kooperativen, durch Organisierung in Gewerkschaften und Massenorganisationen.

Für den Bereich der EDV existiert noch kein einheitliches und durchgängiges Konzept. Erste Schritte dahin wurden gemacht: die neue Regierung hat 1982 innerhalb des Planungsministeriums ein nationales Informatik-Institut DNI ("direcciòn nacional de informatica") mit folgenden Zielen gegründet:

- o den Wildwuchs der Computersysteme beseitigen
- o Richtlinien für Computer(kauf)entscheidungen entwickeln
- o Kooperation mit ausländischen Herstellern einleiten
- o Schulungsprogramme für potentielle EDV Anwender in Staat und Industrie anbieten
- o bei Kaufinteresse beraten

Staatliche Behörden und Ämter, die Computertechnologie importieren wollen, sind inzwischen sogar dazu verpflichtet, ihre Systementscheidungen mit dem DNI abzustimmen, um die notwendigen Devisen zu erhalten.

Hier wird also so etwas wie eine nationale Informatikpolitik ausgearbeitet. Es wurden Kontakte zu den entsprechenden UNO-Organisationen geknüpft bzw. dort mitgearbeitet. Die Deklaration von Mexiko ist bekannt und über die Probleme der technologischen Abhängigkeit, der Abhängigkeit von know how, macht man sich keine Illusionen. Das DNI bemüht sich um eine Diversifizierung der Abhängigkeit und um langfristige und sichere Kooperationsverträge mit befreundeten Regierungen. Wenngleich das DNI bisher auch keine allgemeine Konzeption für Informatik-Entwicklung und Einsatz vorgelegt hat, so lässt sich doch eine Richtung aus der Neuformulierung des sandinistischen Wirtschaftskonzeptes ablesen: es gibt eine gemischte Wirtschaft, in der die Privatindustrie weiterhin einen bedeutenden Anteil an den Produktionsmitteln hält (Tab. 7), allerdings nicht sehr investitionsfreudig ist. Die traditionelle Luxusgüterindustrie wird staatlicherseits nicht mehr unterstützt, stattdessen eine Agroindustrie entwickelt, die den Menschen vorwiegend am Rande der Städte Arbeit geben soll, welche nicht mehr aufs Land zurückkehren wollen /4/. Es handelt sich um Milch-, Reis- und Zuckerverarbeitungsprojekte, um Herstellung von Lebensmittelkonserven, Textilien und um Tabakverarbeitung. Auch in der Energieversorgung soll die fast hundertprozentige Abhängigkeit von ausländischen Strom- und Erdöllieferungen durch eigene Projekte -wie seit 1983 das geothermische Kraftwerk im Vulkan Momotombo- reduziert werden.

In diesen Sektoren wird auch EDV ein neues breites Anwendungsfeld finden. Auch die staatlichen Verwaltungen und die Aufgabenbereiche (z.B. in der Landwirtschaft), in denen so etwas wie eine staatliche Rahmenplanung entsteht, können kaum noch ohne elektronische Datenbasis auskommen.

Immer noch befindet sich eine IBM-Niederlassung im Land. Es gibt IBM-Implementationen im Finanzministerium, im staatlichen Energieversorgungsinstitut INE, in der modernen Zuckerraffinerie, in der Stadtverwaltung von Managua (IBM 370/115), eine neue IBM 4331 im Konstruktionsministerium sowie ca 12 Exemplare der IBM 34, z.B. in den Autohäusern DATSUN und CASA PELA und in der halbstaatlichen Tabakvermarktung TANIC. Die UCA-Universität hat eine IBM 32 für ihre Verwaltung.
Während Burroughs ganz verschwunden ist, hat das DNI der IBM zumindest ihr altes Monopol abgeschnitten. Man ging langfristige Computerlieferverträge ein mit Spanien (SECOINSA), da es die gleiche Sprache spricht, mit Kuba (IRIS) und mit den Bulgaren, bei denen z.B. die nationale Statistikbehörde INEC einen Rechner bestellt hat.
Der Kleincomputermarkt wird von japanischen Geräten und von Commodore aus Kanada abgedeckt. Commodore stehen z.B. im Landwirtschafts-, Erziehungs- und Gesundheitsministerium. Radio Shack aus den USA -bis 1983 auch noch stark präsent- wurde von der US-Regierung zum Rückzug gedrängt, weil Computer bis hin zu Verbrauchsmaterial wie Disketten als hochmoderne Spitzentechnologie bekanntlich nicht mehr dem Feind geliefert werden dürfen. Daß auch die IBM Niederlassung unter starkem Druck ihres Mutterhauses in New York (und damit der Reagan Politik) steht, zeigte sich, als sie eine nicht mehr genutzte Anlage dem Erziehungsministerium für Ausbildungszwecke überlassen sollte. Nach monatelangem Tauziehen, in dem mehrmals das Stamhaus in New York eingeschaltet war, wurde die Anlage doch abgetreten, jedoch als "leere Hülse", bar jeglicher Software.
Mangelware ist immer noch im ganzen Land sämtliches Computerkleinmaterial (wie Disketten, Endlospapier, Lochkarten), welches importiert werden muß und wegen der Wirtschaftsblockade bzw. Devisenmangel auch nicht an oberster Priorität steht.
Im folgenden sollen Fallbeispiele für EDV Einsatz in Nicaragua geschildert werden, die ich persönlich kennenlernen konnte.
Beispiel 1: Planungsstatistiken für Produktion und Konsumtion
Im Ministerium für Landwirtschaft und Agrarreform werden alle zwei Wochen per Hand umfangreiche Tabellen erstellt, die Auskunft geben über die landwirtschaftliche Produktion auf den staatlichen und privaten fincas. Darunter zählen u.a. für jede finca: angebaute Produkte, Fläche, Reifungsgrad, Pflanzenkrankheiten, benötigte Düngemittel und Saatgut. Aber auch für die Konsumtion (Versorgung und Verteilung von Lebensmitteln, fehlender Bedarf, Exportprodukte) werden ähnliche Statistiken angefertigt.
Die Änderungsdaten sollen künftig auf EDV erfasst werden, sodaß sie vierzehntägig aufbereitet ausgegeben und weiter verarbeitet werden können. Diese Daten sollen eine möglichst aktuelle Planungsgrundlage für den Ausbau der landwirtschaftlichen Produktion und die Verbesserung der Nahrungsmittelversorgung liefern, um die strukturellen Defizite der Vergangenheit zu überwinden. Die z.Zt. durchgeführte Agrarreform soll nämlich neben einer gerechteren Landverteilung und Unterstützung der Kleinbauern auch qualitative Veränderungen wie verbesserte Anbaumethoden, ökologisch verträgliche Neuaufteilung der Produktionsflächen, Diversifizierung von Lebensmitteln und Exportprodukten bringen.
Beispiel 2: Personalverwaltung in der Erwachsenenbildung
Als permanente Fortsetzung der Alphabetisierungskampagne führt das Erziehungsministerium besonders auf dem Lande Erwachsenenbildungsprogramme quasi nach dem Schneeballsystem durch. Teilweise selbst erst kurz vorher Ausgebildete unterrichten in Abendkursen kleine Gruppen von Erwachsenen in deren Privatwohnungen. Obwohl sie dies freiwillig und ehrenamtlich tun, erhalten sie vom Erziehungsministerium alle zwei

Monate eine kleine finanzielle Beihilfe. Die Verwaltung dieser Personaldaten wird auf nationaler Ebene über EDV (Commodore) abgewickelt.
Beispiel 3: Ernährungskontrolle von Schulkindern
In einem international unterstützten Projekt wurden Daten zur Ernährungsbasis aller Schulkinder und zu ihrer körperlichen und gesundheitlichen Verfassung aufgenommen, welche über einen Commodore und kanadische Auswertungsprogramme Rückschlüsse geben sollen über Defizite und mögliche Verbesserungsmaßnahmen einer ausgeglichenen Ernährung.
Es könnten eine große Menge weiterer Beispiele aufgeführt werden, wie EDV zur Stabilisierung der Energieversorgung, für Erdbebenstatistiken oder zur Aufrechterhaltung des Telefonnetzes eingesetzt werden könnte. Jeder der auch nur kurze Zeit in Nicaragua gelebt hat weiß um die Bedeutung dieser Probleme.

6. Auswirkung der neuen Bildungskonzeption auf die Ingenieurausbildung und die Informatik

Auch das Ausbildungskonzept muß sich unter diesen Transformationen zwangsläufig ändern. Nach den Vorstellungen der Sandinisten sollte die Ausbildung universalisiert werden, für alle da sein, von der garantierten Basiserziehung bis hin zur Öffnung der Hochschulen gegenüber marginalisierten Sektoren und Regionen. Ferner mußten Methoden und Ziele revidiert werden, um ideologische Fragmente der Vergangenheit zu überwinden. Das hieß für die Primar- und Sekundarausbildung:

1. endgültige Auslöschung des Analphabetismus durch Erwachsenenbilbildungsprogramme mit neuen Ausbildungsmethoden
2. die "vierte Klasse für alle"
3. die technische Ausbildung stärken und zu einer Differenzierung der Sekundarstufe kommen (1982 waren in technischen und landwirtschaftlichen Zweigen weiterhin nur 9% der Schüler).

In der Hochschulausbildung wurden folgende Maßnahmen umgesetzt:

1. Koordinierung aller Universitäten in einem "Nationalen Rat für Hochschulausbildung" zur Regelung der Ausbildungskapazitäten, Abstimmung der Studieninhalte und Aufhebung der Zersplitterung
2. Öffnung der Universitäten/Zunahme der Studentenzahlen. 1984 studierten z.B. 35 5oo Studenten gegenüber 2o ooo in 1979 (Tab. 8).
3. Veränderung der sozialen Struktur der Matrikel. Nicht Geld, sondern regionale, soziale und politische Kriterien entscheiden.
4. Senkung der Studiengebühren (z.Zt. auf ein Zehntel) durch staatliche Bezuschussung. Studium soll nicht länger Privileg der Reichen sein.
5. Verteilung der Studenten auf die Fachbereiche nicht nach Prestigegesichtspunkten sondern nach Prioritäten beim nationalen Wiederaufbau. Priorität erhalten die Disziplinen Medizin, Landwirtschaft, Erziehungswissenschaft und die Ingenieurausbildung. Hier steigen die Studentenzahlen überdurchschnittlich, während sie in Unternehmensverwaltung, Ökonomie, Psychologie und Recht leicht sinken.
6. Vorbereitungsfakultäten, um Bildungsunterschiede zu nivellieren bzw. benachteiligte Problemregionen zu unterstützen.
7. Einsatz von Tutoren (Studenten des 5. Semesters), welche die durch die Ausbildungsausweitung und den Weggang zahlreicher Dozenten entstandene Lücke schließen und eine neue Generation von besseren und verantwortungsbewußteren Dozenten einleiten sollen. Viele der ehemaligen Dozenten hatten sich abgesetzt oder Jobs in der Industrie gesucht, weil ihnen die alten Privilegien fehlen und sie mit Faulheit, Unterrichtsausfällen und "deals" mit den Studenten nicht mehr weit kommen.

8. Schließung von Instituten, die nur die Bildung kommerzialisiert hatten und ein bestimmtes minimales Niveau nicht erfüllen.
9. Produktive Praxis für Studenten. Durch Teilnahme in der Kaffee- oder Baumwollernte und an Alphabetisierungseinsätzen soll ein Bewußtwerdungsprozeß über die soziale und ökonomische Realität des Landes eingeleitet und damit ein Austausch zwischen Stadt und Land, zwischen Bauern und Intelligenz begonnen werden.
10. Der soziale Dienst für Mediziner und Ingenieure, den diese ein bis zwei Jahre in einer zurückgebliebenen Region ableisten, ehe sie auf den freien Arbeitsmarkt gehen.
11. Jährliche Kampagnen "Wissenschaft und Produktion", Experimentierprojekte der Schüler und Studenten, die ihnen ein Bewußtsein für die praktischen Probleme des Landes und ihre eigene Rolle verschaffen und andererseits zur Lösung technischer und finanzieller Probleme beitragen /5/.

Seit Februar 1983 ist die ehemals auf die beiden Universitäten und kleinere Institute aufgeteilte Ingenieurausbildung in der neugegründeten "Nationalen Ingenieuruniversität" (UNI) konzentriert. Diese wird von unten aufgebaut und enthält z.Zt. die ersten vier Studienjahre. Als Ziel der neuen Ingenieurausbildung definiert der Rektor: "Techniker auszubilden, die dazu beitragen, das Land endgültig aus der Unterentwicklung und der wirtschaftlichen, technischen und kulturellen Abhängigkeit herauszuholen" /3/. Diese Aufgabe wird jedoch nicht als rein technische, sondern als umfassend politische angesehen.

Das Informatikstudium ist wie folgt dreigeteilt:

Die ALLGEMEINE AUSBILDUNG ist Bestandteil aller Studienfächer und umfasst Philosophie, Soziologie, Geschichte der Volksrevolution, Politische Ökonomie, Theologie der Realität und Aktuelle Probleme des Landes.

Das GRUNDSTUDIUM (für alle Ingenieurstudenten ähnlich) enthält Wissenschaftliches Arbeiten, Fremdsprache I+II, Mathematik für Informatiker, Calculo I-III, Lineare Algebra, Buchführung, Rechnungswesen, Finanzierungsprinzipien und Kommunikationstechniken.

Die PROFESSIONELLE AUSBILDUNG FÜR INFORMATIKER schließlich beinhaltet Einführung in die Informatik, Fortran, Cobol (2x), RPG, PL/1, Statistik I+II, Diskrete Strukturen, Rechnerorganisation I-III, Organisation von Programmsystemen I+II, Operations Research, Numerische Methoden, Analyse und Synthese von Systemen I+II, Elektronischer Datenfluß I-III, Theorie der Informationssysteme, Datenstrukturen, Organisation und Methoden von Systemen, Planung und Verwaltung von Informatikprojekten, und ein fortgeschrittenes Informatikseminar.

Es fällt auf, daß sehr viele Programmiersprachenkurse angeboten werden, in denen Syntaxregeln und Kodierungsregeln vermittelt werden, ohne im Studium viel über Problemanalyse und algorithmisches Denken zu hören.

Die Einführung der allgemeinen Ausbildung mit politisch-soziologischen Themen ist als ein Schritt weg vom technizistischen Studium hin zu einer polyzentrierten Ausbildung zu begrüßen. Allerdings gab es bis 1984 kaum eine kritische Beschäftigung mit EDV Einsatz und seinen gesellschaftlichen Folgen, vielleicht weil diese noch nicht so bekannt sind?

Durch die Ausbildung eigener Informatiker (1983 ca 3oo Studenten) will Nicaragua zu einer größeren Unabhängigkeit von ausländischen Technikern gelangen. Es mangelt dazu noch an allem: Es sind keine Labors vorhanden, Gruppen von 2o Studenten drängen sich um die verwaltungseigene EDV, um ihre Fortran-Programme zu testen, bei einer einzigen Disketteneingabestation also kaum mehr als ein Trockenkurs. Für Bücher fehlt das Geld, zudem müßten passende Informatikbücher erst noch importiert

werden, meist aus Mexiko oder Kuba. Da jedoch Devisen fehlen, bleibt die Alternative: Raubdrucke produzieren, wie dies Kuba in den ersten Revolutionsjahren tat, oder Vorlesungsskripte herstellen, wozu jedoch die Dozenten meist nicht bereit sind. So läuft alles darauf hinaus, daß die Dozenten ihre Vorlesung diktieren und kaum Zeit für Übung und Diskussion bleibt. Der Dozentenmangel führt dazu, daß fast nur noch Personal aus der Praxis beschäftigt werden kann, welches stundenweise unterrichtet. Auch die Mehrheit der Informatikstudenten geht einem Beruf nach und studiert am späten Nachmittag oder Abend, wofür das spezielle Nachtstudium eingerichtet wurde.
Den Aufbau der Labors will die Ingenieuruniversität (UNI) auf unkonventionelle Weise ohne den üblichen schlüsselfertigen Import lösen: in einer ersten Stufe sollen die Labors für die Grundausbildung mit Unterstützung von Staatsbetrieben und unter Mithilfe der Studenten konstruiert werden. In diesen Labors sollen in der zweiten Stufe die Labors für die spezialisierte Ausbildung der UNI gefertigt werden. Nur die nicht fertigbaren Restteile sollen importiert werden. Die fertigen Labors sollen dann neben der Ausbildung auch zur Produktion für Bedürfnisse des Landes eingesetzt werden. Auf diese Weise entsteht z.Zt. eine Computerwerkstatt für die UNI. Ein vom Erdbeben 1972 beschädigter Raum wurde hergerichtet, mit Hilfe der Studenten wurden Elektrizität und Klimaanlage installiert, Werkzeug im In- und Ausland besorgt und seit Dezember 1985 Computer repariert /6/.
Der Rektor der UNI stellt sich so die zukünftigen Informatiker vor: sie sollen nicht hochgradig spezialisiert sein, aber qualifiziert in dem Sinne, daß sie Probleme erkennen und unkonventionelle Lösungen finden können, die in keinem Lehrbuch stehen. Für die Adaptationen sind praktische und kreative Fähigkeiten gefragt. Ein ständiger Wechsel von Lehren und Lernen tut not. Statt Technologietransfer ist die nationale Entwicklung von passender Technologie gefordert /3/.

7. Abschließende Wertung

Obwohl es weiterhin in Nicaragua kein durchgängiges EDV Konzept gibt, ist mit der Gründung der DNI der Versuch gemacht, die Abhängigkeit von den EDV Herstellern durch Diversifizierung und langfristige Lieferverträge zu verringern, für eine anwendungsadäquate Dimensionierung der Anlagen zu sorgen und EDV Schulungen für Anwender durchzuführen.
Durch die Reform der Universitätsausbildung wurde die Informatik auf breitere Füße gestellt. Statt der Kommerzprogrammierung mit Anwendungen in den Filialen der US-Banken wird die Beherrschung des Computers als "Maschine" und die Ablösung der ausländischen Ingenieure und Wartungstechniker durch einheimisches Personal angestrebt.
Die Bedeutung des EDV Einsatzes für Nicaragua ist bisher sehr marginal. Grenzüberschreitenden Datenverkehr gibt es überhaupt nicht, und die EDV Anwendungen lassen sich an ein paar Fingern abzählen (i.d.R. keine Produktionstechnologie). Dieser geringe Stellenwert liegt allerdings nicht in einer generellen EDV Ablehnung durch die neuen politischen Entscheidungsträger begründet, sondern in einer Prioritätensetzung auf die Entwicklung der Landwirtschaft und einer diese Priorität unterstützende Technikanwendung.
Aus unserer Brille betrachtet muß kritisch angemerkt werden, daß keine öffentliche oder gewerkschaftliche Diskussion über Technologiefolgen stattfindet. Dies mag damit zusammenhängen, daß noch kaum praktische Erfahrungen, erst recht keine wissenschaftlichen Untersuchungen im

Sinne einer "Technologiefolgenabschätzung" vorliegen, aber sicher auch damit, daß die wissenschaftliche und politische "Elite" meist in Europa oder den USA ausgebildet und mit den entsprechenden technischen Konzepten und Leitbildern "infiziert" wurde.
Gefährdungspotentiale des EDV Einsatzes könnten darin liegen, daß eine dadurch bewirkte Zentralisierung der Macht der von den Sandinisten beabsichtigten Regionalisierung und breiten Volks-"Partizipation" entgegen läuft /7/.
Negative Auswirkungen der EDV auf dem Arbeitsmarkt sind kaum vorstellbar, da wegen des traditionellen Qualifikationsmangels ein Engpaß bei Sekretärinnen, Sachbearbeitern und in anderen Einsatzbereichen der EDV besteht. Die hohe Arbeitslosigkeit von unqualifizierten Kräften muß durch die Änderung der Sozialstruktur auf dem Land und eine breitere Berufsausbildung gelöst werden.

Persönliche Nachbemerkung

Dieser Artikel ist aus der Perspektive eines doppelten Grenzgängers geschrieben: Als in der Bundesrepublik sozialisierter Mensch werde ich schwerlich die Entwicklungen Nicaraguas mit den Augen des dort aufgewachsenen Nicaraguaners betrachten können. Andererseits hat mich eine anderthalbjährige Tätigkeit in Nicaragua so stark zum mithandelnden Subjekt gemacht, daß ich mich von der generellen Distanz des Westeuropäers gelöst habe. So ist meine Einstellung geprägt vom intensiven eigenen Erleben (und der inneren Identifikation mit den Sorgen, Hoffnungen und alltäglichen Kämpfen auf dem Weg zur Befreiung) mit den gleichzeitig distanzierten Augen des Ausländers.
Aber auch eine zweite Grenze habe ich überschritten: Meine Informatik-Ausbildung war geprägt durch die Kämpfe der Studentenbewegung um andere Ausbildungsformen und Studieninhalte. Wir kritisierten Bücherstudium, rezeptiven Vorlesungsstil, Trennung von Hand- und Kopfarbeit, und Fixierung auf Prüfungen, und haben dem das Lernen für die Praxis, Projektstudium, kollektives Studieren, eine sozial anders zusammengesetzte Universität und Selbstbestimmung gegenübergestellt. Als Studierende der Informatik haben wir die Grundlagen der staatlichen DV-Förderung untersucht, die miserablen Arbeitsbedingungen in der Computerteilefertigung angeprangert und Öffentlichkeitsarbeit zu den gesellschaftlichen Auswirkungen der EDV gemacht. In Nicaragua verlor ich die "Unschuld" des außenstehenden Kritikers und fand mich auf der anderen Seite wieder: als Informatik-Dozent für drei Semester an einer nicaraguanischen Universität.
Meine Position ist nicht wertneutral: Meine Unterstützung gilt der sozialen Revolution der Unterdrückten. Die Arbeit in Nicaragua und ihre sich anschließende Aufarbeitung sollte darüber hinaus Erkenntnisse vermitteln, wie sich diese Revolution auf Form und Inhalt der Ausbildung auswirkt und ob es dort einen sinnvollen EDV-Einsatz gibt /1/.

Anmerkungen und Literaturhinweise

/1/ Meine Erfahrungen als Informatikdozent an einer nicaraguanischen Universität habe ich ausführlicher dargestellt in: "Universitätsausbildung in Nicaragua. Eine Ausbildung im Übergang", unveröffentlichtes Manuskript, 1984.

/2/ Eine detaillierte Analyse der Wirtschaftsstrukturen Nicaraguas vor und nach der Revolution findet sich in FÜRST/HESS/JÄGER/STRUBELT: "Nicaragua:Aufbruch in Abhängigkeiten. 5 Jahre sandinistische Wirtschaftspolitik". Hrsg. vom Informationsbüro Nicaragua, 1985.
/3/ vgl. die Analyse in UNIVERSIDAD NACIONAL DE INGENIERIA "SIMON BOLIVAR": Fundamentacion y propuestas de desarrollo, Nov. 1984, Managua, als Begründung für die Neustrukturierung der Ingenieursausbildung.
/4/ JAIME WHEELOCK: El gran desafio, Managua 1983
/5/ Über diese Veränderungen im nicaraguanischen Hochschulwesen ausführlicher in den Darstellungen der Fußnote /1/
/6/ Das Projekt zum Auf- und Ausbau der Computerwerkstatt wird von UNINIC-Initiativen in der Bundesrepublik und in der Schweiz unterstützt (vgl. Dokumentation in diesem Reader). Weitere aktuelle Informationen können gerne bei mir angefordert werden.
/7/ Dafür hat im Ausland, hauptsächlich in der Schweiz und in der BRD, eine umso intensivere Diskussion zur Bewertung des nicaraguanischen Technikeinsatzes stattgefunden (vgl. Diskussion zum Thema 'Computer für Nicaragua' in diesem Reader).

Tabellen

Tabelle 1: Anteil der Exportprodukte am Gesamtexport

	1977	1982	1983 (geplant)
gesamt in Millionen Dollar (fob)	636,8	405,8	504,5
Kaffee	31,2	30,5	27,3
Baumwolle	23,6	21,5	21,0
Zucker	4,4	9,0	7,0
Fleisch	5,8	8,4	7,6
Meerestiere	3,5	5,3	4,5
Chemische Produkte	8,0	4,8	4,8
Gold	0,6	3,7	4,5
anderer	21,4	12,1	17,8

Tabelle 2: Importstruktur (in %)

	1977	1981	1982	1983 (geplant)
Konsumgüter insgesamt davon:	23,8	24,3	20,7	14,4
– nicht dauerhafte Konsumgüter darunter:	14,5	19,5	15,0	9,5
Nahrungsmittel	4,0	9,3	6,4	2,9
– dauerhafte Konsumgüter	9,3	4,7	5,6	4,9
Rohöl und Derivate	13,5	19,7	23,0	20,9
Zwischenprodukte	37,3	35,6	34,8	42,2
Kapitalgüter	25,3	20,0	21,5	22,4
Importe insgesamt in Millionen Dollar (cif)	761,9	999,4	775,5	969,3

Tabelle 3: Arbeitsplatzstruktur

	Land-wirt-schaft	Indu-strie	Bau-sektor	Handel	Dienst-leistungs-sektor	andere	gesamt absolute Zahlen
ökonomisch aktive Bevölkerung 1980 1981	42,1 %	12,7 %	3,3 %	13,9 %	23,2 %	4,8 %	843 000 873 030
tatsächlich Beschäftigte 1980	39,9 %	12,7 %	2,1 %	15,3 %	25,0 %	4,9 %	695 300
1981	40,4 %	12,6 %	2,7 %	14,7 %	24,8 %	4,8 %	756 700
Arbeitslosenrate 1980	-21,8 %	17,3 %	48,0 %	9,2 %	10,9 %	16,1 %	17,5 %
1981	16,8 %	14,2 %	28,9 %	8,6 %	7,0 %	14,0 %	13,3 %
neue Arbeitsplätze 1981	45,8 %	10,6 %	9,8 %	7,3 %	23,1 %	3,4 %	61 400
Zuwachsrate 1981	10,1 %	7,3 %	41,7 %	4,2 %	8,2 %	8,0 %	8,8 %

Tabelle 4: Verteilung des Bruttoinlandsprodukts

	1978	1979	1980	1983 (geplant)
gesamt (in Millionen Cordobas von 1980)	25 758	19 283	21 339	23 617
Landwirtschaft	25,0 %	28,3 %	23,0 %	26,8 %
Industrie und Manufaktur	24,7 %	24,0 %	24,6 %	25,3 %
Bau und Bergbau	4,5 %	2,2 %	3,5 %	3,0 %
Tertiärer Sektor	45,8 %	45,5 %	48,9 %	44,7 %

Tabelle 5: Studentenzahlen 1982

INSTITUTION	TOTAL	im 1. Studienj.	im 2. Studienj.	im 3. Studienj.	im 4. Studienj.	im 5. Studienj.	im 6. Studienj.
Hochschulausbildung insg.	32975	12389	8808	6330	3242	1977	229
UNAN Managua	18924	5989	5265	4136	2085	1359	90
UCA Managua	4359	1683	1108	741	499	310	18

Tabelle 6: Studentenzahlen der Ingenieurwissenschaften

INSTITUTION	TOTAL	1. Jahr	2. Jahr	3. Jahr	4. Jahr	5. Jahr	6. Jahr
UNAN							
Ingenieurfak. insgesamt	2608	850	808	458	248	206	38
Zivilingenieure	1817	572	573	299	198	175	-
Architekten	791	278	235	159	50	31	38
UCA							
Ingenieurfak. insgesamt	1961	947	455	261	185	113	-
Ing. mecanica	401	207	79	44	51	20	-
Ing. electrica	353	233	57	35	24	4	-
Ing. Quimica	348	176	78	47	24	23	-
Ing. Industrial	486	205	118	61	52	50	-
Informatik	373	126	123	74	34	16	-

Tabelle 7: Anteil der Eigentumsformen am Produktionsapparat

Sektoren	Staatssektor	Groß-produzenten	Mittelbetriebe	Klein-produzenten
Agrarexportsektor	24.0	37.3	21.7	17.0
Binnenmarktorientierte Landwirtschaft	15.7	14.7	8.1	61.5
Viehwirtschaft	24.7	11.0	30.4	33.9
Agroindustrie	28.0	63.9	5.7	2.4
Fischerei	71.9	–	–	28.1
Industrie	31.3	32.5	22.0	14.2
Bergbau, Wasser und Energie	100	–	–	–
Insgesamt	37.0	25.0	18.0	20.0

Tabelle 8: Entwicklung der Studentenzahlen

1979	1982	1983	1984	1985
20 000	29 000	33 000	35 500	36 100

Tabelle 9: Aktuelle Versetzungsraten in den Ingenieurwissenschaften

nach dem 1. Jahr	nach dem 2. Jahr	nach dem 3. Jahr	nach dem 4. Jahr	nach dem 5. Jahr und 6. Jahr
25%	40%	50%	70%	80%

INFORMATIKPOLITIK IN KOLUMBIEN
oder
DIE REISE INS INFORMATIONSZEITALTER

Ein Erfahrungsbericht von Bettina Lutterbeck

1. Einleitung

"Während wir in der Vergangenheit mit Beklommenheit festgestellt haben, daß sich die Kluft zwischen arm und reich, Süden und Norden, ständig vergrößert hat, stellt sich uns jetzt mit der Mikroelektronik eine Alternative, die die Wissenskluft schließt und unvorhergesehene Möglichkeiten des Fortschritts für die Verurteilten der Welt eröffnet", verkündete 1984 der damalige Regierungschef Kolumbiens Belisario Betancur anläßlich einer Konferenz des Intergovernmental Bureau for Informatics (IBI) in der Zwei-Millionen-Stadt Cali im Südosten Kolumbiens. "Wir müssen uns so schnell wie möglich darauf vorbereiten, in einer technisierten Gesellschaft zu leben." (1)
Angesichts des in den vorherigen Kapiteln gezeichneten Panoramas mutet es zunächst seltsam an, diese durchweg optimistischen Worte aus dem Mund des Präsidenten eines - auch im Vergleich zu seinen lateinamerikanischen Nachbarländern - technisch relativ rückständigen Entwicklungslandes zu hören. Betancurs pathetisch formulierte Einschätzung wird zwar in Kolumbien mitunter offen kritisiert, ist aber in gewisser Weise sympthomatisch für die Technikeuphorie vieler Entscheidungsträger. Sie betrachten die Neuen Technologien als ein wirksames Instrument zur Lösung von wirtschaftlichen, politischen und sozialen Problemen. Die vergleichsweise billigen Arbeitslöhne von qualifizierten kolumbianischen Informatikern sollen die Basis sein für eine zukunftsträchtige Softwareindustrie; mithilfe von militärischen Informationssystemen sollen innenpolitische Probleme aus dem Weg geräumt werden; vom Computereinsatz in der Alphabetisierungskampagne und in Grundschulen verspricht man sich eine Verbesserung des defizitären Bildungssystems.
Doch wie wird die von offizieller Seite lautstark proklamierte "Reise ins Informationszeitalter" tatsächlich verwirklicht? Inwieweit dient die forcierte "Informatisierung" den gleichermaßen formulierten Zielen wie dem Abbau von Arbeitslosigkeit und Massenarmut? Kann die kolumbianische Technologiepolitik als der Versuch gelten, den sich verschärfenden Wettbewerbsbedingungen auf dem Weltmarkt zu begegnen?
Um gleich zu Anfang den Rahmen dieser Arbeit abzustecken: Im Gegensatz zu den asiatischen Schwellenländern, Brasilien und Indien wird den Neuen Informations- und Kommunikationstechnologien in Kolumbien erst seit Anfang der 80iger Jahre eine

wichtige Rolle für den Entwicklungsprozess des Landes zugesprochen. Publikationen, die über die technische Beschreibung von einzelnen Computeranwendungen oder verheißungsvolle Spekulationen bezüglich der Auswirkungen Neuer Technologien hinausgehen, sind aber bis dato rar gesät. Für unser interdisziplinäres Forschungsprojekt "Theorie und Praxis der staatlichen Informatikpolitik in Kolumbien" bedeutete das, daß wir ausschließlich mit Primärdaten arbeiten mußten. Während unseres viermonatigen Aufenthaltes im Land Ende 1985 besuchten wir eine Vielzahl von Institutionen, Ministerien, Universitäten, Schulen und Firmen, die uns größtenteils auch bereitwillig Informationen zur Verfügung stellten. Allerdings waren etliche der in Berichten und Dokumenten beschriebenen Computeranwendungen und Maßnahmen erst im Planungsstadium, während andere, bereits installierte Systeme ihre Funktion teilweise nur unzureichend erfüllten. Außerdem konnten wir auf wichtige, bereichsübergreifende Daten, wie etwa die aufgeschlüsselten Ausgaben für Research und Development, die Größenordnung von Soft- und Hardwareimporten oder die Aufwendungen für technische Innovationen in einzelnen Industriezweigen nicht zurückgreifen. Angesichts des engen zeitlichen Rahmens unserer Arbeit konnten wir auf dieses "Informationsproblem" nicht hinreichend eingehen. Im nachfolgenden Bericht werden also keine sozialwissenschaftlich abgesicherten Erkenntnisse aufgeführt, sondern es wird der Versuch unternommen, die Technikpolitik Kolumbiens vor dem Hintergrund der sozialen, wirtschaftlichen und politischen Entwicklung des Landes zu sehen. Dabei wird eine Anzahl von Problemen deutlich, die sicherlich charakteristisch sind für viele Länder der sogenannten "Dritten Welt".

2. Wirtschaftliche, politische und soziale Determinanten für den Einsatz Neuer Technologien in Kolumbien

Kolumbien ist mit rund 30 Millionen Einwohnern und der 5-fachen Fläche der BRD nach Brasilien, Mexiko und Argentinien das viertgrößte Land Lateinamerikas. Doch trotz seiner Größe und seiner regionalen politischen und ökonomischen Bedeutung hat Kolumbien hierzulande kaum Schlagzeilen gemacht. Der Grund ist vor allem darin zu suchen, daß Kolumbien im Vergleich zu anderen Ländern Lateinamerikas als demokratisch und innenpolitisch stabil gilt. Die langjährige demokratische Tradition erweist sich jedoch bei näherer Betrachtung als Fassade. Seit 1958, auf 16 Jahre in der Verfassung festgeschrieben, aber noch bis heute institutionell verankert, teilen sich die beiden staatstragenden Parteien, die Liberalen und die Konservativen, die Macht und die Pfründe im Staat. In einem politischen Quotensystem wechselten sich die beiden Parteien in der Regierung ab, Ministersessel und Ämter in der Provinzverwaltung werden paritätisch aufgeteilt. Wahlbetrug und Stimmenkauf, eine auch heute noch gängige Praxis, nahmen das Ergebnis der alle vier Jahre abgehaltenen Wahlen vorweg. Im Zuge der Wahlen, die somit vor allem dazu

dienten, die innerparteilichen Kräfteverhältnisse neu zu bestimmen, wird alle vier Jahre nahezu die komplette Verwaltung ausgetauscht. Dieses System der Machtaufteilung, das die politische Partizipation großer Teile der Bevölkerung von vorneherein ausschließt, bereitete auf der einen Seite den Boden für eine der ältesten Guerillabewegungen des Kontinents, sichert aber auf der anderen Seite bis heute allen relevanten Kräften der wirtschaftlichen und politischen Elite Kolumbiens den direkten Einfluß auf die Regierungspolitik (2).
Die unterschiedlichen ökonomischen Interessen der verschiedenen Fraktionen innerhalb der Elite und die aus den innerparteilichen Auseinandersetzungen resultierenden häufigen Umbesetzungen in der staatlichen Verwaltung schlugen sich auch auf die ökonomische Entwicklung Kolumbiens nieder. Wirtschaftspolitische Strategien und Programme wurden oft deshalb fallengelassen, weil sich eine andere Lobby mit ihren ökonomischen Interessen in der Regierung durchgesetzt hatte, und nicht, weil sie sich als unwirksam erwiesen hätten.(3). Trotz der diskontinuierlichen Wirtschaftspolitik mit abwechselnd freihandels- und protektionistisch orientierter Konzeption setzte sich Anfang der siebziger Jahre eine deutliche Orientierung auf den Weltmarkt durch. Um die Abhängigkeit der Wirtschaft von den Deviseneinnahmen aus dem Kaffeegeschäft zu reduzieren und gleichzeitig die durch hohe Einkommenskonzentration bedingte Begrenzung des Binnenmarkts zu überwinden, wurden von staatlicher Seite massiv alle sogenannten "nicht-traditionellen" Exporte (d.h. unter anderem Textilien, Elektroartikel, Druckerzeugnisse, Stahl, chem. Erzeugnisse und Schnittblumen) gefördert. Gleichzeitig sollten die von den Exportsektoren ausgehenden Beschäftigungsimpulse die inländische Kaufkraft stärken und somit das gesamtwirtschaftliche "take-off" auslösen. Mit der staatlichen Förderung der Exportdiversifizierung u.a. in Form von steuerlichen Vergünstigungen, Krediten und einem System flexibler Wechselkurse konnte der Anteil der Industriegüter an den Gesamtexporten bereits bis 1974 auf über 20% erhöht werden (4). Während die Exporte der übrigen verarbeitenden Industrien vor allem in die Länder des Andenpakts gingen, konnten Textilien - neben den traditionellen agrarischen Rohstoffen Kaffee, Bananen und Baumwolle - auch in den Industrieländer abgesetzt werden. Die hohen Wachstumsraten in den 70iger Jahren (mit durchschnittlich 7% lagen sie deutlich über dem lateinamerikanischen Mittel) bescheinigten dem Exportkurs Kolumbiens allerdings nur begrenzten Erfolg. Zum einen löste die im Zuge der Exportwirtschaft einsetzende Technisierung in der Landwirtschaft eine immer noch anhaltende Migrationswelle von Kleinbauern und Landarbeitern in die Städte aus, zum anderen blieben die erwarteten positiven Effekte der Exportwirtschaft auf den Arbeitsmarkt und damit auf die Lebensqualität der Masse der Bevölkerung aus. Wachsender Protektionismus und Zahlungsschwierigkeiten der Abnehmerländer im Zeichen der weltweiten Rezession in den 80iger Jahren, aber auch der mangels produktiver Investitionen überalterte Produktionsapparat führten zu einer anhaltenden Krise einiger ehemaliger Wachstumsbranchen wie der chemischen, der metallverarbeitenden und der Textilindustrie. (5)

3. Hard und Software in Kolumbien

Bereits 1959 holte die Firma COLTEJER, eines der größten Textilunternehmen Kolumbiens, den ersten Rechner ins Land. Zwei Jahre darauf installierten die Technischen Werke Medellīn als erste Institution der öffentlichen Verwaltung eine IBM-Anlage 1401. Inzwischen werden DV-Geräte vor allem im Verwaltungs- und Organisationsbereich großer Industrie-, Handels- und Landwirtschaftsbetriebe, im Finanzsektor und in einigen Bereichen der öffentlichen Verwaltung eingesetzt. Die Verwendung neuer Produktionstechnologien (NC, CNC, CAD, CAM) beschränkt sich auf einige wenige große Unternehmen, die überwiegend für den Export produzieren (6). Fertigungsstellen bzw. Montagewerke für Rechnerteile sind bislang noch nicht im Land angesiedelt. (Für 1987 kündigten Texas Instruments und Zenith allerdings die Eröffnung von Montagewerken an (7)).
Im Bezug auf die Gesamtinstallationen und die technische Infrastruktur liegt Kolumbien noch immer weit hinter Brasilien, Mexiko, Argentinien, Venezuela und Chile zurück (8). Mehr als zwei Drittel der in Kolumbien verwendeten Rechner (und schä tzungsweise ein ebensohoher Anteil von Software) stammen aus den USA. Die Entscheidung über den Import von Rechnern lag bis 1982 ausschließlich bei der Leitung der jeweiligen Unternehmen. Eine von offizieller Seite formulierte "Informatikpolitik" wurde erst 1982, mit dem Amtsantritt von Regierungschef Belisario Betancur aufgestellt.
Die gleich nach dem Regierungsantritt von Betancur verabschiedeten Importrestriktionen legten der im Entwicklungsplan propagierten breiten "Computerisierung" jedoch faktisch beachtliche Hürden in den Weg. Angesichts des wachsenden Zahlungsbilanzdefizits und der steigenden Außenverschuldung unterlag von nun an auch der Import von Rechner den restriktiven Bedingungen des "Plan Vallejo" (9). Alle Importvorhaben mußten demnach bei einer staatlichen Behörde gemeldet werden, die nur exportierenden Unternehmen nach einem dynamischen Import-Export-Schlüssel ein bestimmtes Einfuhrkontingent zusprach. Firmen, die ausschließlich auf dem nationalen Markt agierten, konnten so allenfalls Rechner einführen, wenn sie die Importlizenz einer Exportfirma erwarb.
Dieser Form der Devisenkontrolle unterlagen auch die Niederlassungen der ausländischen Computerhersteller. Das führte unter anderem dazu, daß IBM, um ihr Einfuhrkontingent an Hardware zu erweitern, als Zwischenhändlerin beim Fleisch-, Blumen- und Baumwollexport auftrat.
Trotz der restriktiven Einfuhrbedingungen - unter denen die Computerkonzerne wortstark stöhnten, weil dadurch ihr Absatz stagnierte, der Schwarzmarkt aber gleichzeitig florierte - hat sich die Anzahl der DV-Geräte im Land innerhalb eines Jahres mehr als verdoppelt. Während es 1983 noch 2379 Geräte waren, zählte man 1984 schon 5319. Nach einer Umfrage des Verbands der Computerbenutzer Kolumbiens (ACUC), die mehr als 90% aller Installationen erfassen soll, verteilen

Die Dampfmaschine, der Verbrennungsmotor und die Turbine, die Symbole der ersten und der zweiten industriellen Revolution, werden vielleicht bald zu Museumsstücken und durch die Elektronik, die Computer und die Automatisation ersetzt." (11)
Vor dem Hintergrund dieser gewaltigen Veränderungen sei auch die Krise der einstigen Wachstumsindustrien Kolumbiens zu sehen, die aufgrund ihres obsoleten Produktionsapparates ihre Konkurrenzfähigkeit auf dem Weltmarkt sukzessive verlören und auch auf dem Binnenmarkt zusehends unter Druck kämen. Um diese Industrien wieder in die Lage zu versetzen, Kapital zu produktiven Investitionen zu akkumulieren und durch massive technische Innovationen ihren Produktionsapparat dem internationalen Qualitäts- und Produktivitätsstandard anzupassen, kündigte der Staat eine Reihe von finanzpolitischen Reformen an (u.a. schrittweise Abwertung des überbewerteten Peso, steuerliche Erleichterungen, Festsetzung des staatlichen Mindestlohns rund 10% unter der jährlichen Inflationsrate).
Gleichzeitig sollte der Arbeitsmarkt durch die Förderung von "Microempresas" (Kleinstbetrieben) kurzfristig entlastet werden. Die Mikroempresas sollten außerdem einerseits den Markt mit elementaren Gebrauchsgütern versorgen, andererseits kostengünstig, d.h. vor allem personalkostensparend, Teile für die Großindustrien produzieren.
Der Erfolg des fortgeschriebenen kolumbianischen Exportkurses und die Reichweite nationaler Politiken wird sich in Anbetracht der sich rapide verändernden internationalen Produktionsbedingungen in den nächsten Jahren noch erweisen und ist derzeitig angesichts der Komplexität makroökonomischer Steuerungsprozesse schwer abzuschätzen.
Ein zunehmendes Aufblähen des informellen Sektors in Folge der nicht aufzuhaltenden Talfahrt einiger nationaler Industrien aufgrund mangelnder technischer Innovation auf der einen Seite (12), rationalisierungsbedinguter Beschäftigungsrückgang bei gleichzeitigem Anstieg der Nachfrage nach hochqualifizierten Arbeitskräften in den investitionskräftigen Industrien (13) auf der anderen Seite, sind Trends, die sich auch in Kolumbien jetzt schon abzuzeichnen beginnen und denen die staatliche Entwicklungsplanung verstärkt Rechnung tragen muß.

Die staatliche Koordination dieser "technischen Anpassungsprozesse" wird sich mehr den je als eine gesellschaftliche und ökonomische Notwendigkeit erweisen.

Die staatliche Informatikpolitik in Kolumbien hat sich demgegenüber jedoch einen begrenzten Aktionsrahmen gesetzt. Über die drei größten Tageszeitungen des Landes, El Tiempo,El Espectador und El Mundo - die seit Anfang der 80iger Jahre einmal wöchentlich in einer mehrseitigen Rubrik über die neuesten Entwicklungen auf dem Gebiet der Informatik und die Informatikpolitik berichten - einem breiten Publikum zugänglich gemacht, verkündet die kolumbianische Regierung eine "breite Informatisierung". Schwerpunkt der staatlichen Maßnahmen soll dabei die Verbesserung der technischen Infrastruktur sein, um das Fundament für eine zukunftsträchtige Softwareindustrie zu legen, die Modernisierung der staatlichen Verwaltung und

sich die Computeranwendungen wie folgt:

Computeranwendungen nach Sektoren

	Installationen	davon Micros
Regierung	4,4%	44%
Banken und Finanzsektor	11,6%	62%
Agrarindustrie und verarbeitende Industrien	14,4%	57%
chemisch-pharm. Industrie	2,7%	28%
Dienstleistungen	12,6%	64%
Bildungssektor	6,9%	75%
Handel	27,0%	78%
Sonstige	20,4%	
Absolut:	5319 Computer	

Aus: Zeitschrift ACUC-Noticias No. 93, Sonderheft Censo Nacional de Computadores, Bogotá 1984.

Die Kriterien, nach denen die Sektoren eingeteilt wurden bzw. die Computeranwender den Sektoren zugeordnet werden, lassen eine tiefergehende Interpretation dieser Aufstellung nicht zu. Der hohe Anteil von Micros wird von Mitarbeitern von ACUC unter anderem auf die verschärften Importbedingungen zurückgeführt, da diese den Import großer Anlagen erheblich erschwert haben.
Die ebenfalls von ACUC durchgeführte Softwarezählung enthält 30 nationale Softwarehäuser, 25 davon allein in der Hauptstadt Bogotá. Von den 147 registrierten Programmen im Angebot der Software-Firmen sind, so Schätzungen von ACUC, höchstens ein Viertel von kolumbianischen Informatikern erarbeitet worden (in die Zählung aufgenommen wurde nur Anwendersoftware) (10).

4. Staatliche Informatikpolitik

Im staatlichen Entwicklungsplan "Cambio con Equidad" (Wandel mit sozialer Gerechtigkeit) für die Jahre 1982-1986 wird erstmalig von offizieller Seite auf die Rolle der Mikroelektronik als qualitativ neues phänomen in der Entwicklung der internationalen Wirtschaftsbeziehungen hingewiesen: "Wir durchleben gerade eine Zeit der neuerlichen technischen Wende, die zum Fundament dieser Krise geworden ist.

der Computereinsatz für soziale Zwecke. Zur Koordination der Programme wurde der "Consejo Nacional de Informática", der nationale Informatikrat eingerichtet, bestehend aus Vertretern des Bildungssektors, des Kommunikationssektors, der Planungsbehörde, des Statistischen Amtes, des "Centro Nacional de Recursos Humanos e Informática" (auf das in Kapitel 4.3 näher eingegangen wird) und der Privatwirtschaft. Im Folgenden nun zunächst ein Abriß der staatlichen Maßnahmen, wobei ansatzweise deutlich wird, inwieweit das staatliche Engagement die eingangs suggerierten "gesellschaftlichen Entwicklungsperspektiven" tatsächlich einleitet.

.1. Die Software-Industrie

Der Markt an spanischsprachiger Software, so die Erwartung der Exportförderungsbehörde INCOMEX in Bogotá, wird sich in den nächsten Jahren beträchtlich erweitern (14). Mit der Anwendersoftware-Industrie will man sich nun eine arbeitsintensive Zukunftsindustrie ins Land holen (15). Der wichtigste Baustein dafür ist die Verbesserung der technischen Infrastruktur, vor allem die Errichtung des öffentlichen Paket-Übertragungsnetzes RNTD, das 1986 vom Postministerium in Angriff genommen worden ist. (Kosten etwa 9 Millionen US-Dollar, für vorerst maximal 2.000 Benutzer angelegt) (15). Die Software dafür soll vom IBI (Intergovernmental Bureau for Informatics) personell und finanziell bezuschußt werden.
An der "Softwaregesetzgebung", dem zweiten Projekt der Regierung Betancur, hatten vor allem ausländische Computerhersteller ein vitales Interesse, um gegen die Praxis einiger kolumbianischer Computerhersteller vorzugehen, die Programme kopierten und unter anderem Namen weiterverkauften. Der unter der Schirmherrschaft des "Centro Nacional de Informática" eingebrachte Gesetzesvorschlag sieht allerdings ein generelles Software-Register vor, das neben der Funktion, das Urheberrecht an der Software anzumelden, gleichzeitig auch noch das Instrumentarium zur Verfügung stellt, Einfluß zu nehmen auf die im Land verwendete Software. Der Gesetzesvorschlag, der weit über die Vorstellungen der Regierung hinausschoß, konnte jedoch nur in abgeschwächter Form die parlamentarischen Hürden passieren und lehnt sich in seienr jetzigen Form stark an die internationale Rahmengesetzgebung an.
Zur weiteren Qualifizierung der kolumbianischen Informatiker wurden Schulungsprogramme mit verschiedenen Institutionen und Universitäten in Europa und den Vereinigten Staaten vereinbart (16). Die Qualität der Informatikerausbildung variiert jedoch stark: Während Studieninhalte und technische Ausstattung der Informatikfakultäten der renommierten privaten Universitäten (u.a. Universidad Eafit, de los Andes, Piloto) mit denen von bundesdeutschen Universitäten vergleichbar sind, arbeiten die Studenten der wenigen staatlichen Universitäten noch mit einem IBM-Großrechner aus den sechziger Jahren und einer handvoll ständig umlagerter PCs.

Die Diskrepanz zwischen teurer, privater Eliteausbildung und frei zugänglicher staatlichem Bildungssystem tritt gerade beim Informatikstudium sehr deutlich zutage und wird durch die Schulungsmaßnahmen allein sicherlich nicht nivelliert werden.
Um die Qualität der technisch-wissenschaftlichen Ausbildung und Forschung insgesamt zu heben, wurden verstärkt Gelder zum Aufbau von Datenbanken bewilligt. Die "Datenbank" im Wissenschaftsministerium, die diese Bezeichnung allerdings nur eingeschränkt verdient, gibt auf Anfrage bibliographische Hinweise und u.U. Fotokopien weiter. Die Datenbestände sind allerdings nur zum Teil auf Magnetbändern gespeichert und der Zugang zu ausländischen Datenbanken, der zu ihrem Service gehört, funktioniert vorerst noch per Post. Um die lange Laufzeit der Anfragen zu verkürzen, sollen zunächst sämtliche Bestände der Datenbank in den Rechner eingespeist werden und alle Anfragen per Computer ermöglicht werden. Die Anfragen an ausländische Datenbanken sollen in die nationalen Datenbestände integriert werden, um Doppelanfragen zu vermeiden und so Ressourcen zu sparen.(17)
Eine zweite Datenbank unter der Aufsicht der Bildungsbehörde ICFES, die schon seit 10 Jahren mittels Entwicklungshilfegeldern der Interamerikanischen Entwicklungsbank aufgebaut wird, soll sämtliche an den staatlichen Universitäten erhältliche wissenschaftlichen Publikationen speichern und diese dezentral in den größeren Städten abrufbar machen. Bei einem Besuch der Bildungsbehörde stellten wir aber fest, daß zum einen nur ein geringer Teil der Bestände auf dem Rechner erfaßt ist, zum anderen neuere Publikationen äußerst rar gesät sind. Zum Teil fehlt es an Modems, um die Peripheriegeräte anzuschließen.(18)
Schließlich drängte die kolumbianische Regierung darauf, im Rahmen der "Junta de Cartagena", dem Koordinationskommittee des Andenpaktes, die wissenschaftliche und ökonomische Zusammenarbeit vor allem im Hinblick auf die Mikroelektronik zu intensivieren, Erfahrungen auszutauschen und neue Märkte gemeinsam zu erschließen. (19). Konkrete Ergebnisse, die aus dieser Zusammenarbeit hervorgegangen sind, sind aber noch nicht bekannt.
Insgesamt haben jedoch verschiedene lateinamerikanische Länder, die schon jetzt über eine bessere technische Infrastruktur und eine große Anzahl qualifizierter Informatiker verfügen, auf dem Markt der spanischsprachigen Anwendersoftware einen großen Vorsprung, den Kolumbien wohl nur schwerlich aufholen kann.

4.2. Die Modernisierung der staatlichen Verwaltung

Das chronisch Haushaltsdefizit des kolumbianischen Staates hat den ehrgeizigen Rationalisierungsvorhaben in der staatlichen Verwaltung bislang enge Grenzen gesetzt. Zur Zeit verfügen nur die wichtigsten Bereiche staatlicher Kontrolle über eigene leistungsfähige Rechner, wobei die Computeranwendungen dort auch noch mit Schwierigkeiten bezüglich der Effizienz und der Kapazitäten der Rechner behaftet sind:

- Das größte System hat IBM 1984 im Finanzministerium installiert, einen Rechnerverbund mit 1.200 Terminals in 30 Städten des Landes. Jeder Einwohner, der über ein Einkommen verfügt (ein Drittel aller Kolumbianer leben nach einer Aufstellung der CEPAL, der UN-Wirtschaftskommission für Lateinamerika, in absoluter Armut), sollte on-line über seine Steuersituation informiert werden können und seinen Steuerbescheid sofort erhalten. Zur Übertragung von Daten fehlen allerdings noch teilweise Modems, auf der anderen Seite sind die Angestellten des Ministeriums für den Umgang mit den Maschinen nicht genügend geschult worden, sodaß die Effizienz dieses Systems zur Zeit noch zu wünschen übrig läßt.

- Die vom Statistischen Amt 1973 durchgeführte Volkszählung war bis 1985, dem Termin der nächsten Zählung, nur ansatzweise ausgewertet worden. Aus diesem Grund wurde eigens zur neuen Zählung ein IBM-Großrechner 4361 angeschafft. Die dazugehörigen Software-Pakete wurden von kolumbianischen Informatikern den nationalen Besonderheiten angepaßt. Aufgrund der finanziellen und personellen Beschränkung kann eine vollständige Auswertung und Interpretation der Daten trotzdem nicht gewährleistet werden. Es wird daher erwogen, auf das Angebot der schwedischen Regierung einzugehen, und einen Teil der Daten dort auszuwerten.

- Der in der Planungsbehörde installierte Großrechner steht ohne Spannungsstabilisator in einem unklimatisierten Raum. Wartungsverträge wurden nicht abgeschlossen. Häufiger Stromausfall und -schwankungen beeinträchtigen die Effizienz dieses Rechners enorm. Aus diesem Grund ging man dazu über, verstärkt mit Micros zu arbeiten.

Die oftmals spürbare "Modernisierungsideologie" verspricht sich vom Einsatz von Computern nicht nur den, für eine effiziente Entwicklungsplanung benötigten, raschen Zugang zu umfassender Information, sondern sieht in der Verwendung von unbestechlichen Computern gleichzeitig die Möglichkeit, bürokratischer Mißwirtschaft und Korruption einen Riegel vorzuschieben. Dem widerspricht allerdings die banale Erkenntnis, daß ein Computer nur das ausführt, was ihm vorgegeben wird.

Über die Effizienz der DV im militärischen Bereich ist wenig zu erfahren. Die kolumbianische Tageszeitung El Tiempo berichtete am 16.06.85 jedoch über die Computersimulation eines Angriffs auf ein Guerillalager, mit dem das logistische Instrumentarium festlich eingeweiht wurde. Ende 1985 wurde der Menschenrechtsorganisation Amnesty International eine Computerliste angeblich verschwundener Oppositioneller zugespielt. Das alles läßt auf eine gewisse Effizienz der DV im militärischen Bereich schließen.

Im Gegensatz zu den beschriebenen Computeranwendungen in den Behörden, die elementare Kontroll- und Planungsfunktionen erfüllen, sind die Modernisierungsvorhaben im sozialen Bereich finanziell und personell sehr schlecht ausgestattet.

Rationalisierungsvorhaben, im Justizbereich, dem Gesundheitsministerium, dem Bildungsministerium oder dem Landwirtschaftsministerium, sind im Gegensatz zu den Ankündigungen im Entwicklungsplan, erst im Projekt- bzw. Planungsstadium, sollen aber in den nächsten Jahren angegangen werden. Ob die Rationalisierung der staatlichen Verwaltung im großen Stil allerdings eine entwicklungspolitische Notwendigkeit ist, ist angesichts der schwierigen finanziellen Lage des kolumbianischen Staates, aber auch wegen den negativen Beschäftigungsauswirkungen von Rationalisierungsmaßnahmen grundsätzlich anzuzweifeln.

3. Das Informatikzentrum in Bogotá

In Zusammenarbeit mit der französischen Regierung und dem "Centre Mondial d´Informatique et Ressources Humaines" in Paris wurde 1983 das "Centro Latinoamericano de Recursos Humanos e Informática" in Bogotá gegründet. Die ursprüngliche Aufgabe des Zentrums, die Strategien verschiedener lateinamerikanischer Regierungen im Hinblick auf die Informatikpolitik zu koordinieren, ist gescheitert. Inzwischen hat das Informatikzentrum vorrangig die Funktion, nationale Entwicklungsziele zu entwerfen und in Absprache mit dem "Consejo de Informática" auch umzusetzen. Daneben betreut das Informatikzentrum die gemeinsam mit dem Centre Mondial d´Informatique konzipierten Bildungsprojekte.
Das ehrgeizigste Projekt des Zentrums ist allerdings die auf eine Initiative des Direktors, dem promovierten Informatiker Jorge Phillips, zurückgehende Informatikzählung, die alle zwei Jahre wiederholt werden soll (20). Auf den Fragebögen erfaßt werden soll die im Land vorhandene Software nach Hersteller, Herkunftsland und Benutzern, darüberhinaus auch Informationssysteme und Datenbanken, sowie die in den verschiedenen Bereichen beschäftigten Arbeitskräfte nach Qualifikationsniveau. Diese Zählung, die als Grundlage für eine koherente Informatikpolitik dienen soll, trifft auf starken Widerstand seitens der Computerhersteller, des Berufsfachverbandes der Informatiker und des Unternehmerverbands, die sich gegen das "Übermaß an staatlicher Intervention" wehren. Abgesehen davon ist mit dem Regierungswechsel 1986 auch wieder eine Richtungsänderung in der Informatikpolitik zu erwarten. Daß diese Zählung, die ohnehin über die offiziellen Vorgaben hinausgeschossen ist, in dieser Form durchgeführt wird, ist also unwahrscheinlich.

Zur "Demokratisierung des Zugangs zu den Neuen Technologien" (21), entsprechend der Ideologie des Centre Mondial d´Informatique und dessen geistigen Vaters Jean-Jacques Servan Schreiber, wurden ab 1983 zwölf Computerzentren in verschiedenen Landesteilen eingerichtet, ausgestattet mit jeweils 10 Mikrocomputern (übrigens Schenkungen von IBM und Apple). Hier sollen Schüler der schlecht ausgestatteten Staatsschulen, ebenso wie interessierte Erwachsene, ihre ersten Erfahrungen mit der Computertechnik machen. Im Rahmen des Mathematikunterrichts haben die Schüler dann einmal die Gelegenheit, ins Zentrum zu kommen und vier Stunden lang mit LOGO Graphiken auf dem Bildschirm zu machen. Die Erfahrungen, die man in dieser Zeit mit dem Computer machen kann, sind begrenzt, der Sinn dieser Einrichtung ist mir aus diesem Grund auch nicht klar. Der Zugang zu den Computern wird jedenfalls durch die Computerzentren keinesfalls demokratischer. Denn wer einmal mit dem Computer gespielt hat, hat dadurch noch lange keine besseren Chancen auf dem Arbeitsmarkt. Die Mikrocomputer in den Informatikzentren haben also wohl mehr den Charakter eines Werbeinstruments (für deren Hersteller und für die Projekte des Centre Mondial d Informatique), als ernsthaft die Funktion, den Zugang zu neuen Hilfsmittel zu demokratisieren.

Unter dem Stichwort "Neue Technologien zur Grundbedürfnisbefriedigung" werden von der Regierung die Projekte "Computereinsatz in der Alphabetisierungscampagne" und "Computer zum kreativen Lernen an ländlichen Grundschulen" angeführt. 1982 noch eine der zentralen Losungen im Wahlkampf von Betancur, haben sich die technischen Neuerungen in der "Educaciôn a distancia", das Fernstudium am Terminal via Satellit in entlegenen, strukturschwachen Gebieten, als Papiertiger entpuppt. Zusätzlich zu dem traditionellen Angebot an Fernseh- und Radioprogrammen für Schüler und Studenten wollte man mittels "interaktiver Systeme" und Teletext die Qualität dieser Einrichtung entscheidend verbessern. Mit der Umsetzung dieser Pläne in die Praxis ist aber noch nicht begonnen worden.
Genauso sah es beim Computereinsatz in der Alphabetisierungskampagne aus, ausschlaggebend hierfür sind ebenfalls nicht pädadgogische Überlegungen, sondern eher finanzielle Schwierigkeiten.
Einzig mit "Computern an ländlichen Grundschulen" liegen die ersten Erfahrungen vor. In der Grundschule von Nemocôn, einem kleinen Dorf auf der Andenhochebene, wurde einige Monate lang ein Microcomputer augestellt. Ziel des Projekts war, die Kinder mit LOGO zum kreativen Lernen zu motivieren. Zunächst schulten die Mitarbeiter des Forschungsinstituts SER, einer unabhängigen Einrichtung, die allerdings gerade im Bereich "Computer und Bildung" eng an IBM gebunden ist (22), die Lehrer der zweiklassigen Schule im Umgang mit dem Computer ("eine Mischung aus Fernseher, Rechenmaschine und Schreibmaschine"). Zusammen mit den Lehrern entwickelte man kleine Softwarepakete zur Rechtschreibung und Geschichte ("Wann wurde Simôn Bolivar, der Befreier Lateinamerikas geboren? Wenn richtig dann nächste Frage...)..Damit sollte getestet werden, inwieweit der Unterricht von Grundschullehrern qualitativ durch Bildungscomputer gestützt werden kann und wie die Kinder auf neue Lernformen reagieren. Die Begeisterung der Schüler und deren Eltern war groß, vor allem als der Präsident, publikumswirksam in Begleitung der Presse, das Projekt begutachtete. Die "nennenswerten Erfolge" beim kreativen Lernen, die konstatiert wurden (unter anderem besuchten die Kinder regelmäßiger als vorher den Unterricht und drängelten sich selbst in ihrer Frei-

zeit um den Computer, um Rechenaufgaben zu lösen) relativieren sich aber in Anbetracht der Rahmenbedingungen beträchtlich: rund die Hälfte der Grundschüler von Nemocón arbeitet nachts in einem nahegelegenen Bergwerk, ihr Konzentrationsvermögen ist daher von vorneherein stark eingeschränkt. An den benachbarten Grundschulen, die nicht das Glück hatten, kurzfristig ins Zentrum des staatlichen Interesses zu rücken, fehlen oft elementare Hilfsmittel wie Kreide, Tafel und Stühle; das ohnehin schon karge Gehalt der Lehrer, das diese zwingt, mehrere Nebenbeschäftigungen anzunehmen, steht oft monatelang aus, weil die Staatskasse leer ist.
Die gravierenden Probleme Kolumbiens im Bildungsbereich - Kinderarbeit und dadurch oft unregelmäßiger Schulbesuch, schlechte Ausstattung der Schulen und mangelhafte Qualifizierung und Bezahlung der Lehrer - werden durch Bildungscomputer nicht einmal ansatzweise gelöst. Die Vorstellung, Computer als "angepaßte Technologie" im Bildungsbereich einzusetzen, erweist sich angesichts der eigentlichen - sozialen und finanziellen - Probleme im Bildungsbereich, als vollkommen absurd. Die Kinder, die größtenteils ihre dörfliche Umgebung noch nie verlassen haben, werden zudem noch in ihrer kulturellen Identität verunsichert, indem sie abrupt mit einer für sie fremdartigen, starr-logischen Denkweise konfrontiert werden, die mit ihrer gewohnten Umgebung in keinerlei Verbindung steht.
Die Finanzierung von Computern für zwölf weiter Grundschulen in dem Gebiet ist allerdings schon genehmigt worden.

5. Zusammenfassung und Schlußfolgerungen

Im nationalen Entwicklungsplan Kolumbiens 1982-1986 "Wandel mit sozialer Gerechtigkeit" wird die Bedeutung der Mikroelektronik für den Entwicklungsprozess hervorgehoben. Die Mikroelektronik. so heißt es sinngemäß, könne dem Land ökonomisch und sozial zu einem "Entwicklungsschub" verhelfen. Diese "technokratische Modernisierungsideologie" beeinflußt das Klima der öffentlichen und selbst der wissenschaftlichen Diskussion in Kolumbien nachhaltig und erzeugt eine Erwartungshaltung im Hinblick auf den segensreichen technischen Fortschritt, die die Unzulänglichkeiten der staatlichen Entwicklungsplanung, vor allem im sozialen Bereich, verschleiert. Dieses meines Erachtens nach ernstzunehmende Phänomen wird von verschiedenen Einrichtungen wie beispielsweise dem Centre Mondial d'Informatique nachhaltig gefördert. Entwicklung ist nach wie vor nicht ausschließlich eine Frage der technischen Möglichkeiten, sondern verlangt, anstatt technokratischer Trostpflaster, eine an den gesamtgesellschaftlichen Bedürfnissen orientierte Entwicklungsplanung.
Die gesellschaftlichen Ungleichgewichte spiegeln sich demnach in der kolumbianischen Informatikpolitik wieder. Laut Entwicklungsplan will die Regierung den Einsatz neuer Informations- und Kommunikationstechnologien auf drei Gebieten

fördern: sie will den Aufbau der Software-Industrie unterstützen, mithilfe der Datenverarbeitung die Modernisierung der staatlichen Verwaltung vorantreiben und durch den Einsatz von Computern die Misere im Bildungsbereich lindern.
Während die Software-Industrie von den staatlichen Maßnahmen, wie dem Errichten des öffentlichen Übertragungsnetzes RNTD, der gesetzlichen Regelung des Urheberrechts an der Software und der Intensivierung der technisch-wissenschaftlichen Zusammenarbeit profitierte, sind die Erfolge des staatlichen Engagements im Bildungsbereich vor allem verbaler Art.
Bei der Modernisierung der staatlichen Verwaltung mittels neuer Technologien kristallisierte sich heraus, daß vor allem die elementaren Bereiche der staatlichen Kontrolle mit Rechner ausgestattet sind: Polizei- und Militär, das Finanzamt und die Planungsbehörde bzw. das statistische Amt. Angesichts der chronischen Zahlungsengpässe muß die kostspielige "Modernisierung" dieser Bereiche zwangsläufig zu Lasten anderer Bereiche gehen. Die defizitären sozialen Dienstleistungen des Staates sind damit faktisch in der Prioritätenliste zurückgestuft worden (z.B. staatliche Gesundheitsversorgung, Bildungseinrichtungen etc.) Ob der Computer als Hilfsmittel zur Verwirklichung von sozialen Zielen allerdings konventionellen Mitteln und Methoden vorzuziehen ist, kann stark angezweifelt werden.

Anmerkungen und Literaturhinweise

(1) Belisario Betancur: "La Revolución Informática" in: Zeitschrift Agora (IBI), Rom 2/84, S.30.

(2) Vgl. Francisco Leal Buitrago: "Estado y Política en Colombia", Bogotá 1984, S. 145 ff und Fernán E. Gonzalez G.: "Clientelismo y Administración Pública" in: Enfoques Colombianos 14/1980.

(3) Jesús Bejarano: "La Economía Colombiana en la Decada del 70", S. 141 ff, Bogotá 1985

(4) Meschkat, K./ Rohde, P./Töpper, B: "Kolumbien - Geschichte und Gegenwart eines Landes im Ausnahmezustand", S. 161, Berlin 1980.

(5) Vgl. Salonón Kalmanowitz:"El Plan de Desarrollo y las dos Crisis de la Economía Colombiana" in: Controversia 117/118, Bogotá 1984

(6) Vgl. OFISIEL (Hrsg.) Oscar Marulanda/Camilo Rubio: "Impacto de la tecnología microelectrónica en la indústria metalmecánica de Colombia", Bogotá 1983

(7) El Tiempo, Sección Informática, 14.05.84 und Micromundo no. 1/84.

(8) Dies die Einschätzung von Mitarbeitern von ACUC, dem Verband der Computerbenutzer Kolumbiens und dem Direktor des Informatikzentrums in Bogotá, Jorge Phillips.

(9) Revista de Proexpo: "Nuevas Disposiciones Legales: El Plan Vallejo", Bogotá 1982

(10) ACUC Noticias: Sonderheft "Cátalogo Nacional de Software", Bogotá 1984

(11) Zitiert nach Controversia 117/118, S. 52, Bogotá 1984

(12) Vgl. OFISIEL (Hrsg.) 1983

(13) Vgl. Universidad del Valle (Hrsg.) Fernando Urrea Giraldo: "Efectos del Cambio tecnológico sobre la fuerza laboral a nivel de estructura ocupacional y organización del trabajo en algunos sectores del Valle de Cauca", Cali 1985. Diese Studie weist vor allem auf die Verdrängung der in Kolumbien reichlich vorhandenen un- und wenig qualifizierten Arbeitskräften hin, denen Entlassung droht, während mittelqualifizierte Arbeitskräfte an innerbetrieblichen Schulungsprogrammen teilnehmen und hochqualifizierte Arbeitskräfte gesucht sind.

(14) Revista de Proexpo: "El Proceso para exportar Software", Bogotá No. 14/1985

(15) Jorge Phillips/Presidencia de la Republica: "Políticas del Gobierno Colombiano frente a la Producción de Software, Bogotá 1985

vgl. auch El Tiempo, 18.03.85 "La Red de Transmission de Datos".

(16) u.a. mit der Standford University, dem Massachusetts Institute of Technology und dem Centre Mondial d'Informatique, vgl. Phillips 1985.

(17) Eigene Recherchen und vgl. auch unveröffentlichte Studie UNESCO (Hrsg.) "TIPS Users Survey Colombia", S. 86, Bogotá 1985

(18) Vgl. Instituto Colombiano para el Fomento de la Educación Superior ICFES: "Estrategias y Lineas de Acción", Bogotá 1985

(19) Junta del Acuerdo de Cartagena "Estrategias para la reorientación de la integración Andina - Ciencia y Tecnología", Lima 1983

(20) Centro Latinoamericano de Informática: "El Censo Nacional Informático", Bogotá 1985

(21) Centro Latinoamericano de Informática: "El Potencial Educativo de una Red de Difusión Informática", Bogotá 1985

(22) Armand Mattelard/Hector Schmucler: "America Latina en la encrucijada telemática" Mexiko, 1983, S. 89 ff.

DIE BRASILIANISCHE INFORMATIKPOLITIK: MODELL FÜR DIE DRITTE WELT ?

Jörg Meyer-Stamer

> *"Nachdem der Manager des Computerherstellers die neusten Marktdaten, die aus einer US-amerikanischen Datenbank stammten und von der nahegelegenen Satellitenbodenstation per Glasfaserkabel zu seinem Computerterminal übermittelt worden waren, studiert hatte, beendete er seinen Arbeitstag. Auf dem Heimweg kaufte er im Supermarkt einige Lebensmittel, deren aufgedruckte Strichcodemarkierungen mit einem Scannerstift abgelesen wurden. Daheim angekommen, setzte er sich noch kurz an sein Bildschirmtextgerät und veranlaßte einige Überweisungen von seinem Bankkonto" (MEYER-STAMER 1985a, 15).*

Dieses Szenario einer "Schönen neuen Medienwelt" paßt nicht nur auf fortgeschrittene Industriestaaten wie die USA, Japan oder die Bundesrepublik, sondern auch auf Brasilien, das höchstverschuldete Land der Dritten Welt, eine Nation, in der zwei Fünftel der Bevölkerung in absoluter Armut leben, wo ein Viertel der Bevölkerung nicht lesen und schreiben kann und wo die Arbeitslosigkeit bis zu 40% beträgt. Trotzdem leistet sich dieses Land eine ambitiöse Informatikpolitik - Zynismus der Macht? Sicher auch das, doch eine solche Beurteilung erfaßt nur die halbe Wahrheit. In diesem Beitrag soll aufgezeigt werden, daß die Informatikpolitik im Rahmen des brasilianischen Entwicklungsmodells nicht nur logisch ist, sondern - auch bei kritischer Betrachtungsweise - durchaus positive Aspekte aufweist.

1. DIE ENTWICKLUNG DER INFORMATIKPOLITIK

Ausgangspunkt der Informatikpolitik war 1971 der von der Marine formulierte Bedarf nach eigengefertigten Computern, um die Abhängigkeit von ausländischen Zulieferungen zu reduzieren. Die Entwicklungs dieses Rechners und der dazugehörigen Software wurde zwei brasilianischen Universitäten anvertraut (NOCHTEFF 1985, 31, und TIGRE 1983, 65). Das Planungsministerium, das bei diesem Prozeß beteiligt gewesen war, avancierte in der Folgezeit zur wichtigsten Triebkraft der Formulierung der Informatikpolitik. Zunächst schuf es 1972 eine Koordinierungskommission für die staatlichen Datenverarbeitungsaktivitäten ("CAPRE") und eine Holdinggesellschaft für die zu gründende Computerindustrie ("DIGIBRAS") (TIGRE 1983, 65). Den Beginn des Aufbaus einer brasilianischen Computerindustrie markiert die Gründung von COBRA ("Computadores e Sistemas Brasileiros") im Jahre 1974. Dieses Unternehmen sollte - unter Verwendung ausländischer Technologie - Minicomputer entwickeln und vermarkten. Unter den von Digibras ins Auge gefaßten potentiellen Technologielieferanten waren die international führenden Anbieter (Digital Equipment und Data General) nicht zu akzeptablen Bedingungen zu einer Beteiligung bereit (TIGRE 1983, 99), sodaß schließlich die Wahl auf die eher zweitrangige britische Firma Ferranti fiel.

Unterdessen konnte die CAPRE, die ursprünglich eine reine Koordinierungsinstitution für den möglichst effizienten Einsatz von Computern in der öffentlichen Verwaltung war (1), ihren Kompetenzbereich sukzessive ausdehnen. Nachdem ihr 1975 die Zuständigkeit für die Kontrolle des Imports von Computern übertragen worden war, wurde sie 1976 mit der Formulierung einer nationalen Informatikpolitik beauftragt (NOCHTEFF 1985, 35). Erstes Ergebnis ihrer Bemühungen war der Vorschlag einer Marktreservierung für Mini- und Mikrocomputer, der von der Staatsführung genehmigt und zum 1.Juli 1977 in Kraft gesetzt wurde (ebd., 36). Dadurch wurde nicht nur der Binnenmarkt gegen Importe abgeschottet, sondern die CAPRE konnte darüberhinaus durch die selektive Vergabe von Importlizenzen für Zulieferungen faktisch Anbieter bestimmen. Neben COBRA waren dies zunächst vier weitere mehrheitlich in brasilianischem Besitz befindliche Firmen, die ab 1978 die Produktion aufnahmen (ebd., 37).

Wie groß die innenpolitische Unterstützung für die Marktreservierungspolitik war, läßt sich daran ablesen, daß die Pressionen des transnationalen Kapitals dagegen weitgehend erfolglos blieben. Der Versuch des US-Computerherstellers Data General beispielsweise, die US-Regierung zur Ausübung von Druck auf die brasilianische Regierung zu bewegen, blieb ohne Wirkung (TIGRE 1983, 133 f.). Etwas erfolgreicher war IBM: Zwar gelang es auch dem weltweit führenden Hersteller von Computern nicht, von der Marktreservierung ausgenommen zu werden. Doch konnte die Firma in einem langwierigen Verhandlungsprozeß relativ günstige Konditionen herausschlagen: Der Binnenmarkt für Großcomputer, der von IBM beherrscht wurde, wurde gegen Importe abgeschottet (MURPHY 1983, 111), und die Firma durfte Rechner einführen, die zwar wesentlich leistungsfähiger, aber nur wenig teurer waren als die brasilianischen Minicomputer. Dafür ließ sich IBM darauf, 75% der Produktion der brasilianischen Tochtergesellschaft zu exportieren und einen zunehmenden Anteil an Komponenten von inländischen Herstellern zu beziehen (LAER 1979).

2. DIE POLITIK DES SEI 1979-84

Die mit diesen Konflikten fraglos einhergehenden internen Konflikte in der Administration endeten mit einem Sieg des nationalistischen Flügels und einer Aufwertung der Informatikpolitik. Die CAPRE wurde aufgelöst und ihre Kompetenzen auf das neugeschaffene Sondersekretariat für Informatik ("SEI") übertragen. Dieses war dem (direkt dem Präsidenten verantwortlichen) Nationalen Sicherheitsrat unterstellt, und sein Zuständigkeitsbereich wurde über die Datenverarbeitung im engeren Sinne u.a. auf die Bereiche Automatisierung, Mikroelektronik und grenzüberschreitender Datenverkehr (2) ausgedehnt (ERBER 1985b, 119).

Das nationale Kapital beantwortete diese Umstrukturierung mit einem verstärkten Engagement im Informatikbereich. Es begann eine Art High-Tech-Gründerzeit, wobei insbesondere der neu entstehende Mikro- und Heimcomputermarkt viele Investoren anzog (vgl. NOCHTEFF 1985, 39, und LAWR 1981). Zudem entstand

> *"a climate which was propitious for the work of scientific and technical investigation and the development of a significant technological capability" (NOCHTEFF 1985, 40),*

d.h. die Erwartung einer längerfristigen Beibehaltung der Politik veranlaßte manche Firmen zu längerfristig orientierten Investitionen in F+E-Einrichtungen, um damit die Abhängigkeit von importierter Technologie - sei diese nun rechtmäßig erworben oder durch "imitative Innovation" (3) genutzt - zu reduzieren.

Gleichwohl vermochte auch das SEI seine Politik nicht ausnahmslos umzusetzen. 1980 erhielten die Firmen Hewlett-Packard und IBM die Genehmigung zur Vermarktung von Rechnern, die direkt mit brasilianischen Produkten konkurrierten. Dabei wurden die Geräte von Hewlett-Packard allerdings nur für wissenschaftlich-technische Anwendungen zugelassen, was durch die selektive Weitergabe von Software sichergestellt werden sollte, und IBM sollte von seinem neu im Inland hergestellten Gerät 60% der Produktion exportieren und nur den Rest im Inland vermarkten dürfen (vgl. TIGRE 1983, 130 f., und NOCHTEFF 1985, 41). Um andererseits den Wettbewerb auf dem Markt für Großcomputer zu beleben, wurde den Firmen CII-Honeywell Bull und Burroughs gestattet, solche Geräte in Inland herzustellen und zu verkaufen, wobei Burroughs sich verpflichten mußte, zwei Drittel der Fertigung zu exportieren (LAWR 1981).

Anfangs der achtziger Jahre erwies sich die Informatikpolitik gerade im Zeichen der Verschuldungskrise als Erfolg. Sowohl die Devisenersparnis als auch die Möglichkeit, in internationalen Tauschgeschäften z.B. Öl mit Computern zu 'bezahlen' (BRUCE 1983a), ließen die Informatik als - wenngleich bescheidenen - Beitrag zur Milderung der fatalen außenwirtschaftlichen Situation erscheinen. Die zeitweilig ergriffenen Importbeschränkungsmaßnahmen (vgl. GONÇALVES 1985, 284) wirkten zudem als zusätzlicher Entwicklungsstimulus für inländische Hersteller. Dies waren einige Ausgangspunkte der seit Ende 1983 angestellten Überlegungen, die Informatikpolitik - die bis zu diesem Zeitpunkt nur auf präsidentielle Dekrete gestützt war - auf eine gesetzliche Grundlage zu stellen (BRUCE 1983b). Wichtiger noch war wohl das Bestreben der SEI-Militärs, die Informatikpolitik für die Zeit nach dem Ende der Militärherrschaft abzusichern (COLSON 1985, 3).

3. DAS INFORMATIK-GESETZ VON 1984

Schon im Vorfeld der für den Herbst 1984 terminierten Entscheidung über ein Informatikgesetz kam es zu heftigen Kontroversen. Wichtige Gegner des Gesetzentwurfs waren Vertreter der in Brasilien tätigen transnationalen Konzerne wie der Chef der brasilianischen Siemens-Tochter, der drohte, sein Unternehmen werde sich im Fall einer Verabschiedung des Gesetzes binnen sichs Jahren aus Brasilien zurückziehen, was er später dahingehend korrigierte, daß das Gesetz Investitionen in Höhe von DM 100 Mio. verhindere (F+W 1984 u. Wiwo 1985). Aber auch Vertreter ausländischer Regierungen wie der bundesdeutsche Postminister Schwarz-Schilling (F+W 1984), die US-amerikanische Regierungsbeauftragte für Telekommunikationspolitik Dougan (BW 1984) und sogar US-Außenminister Shultz (House 1984) versuchten, die brasilianische Regierung von ihrem Vorhaben abzubringen. Doch war dieser Druck nicht nur nicht von Erfolg gekrönt, sondern eher geeignet, nationalistische Regungen zu verstärken. Das Nationale Informatikgesetz wurde am 3.Oktober 1984 mit überwältigender Mehrheit im brasilianischen Kongreß verabschiedet. Die wichtigsten Regelungen sind (vgl. ERBER 1985b, 122 f., sowie BOLETIM INFORMATIVO 1984)

- die Beibehaltung der Marktreservierung für weitere acht Jahre,
- ihre Erweiterung u.a. auf Bauelemente und Fernmeldegeräte,
- die Definition der Firmen, die auf den reservierten Märkten tätig sein dürfen: Diese müssen zu 70% in nationalem Besitz sowie unter der Kontrolles eines nationalen Managements und technologisch selbständig sein (4); mehrheitlich in ausländischem Besitz befindliche Firmen dürfen lediglich in der Freien Produktionszone Manaus Exportfertigungen betreiben,
- die Einführung positiver Anreize insbesondere für inländische F+E (u.a. Steuererleichterungen und verkürzte Abschreibungsfristen) sowie für Investitionen in nationale Informatikfirmen,
- die Ausnahmeregelungen, die Technologieerwerb im Ausland und sogar die Beteiligung ausländischer Firmen für den Fall gestatten, daß bestimmte Kenntnisse oder Verfahren im Inland nicht verfügbar sind.

Das SEI wurde aus dem militärischen Zuständigkeitsbereich herausgenommen und dem neu zu schaffenden "Nationalen Rat für Informatik und Automatisierung" ("CONIN") als ausführendes Organ unterstellt. CONIN ist ein mit 8 Industrie- und 14 Regierungsvertretern besetztes Gremium, zu dessen Aufgaben u.a. die Formulierung der vom Gesetz geforderten Dreijahrespläne für die Computerentwicklung gehört.

In der praktischen Umsetzung war hinsichtlich des Bauelemente- und des Telekommunikationssektors sowie der industriellen Automatisierung Neuland zu betreten. Bei Bauelementen bezogen sich die Sofortmaßnahmen insbesondere auf die Automobilkonzerne, die dazu angehalten wurden, ihre Importe zu reduzieren und auf inländische produzierte Teile zurückzugreifen (MM 1984). Im Bereich der Telekommunikation wurde die Marktreservierung zunächst auf private Telekommunikationsanlagen ausgedehnt - einen Sektor, der durchweg in der Hand ausländischer Konzerne war, die nunmehr ihre Anteile an den einzelnen Betrieben auf die vom Informatikgesetz vorgeschriebene Grenze reduzieren mußten (TURNER 1984). Die Hersteller von Anlagen für das öffentliche Telefonnetz sollten Importlizenzen für notwendige Komponenten nur dann erhalten, wenn sie technische Details ihrer Geräte offenlegen. Dahinter verbirgt sich die strategische Überlegung, sie auf diese Weise zu einem Technologietransfer zu brasilianischen Firmen zu zwingen (ECONOMIST 1985). Im Bereich der industriellen Automatisierung schließlich bereitet das SEI eine Marktreservierung für Roboter vor (LARRB 1985a und COLSON 1985, 7).

4. STAND UND PERSPEKTIVEN DER INFORMATIKPOLITIK

Das Hauptziel der Informatikpolitik ist heute erreicht: Es existiert eine lebensfähige und dynamische brasilianische Computerindustrie - rd. 200 Firmen mit insgesamt ca. 22.000 Beschäftigten (LAWR 1985). Ihr Marktanteil lag 1985 erstmals über 50% (COLSON 1985, 1). 95% der 1984 gezählten 153.200 Computer entstammen brasilianischer Produktion. Darunter sind 144.000 Mikro- und 5.180 Minicomputer (NfA 1986a). Daß dieser mengenmäßige Anteil nur einem wertmäßigen Anteil von 25% entspricht, verweist auf die Struktur der Computerindustrie: Die Produktion der teuren Großrechner ist nach wie vor in der Hand ausländischer Firmen. Die Hauptnutzer sind der Finanzsektor (30% des Wertes der installierten Kapazitäten), die Industrie (28,2%) und der übrige Dienstleistungssektor (15,6%); auf den Staat entfallen weniger als 10% (COLSON 1985, 5).

Probleme erwachsen der brasilianischen Informatikbranche aus drei Richtungen: Der noch nicht überwundenen technologischen Abhängigkeit, dem in- und ausländischen Druck gegen die Marktreservierung und den kritischen wirtschaftlichen Rahmenbedingungen.

4.1. TECHNOLOGISCHE PROBLEME

Eines der wichtigsten technologischen Probleme ergibt sich aus der Betriebsgrößenstruktur der Industrie. Will ein Informatikhersteller nicht allein auf der Grundlage von "reverse engineering" operieren, muß er einen bestimmten FuE-Aufwand betreiben. Um dies finanzieren zu können, sind die meisten Betriebe jedoch zu klein. Selbst der größte brasilianische Hersteller COBRA erreicht mit seinen FuE-Ausgaben nur ein Achtel der Aufwendungen des zweitgrößten US-Herstellers, Data General (ERBER 1985b, 122). Zwar ist der relative FuE-Aufwand mittlerweile hoch; gemessen als Ausgaben pro

Beschäftigtem entspricht er den US-Werten, als Anteil am Umsatz liegt er sogar höher (ebd.). Gleichwohl sind die entsprechenden absoluten Werte zwangsläufig niedriger als es zur Erreichung einer größeren technologischen Unabhängigkeit notwendig wäre, sodaß nach wie vor selektiv auf ausländische Technologie zurückgegriffen werden muß.

Bislang ist nicht abzusehen, in welchem Umfang der Einsatz positiver Anreize für die Unternehmen sowie der Ausbau staatlicher Forschungseinrichtungen (SPOLIDORO 1985, 66, und FERANDEZ DE LA GARZA 1985, 12 f.) erfolgreich ist. Übertriebener Optimismus ist jedoch nicht angebracht, wenn man die bisherigen Resultate staatlicher Förderung betrachtet: Sowohl die Maschinenbau- als auch die Telekommunikationsindustrie hatten in den siebziger Jahren - angeregt durch staatliche Anreize - beträchtliche Kapazitäten aufgebaut, die dann jeweils aufgrund staatlicher Sparmaßnahmen nicht mehr ausgelastet werden konnten (EVANS 1983, 151 f., HOBDAY 1985a, 43 ff., und ERBER 1985b, 120). Unter diesem Vorzeichen könnte sich die Umstellung von einer Alimentierung durch den privaten Sektor, wie ihn die bisher vergleichsweise hohen Preise darstellen, auf staatliche Förderung für die Informatikindustrie als Danäergeschenk erweisen.

Ein zweites Problem technologischer Art ergibt sich aus der hohen Importabhängigkeit der brasilianischen Industrie bei fortgeschrittenen integrierten Schaltungen (ERBER 1985a und WAJNBERG 1985). Die im Inland arbeitenden Bauelementehersteller sind im Besitz ausländischer Konzerne und beschäftigen sich vorwiegend mit der Herstellung diskreter Bauelemente; nur zwei Firmen stellen digitale ICs her. In der brasilianischen Diskussion hat diese Situation angesichts der zunehmenden Substitution universeller durch kundenspezifische Schaltungen im Computerbau zu der Forderung nach dem Aufbau einer eigenständigen Chipindustrie geführt. Aufgrund der hohen Kapitalintensität und technologischen Komplexität soll diese nicht Massenspeicher bzw. universelle Prozessoren herstellen, sondern sich von vornherein auf kunden- bzw. halbkundenspezifische Schaltungen spezialisieren, zumal dieses Marktsegment bislang noch nicht von inländischen Filialen transnationaler Konzerne besetzt und daher kein zu großer Widerstand aus dieser Richtung zu erwarten ist. Das SEI hat bereits drei Firmengruppen mit entsprechenden Entwicklungen beauftragt (ERBER 1985b, 123), doch befinden sich deren Unternehmungen bislang noch im Planungsstadium.

Lücken bestehen darüberhinaus im Softwaresektor. Zwar hat die brasilianische Software-Branche (insgesamt 1.500 Firmen) z.B. im Bereich der Bankensoftware hochwertige Produkte entwickelt, jedoch spiegeln der relativ geringe Anteil der Software am gesamten Informatikmarkt (1984: 350:1.726 Mio. US-$ (COLSON 1985, 2 u. 5)) und der nur zehn Prozent betragende Anteil nationaler Firmen (NfA 1986a) ein hohes Maß an Abhängigkeit wider. Das SEI untersucht zwar seit langem Möglichkeiten zur Protektion der inländischen Software-Branche (BRUCE 1984a), doch mangelt es bislang offenbar an praktikablen Möglichkeiten.

3.2. POLITISCHE WIDERSTÄNDE

In der jüngsten Zeit kamen politische Widerstände weniger von den Vertretern des ausländischen Kapitals in Brasilien als vielmehr von der international orientierten brasilianischen Bourgeoisie und von ausländischen Regierungen. Die in Brasilien operierenden transnationalen Konzerne haben mittlerweile einen Modus Vivendi mit den Restriktionen gefunden, was auf zwei Faktoren zurückzuführen ist (SCHNEIDER 1985 und BRUCE 1985a): Zum einen haben brasilianische Hersteller mittlerweile auf vielen Gebieten einen Standard erreicht, der den Qualitätsansprüchen der Multis genügt, zum anderen lassen sich immer Schlupflöcher in den Bestimmungen finden, die eine Umgehung ermöglichen. IBM hat beispielsweise einen siebzigprozentigen Anteil an einer der brasilianischen Tochterunternehmungen an ein brasilianisches Unternehmen verkauft, um damit die Anforderungen des Informatik-Gesetzes zu erfüllen; dies ist im übrigen der erste Fall, in dem IBM von seinem Prinzip abrückt, generell nur hundertprozentige Tochterunternehmen zu unterhalten, einem Prinzip, das der Quell langwieriger Konflikte mit der indischen und der mexikanischen Regierung gewesen ist (RYSER/TURNER 1986 und MEYER-STAMER 1986, 22). In Brasilien ergeben sich Umgehungsmöglichkeiten darüberhinaus durch die Existenz eines blühenden Computer-Schwarzmarkts (BRUCE 1984b).

Einen starken Druck gegen die Informatikpolitik übt seit einiger Zeit die US-Regierung aus, die mögliche Gegenmaßnahmen prüfen läßt (HOUSE 1985). Unklar ist dabei, ob es sich um ernstgemeinte Drohungen handelt oder ob innenpolitische Wogen geglättet werden sollen (BRUCE 1985b), zumal dieser Disput in einem komplexen Geflecht außen- und handelspolitischer Gegensätze zu verorten ist (HOUSE 1986). Versuche, den Konflikt durch Verhandlungen auf Regierungsebene beizulegen, sind bislang an der Unverrückbarkeit der Positionen gescheitert (LAWR 1986).

Daneben ist der Informatikpolitik einen innenpolitische Gegnerschaft erwachsen. 1984 waren ihre Gegner noch als Sektierer belächelt worden. Doch als im Herbst 1985 im CONIN der Computerentwicklungsplan zur Entscheidung anstand, opponierten überraschend drei Minister der Regierung Sarney; sie forderten eine Liberalisierung der Importe und der Aktivitäten ausländischer Konzerne (BRUCE 1985c und LARRB 1985b). Zwar wurden sie im CONIN überstimmt, doch verzögerte sich auch im Senat die Verabschiedung des Plans, der daraufhin als Dekret vom Präsidenten erlassen wurde (NfA 1986a). Die Frage muß offenbleiben, ob sich hier lediglich Rivalitäten zwischen verschiedenen Ressorts ausdrücken (ERBER 1985b, 121, und LARRB 1986) oder ob diese Kontroverse ein politisches Erstarken des international ausgerichteten Flügels der Bourgeoisie signalisiert.

3.3. WIRTSCHAFTLICHE RAHMENBEDINGUNGEN

Das größte Fragezeichen hinter der Zukunft der Computerbranche und der Informatikpolitik ergibt sich aus der anhaltend problematischen wirtschaftlichen Entwicklung, die das Ergebnis der immanenten Widersprüche des brasilianischen "Entwicklungsmodells" ist. Die von den ab 1964 regierenden Militärs verfolgte Entwicklungsstrategie fußte zunächst - nach der Senkung der Reallöhne und der Zerschlagung der Gewerkschaften - auf den Investitionen transnationaler Konzerne, die sich damit den brasilianischen Markt für langlebige Konsumgüter erschlossen. Aufgrund der extrem ungleichen Einkommensverteilung war dieser Binnenmarkt jedoch nur begrenzt aufnahmefähig, sodaß das "brasilianische Wirtschaftswunder" der Jahre 1967 bis 1973 (mit einer durchschnittlichen jährlichen Wachstumsrate des Bruttosozialprodukts von 11,3% (CALCAGNOTTO 1984, 174)) in einer Überakkumulationskrise mündete (HURTIENNE 1984a, 371). Weil diese jedoch zeitlich mit dem "externen Schock" der ersten Ölpreiskrise zusammentraf, zielten die von den Militärs ergriffenen Maßnahmen weniger auf die internen strukturellen Probleme als vielmehr auf die Anfälligkeit gegenüber "externen Schocks". Im Zentrum des Zweiten Nationalen Entwicklungsplans für die Jahre 1975-79 standen daher neben der Förderung der Grundstoff- und Investitionsgüterindustrie vor allem "gigantische Projekte zur Stromgewinnung (Wasserkraftwerke, Nuklearprogramm) und Erdölsubstitution (Alkoholprogramm)" (CALCAGNOTTO 1984, 174). Die meisten dieser Projekte wurden von staatlichen Unternehmen getragen und unter Rückgriff auf auswärtige Kapitalmärkte finanziert. Dies ermöglichte zwar die Aufrechterhaltung relativ hoher Wachstumsraten von durchschnittlich mehr als sechs Prozent, führte aber zu einer drastischen Steigerung der Auslandsverschuldung, die von (1973) US-$ 12,6 Mrd. auf (1979) 49.9 Mrd. anstieg (SCHUBERT 1985, 195), wovon mehr als zwei Drittel auf das Konto der Staatsunternehmen gingen (CALCAGNOTTO 1985, 60). Dieser Schuldenberg wurde dem Land ab 1979 zum Verhängnis: Die zweite Ölpreiskrise, die Zinsexplosion und die Verschlechterung der Terms of Trade, die alleine fast die Hälfte des heutigen Schuldenbestands erklären (HURTIENNE 1985, 39), sowie schließlich die Verschlechterung der Bonität von Dritte-Welt-Schuldnern nach der Liquiditätskrise Mexikos 1982 führten zur "Schuldenkrise". Der Versuch, diese durch eine interne Anpassungspolitik nach IWF-Rezeptur, wenn auch zunächst ohne IWF-Auflagen zu lösen, verursachte 1981-83 eine tiefe Krise der brasilianischen Volkswirtschaft, die sich in rückläufigen Wachstumsraten des Sozialprodukts, einem Anstieg der Arbeitslosigkeit, dreistelligen Inflationsraten, einem Rückgang der realen Einkommen und einem weiteren Anwachsen der Auslandsverschuldung auf mittlerweile mehr als US-$ 100 Mrd. ausdrückte (CALGAGNOTTO 1985, GONÇALVES 1985 und FURTADO 1984).

Doch ist der astronomische Schuldenberg derzeit ein Damoklesschwert über der weiteren Entwicklung, das an einem stabilen Faden hängt. Ironischerweise begann nämlich im Angesicht der Schuldenkrise die Industrialisierungspolitik der siebziger Jahre Früchte zu tragen. Seit 1983 erwirtschaftet Brasilien beträchtliche Handelsbilanzüberschüsse, wofür primär die Zunahme der Ausfuhr industrieller Erzeugnisse verantwortlich ist. Darin spiegelt sich - neben dem Erfolg der Importsubstitution - vor allem die Erreichung des Stadiums internationaler Konkurrenzfähigkeit der brasilianischer Industrie wider (HURTIENNE 1985, 53 ff.). Dies läßt katastrophische Auswirkungen der externen

Verschuldung wie im Falle Mexikos als für Brasilien wenig wahrscheinliches Szenario erscheinen, zumal Brasilien auch ohne IWF-Segen eine langfristige Umschuldung gelungen ist (REY 1986).

Ungelöst erscheinen demgegenüber die binnenwirtschaftlichen Probleme. Zwar ist es seit 1984/85 zu einer konjunkturellen Erholung gekommen, doch spricht einiges dafür, daß damit die binnenwirtschaftlichen Strukturprobleme nur überdeckt und nicht etwa beseitigt werden (BAUMER 1986). Das brasilianische Entwicklungsmodell war nicht nur extern kreditfinanziert, sondern fußte auch auf einer zunehmenden internen Verschuldung des Staates, die mittlerweile so hoch wie die gesamte Auslandsschuld ist (NZZ 1986). Sichtbarster Ausdruck dieses Disparität war lange Zeit die dreistellige Inflationsrate. Diese wurde zwar mit dem "Plano Cruzado" durch einen administrativen Preisstop rapide gebremst, doch spricht einiges dafür, daß damit nur an Symptomen herumgedoktort wird (ALTVATER 1986 und BAUMER 1986). Um die Grundlage für eine breitenwirksam prosperierende Wirtschaftsentwicklung zu legen, wären Maßnahmen wie eine Reduzierung des Staatsdefizits sowie eine breite Umverteilung der Einkommen ein Anfang. Bislang ist jedoch fraglich, ob die seit März 1985 im Amt befindliche Zivilregierung derartige Maßnahmen ergreifen will bzw. kann. Die Ende 1985 erlassene Steuerreform etwa erhöhte den Steuersatz für das hundertfache des Mindesteinkommens von 19,71 auf immer noch sehr moderate 24,15% (NfA 1986b). Auch die Art und Weise der Umsetzung der 1985 beschlossenen Landreform, die bereits vor ihrer Durchführung aufgrund des Drucks der Agraroligarchie in entscheidenden Punkten beschnitten wurde (WENDL 1986), deutet nicht gerade auf bevorstehende fundamentale Strukturreformen hin.

Die Zukunft der Informatikpolitik hängt im wesentlichen von diesen innergesellschaftlichen Entwicklungen ab. Bleibt es bei einer Politik des "muddling thru", die - trotz punktueller Zugeständnisse an die arme Mehrheit der Bevölkerung - den Interessen der Oberschicht entspricht, sieht die Zukunft des Landes und damit auch die der Informatikpolitik düster aus. Kommt es hingegen zu einer Verschiebung der politischen Kräfteverhältnisse nach links, stünde nach grundlegenden Umverteilungsmaßnahmen einem dynamischen, binnengerichteten Entwicklungsmodell nichts im Wege (SANGMEISTER 1985, 6, und HURTIENNE 1985, 61 f.). In einer solchen Situation könnte sich die Informatikpolitik als Segen erweisen - als Beitrag zur Reduzierung der Importabhängigkeit und zur Erhöhung der Produktivität der brasilianischen Industrie (FURTADO 1984, 614).

4. ZUM SINN DER INFORMATIKPOLITIK - KRITIK UND GEGENKRITIK

In der wissenschaftlichen und publizistischen Auseinandersetzung mit der Informatikpolitik ertönt Kritik aus zwei völlig verschiedenen Richtungen: Einerseits sei sie ein "Traum ideologisch geprägter Technokraten" (SCHÜTTE 1985, 49), der gar nicht realisiertbar sei und zur Abkopplung Brasiliens vom technischen Fortschritt führen müsse, andererseits sei sie eine Vergeudung finanzieller Ressourcen in einem Land, wo diese angesichts der weitverbreiteten Armut wesentlich nützlicher einsetzbar wären. Beide Einwände übersehen einige wichtige Charakteristika des brasilianischen Entwicklungsmodells und der Rolle der Informatikpolitik in ihm.

4.1. DIE INFORMATIKPOLITIK: "TRAUM IDEOLOGISCH GEPRÄGTER TECHNOKRATEN"?

Jene Kritik an der Informatikpolitik, die deren Erfolgsmöglichkeiten in Frage stellt, weist darauf hin, daß sich selbst"Industriegiganten ... zu internationalen Kooperationen zusammenschließen, um konkurrenzfähig zu bleiben" (SCHÜTTE 1985, 49). Ein nationalistisches Projekt sei daher, wie auch die hohen Preise und die technische Antiquiertheit der in Brasilien gefertigten Computer beweise, a priori illusorisch. Diese Kritik ist zwar nicht rundweg von der Hand zu weisen, doch verwechselt sie Kooperationen unter Gleichen - seien diese nun verschiedene Firmen oder Länder -, die unter dem Vorzeichen einer wechselseitigen Abhängigkeit stattfinden, mit den ungleichen technologischen Abhängigkeitsstrukturen zwischen Erster und Dritter Welt. Die Erfahrung Brasiliens mit internationalen Kooperationen oder der Öffnung von Märkten sind z.T. verheerend, endete dies doch häufig mit der Vernichtung der einheimischen Industrie (MIROW 1978 und NEWFARMER/TOPIK 1982). Daher sind die Verantwortlichen des SEI gut damit beraten, die Beteiligung des ausländischen Kapitals am brasilianischen Informatiksektor möglichst gering zu halten, weil auch hier eine Marktöffnung für ausländische Anbieter die Ansätze zu einer technologischen Selbständigkeit im Keim ersticken würde: Zum einen sind die brasilianischen Informatikhersteller dem Konkurrenzdruck durch die international führenden Firmen bislang kaum gewachsen, zum anderen haben die ausländischen Firmen kein Interesse an der technologischen Eigenständigkeit Brasiliens (TIGRE 1983, 163). Dies wird z.B. daran deutlich, daß bei Niederlassungen multinationaler Computerkonzerne zehnmal mehr Angestellte mit Universitätsausbildung im Marketing als im FuE-Bereich tätig sind, während das Verhältnis bei brasilianischen Firmen annähernd ausgeglichen ist (ERBER 1985a, 302).

Ganz abgesehen davon ist die oben zitierte Kritik historisch gegen jeden - auch im Endeffekt erfolgreichen - Versuch nachholender Entwicklung in einzelnen Industriebranchen vorgebracht worden. Mangelnde Konkurrenzfähigkeit und hohe Preise liegen bei der Entwicklung junger Industrien in der Natur der Sache (WESTMAN 1985, 44). Doch hat sich gezeigt, daß die Fähigkeit zu eigenständigen Entwicklungen gewachsen ist, daß die Preise tendenziell im Sinken begriffen sind und daß allgemein eine Reduzierung des technologischen Rückstands festzustellen ist; in diese Richtung deuten auch die in letzter Zeit zunehmenden Hardwareexporte (LARRB 1985c und TURNER 1985). Schließlich sind die brasilianischen Hersteller nur gegen a u s l ä n d i s c h e Konkurrenz geschützt - zwischen den inländischen Herstellern ist sehr wohl ein Wettbewerb festzustellen, der einer Stagnation entgegensteht (ERBER 1985a, 300). Alles in allem läßt sich diesem Einwand entgegenhalten, daß die brasilianische Volkswirtschaft sich nicht aufgrund der Borniertheit ihrer Führung vom informationstechnologischen Fortschritt abkoppelt, sondern sich im wohlverstandenen Eigeninteresse in einer Phase nachholender Entwicklung im Informatikbereich befindet.

4.2. HIGH-TECH STATT GRUNDBEDÜRFNISBEFRIEDIGUNG ?

Schwerwiegender ist jene Kritik, die die Diskrepanz zwischen der breiten Armut und der glitzernden High-Tech-Computerwelt betont (5). Gleichwohl zielt dieser Einwand letztlich nicht auf die Informatikpolitik, sondern auf das brasilianische Entwicklungsmodell und speziell dessen soziale Folgen an sich.

Das brasilianische Entwicklungsmodell gilt als Beleg par excellence für die These der Dependenztheorie, abhängige kapitalistische Entwicklung sei mit der dauerhaften Verelendung der breiten Masse der Bevölkerung verbunden, während eine kleine Oberschicht dem Luxuskonsum fröne. So behauptet z.B. SENGHAAS (1977, 132):

> *"Die Produktion von langlebigen Konsumgütern erfolgt im wesentlichen für die oberen Schichten der brasilianischen Gesellschaft (etwa 1 - 5% der Bevölkerung), also für einen Markt von 1 - 5 Millionen Konsumenten mittlerer und hoher Kaufkraft."*

Und WÖHLCKE (1985, 98) fällt - dependenztheoretische Grundthesen paraphrasierend -

> *"... eine merkwürdige Parallelität von Entwicklung und Unterentwicklung auf. Man hat nicht den Eindruck, daß die gesamte Gesellschaft allmählich von den modernen Sektoren durchdrungen wird, sondern daß sie in dynamische und marginalisierte Sektoren und entsprechende Bevölkerungsgruppen gespalten wird. Die Industrialisierung hat am Elend der großen Masse der Bevölkerung wenig geändert ..."*

Andere Untersuchungen stellen diese These in Frage, indem sie z.B. darauf hinweisen,

> *"daß 1976 von allen städtischen Haushalten (68 vH der Bevölkerung lebt in Städten) 80 vH ein Radio, 65 vH einen Fernseher, 58 vH einen Kühlschrank und 23 vH ein Auto besaßen. In welch hohem Maße dies gerade für die Lohnarbeiter der großen Städte des Südens gilt, zeigt eine repräsentative Gewerkschaftsuntersuchung von Arbeiterfamilien in Sao Paulo. Der Verbreitungsgrad wichtiger dauerhafter Konsumgüter war bei ihnen bereits 1970 höher als bei Arbeiterfamilien in der Bundesrepublik 1962 ... Gleichzeitig sank aber der Pro-Kopf-Konsum von Nahrungsmitteln und Gesundheitsausgaben" (HURTIENNE 1984b, 249).*

Materielle Voraussetzung dafür war - nach der Senkung der Reallöhne ab 1964 -

> *"das Sinken der relativen Preise" für dauerhafte Konsumgüter, "die mit der Mehrfachbeschäftigung in städtischen Lohnarbeiterhaushalten steigenden Familieneinkommen" und "die durch staatliche Maßnahmen geförderte rasche Ausweitung des Konsumentenkredits" (HURTIENNE 1984a, 377).*

HURTIENNE (1984b, 250) zieht daraus folgenden Schluß:

> *"Die für die Akkumulationsstruktur nach 1955 zentrale Wachstumsdynamik der dauerhaften Konsumgüterindustrie beruhte keineswegs nur auf der elitären Oberschichtennachfrage, sondern hatte spätestens seit 1970 die*

> *Nachfrage von mindestens 60 vH aller städtischen Haushalte zur breiten Basis."*

Dies soll nun nicht heißen, daß Brasilien an der Schwelle zum Wohlfahrtsstaat stünde. Im Gegenteil ist die gesellschaftliche Heterogenität in Brasilien insbesondere in regionaler Hinsicht nach wie vor stark ausgeprägt. Nähme man die nordöstlichen Landesteile für sich, so würden sie den Indikatoren der UNO zufolge zu den LLDCs, also den am wenigsten entwickelten Ländern, zählen (SANGMEISTER 1982, 22). Daneben sit die Einkommensverteilung heute ungleicher denn je, die Kindersterblichkeit ist hoch, Unter- und Fehlernährung sind weit verbreitet (WÖHLCKE 1983, 27, und 1985, 102 ff.). Trotzdem ist Brasilien kein Beispiel für die "Entwicklung der Unterentwicklung", kein Fall eines "Verelendungswachstums", kein Beleg für die Luxuskonsum-/Massenverelendungsthese, denn

> *"als Resultat des rapiden Strukturwandels der letzten 25 Jahre haben sich die Grundlagen einer modernen bürgerlichen Konkurrenzgesellschaft herausgebildet, deren Struktur und Funktionsweise sich immer mehr von den klassischen Merkmalen peripherkapitalistischer Akkumulation entfernt, ohne sie aber bereits überwunden zu haben" (HURTIENNE 1984b, 250). "Trotz großer regionaler Unterschiede war die Wachstumsdynamik der kapitalistischen Industrialisierung der letzten 25 Jahre im Gegensatz zu dependenztheoretischen Annahmen mit tiefgreifenden und breitenwirksamen sozialstrukturellen Veränderungen verbunden, die in ihrer Verlaufsform keineswegs so weit von den Prozessen der europäischen Industrialisierung abweichen, daß die Annahme besonderer Funktionsgesetze eines peripheren Kapitalismus als eigenständige Gesellschaftsformation gerechtfertigt erscheint. Sicherlich war die verspätete Durchsetzung kapitalistischer Lohnarbeitsverhältnisse unter den gegenwärtigen Weltmarktbedingungen mit einem höheren Grad an regionaler, sozialer und ökonomischer Heterogenität der Produktionsverhältnisse und Produktionsniveaus verbunden, von einer dauerhaften Blokkierung der langfristigen Homogenisierung der ökonomischen und sozialen Grundstrukturen kann aber nicht die Rede sein" (ders. 1985, 57; vgl. auch RAMALHO 1985).*

Für die Betroffenen muß diese analytische Differenzierung zynisch wirken, doch eröffnet sie den marginalisierten Bevölkerungsteilen immerhin eine Perspektive: Weil das Massenelend nicht als Ergebnis der externen Dependenz, sondern als logische Folgeerscheinung des intern eingeschlagenen kapitalistischen Entwicklungswegs zu begreifen ist, ist es auch analog den gesellschaftlichen Auseinandersetzungen der heute entwickelten kapitalistischen Länder zu bekämpfen (GILLIES 1986, 21; ASCHE/RAMALHO 1984, 38; HURTIENNE 1984a, 383 f.). Innerhalb der brasilianischen Linken haben dabei die Verfechter einer reformistischen Linie gegenüber den Vertretern einer revolutionären Programmatik die Oberhand gewonnen. Ihre gesellschaftspolitischen Entwürfe zielen auf die Errichtung eines "Wohlfahrtsstaats" nach westeuropäischem Vorbild (FURTADO 1984 und BRESSER PEREIRA 1984).

Betrachtet man die Informatikpolitik in diesem Kontext, so wird deutlich, daß eine Kritik an ihrer mangelnden Grundbedürfnisorientierung zu kurz greift. Zu fragen ist vielmehr: Welche Bedeutung hat die Politik im Hinblick auf der erklärte Entwicklungsziel, dem Entstehen einer modernen kapitalistischen Industriegesellschaft?

Hier wird das mit der Informatikpolitik verbundene Dilemma deutlich. Fraglos reduziert sie Abhängigkeiten und verbessert die Konkurrenzfähigkeit der brasilianischen Industrie, doch tut sie dies vermutlich um den Preis der Vernichtung statt der dringend notwendigen Schaffung von Arbeitsplätzen. Bisher sind die diesbezüglichen Auswirkungen gering, vergleicht man die bis 1984 durch die Einführung von NC-Maschinen verlorengegangenen 2.000 bis 4.800 Arbeitsplätze (TAUILE 1984, 24) mit den 450.000 Arbeitsplätzen, die allein in Sao Paulo von 1981 bis 1983 als Folge der Rezession verschwanden (HURTIENNE 1984, 24). Jedoch prognostizieren einige Studien für die kommenden Jahre beträchtliche Arbeitsplatzverluste durch den Einsatz der Informationstechnologie (6). Der derzeit geringe Einsatz moderner Automatisierungstechnologien - bei VW do Brasil gibt es z.B. ganze zehn Roboter (BRUCE 1985d) - ist betriebswirtschaftlich zu erklären: Angesichts des derzeitigen geringen Lohnniveaus lohnt sich ihr Einsatz nicht (7). Die Zwickmühle ist nun folgende: Gegenwärtig ist ihr Einsatz aufgrund des niedrigen Lohnniveaus kaum rentabel. Kommt es jedoch zu den im Hinblick auf die Fortsetzung der binnenmarktorientierten Entwicklung unumgänglichen Lohnerhöhungen, so reduziert sich der Amortisationszeitraum für moderne Fertigungstechnologien entsprechend. Dies läßt ihren Einsatz sinnvoll und damit den mit Lohnerhöhungen verbundenen Entwicklungsstimulus hinfällig werden. Es bleibt abzuwarten, in welchem Maße die Gewerkschaften - die als einziger Akteur dafür in Frage kommen - solchen Konsequenzen begegnen können.

5. MODELL FÜR DIE DRITTE WELT ?

Zwei Überlegungen sprechen dagegen, daß die brasilianische Informatikpolitik ein Modell für die Dritte Welt abgeben kann. Zum einen ist die Entwicklung Brasiliens selber gleichfalls kein Modell. Aufgrund seiner natürlichen Voraussetzungen und der Spezifika seines Entwicklungswegs ist Brasilien letztlich ein "Fall ohne Beispiel" (LÜHR 1983), von dem keine Thesen über die Dritte Welt im allgemeinen abgeleitet werden können.

Doch selbst wenn man diese pauschale Einschätzung nicht teilt, spricht alles dafür, daß die Informatikpolitik ein historischer Einzelfall bleiben wird. Die aktuellen Auseinandersetzungen über die Marktreservierung für Telekommunikationsgeräte zeigen, mit welchen Widerständen bei eienr Regulierung bzw. Reservierung schon verteilter Märkte zu rechnen ist. Dagegen zielte die Informatikpolitik in den ersten Jahren ihrer Existenz auf Marktsegmente, die noch nicht besetzt waren. Daher gab es keine unmittelbar negativ Betroffenen, die sich zur Wehr gesetzt hätten. Diese für den Erfolg der Informatikpolitik, die insofern ein Paradebeispiel einer antizipativen Industriepolitik darstellt, essentielle Voraussetzung ist jedoch für die weitaus meisten unter den fortgeschrittenen Ländern der Dritten Welt nicht gegeben, denn die Märkte für Computer und andere informationstechnologische Produkte sind überall längst verteilt. Die Situation in Ländern wie Mexiko oder Argentinien, die ansonsten auf einem ähnlichen Entwicklungsniveau wie Brasilien sind (ASCHE/RAMALHO 1984,21), spricht Bände. Beide Länder formulierten erst in den achtziger Jahren Programme zum Aufbau eigener Computerindustrien (NOCHTEFF 1985). Jedoch war der technologische Rückstand mittlerweile größer als im Fall Brasiliens, sodaß die Eintrittsbarrieren erheblich höher waren. Weil diese Politik zudem gegen etablierte Interessen anzukämpfen hatte, ging der Aufbau letztlich zu den Konditionen der Transnationalen Konzerne vonstatten. Mithin ist die brasilianische Informatikpolitik ein Beispiel erfolgreicher vorausblickender Industriepolitik in einem fortgeschrittenen Land der Dritten Welt. Als solche mag sie für die Anstrengungen anderer Länder in jungen Industriezweigen ein Modell abgeben. Eine Informatikpolitik jedoch, d.h. der Aufbau einer eigenständigen Computerindustrie, ist für Länder der Dritten Welt heute kaum noch zu realisieren.

ANMERKUNGEN

(1) Dabei scheinen ihre Bemühungen allerdings nur in Grenzen erfolgreich gewesen zu sein: 1980 lag der Auslastungsgrad der Datenverarbeitungskapazitäten bei rd. 50% (LAHERA/NOCHTEFF 1983, 172).

(2) Dieser Teilbereich, in dem Brasilien als eines der ersten Länder überhaupt eine kohärente Politik formulierte, soll nicht nicht weiter behandelt werden; vgl. dazu BRIZIDA 1982, UNCTC 1983 und FAGUNDEZ ALBERNAZ 1984.

(3) Die in Brasilien vorherrschende Haltung gegenüber der Praxis des "reverse engineering" wurde 1985 deutlich, als die britische Firma Sinclair gegen die Sao Paulo beheimatete Firma Microdigital klagte, die einen Sinclair-Computer unerlaubt nachbaute: Die Klage wurde nicht nur abgewiesen, sondern der Richter plädierte darüberhiansu für eine Anlageerhebung gegen die beiden Computerexperten, auf deren Gutachten die Klage gestützt wurde (ELECTRONICS WEEK, 10.6.1985, 23).

(4) Die im Gesetz getroffene Regelung, derzufolge das stimmberechtigte Kapital zu 100 Prozent im Besitz inländischer natürlicher Personen sein mußte (BAWER 1984 und NZZ 1984), taucht in den präsidentiellen Dekreten, die dem Gesetz die endgültige Form gaben (CW 1985), nicht mehr auf (OESP 1984).

(5) Dieser Kritikpunkt stand insbesondere in den Diskussionen des Arbeitskreises "Informatik und Dritte Welt" im Vordergrund.

(6) Eine von ihnen kam - ausgehend von der Annahme, daß Geschwindigkeit und Breite der Diffusion den US-Werten entsprechen - zu einer Zahl von 800.000 bis 2,4 Mio. gefährdeten Arbeitsplätzen. Eine andere errechnete - abhängig von der Zahl eingeführter NC-Maschinen, Roboter und CAD-Systeme (2.000, 10.000 oder 40.000) - bis 1990 Arbeitsplatzverluste von 4.000-16.000, 20.000-80.000 bzw. 88.000-352.000 (TAUILE 1984, 24).

(7) TAUILE (1984, 15 f.) kommt in einer Simulationsrechnung auf Amortisationszeiten für Punktschweißroboter von 10 und für Lackierroboter von 32 Jahren.

BIBLIOGRAPHIE

ADLER, Emanuel (1986): Ideological "guerillas" and the quest for technological autonomy: Brazil's domestic computer industry, in: International Organization, Jg. 40 (3).

ALTVATER, Elmar (1986): Die Früchte des "Plano Tropical" sind bitter, in: Die Tageszeitung, 20.3.

ASCHE, Helmut; RAMALHO, Luiz (1984): Die Schwellenländer in der Weltwirtschaftskrise, in: Peripherie, Jg. 4 (15/16).

BAUMER, Jean-Max (1986): Plano Cruzado: Verschnaufpause oder Lösung?, in: Lateinamerika Nachrichten, Jg. 14 (2).

BAWER, Linda G. (1984): New law affects Brazil's big 'informatics' market, in: Business America 25, 12.10.

BOLETIM INFORMATIVO (1984) (Camaras de Comércio e Indústria Brasil-Alemanha) Nr. 22, S.3-28.

BRESSER PEREIRA, Luiz (1984): Development and crises in Brazil, 1930-1983. Boulder, Colo.: Westview.

BRIZIDA, Joubert de Oliveira (1982): Transborder data flows in Brazil, in: CTC-Reporter, 13.

BRUCE, James (1983a): Brazil bartering spurs electrical, electronics exports, in: Journal of Commerce, 17.7.

ders. (1983b): Computer ventures launched in Brazil, in: Journal of Commerce, 20.10.

ders. (1984a): Computer software law pending in Brazil, in: Journal of Commerce, 23.7.

ders. (1984b): Anything's available if buyer pays the price, in: Journal of Commerce, 17.9.

ders. (1985a): U.S. computer firms are coping in Brazil, in: Journal of Commerce, 26.9.

ders. (1985b): Brazil eyes computer trade concessions, in: Journal of Commerce, 12.9.

ders. (1985c): Brazil OKs computer proposal, in: Journal of Commerce, 2.10.

ders. (1985d): Brazilian robots thumbing a technological back seat?, in: Journal of Commerce, 21.2.

BUSINESS WEEK (1984): Squeezing out foreign electronics, in: Business Week, 22.10.

CALCAGNOTTO, Gilberto (1984): Brasilien: Die Zerschlagung des Modells, in: Jahrbuch Dritte Welt, 2.

ders. (1985): Brasiliens Antworten auf die Krise (1982-1985), in: Lateinamerika. Analysen, Daten, Dokumentation, 4.

COLSON, Frank (1985): New perspectives on the Brazilian computer industry: 1985 and beyond, in: Multinational Business, 4.

CW (1985): Brasilien: Weiterhin Kontrollpolitik, in: Computerwoche, 15.2.

ECONOMIST (1985): Brazil takes on a protectionist ring, in: The Economist, 12.10.

ERBER, Fabio Stefano (1985a): The development of the "electronics complex" and government policies in Brazil, in: World Development, Jg. 13 (3).

ders. (1985b): Microelectronics policy in Brazil, in: ATAS Bulletin, 2.

EVANS, Peter (1983): State, local and multinational capital in Brazil: prospects for the stability of the 'triple alliance' in the eighties, in: Diana Tussie (ed.): Latin America in the world economy. Aldershot: Gower.

ders. (1986): State, capital, and the transformation of dependence: the Brazilian computer case, in: World Development, Jg. 14 (7).

FAGUNDEZ ALBERNAZ, Joao Carlos (1984): Brazil's TDF policy builds national independence, in: Transnational Data Report, Jg. 7 (1).

FURTADO, Celso (1984): Rescuing Brazil, reversing recession, in: Third World Quarterly, Jg. 6 (3).

F+W (1984): Der Informatik-Zug ist abgefahren, in: Finanz und Wirtschaft, 7.4.

GILLIES, Jorge (1986): Brasilien: Die explosive Gegenwart und die Zukunftsperspektiven eines Riesen, in: Entwicklung und Zusammenarbeit, Jg. 27 (1).

GONÇALVES, Reinaldo (1985): Brazil's search for stabilisation, in: Third World Quarterly, Jg. 7 (2).

HOBDAY, Mike (1985): The Brazilian telecommunications industry: accumulation of microelectronics technology in the manufacturing and service sectors. Wien: UNIDO (IS.511).

HOUSE, Richard (1984): Brazil chips away at the giant, in: South 43, May.

ders. (1985): The soft-shoe shuffle, in: South 61, November.

ders. (1986): Chipping at Brazil's wall, in: South 70, August.

HURTIENNE, Thomas (1984a): Das Beispiel Brasilien. Anmerkungen zur Entwicklungstheorie von Dieter Senghaas, in: Reiner Steinweg (Red.): Medienmacht in Nord-Süd-Konflikt: Die Neue Internationale Informationsordnung. Frankfurt: Suhrkamp (Friedensanalysen; 18).

ders. (1984b): Brasilien: peripherer Kapitalismus oder aufsteigende Industrienation? - Zur Entwicklungsgeschichte eines Schwellenlands, in: WSI-Mitteilungen, Jg. 37 (4).

ders. (1985): Wirtschaftskrise, internationale Verschuldung und Entwicklungspotentiale in Lateinamerika, in: Prokla 59, Jg. 15 (2).

LAER (1979): IBM continues battle for Brazil mini-computer market, in: Latin America Economic Report, 2.3.

LAHERA, Eugenio; NOCHTEFF, Hugo (1983): Microelectronics and Latin American development, in: CEPAL Review, 19.

LARRB (1985a): Robotics, in: Latin America Regional Reports Brazil, 26 April, S.8.

ebd. (1985b): High-Tech debate, round two, in: Latin America Regional Reports Brazil, 18 October.

ebd. (1985c): Computer sector goes abroad, in: Latin America Regional Reports Brazil, 9 August.

ebd. (1986): Computer row hits cabinet, in: Latin America Regional Reports Brazil, 10 July.

LAWR (1984): Entering the microcomputer age, in: Latin America Weekly Report, 20 November.

ebd. (1985): Computer sector shifts gear, in: Latin America Weekly Report, 9 August.

ebd. (1986): US to act against informática law, in: Latin America Weekly Report, 30 May.

LÜHR, Volker (1983): Brasilien: Ein Fall ohne Beispiel, in: H.-D.Evers, D.Senghaas, H.Wienholtz (Hrsg.): Auf dem Weg zu einer neuen Weltwirtschaftsordnung? Baden-Baden: Nomos.

MEYER-STAMER, Jörg (1985a): High-Tech statt Armutsbekämpfung. Brasiliens Informationspolitik: Verringerung der Abhängigkeit?, in: epd-Entwicklungspolitik, 17.

ders. (1985b): Die brasilianische Informatikpolitik - Modell der Kontrolle multinationaler Konzerne?, in: Informationen über multinationale Konzerne, 4.

ders. (1986): Die Differenzierung der Abhängigkeit: Mikroelektronik und Dritte Welt, in: Aus Politik und Zeitgeschichte, B 35.

MIROW, Kurt Rudolf (1978): Die Diktatur der Kartelle. Zum Beispiel Brasilien. Materialien zur Vermachtung des Weltmarkts. Reinbek: Rowohlt.

MM (1984): Brazil squeezes auto makers, in: Microelectronics Monitor, 10/11.

MURPHY, Brian (1983): The world wired up. Unscrambling the new communications puzzle. London: Comedia.

NEWFARMER, Richard S.; TOPIK, S.: Testing dependency theory: a case study of Brazil's electrical industry, in: J.M.Taylor, N.Thrift (eds.): The geography of multinationals. New York: St.Martin's Press.

NfA (1986a): Brasilien fördert nationale Computer-Industrie, in: Nachrichten für Außenhandel, 6.2.

ebd. (1986b): Brasiliens Steuerreform bringt Mehrbelastung, in: Nachrichten für Außenhandel, 29.1.

NOCHTEFF, Hugo (1985): Government policies for the data processing industries in Argentina, Brazil and Mexiko. Wien: UNIDO (ID/WG.440/7).

NZZ (1984): Abschottung der Computerindustrie Brasiliens, in: Neue Zürcher Zeitung, 19.11.

ebd. (1986): Preisstop in Brasilien, in: Neue Zürcher Zeitung, 3.3.

OESP (1984): Os decretos da informatica, in: O Estado de Sao Paulo, 28.12.

RAMALHO, Luiz (1985): Beiträge zur Sozialstrukturanalyse Brasiliens. Berlin (Freie Universität; Institut für Soziologie. Arbeitspapiere zu Wirtschaft, Gesellschaft und Politik in Entwicklungsländern - Nr. 4).

REY, Romeo (1986): Brasilias harter Kurs zahlt sich aus, in: Frankfurter Rundschau, 30.7.

RYSER, Jeffrey; TURNER, Rik (1986): The steel deal that could boost big blue in Brazil, in: Business Week, 19.5.

SANGMEISTER, Hartmut (1982): Brasilien: Internationale Integration und nationale Desintegration, in: Aus Politik und Zeitgeschichte, B 42.

ders. (1985): Brasiliens verpfändete Zukunft, in: Entwicklung und Zusammenarbeit, Jg. 26 (4).

SCHNEIDER, Jan Peter (1985): Die Informatikpolitik der Regierung Sarney bekommt jetzt mehr Schwung, in: Handelsblatt, 30.10.

SCHUBERT, Alexander (1985): Die internationale Verschuldung. Die Dritte Welt und das transnationale Bankensystem. Frankfurt: Suhrkamp.

SCHÜTTE, Helmut (1985): Auswirkungen der Neuen Informationstechnologien auf Gesellschaft und Arbeitswelt der Industrie- und Entwicklungsländer, in: R.Arnold (Hrsg.): Neue Informationstechnologien und Entwicklungszusammenarbeit. Baden-Baden: Nomos.

SENGHAAS, Dieter (1977): Weltwirtschaftsordnung und Entwicklungspolitik. Plädoyer für Dissoziation. Frankfurt: Suhrkamp.

SPOLIDORO, Roberto M. (1985): Current situation of microelectronics in Brazil, in: Microelectronics Monitor, 13.

TAUILE, José Ricardo (1984): Employment effect of micro-electronics equipment in the Brazilian automobile industry. Genf: ILO (WEP 2-22/WP.131).

TIGRE, Paolo Bastos (1982): Brazil: a future in homemade hardware, in: South 16, February.

ders. (1983): Technology and competition in the Brazilian computer industry. London: Pinter.

TURNER, Rik (1984): PABX suppliers quitting Brazil, in: Electronics Week, 17.12.

ders. (1985): Hardnosed views on local software, in: South 57, July.

UNCTC (1983): Transborder Data Flows and Brazil. New York: United Nations Centre on Transnational Corporations.

WAJNBERG, Salomao (1985): The Brazilian microelectronics industry and its relationship with the communications industry. Wien: UNIDO (IS.546).

WENDL, Liselotte (1986): Brasiliens Erde soll künftig gerechter verteilt werden, in: Frankfurter Rundschau, 14.1.

WESTMAN, John (1985): Modern dependency: a "crucial case" study of Brazilian government policy in the minicomputer industry, in: Studies in Comparative International Development, Jg. 20 (2).

WIWO (1985): Brasilien: Das Loch wird größer, in: Wirtschaftswoche, 11.1.

WÖHLCKE, Manfred (1983): Brasilien 1983: Ambivalenzen seiner politischen und wirtschaftlichen Orientierung. Baden-Baden: Nomos.

ders. (1985): Brasilien. Anatomie eines Riesen. München: Beck.

ZUM STAND DER INFORMATIK IN CHILE

René Gonzales-Rojas
FB Informatik, TU Berlin

1. EINFÜHRUNG

Dieser Text soll als ein Bericht über den Stand der Informatik in Chile betrachtet werden. Er ist das Ergebnis eines 8-wöchigen Arbeitsaufenthaltes 1984 in Chile. Aufgrund der politischen Umstände im Land - vor allem im Monat September - erwies sich der Zeitraum von 8 Wochen als zu kurz, um vollständige Informationen für die Untersuchung zu erhalten.

Ich hatte während des Sommersemesters '84 zwei Fragenkataloge vorbereitet, die mir einerseits den Kontakt mit den Leuten dort erleichtern und mir anderseits die Möglichkeit geben sollten, schriftlich Meinungen zu erhalten.

Die Fragenkataloge hatten folgenden Inhalt:

1. "Computereinsatz als Werkzeug für die weitere Entwicklung":
   Mit diesem Fragenkatalog sollen für Chile die mittel- und langfristigen Perspektiven der EDV-Anwendung als "Werkzeug für die weitere Entwicklung" des Landes betrachtet und untersucht werden. Ziel war es, zu ermitteln,
   - auf welcher Stufe der "Anwendung entwicklungsorientierter Computer-Technologie" sich Chile befindet.
   - in welchen Einrichtungen Computer eingesetzt werden (Industrie, Landwirtschaft, Universitäten etc.).

- in welchen Anwendungsgebieten Computer eingesetzt werden (Ausbildung an den Universitäten, Verwaltung etc.).
- auf welchem Niveau sich die technische Ausstattung befindet.

Die Einteilung in verschiedene Anwendungsstufen ist einer Studie der UNO entnommen, die in dem Bericht "Anwendung entwicklungsorientierter Computer-Technologie" von 1971 erschienen ist. Darin ist von vier Stufen die Rede:

- Die sogenannte Anfangsstufe umfaßt die Länder, welche selbst keine wirklichen Fähigkeiten in der DV besitzen.
- Die sogenannte Grundstufe schließt die Länder ein, welche eindeutig den Weg der DV eingeschlagen haben. Sie verfügen über eine breitere Nutzung von Computern in der Verwaltung und über Schul- und Ausbildungsprogramme in Computer-Technologie.
- Bei der operationellen Stufe nimmt die DV einen festen Platz im nationalen Umfeld ein. Hier gibt es ein genau festgelegtes Schulprogramm, das eine stärkere Nutzung von Computern in der Verwaltung, den Entwurf und Herstellung von Software und unter Umständen auch Hardware vorsieht.
- Bei der fortgeschrittenen Stufe existieren praktische Fähigkeiten im Umgang mit DV (Selbständigkeit bei Entwurf und Herstellung, Fähigkeiten in Beruf und Ausbildung).

2. Der zweite Fragenkatalog hat den Titel "Die Auswirkungen der Mikroelektronik auf die Dritte Welt". Es sollte ermittelt werden, inwieweit ein Problembewußtsein bezüglich der sozialen Auswirkungen der Computeranwendung und die Gefahren der umfangreichen Datenerfassung besteht.

Der Fragenkatalog umfaßt folgende Gebiete:

- Allgemeines: Hier wird versucht, sich mit Begriffen wie "Angepaßte Technologie (AT)" und "moderne Technologie" auseinanderzusetzen. Hierfür wurden Fragen gestellt wie:
  - "Steht die AT im Widerspruch zu modernen technologischen Entwicklungslinien?
  - Wie kann die AT durch die moderne Technologie unterstützt werden?
  - Welches Potential bietet die Informatik zur Lösung der spezifischen Probleme Chiles?
- Produktion: Hier wird versucht, den aktuellen Stand der Informatik bzw. Mikroelektronik in der Produktion zu ermitteln.
- Förderung durch die Regierung: Es soll herausgefunden werden, wie jeder einzelne über das Engagement der Regierung in diesem Bereich denkt.

- Ausbildungsstand: Welche (Studien-)Programme sind vorhanden und wo?
- Soziologische Wirkung: Zu untersuchen waren Probleme wie: Rationalisierung durch die Einführung mikorelektronischer Erzeugnisse, Lösung der Probleme von Unterentwicklung durch Computer, Auswirkungen der Mikroelektronik in Chile.
- Unterhaltungselektronik: Es soll festgestellt werden, ob sie dort überhaupt existiert, und wenn ja, in welcher Form und in welchem Umfang.
- Meinungsstand: Es sollten allgemeine Fragen beantwortet werden, um festzustellen, ob der Befragte gewisse Informatik-Kenntnisse besitzt.

Darüber hinaus sollen die Ergebnisse als Grundlage für die Arbeit im Rahmen einer Initiative von Studenten aus der Dritten Welt und von Professoren am FB Informatik an der TU Berlin dienen. Es soll beispielhaft die Möglichkeit geboten werden, konkrete Beiträge zur praktischen Lösung der spezifischen Probleme von Entwicklungsländern zu leisten.

2. GEGENWÄRTIGE INFORMATIK-POLITIK

Die jüngsten Erfahrungen in Chile auf dem Gebiet der Informatik konzentrieren sich grundsätzlich auf die Ausarbeitung von "Informationsverarbeitung für die Verwaltung" seitens der Regierung. D.h. die Schaffung einer mit den notwendigen Einrichtungen und menschlichen Resourcen ausgestatteten Infrastruktur, insbesondere in der öffentlichen Verwaltung, im Hinblick auf eine verbesserte Handhabung von Informationen sowie eine unkompliziertere Aufteilung und Koordinierung aller Organisationsarbeiten.

Dieser Plan läßt die wichtigsten Punkte in bezug auf die dem Staate zugeordnete Rolle leicht erkennen. Er bricht eine längere, 1968 begonnene Periode der Einführung und Entwicklung von Informatik als sogenannten dritten Wirtschaftssektor, neben Energie und Transport, auf dem Weg zu einer eigenen nationalen technologischen und industriellen Entwicklung ab. Die entwicklungsnotwendigsten Investitionen und die Unterstützung der wesentlichen Zuwendungsbereiche auf Landesebene des alten Programms wurden abgeschafft.

Im Rahmen des neuen Entwicklungsplans kommt die Informatik in ihrer Entwicklung den Interessen der Privatwirtschaft entgegen. Seit 1983 besteht die Rolle des Staates immer mehr darin, dem Privatsektor den Zugang zur modernen Technologie zu erleichtern. Den staatlichen Unternehmen kommt daher eine immer geringere Bedeutung zu. Wie z.B. im Fernmeldewesen der ECOM (Nationale Gesellschaft für Informatik). Dies hat zur Folge, daß "sämtliche Aufgaben und Pläne allein für den Privatsektor bestimmt sein sollen" /2/.

Die Verwaltungsstellen des Fernmeldeamtes (Subsecretaria de telecomunicaciones), eine Behörde, sind im Prinzip mit dem Ausbau von Fernmeldediensten in abgelegenen Regionen des Landes beauftragt (z.Zt. sind nur die größten Städte: Santiago, Valparaiso und Concepcion voll ausgerüstet). Das Land verfügt über ein gut ausgebautes Telefonnetz, das besonders in den letzten Jahren deutlich verbessert worden ist.

Die Einbeziehung der Informatik (Hard- und Software) obliegt ausschließlich der Entscheidungsgewalt der Privatwirtschaft und hängt von deren Einschätzung der jeweiligen Marktbedürfnisse ab.

3. KONKRETE ERFAHRUNG BEI DER HARDWAREHERSTELLUNG UND SOFTWAREENTWICKLUNG

Eine Reihe von Computer-Anbietern versucht auf dem Weg der Konkurrenz das "Gold von Peru" im Verkauf von Hardware und der Entwicklung von Software zu machen, mittels der wachsenden Zahl billiger Fachkräfte, die nur ein Land der Dritten Welt anbieten kann. Chile erlebt diesbezüglich einen Boom, der Mitte der siebziger Jahre angefangen hat.

Auf dem Markt sind alle Firmenprodukte vertreten, sogar mit den neusten Modellen. Geschäfte verkaufen nicht nur Computer, sondern bieten einem breiten Publikum ihre Dienste in Programmierung sowie in der Benutzung von Computern und Software an. Die Computeranwendung im chilenischen Alltag ist keine Seltenheit mehr. Sie hat sich in den letzten Jahren in fast allen Bereichen intensiviert. Computer werden in Banken, in Krankenhäusern, beim Rundfunk, bei Eisenbahn und Luftfahrtgesellschaften, in der Wohnungsvermittlung, in Supermärkten, bei der Behandlung von unterernährten Kindern (Kontrolle des Wachstumsverlaufs und der Bewertung des Genesens) etc. eingesetzt.

3.1. Hardwareherstellung:

Es liegen Einzelerfahrungen vor wie z.B. der Entwurf eines mit dem Apple I, II und III vergleichbaren Computers. Die Teile sind ostasiatischer Herkunft; der Preis ist überraschend niedrig. Alle Modelle sind zudem kompatibel. Auf dem Gebiet der Hardwareherstellung läßt sich feststellen, daß alle Hardware-Produkte aus dem Ausland - überwiegend aus den USA und Japan - kommen.

Die Firma IBM allein hat 1983 mehr Computer verkauft als in den 12 Jahren zuvor /4/. Sie hat 1984 65 "System 36"-Anlagen (48 in der Hauptstadt, 9 in Vlaparaiso, 8 in den anderen Regionen des Landes) verkauft und installiert. Ebenso installierte sie 6 "System 4381"- und 5 "System 4361"-Anlagen. Im gleichen Zeitraum verkaufte sie 700 PC's im ganzen Land /5/. Die gleiche Firma stellte auch Computer für einige Universitäten der einzelnen Regionen zur Verfügung, z.B.: an die Katholische Universität von Valparaiso einen Computer "Modell 34" mit Zubehör für die Unterstützung der Bibliotheksarbeiten. Die Zentralbibliothek umfaßt ca. 60.000 Bände, und es gibt 14 weitere Bibliotheken in verschiedenen Fachbereichen und Fachgebieten mit zusätzlichen 85 000 Bänden /6/. Die Firma NCR stellte einen weiteren Mikrocomputer , Mate V, für das Klinikum dieser Universität zur Unterstützung der Forschung und akademischen Aufgaben zur Verfügung /7/. Ein anderes Beispiel ist die geplante Spende von 10 Mikrocomputern zur Weiterbildung von Akademikern /8/.

Es gibt nur wenige Mittel- und Großunternehmen, die noch keine direkte oder indirekte Rechnerunterstützung haben.

Preise einiger Geräte:

Qx-10	4500.0 US Dollar
Apple IIx	1990.0
Monitor 24x80	380.0
Apple, CP/M, 64Kb u. 2 Drives 5.1/4" ca.	1000.0
Plett-2 (chilenische Herstellung, Apple kompatibel), 64 Kb, 3 Prozessoren und Tastatur	460.0
AT-600 PC	280.0

ATP-1050 Floppy Laufwerk	420.0	
Floppy Disk	2.4	+ MWST
Floppy Disk (double sided)	3.0	

3.2. Sofwareentwicklung:

Hauptgebiete, auf denen Softwarefirmen und Universitäten arbeiten, sind:

1) Verwaltung, Banken und Versicherungen:
- Buchführung
- Fakturierung
- Verwaltung
- Lohnbuchhaltung
- Tabellierung und Auswertung von Umfragen
- Lagerverwaltung
- Buchhaltung
- Statistische Berechnungen
- Systemanalyse
- Sozialversicherung
- Bankverkehr

2) Textverarbeitung: - Angebote und Kostenvoranschläge
- Automatische Korrespondenz

3) Projektentwicklung

4) DV-Service

5) Programmierausbildung

3.2.1. Beispiele

3 Konkrete Beispiele für Softwarepakete, die in Chile entwickelt wurden oder von Chile benutzt werden:

1. DUNGA ist ein Programm, das dem Programmierer erlaubt, so wenig Entwürfe logischer,

physischer oder sonstiger Art wie möglich für eine Anwendung zu erstellen. Durch die Benutzung elementarer Werkzeuge zur Programmierung können Programme in COBOL entwickelt werden.
Mit Hilfe von DUNGA kann der Programmierer in verbundener Form die endgültige Version seiner Lösung erstellen. Viele nationale Firmen zeigen Interesse daran. Eine US-Firma möchte das Produkt für 30 000 Dollar kaufen. Interessenten findet man auch in Lateinamerika. Die Firma ORDEN soll aufgrund der fehlenden Infrastruktur der Entwicklungsfirma die Vermarktung im Ausland übernehmen /9/.

2. ARIEL: (entwickelt von der Firma Sistemas Integrales para el Desarrollo) löst statistische Probleme der konkreten Tabellierung und Auswertung von Umfragen. Hier besteht die Möglichkeit, nach Peking zu exportieren. Zum Erlernen der korrekten Benutzung des Programms befindet sich ein Vertreter aus Peking bereits im Land.
Die Brasilianer kauften das Programm, um eine Umfrage zu tabellieren, die sie mangels geeigneter Software 2 Jahre lang nicht verarbeiten konnten. Mit Hilfe von ARIEL erzielten sie bereits innerhalb von 14 Tagen die ersten Ergebnisse. Die FAO (Food and Agriculture Organisation der UNO) hat bei der Vermarktung Pate gestanden /19/.

3. Die Nationalbibliothek: erfaßt 4 Mill. Texte mit NOTIS North Western On-line Total Integrated System), dem gleichen System, das von der Washingtoner Kongreß-Bibliothek benutzt wird /11/.
Der Gesamtbestand der Katholischen Universitäten Chiles umfaßt ca. 296 000 Bücher sowie 476 000 Zeitschriften und ist auf 7 weitere Universitäts-Zentralbibliotheken verteilt. Über das System DIALOG kann von Mikrocomputern auf etwa 150 Datenbanken in Nordamerika zugegriffen werden, die mehr als 55 Mio. bibliografische Einträge aus Bereichen wie Wissenschaft, Technik, Kunst, Sozialwissenschaft, Medizin und Wirtschaft enthalten. Diese Datenbanken werden über einen Satelliten angesprochen. Zur Zeit wird eine Vernetzung der Bibliotheken Chiles realisiert, an der bis jetzt die Bibliothek der KU, die Kongreß-Bibliothek sowie die Nationalbibliothek beteiligt sind; die Koordinierung des Netzes liegt bei der Nationalbibliothek /12/.

4. ANWENDUNGSGEBIETE

4.1 Universitäten

Die Universitäten spielen eine entscheidende Rolle bei der Forschung und der Softwareentwicklung. Alle Universitäten haben bereits einen FB Informatik /13/. Es war mir nicht möglich, Näheres über die Studienprogramme bzw. -pläne zu erfahren.

Außerhalb von allen nennenswerten Projektunterstützungen und Programmentwicklungen, die die Universitäten durchführen, steht die Internationale Konferenz über "Ciencia de la Computacion" (Informatikwissenschaft). Die Konferenz wird von Professoren verschiedener chilenischer und internationaler Universitäten organisiert. Von den vielen vorgestellten Forschungsarbeiten beziehen sich die meisten auf Gebiete wie: Verteilte Systeme, Software-Engineering, Programmiersprachen, Datenstrukturen, Datenschutz, Informatik und Bildung, Büroautomatisierung, Datenbanken u.v.m. Diese Konferenz wird jährlich veranstaltet. 1984 hat bereits die 4. Konferenz stattgefunden.

Die "Chilenische Gesellschaft für Informatik" ist vor kurzem ins Leben gerufen worden und wird grundsätzlich von Professoren getragen.

4.1.1 Universidad Catolica: Das Einwohnermeldeamtregister wurde von dieser Universität implementiert (Implementierung ab 1976).

1983/84 wurden die ersten computerlesbaren Personalausweise vergeben. Geplant ist, innerhalb von 10 Jahren solche Ausweise an die gesamte chilenische Bevölkerung zu verteilen. In der Datenbank sind bereits 16 Mill. Personen registriert. Dieses Einwohnermeldeamtregister ist mit Online-Verarbeitung von Terminals, die im ganzen Land (auch in entlegenen Gebieten) aufgestellt sind, aufgebaut worden.

- Weitere Implementierungen:
  - Ein DBS (Datenbanksystem zur Verwaltung des Versicherungswesens und Wertpapierhandels).
  - Integriertes System zur Verwaltung der Bibliotheken der Universidad Catolica unter Verwendung von Datenbankvernetzung.

4.1.2 Universidad Austral de Chile, Valdivia: Diese Universität hat seit langem ein Computerzentrum und vor kurzem wurde das Fachgebiet Informatik gegründet.

Im Computerzentrum werden auf dem Gebiet "Landwirtschaftliche Informatik" - sowohl als externe

Dienstleistung (s. 4.2) als auch in geringerem Maße für den eigenen Bedarf der Universität - Systeme entworfen und implementiert.

Im Fachgebiet Informatik werden neben den akademischen Aufgaben folgende Aktivitäten gemacht:

i) CAI: Seit etwa 3 Jahren wird ein Pilotprojekt in einigen Sekundärschulen durchgeführt (s. 4.3).
ii) In CAM und CAD werden Anpassungen von Software von anderen Computersystemen durchgeführt (s.4.3).
iii) Es existiert eigene Softwareentwicklung zum eigenen Bedarf.
iv) Es sind Forschungen für Optimierungsmodelle für die Erblehre, Numerische Analyse und Genetische Information für Viehzucht vorhanden.
v) In naher Zukunft wird ein Gebiet "Informationssysteme", als externe Dienstleistung gegründet.

Das Zentralsystem besteht aus 2 Computern vom Typ DIGITAL DEC 10, die parallel arbeiten, mit 80 Terminals von Typ VT101, VT125 (mit großem Auflösungsvermögen) und Rainbow. Die letzteren sind intelligente Terminals, d.h. sie können unabhängig vom Zentralsystem auf harten Disketten abspeichern und mit eigenen Compilern arbeiten.

Zur Verfügung stehen diverse Compiler und Software-Pakete.

4.1.3 Universidad de Antofagasta.: Auf dem Fachgebiet Technische Chemie wurden mit Hilfe der Programmiersprache BASIC Entwürfe und Simulationen von Anlagen durch Mikrocomputer (Vector 4, Atari 800 und Apple II) für Verfahren in der chemischen Industrie entworfen, wie z. B.: Chemie-Reaktoren, Bodensätzer, Absorptions- und Destillierungstürme, Wärmetauscher aus Platten, konzentrische und Multiröhren, Simulation eines Auslaugungsprozesses in Gegenströmung etc. /14/.

4.2 Landwirtschaft

In Chile stammt die bereits vorhandene Informatik-Planung im Bereich der Landwirtschaft vorwiegend von privaten Initiativen. In einigen Fällen werden zusätzliche Softwareentwicklungen mitimportiert, die auf nationale Bedürfnisse zugeschnitten werden.

"Die national entwickelten Programme sind grundsätzlich zur Handhabung von Milchregistern, Schweine- und Viehzucht, zum Umgang mit Getreide, sowie zur Bewertung von Ernte-Alternativen, zur Wettervorhersage etc. bestimmt" /15/.

Z.Zt. erforscht das Ministerium für Landwirtschaft mit Hilfe der ODEPA (Büro für die landwirtschaftliche Planung) und in Zusammenarbeit mit dem Fachgebiet "Landwirtschaftliche Entwicklung" der Universidad de Chile und dem "Infocentro" den aktuellen Stand in diesem Sektor sowie das unternehmerische Niveau und die Effizienz der chilenischen Landwirte, um dadurch den tatsächlichen Bedarf an Computern zu ermitteln. Es werden also Vor- und Nachteile der Einführung dieser modernen Technologie untersucht und folgende Fragen gestellt: Wieviele Landwirte gibt es im Land? Wer sind sie? Welche und wieviele würden der Mikrocomputeranwendung zustimmen? Welche Aktivitätsrahmen und Charakteristika etc. haben sie? Ein zweiter Aspekt dieser Forschung besteht darin, die nötigen Schritte eines technologischen Transfers für Mikrocomputer im land-, forst- und viehwirtschaftlichen Sektor zu unternehmen. Diese Schritte können technologischer, wirtschaftlicher, oder buchhaltungsmäßiger Natur sein und durch Entscheidungshilfen (Analyse der Ergebnisse und Programmierung der Aktivitäten) unterstützt werden. Außerdem werden Anzahl und Qualität der Anlagen und Programme, die gegenwärtig in Chile und im Ausland existieren, analysiert. In einer dritten Etappe wird versucht, anhand eines Pilotprojektes direkt mit den Land- und Forstwirten und Viehzüchtern durch die Erprobung und Anwendung von Computeranlagen und Programmen Informationen zu sammeln. Die erworbenen Informationen werden von Forschern, Professoren und Studenten bewertet und die Ergebnisse werden an die Interessenten seitens der ODEPA weitergegeben /16/.

Andere Erfahrungen auf diesem Gebiet liefert das Projekt der Universidad Austral de Chile, Valdivia. Diese richtete im Mai 1982 die Abteilung "Informatik in der Landwirtschaft" ein, die dem Amt für Datenverarbeitung und Informatik untersteht.

Ihre Ziele sind:

- Beratung von Betrieben der Land- und Forstwirtschaft.
- Schaffung und Verwaltung von Computersystemen zum Nutzen von Landwirtschaftsbetrieben.
- Schaffung einer Datenbank zur Ausarbeitung von Berichten über konjunkturelle und wirtschaftliche Lage der regionalen Landwirtschaft.

Zwei Forderungen und eine Warnung wurden dabei ausgesprochen:

- Der Landwirt soll nach unternehmerischen Gesichtspunkten handeln.
- Der Staat hat dabei eine unentbehrliche Rolle zu spielen.

- Der Computer kann weder Wunder bewirken, noch alle Probleme lösen.

Durch ständige Kontakte mit den Landwirten über einen Zeitraum von mehr als 2 Jahren konnten bestimmte Verhaltensweisen beobachtet werden:

- Wer sich für die neue Technolgie endgültig entschieden hat, betrachtet sein Gut als eine Investition, die sich rentieren soll.
- Man ist vorsichtig, was die Vorplanung für das kommende landwirtschaftliche Ertragsjahr angeht.
- Es gibt etablierte Landwirte, die sich für die ständige Kontrolle der verschiedenen Anbaugebiete interessieren, damit sie fundierte Entscheidungen treffen können, wenn die Situation es verlangt.
- Der Computer regt sie zu einer besseren Organisation ihres Betriebes an /17/.

Der Computer hilft ihnen dabei, den gut organisierten Betrieb aufrechtzuerhalten, um später davon profitieren zu können.

4.3 Informatikausbildung und vorhandene Anlagen in den Schulen:

Es besteht großes Interesse für den Computereinsatz in Schulen. Dieses Interesse besteht darin, Computer auf den unterschiedlichen Ebenen des Schulsystems zu benutzen, wie z.B.: zur Unterstützung der Verwaltungsaufgaben, zur Lehre einer Programmiersprache (LOGO ist u.a. weit verbreitet), im Unterricht selbst (Physik, Mathematik, Chemie etc.), in Tutorien, zur Simulation, zur Verwaltung der Leistungsprüfungen, für statistische Analysen (wie Lehr-Lernbarkeitsprozesse) etc.

Die charakteristischen privaten (internationalen) Schulen stehen bzgl. der Computeranwendung mit 35% gegenüber 5% an staatlichen Schulen an der Spitze (Stand, August 1984) /18/.

Dafür einige Beispiele, /19/:

- Das John-F.-Kennedy-Institut hat vor kurzem 26 Mikrocomputer MPF III gekauft. Die Anlagen werden für den Programmierunterricht und zum Erlernen des Umgangs mit dem Computer eingesetzt.
- Das Santiago-College verfügt über 3 ausländische Informatik-Lehrer, 18 Mikrocomputer und 2 Drucker.
- Die Grange School hat einen britischen Informatiklehrer, 16 Mikrocomputer und Zubehör.

- Die Deutsche Schule und die Windsor-School in Valdivia haben vor 2 Jahren die Informatikausbildung im Rahmen eines Pilotprojektes der Universidad-Austral dieser Stadt eingeführt.

Obwohl 40% der Schulen an der Computeranwendung beteiligt sind, besteht ein großer Mangel an geeigneter Software für die Ausbildung und es fehlt ein allgemeiner Lehrplan für den Informatikunterricht. Dies bewirkt seinerseits bei den Schülern Mängel beim Entwurf, bei der Erstellung und Bewertung von Softwareentwicklung.

Durch die "Tagung über Bildung und Informatik" /20/, die im Mai 1984 - als erste dieser Art - vom "Zentrum für Weiterbildung, Experimentierung und pädagogische Forschungen", einer untergeordneten Stelle des Bildungsministeriums, organisiert worden ist, sind deutliche Zeichen für eine erste Diagnose der Informatikrealität und die ersten Schritte in Richtung einer Definition der Grundgedanken und Kriterien der Computeranwendung im Schulsystem sichtbar geworden.

- Die Personen, die auf diesem Gebiet arbeiten, fühlen sich gewissermaßen von den anderen Forschern im Bildungsbereich isoliert. Es soll versucht werden, sie durch kurz- (z.B.: die Verbreitung von Listen mit Namen und Adresse der Teilnehmer dieser Tagung, zwecks Erleichterung der Kontaktaufhnahme), mittel- (durch Einladungen zur Veröffentlichung von analytischen Arbeiten) und langfristigen Aktivitäten (evtl. Vorbereitung einer Tagung) zusammenzubringen.
- Hier wurden durch einige Teilnehmer die ersten Versuche unternommen, die groben Bildungspläne bzw. die konkrete Arbeit mit Computern zu schildern, wie sie momentan in den Schulen Anwendung finden.

4.4 Juristische Informatik:

Die Controloria General von Chile (entspricht in etwa dem Kartellamt und Rechnungshof zusammen), hat in den letzten sechs Jahren zwei DB mit Informationen aus dem Rechtswesen und der Gesetzgebung gespeist. Darin sind bereits zusammengefaßte Gesetze von 1811 bis zur Gegenwart enthalten. Informatikmäßig sind diese DB mit Unterstützung eines Sondersystems (s.u.), das die Suche von Information erleichtert, entworfen worden. Diese juristische Textsammlung ist das wichtigste, was es bis jetzt gibt, aber das Problem besteht darin, daß die Texte in ihrer Kurzform gespeichert sind.

Andererseits gibt es eine weitere Organisation (juristischer Verlag der Universidad de Chile), die über das aktualisierte Gesetzbuch bzw. die kompletten Gesetzestexte verfügt, doch sind diese in anderen Systemen gespeichert /21/.

Seitens der Regierung wird versucht, der Kongreßbibliothek durch die Entwicklung eines Informatikprojektes den Zugriff auf Informationen über die Gesetze zu erleichtern, da sie diese in unbeschränkter Form braucht, um die Regierungsaufgaben erfüllen zu können.

Die Streitkräfte und Carabineros (Polizei) möchten ihre eigene Datenbank aufbauen mit den kompletten Texten der Gesetze, Landesverfassung und Gesetze vor 1973, die noch gültig sind. Zusätzlich möchten sie andere Aspekte, wie die Geschichte der Gesetzgebung, der Verwaltungsrechtsform, die nicht von der Controloria berücksichtigt worden sind, erfassen.

Unter Mitwirkung des Justizministeriums arbeitet man seit 4 Jahren an einer juristischen DB. Diese DB wird ca. 18 000 Gesetze erfassen.

Die Regierung hat in Zusammenarbeit mit dem Justizministerium vor kurzem in diesem Bereich die Initiative ergriffen.

Der Grundgedanke besteht darin, die einzelnen Bereiche - als Teilsysteme - mit ihren verschiedenen Inhalten in einer globalen DB zu integrieren. Es stellt sich die Frage, ob dadurch die Inkonsistenz des Systems infolge der Dualität von Daten minimiert wird.

Bei der Strukturierung der juristischen Datenbanken wird das STAIRS-System mittels Terminals über Datenfernleitung benutzt, das sich (mit Unterstützung von "time-sharing" für die Datenübertragung) an Eingabe-Suchen-Ausgabe orientiert. Der Vorteil des Systems besteht darin, daß es gleichzeitig 16 verschiedene Unterdatenbanken mit identischer Datenstruktur verbindet und darin suchen kann.

Eines der Ziele ist, dem normalen Benutzer Zugang zu zusammengefaßten oder kompletten juristischen Informationen vom Computer zu erlauben.

5. SCHLUSSFOLGERUNG

5.1. Bewertung

Abschließend möchte ich in kurzer und zusammenfassender Form versuchen, Chile in eine der "UNO-Entwicklungsstufen" einzugliedern.

Außer der elitären Anwendung von Computern in den Schulen gibt es kein genau festgelegtes Schulprogramm. Hier wäre das Land zwischen der Anfangs- und der Grundstufe einzugliedern.

Da mir die Ausbildungsprogramme der Universitäten nicht zugänglich waren, kann ich nichts Konkretes darüber sagen. Was aber die Verarbeitung der Ausbildung in Computer-Technologie angeht - und diese ist nicht zu übersehen - befindet sich das Land in zunehmendem Maße auf einer operationellen Stufe.

In der Verwaltung werden Computer verstärkt eingesetzt, d.h. man könnte sie voll in eine Grundstufe eingliedern. Bezüglich des Softwareentwurfs und der Hardwareherstellung befindet sich das Land in einer operationellen Stufe (wenn auch noch nur ein einziger nationaler Hersteller existiert).

5.2 Ausblick

Mikrocomputer setzen sich in Chile in allen Bereichen durch. Sie werden aber von den meisten Leuten als Spielzeug betrachtet bzw. die Benutzung von Computern gilt noch als Selbszweck und nicht als Mittel zur Problemlösung.

Man hat wenig Vertrauen zu der Software die aus dem Ausland kommt, da sie oft den Bedürfnissen der chilenischen Benutzer nicht entspricht. Die Anpassung dieser Software erfordert oft mehr Aufwand als eigene nationale Softwareentwicklung.

Die im eigenen Land erstellten Programme sind teuer und genießen wenig Vertrauen bei den Benutzern, nach dem üblichen Motto: " ausländische Erzeugnisse sind besser".

Die Chilenen sollten mehr Selbstvertrauen zu ihren eigenen Erzeugnissen haben.

Für die Wartungsarbeiten beträgt die Wartezeit in der Regel nicht mehr als einen halben Tag. Die Wartung wird grundsätzlich von Vertretern der US-Herstellungsfirmen ausgeführt, wobei die Wartungskosten wegen der teuren Ersatzteile verhältnismäßig hoch sind.

Die Computerfirmen bieten dem Käufer Ausbildungskurse für den Umgang mit Computern und Programmiersprachen an; diese sind aber meistens nicht ausreichend.

Es ist erforderlich, für die Wartung eigene Fachkräfte auszubilden.

Die Ersatzteilpreise - nicht nur bei Computern - sind immer vom Dollarkurs abhängig. Es ist nach wie vor notwendig, eine eigene Industrie, unabhängig von den großen Mächten, zu entwickeln.

Die Vernetzung von Computern (und die entsprechenden Ersatzteile im Rahmen des Technologie-Transfers) und Wartung erhöht die wirtschaftliche und technologische Abhängigkeit des Landes, wie es sich bisher im Import traditioneller ausländischer Erzeugnisse aus den Industrieländer ausgedrückt hat. D.h., die Entwicklungsländer werden, wie mit der traditionellen Technologie zuvor, wegen der modernen Technologie weiter und tiefer mit den Nachteilen der Weltmarktwirtschaft leben müssen.

Unter dem Einfluß der Ideen von Milton Friedman hat sich die chilenische Regierung auch auf dem Gebiet der Telekommunikation für die Modelle des freien, marktwirtschaftlichen Prinzips entschieden.

Eine selbständige Politik auf dem Gebiet der Informatik hätte eine Kostensenkung im Kontrollapparat und Verwaltungsbereich zur Folge. Dadurch könnten Mittel in der Entwicklung und zur Unterstützung einer unabhängigen nationalen Industrie eingesetzt werden, die mittels Einrichtungen und Anlagen (auch der Datenverarbeitung und Hardware) zu einer gleimäßigeren technologischen Entwicklung im Lande beitragen würden. Die Entwicklung des Landes kann nicht nur in der freiwilligen Motivation der Vertreter der Privatwirtschaft liegen, sondern die Regierung sollte diesen Wirtschaftssektor, wie jeden anderen, durch Richtlinien und Normen unterstützten.

Die Bereitschaft zum Einsatz des Computers setzt eine Entscheidung zur besseren Organisation des Betriebs voraus. Es ist also wichtig, daß jede Form von Förderung, vor allem durch staatliche Institutionen oder Stellen - die für den Technologie-Transfer zuständig sind - in bezug auf den Einsatz des Computers unbedingt auch von einer entsprechenden Förderung rationeller Verwaltungstechniken begleitet wird. D.h., rationeller Einsatz des Computers ist nur für bestimmte notwendige Bereiche sinnvoll. Die Implementierung sollte sich rentieren und von wirklichem Vorteil für den Benutzer sein. Vor allen Dingen sollten die anfänglichen Investitionen für Geräte und Dienstleistungen nur erfolgen, wenn sie wirklich notwendig sind.

Chile benötigt eine sofortige Koordinierung und Orientierung des bereits begonnenen Prozesses der Ausbreitung von Informatik. Das Gegenteil würde eine Lawine unnützer Daten hervorbringen. Mit anderen Worten: eine Vergeudung von technologischen und menschlichen Resourcen würden eintreten.

Jede Form von Förderung durch die Regierung sollte in erster Linie die Grundbedürfnisse der

Bevölkerung und nicht den privaten Profit berücksichtigen.

Der Prozeß der Entwicklung (Informatisierung und Industrialisierung) wird nur unter der aktiven Mitarbeit des Staates - unabhängig von seiner politischen Richtung - einen günstigen Verlauf nehmen. Die Bedeutung, die dem Staat auf diesem Gebiet zukommt, liegt in der globalen Planung, in der Koordinierung und in der Kontrolle und Steuerung.

Die Entwicklung Chiles soll sich am Aufbau einer integrierten Industrie orientieren, in der die Basisindustrien wie auch die Reservierung des nationalen Markts für die nationalen Produkte durch Importbeschränkungen eine entscheidende Rolle spielen. Wie bereits erwähnt, soll dieser Aufbau nur unter Mitwirkung des Staates in direkter Zusammenarbeit mit den nationalen und privaten Unternehmen möglich sein. Vor allem soll auf die Bewahrung der nationalen Unabhängigkeit geachtet werden und diese zum übergeordneten Ziel erhoben werden.

Länder der Dritten Welt wie Chile sollen jedem Versuch einer Diversifizierung unternehmen, aber keinem totalen Transfer der Technologie unterzogen werden. Diese Länder sollen sich bemühen, die importierte Technologie nach Möglichkeit bis zur Grenze der Legalität zu imitieren, zu kopieren und nachzubilden.

STAND (1982)

ÜBERBLICK ÜBER DIE IN CHILE BENUTZTEN COMPUTER

Mikrocomputer			Weitere Geräte		
Mikros	Text-V.	Masch.	Mittelgroß	Große	Total
5334	29		1434	31	5832

1983 : IBM hat mehr Computer verkauft als in den 13 Jahren zuvor.

(*) Anwendungsgebiete (Weitere Geräte)

Verwaltung	Wissenschaft	Produktion	Systementwicklung
19.4	11.4	7.3	1.9

(*) GEOGRAPHISCHE VERTEILUNG

Regionen	Mikrocomputer	Weitere Geräte
Santiago	83.7	72.0
I	0.9	4.0
II	1.6	2.9
V	4.1	7.5
VII	2.0	2.0
VIII	2.3	4.4
andere	5.4	7.2

(*) - Ohne Gewähr
- 1982: IBM hat keine Information vergeben.
- Ausgeschlossen sind Fakturierungsmaschinen und Heimcomputer.
- Ein Großteil der Mikrocomputer besteht aus Textverarbeitungssystemen.

Zentrale Elemente der chilenischen Informatik-Politik

Interessengebiete	Beschreibung
Menschliche Ressourcen	Berufsausbildung und Management
Hardware-Industrie	Nur individuelle Erfahrungen.Fast alle Produkte kommen aus dem Ausland,überwiegend aus den USA und Japan.
Software-Entwicklung(SWE)	-Beschaffung von SWE für eigenen Bedarf aus den Industrieländern: staatlicher und privater Import. -Erfahrungen in der nationalen Marktwirtschaft: "Angepaßte- und Eigenentwicklungen" -Geringe Internationale Projektierung der Entwicklungen.
Staatliche Datenbanken(DB)	Fortgeschrittene Entwicklung.Ankopplung an DB in Kalifornien/USA.
Datenübertragung(DÜ)	Das öffentliche DÜ-Netz (Online) verbindet zunächst die drei größten Städte miteinander.Es isr an das amerikanische "Telenet" angeschlossen.Zu den Kunden dieses Netzes zählen: Xerox,NASA, das amerikanische Verteidigungsministerium,die alle über spezielle DB verfügen. (Für finanzielle Informationen der Unternehmer, geschäfts- und handelsbezogene,medizinische, landwirtschaftliche,wissenschaftliche und technologische Informationen,usw.)
Mikroelektronik-Technologie	Soweit aufgebaut,Industrie als Benutzer auf dem internationalen Markt.Privat getragen.

Informationssysteme	Staatliche Planung: Entwicklung von Informatik-Kapazitätenfür den Staat,Verwaltung,Gerichtshof,Standesamt.
Statistik	Entwicklung nur durch private Interessenten.
Forschung	Überwiegend von den Unis getragen,ohne staatliche Orientierung.
Staatlicher Rahmen	Regierungsdelegierte.Es gibt keine entsprechende Organisation. ECOM: auf ein Minimum reduziert.

Allgemeine Anwendungsgebiete

Landwirtschaft	Keine nationale Planung.Gedacht wird an eine Anwendung im Sinne der staatlichen Planvorhaben zur Unterstützung privater Absichten.
Fernmeldewesen	Im Rahmen der sog. "Nationalen Souveränität". Das Land verfügt überein gut ausgebautes Telefonnetz.
Ausbildung	In den Schulen in der Anfangsphase.Jedoch nur elitär eingesetzt.In den Universitäten befindet sich die Computeranwendung in einer fortgeschrittenen Phase.
Zusammenarbeit zwischen staatlichen und internationalen Organisationen	Keine Zusammenarbeit zwischen den lateinamerikanischen Staaten. Auf internationaler Ebene Zusammenarbeit zwischen Regierung und Konzernen,vor allem in den USA.

/1/ Renato Orellana M. und Gabriel Rodriguez: "Chile: la inexistencia de una politica",in Politica de Informatica en America Latina (Chile,Argentina,Brasil).ILET.Santiago,Chile, Juli 1984.

/2/ Ebenda.

/3/ Chile-der maskierte Staat,aus "L'ordinatuer et el 3ieme Monde,v.Armand Mettelard und Hector Schmucler.Paris ,1983.

/4/ Wie (1).

/5/ Noticias Nacionales in Zeitschrift "Informatica",Vol.6 Nr.6. Chile,August 1984.Vgl.Vol.7 Nr.1,Januar 1984.

/6/ Noticias Nacionales in Zeitschrift "Informatica",Vol.6 Nr.7.Chile,Sept.1984.

/7/ Noticias Nacionales in Zeitschrift "Informatica",Vol.6 Nr.6.Chile,August1984.

/8/ Noticias Nacionales in Zeitschrift "Informatica"Vol.7 Nr.1.Januar 1984.

/9/ Amenabar M.,Soledad: "Software chileno: Materia gris de exportacion",in "Informatica",Vol.6 Nr.8.Okt. 1984.

/10/ Ebenda.

/11/ Amenabar M.,Soledad: Actualidad nacional."Biblioteca Nacional: 4 milliones de textos al computador". In "Informatica",Vol.6 Nr.6.August 1984.

/12/ Ebenda.

/13/ Fernsehsendung: Canal 13.Sendung "El Impacto Politico,Economico und Social de las Nuevas Technologias en Chile". 10.9.1984.

/14/ Band: Serie de Estudios,Nr.116: Resumen de los trabajos y Ponencias Presentadas al Encuentro sobre Educacion y Computacion.Centro de Perfeccionamiento,Experimentacion e Investigaciones pedagogicas.Ministerio de Education.La Barnechea.

/15/ Amenabar M.,Soledad: "Informatica en el agro: entre el arado y el microcomputador",in Zeitschrift "Computacion Personal",Heft Nr.9.Chile,Julio 1984. (Nach Meinung von Dr. Patricio Pantoja,Exekutiv-Leiter des Forschungsprojekts "Möglichkeit der Einführung von Mikrocomputern in der Landwirtschaft" und der "Chilenischen Landwirtschaftsgesellschaft").

/16/ Ebenda.

/17/ Cano,Sonia: "Computarizar el agro: una decision responsable",in "Informatica",Vol.6 Nr.9.November 1984.

/18/ Amenabar M.,Soledad: "Computacion en el Colegio:Un hobby con notas",in "Computacion Personal",Heft 10,August 1984.

/19/ Noticias nacionales in "Informatica",Vol.6 Nr.9,November 1984 und Vol.7 Nr.1, Januar 1985.

/20/ Wie (14).

/21/ Amenabar M.,Soledad: "Banco de Datos juridicos: siglo y medio de Legislacion en Pantalla",in "Informatica",Vol.6 Nr.9,November 1984 und Roberto Gonzales: "Un Juez del Siglo XXI",in "Computacion Personal",Heft 13,November 1984.

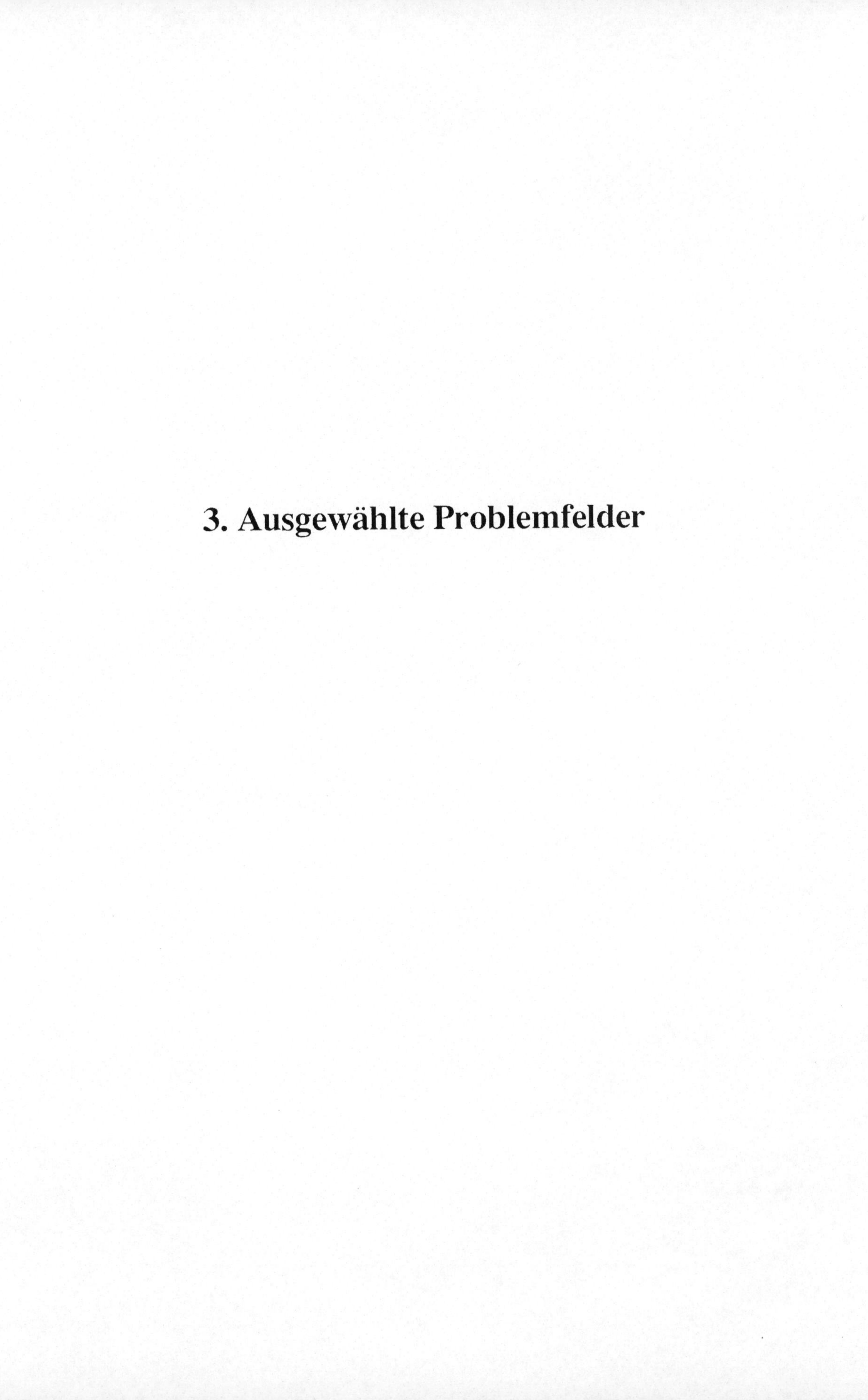

3. Ausgewählte Problemfelder

INSTITUTIONEN UND PROJEKTE ZUR AUSBILDUNG UND ZUM TRANSFER VON INFORMATIONSTECHNOLOGIE IN ENTWICKLUNGSLÄNDER

GÜNTHER CYRANEK & HEIDRUN KAISER

In Frankreich, Großbritannien und Japan wurden Institutionen geschaffen, um Aktivitäten zur Informationstechnologie in der "Dritten Welt" zu koordinieren. Dabei finden die Exportinteressen der Industrie starke Berücksichtigung. Die bundesrepublikanischen Projekte der Entwicklungszusammenarbeit ergeben bislang kein einheitliches Bild über den Einsatz Neuer Informationstechnologien. Die generelle Tendenz der Entwicklungshilfe geht in die Richtung einer Stärkung der einheimischen Industrie. Zusätzlich mehren sich private Aktivitäten bundesdeutscher Firmen im Informationstechnik-Sektor in der "Dritten Welt".
Die nationalen und internationalen Aktivitäten lassen sich wie folgt zusammenfassen:

- wissenschaftlicher Erfahrungsaustausch, Konferenzen, Veröffentlichungen
- Ausbildungsprogramme über Technik und Anwendungen der Informationstechnologie, insbesondere für Entscheidungsträger und Manager
- Unterstützung bei der Entwicklung von Strategien einer eigenständigen Informatikpolitik
- finanzielle Förderung und Begleitung einzelner Projekte, bei denen Informationstechnik zum Einsatz kommt, z.B. durch Beratung bei der Systemanalyse.

Die spezifischen Eigenschaften der Informationstechnologie sind besonders bei Fragen zum Technologietransfer und zur Technologieanpassung zu berücksichtigen. Sogenannte "angepaßte" und daher entwicklungsrelevante Technologien wie z.B. Biogasanlagen sind stets mit genau zu benennenden entwicklungspolitischen Zielsetzungen verknüpft: in diesem Beispiel die einfache und billige Energieversorgung in ländlichen Dorfgemeinschaften. Aufgrund ihrer universellen Einsetzbarkeit lassen sich mit der Informationstechnologie keine eindeutigen Zielsetzungen verbinden, es sei denn allgemeine Vorstellungen wie "besseres Ressourcenmanagement" oder "Optimierung von Planungsprozessen". Es ist folglich nicht verwunderlich, wenn Projekte für den Transfer von Informationstechnologie in die "Dritte Welt" nur schwer zu finden sind. Der Transfer beispielsweise eines Computers kann nicht Gegenstand einer entwicklungspolitischen Maßnahme sein, da es nicht um die Weitergabe von Techniken zum Selbstzweck, sondern um die Verwirklichung entwicklungspolitischer Zielsetzungen mit technologischer Unterstützung geht.

Vor diesem Hintergrund wollen wir mit einer Bestandsaufnahme entwicklungspolitischer Maßnahmen beginnen, bei denen Informationstechnologie zur Anwendung kommt.

1. BUNDESREPUBLIKANISCHE MAßNAHMEN

Das Bundesministerium für Forschung und Technologie (BMFT) fördert seit langem Projekte, bei denen Informationstechnologie eingesetzt wird. Im Förderbereich "Informationstechnik" wird z.B. die Programmiersprache PEARL, eine Sprache zur Steuerung von Produktionsprozessen, in Brasilien eingeführt. Projektträger ist dabei die Gesellschaft für Mathematik und Datenverarbeitung (GMD). In einer Werkzeugmaschinenfabrik in Shengyang/VR China wird mithilfe des Vereins Deutscher Ingenieure (VDI) die Einführung einer Fertigungssteuerung sowie Materialdisposition mit EDV unterstützt.

Im Bereich Information und Dokumentation (Förderbereich "Fachinformation") werden derzeit mehrere Projekte mit Israel gefördert, wie z.B. der Aufbau eines Projekt-Informationssystems deutsch-israelischer Zusammenarbeit und ein Projekt "Development of Minicomputer Applications in an Environment of Scientific and Technological Information Centres". Eine euro-arabische Technologiedatenbank wurde ebenfalls mit Förderung des BMFT entwickelt.

Ein gutes Beispiel einer bundesrepublikanischen Maßnahme in obigem Sinn ist die Unterstützung des Aufbaus der Technischen Universität in Madras (Indian Institute of Technology = IIT), das größte Entwicklungshilfeprojekt der Bundesregierung im Bildungsbereich. Hierzu gehörte die Installation eines Großrechners (IBM 370/155) sowie eines Fernmelde- und Elektroniklabors. 1981 kamen Microprozessor-Entwicklungsplätze und ein Bildverarbeitungssystem (PDP 11/23) hinzu.

Die Informationstechnik dient am IIT Madras vornehmlich Ausbildungszwecken. Daneben gibt es Projekte wie die Entwicklung eines Terminals, Druckers und Editors für die traditionelle Tamil-Schrift des Staates Tamil Nadu, zu dem auch Madras gehört.

Seit der Eröffnung des IIT werden über die Deutsche Gesellschaft für technische Zusammenarbeit (GTZ) gemeinsame Forschungspartnerschaften mit deutschen Universitäten gefördert, bei denen es sich zum Teil um Informationstechnologie handelt. Beispiele sind die Entwicklung von Infrarot-Datenübertragung zwischen entfernt gelegenen Computern. Diese Projekte sollen möglichst mit der indischen Industrie in Verbindung stehen und direkt zur Verbesserung der sozialen und industriellen Entwicklung führen.

Seit einigen Jahren laufen Verhandlungen mit der Bundesregierung, den inzwischen veralteten Rechner am IIT Madras zu ersetzen. Zunächst wurde ein GTZ-Experte für die Unterstützung bei der Planung und Auswahl eines neuen Systems zur Verfügung gestellt. Inzwischen ist entschieden worden, daß der neue Rechner finanziert wird und daß es sich um einen deutschen Hersteller handeln muß.

In von der GTZ geförderten Projekten der technischen Zusammenarbeit werden in jüngster Zeit insbesondere Personal Computer eingesetzt. So wurden 1985 mehr als 30 Personal Computer für Projekte bewilligt. In der Regel werden sie, oft auf Initiative des Projektleiters, für reine Verwaltungsaufgaben wie Abrechnung, Berichtswesen oder Textverarbeitung eingesetzt, so z.B. bei einem landwirtschaftlichen Projekt in Nepal. Ein anderes Einsatzgebiet von Mini- und Microcomputer in Projekten vor Ort sind wissenschaftliche Berechnungen wie z.B. in einem Forschungsprojekt in Portugal die Erfassung und Auswertung von Klimadaten, Solarstrahlen, Luft- und Bodentemperatur sowie Niederschlagsmengen.

Ausgeprägter sind die Erfahrungen der bundesrepublikanischen Entwicklungszusammenarbeit auf dem Gebiet der Massenkommunikationsmittel wie Hörfunk, Fernsehen, Fernmeldewesen, Satelliten (vgl. /1/)

Da es bisher noch keine einheitliche entwicklungspolitische Linie der Bundesregierung im Zusammenhang mit Informationstechnologie in der "Dritten Welt" gibt, sollen hier einige, aus unserer Sicht bedenkliche Tendenzen der technologischen Zusammenarbeit aufgezeigt werden.

Das Bundesministerium für wirtschaftliche Zusammenarbeit (BMZ) hat erstmalig 1984 ein Forschungsprojekt über die "Bedeutung der Mikroelektronik (Fertigungs- und Montageautomation) für die Länder der 'Dritten Welt' und die Rückwirkungen auf die internationale Arbeitsteilung" ausgeschrieben (Die ZEIT, 21.9.1984). Interessant ist, daß in der gleichen Ausschreibung die "rechtlichen Rahmenbedingungen privatwirtschaftlicher Tätigkeit in Entwicklungsländern" untersucht werden sollten.

An der TU Berlin ist man bereits einen Schritt weiter. Das Zentrum für technologische Zusammenarbeit (ZTZ) ist seit Jahren mit dem wissenschaftlichen Technologietransfer in die "Dritte Welt" betraut. Jetzt soll ergänzend eine "Agentur für internationale Kooperation in Technologie und Forschung" verstärkt wirtschaftliche Interessen berücksichtigen:

> "Aufgabe der Agentur soll es sein, deutschen Industrieunternehmen Aufträge aus Entwicklungsländern zu vermitteln. Nach Ansicht der TU haben es deutsche Unternehmen schwer, in Entwicklungsländern die sich im Umbruch zu Industriestaaten befinden, 'Fuß zu fassen'. Auf Grund der Aktivitäten hat die TU Zugang zu wirtschaftlichen Stellen bekommen, der für deutsche Industrieunternehmen genutzt werden soll." /2/

Dies paßt gut zu den 1984 im "Regierungsbericht Informationstechnik" formulierten Vorstellungen des Bundesforschungsministeriums:

> "Leitgedanke der staatlichen Technologieförderung, die in Übereinstimmung mit den Industrie-Interessen skizziert wurde, ist die Stärkung der internationalen Konkurrenzfähigkeit der bundesdeutschen Wirtschaft auf dem Gebiet der modernen Technologien." /3/

Auch die Deutsche Bundespost beteiligt sich aktiv als "Türöffner für die deutsche Industrie" /4/ in der 'Dritten Welt'. Auf einer Ausstellung für Computer- und Kommunikationstechnik in Peking sollte dazu beitragen, den chinesischen Markt für deutsche Hersteller zu erschließen. Nicht zu vernachlässigen sind die bereits bestehenden Aktivitäten deutscher Firmen in China. Die Firma SIEMENS gründete 1984 eine Zweigniederlassung in Peking /4/ und folgt damit einer langen Tradition /5/. Die AEG beteiligt sich am Bau von Fernsehsatelliten für die Volksrepublik China und an den damit verbundenen lukrativen Folgegeschäften /6/. Der Bundesverband Deutscher Unternehmensberater BDU e.V. knüpfte Kontakte zur 'China-Enterprise-Management-Association', da sich auch Beratungsfirmen auf dem chinesischen Markt betätigen wollen /7/.

Angesichts der Ausbreitung der "Mischfinanzierung", d.h. dem Einsatz von Entwicklungshilfegeldern für kommerzielle Projekte in der 'Dritten Welt', ist zu befürchten, daß die Entwicklungsziele hinter Exportinteressen weiter zurücktreten müssen. Aus Anlaß der Aussprache über den fünften entwicklungspolitischen Bericht im Bundestag mehren sich kritische Stimmen über diese Vorgehensweise (s. /8/,/9/,/10/). In einer Dokumentation der GRÜNEN zu "Mischfinanzierung und Lieferbindung" wird als Beispiel für verdrängte Entwicklungsprojekte genannte:

> "Statt eines Kleinbauern- und Wasserversorgungsprojektes auf Sumatra wurde ein Telexnetz und eine Hochspannungsstraße finanziert" /8/.

Abschließend die Haltung der Bundesregierung:

> "Für die Regierung Kohl ist eines selbstverständlich: Zu einer Zeit, wo wir in der Bundesrepublik über zwei Millionen Arbeitslose haben, muß deutsche Entwicklungshilfe dafür sorgen, daß sie gleichzeitig beschäftigungswirksam für die deutsche Wirtschaft und für den deutschen Arbeitnehmer ist. Wir wollen mit unseren Entwicklungshilfeleistungen den Menschen in der Dritten Welt helfen, nicht aber schwedischen Telefonbaukonzernen oder Maschinenbaufirmen des Ostblocks." /11/

2. AKTIVITÄTEN IN WESTLICHEN INDUSTRIESTAATEN

2.1 FRANKREICH

CENTRE MONDIAL INFORMATIQUE ET RESSOURCE HUMAINE

Das Centre Mondial wurde 1982 von der französischen Regierung aus der Überzeugung heraus gegründet, daß Computer Literacy und wirtschaftliche Entwicklung hoch miteinander korrelieren /13/.

Angesichts der rasanten Entwicklung im Bereich der Informations- und Kommunikationstechnologien und deren Anwendungen wollte das Centre Mondial das Wissen und die Erfahrungen der Informatik weiterentwickeln, um insbesondere soziale Anwendungen zu fördern. Die wissenschaftliche Kooperation stützte sich zunächst auf die Carnegie-Mellon University (Pittsburgh, USA). Allerdings haben sich die amerikanischen Wissenschaftler bereits nach einem Jahr zurückgezogen.

Ein Ziel des Centre Mondial war es, besonders die Computerkultur zu fördern. Das Programm 'Un été pour le futur' gilt als besonderer Erfolg. Jährlich wurden 200.000 Teilnehmer in Kursen zu Computer Literacy während der Ferienzeit in über 200 Orten Frankreichs betreut.

Andere Kurse wurden das ganze Jahr über angeboten. Absolventen der französischen Eliteuniversitäten (Grandes Écoles) war es freigestellt, anstelle des 18-monatigen Militärdienstes nach einer zweimonatigen Ausbildung in Datenverarbeitung Kurse in Computer Literacy vorwiegend für arbeitslose Jugendliche in über 500 Orten Frankreichs abzuhalten: 1983 hatten sich 400, 1984 700 Ausbilder auf diese Weise gefunden. In einigen Städten wurden besondere Kurse für arbeitslose Industriearbeiter aus dem Maghreb durchgeführt. Darüberhinaus wurden in Frankreich Pilotprojekte in den Bereichen Medizin, Landwirtschaft und Erziehung gestartet.

Die Informationstechnik sollte in Pilotprojekten hierbei auch an Bedürfnisse der "Dritten Welt" angepasst werden, um deren Entwicklungschancen zu vergrößern. Ca. ein Drittel der Mittel des von der französischen Regierung finanzierten Centre Mondial ging an Informatikprojekte in der "Dritten Welt". Auch hier waren die Schwerpunkte der Kooperation Erziehung, Gesundheit und Landwirtschaft.

Neben den Forschungsprojekten in Erziehung, Gesundheit und Landwirtschaft wurde z.B. in Bogota in Zusammenarbeit mit der kolumbianischen Regierung ein 'Latin American Center for Computing Technology and Human Resources' gegründet. Weitere Zentren für Computer Literacy wurden in Brasilien und Kuweit eröffnet. Neben diesen Aktivitäten wurden internationale Workshops z.B. über Hard- und Software von Micros, über Anwendungsprogrammpakete, Rechnernetze und über Informatikpolicies initiiert.

In Frankreich waren Kritiker zu hören, die im Centre Mondial nichts weiteres als eine Marketing-Institution der französischen Computerindustrie sahen /14/.

Auf Veranlassung der konservativen Regierung wurde das Centre Mondial Paris zum Jahresende 1986 geschlossen.

2.2 GROSSBRITANNIEN

2.2.1 COUNCIL FOR COMPUTING DEVELOPMENT

1981 ging in Großbritannien , hauptsächlich aus den Reihen der British Computer Society (BCS), der "U.K. Council for Computing Development" (UKCCD) hervor. Seine Hauptzielsetzung ist, ähnlich wie beim Centre Mondial, die Erfahrungen und das UK-Fachwissen über Informations- und Kommunikationstechnologien für Entwicklungsländer verfügbar zu machen und sie bei der Formulierung einer nationalen Technologiepolitik zu unterstützen, insbesondere beim Aufbau eigener EDV-Kapazitäten.

Die generelle Einschätzung ist, daß die Informationstechnik eine bedeutende Rolle bei der Stimulation und Beschleunigung von Entwicklung spielt. Der UKCCD sollte die vereinzelt schon vorhandenen Projekte mit Entwicklungsländern in einer professionellen, unabhängigen und nichtkommerziellen Vereinigung zusammenfassen und koordinieren. Die Mitglieder setzen sich aus Einzelpersonen (z.B. EDV-Manager, Systemanalytiker und -berater, Informatik-Professoren, Führungskräfte aus der EDV-Industrie) und Organisationen (z.B. Universitäten, Beratungsfirmen, Hersteller, Rechenzentren) zusammen. Die Finanzierung erfolgt über die Mitglieder. Mitglieder im Beirat des Councils sind Vertreter der Computerindustrie, der Universitäten und des Handelsministeriums. Der UKCCD ist u.a. vertreten bei UNESCO und UNIDO.

Der UKCCD hat z.B. folgende Beratungen durchgeführt:

- o Mitarbeit bei der Unterstützung der Regierung von Sri Lank zur Entwicklung einer nationalen Informationstechnik-Politik, zusammen mit ILO und UNDP

- o Mitarbeit beim Aufbau des "Centre for Computing Studies" (CCS) an der NGEL ANN Polytechnic University in Singapur, insbesondere bei der Curriculum-Entwicklung, in Zusammenarbeit mit dem englischen Computerhersteller International Computers Ltd(ICL)./15/

Ergänzend zu Beratungen sollen Seminare und Konferenzen durchgeführt sowie den Bedürfnissen von Entwicklungsländern entsprechend Fortbildungsmaßnahmen konzipiert und angeboten werden.

1984 und 1985 wurde jeweils ein 'Advanced Management Course for Developing Countries' für Informationstechnologie mit Unterstützung der UNESCO am Polytechnic of Central London durchgeführt (Teilnahmekosten: 3.500 Pfund!). Teilgenommen haben Delegationen aus Ägypten, Equador, Hong Kong, Indien, Saudi-Arabien und Tunesien /17/.

Die Konferenz "Computer Systems Procurement" wurde 1984 in Ägypten mit Teilnehmern aus dem mittleren Osten, Europa und Nordamerika durchgeführt. Themen wie nationale Informatik-Politik, Systemanalyse, Ausschreibungen, Angebote und deren Bewertung, Verträge und Projektmanagement wurden diskutiert und Empfehlungen hierzu verabschiedet.

Als neue Priorität der Aktivitäten des UKCCD wurde 'Informatik in der Schule' festgelegt, wobei Auszüge aus dem Bulletin Nr.5 (1984, S.4f) in großzügiger Offenheit die Beweggründe aufzeigen:

> "Britain Leads the World
>
> The micro-computer has changed the education world. With greatly reduced hardware costs, simple learning languages, the awareness and enthusiasm of children, the opened eyes of educators, commitments of the industry and the sponsorship of gouvernment, a sharp upword spiral has occured. This growth is apparent in most developed and some developing countries, but the United Kingdom has advanced further along this route than other nation. The United States, France, Canada, Japan, Germany and Israel however are not far behind. ...
>
> From specific enquiries, it is known that a number of countries are considering how best to tackle this issue, including Malaysia, Thailand, Tunesia, Sri Lanka, Egypt, Saudi Arabia, Bermuda and the Eastern Carribean Federation. However, we would see the need for schools computing development based on UK experience would be attractive elsewhere.
>
> ... many developing countries and in particular within the Commonwealth, are based on the British pattern. Indeed, Britain is still highly respected for its educational systems and the British Council is a well established mechanism for providing an educational interface.

> From the industry viewpoint it is good business, with schools computing a growth market and the UK in a position to make a leading role. The direct business resulting for hardware, software, publishing and the educational industries is potentially very large. Indirect trading benefits to these industries through their establishment in the education market are even larger. A national schools programme must have a supporting infrastructure, and the provision of this provides a means by which industries can access much broader markets than that of education alone."

Der Council gibt jährlich vier Ausgaben des Bulletin heraus mit dem Titel 'Sharing the Wealth of Computer Technology'. Mit Unterstützung der UNESCO ist das UKCCD seit 1986 Herausgeber der Fachzeitschrift 'Information Technology for Development' /17/.

Schon diese kurze Auswahl der Projekte des Councils sowie dessen Zusammensetzung machen deutlich, daß die Aktivitäten auf höchster Ebene angesiedelt sind und stark von den Export-Interessen der englischen Computerhersteller, insbesondere ICL, geprägt sind. Dies zeigt sich besonders in der engen Zusammenarbeit mit der kommerziellen British Information Technology Export Organisation (EXPORTIT), die im Verlauf von Beratungstätigkeiten des Councils darauf hingewiesen wird, wenn sich Möglichkeiten für den Absatz von Computersystemen bieten (s. /15/, S.8).

2.2.2 Specialist Group for Developing Countries

Institutionell vergleichbar mit dem Arbeitskreis "Informatik und 'Dritte Welt'" der GI ist die "Specialist Group for Developing Countries" innerhalb der British Computer Society. Sie wurde bereits 1976 mit dem Ziel gegründet, computerbezogene Fortbildungsveranstaltungen durchzuführen sowie Studienaufenthalte in Großbritannien für die Bearbeitung von "Dritte Welt"-Themen zu ermöglichen.

Folgende Tagungen und Seminare wurden veranstaltet:

1983 Computing for National Development

1984 The use of microcomputers in transport planning and traffic management in Developing Countries /19/

1985 Beneficial Public Sector Applications of Information Technology in Developing Countries

Unter dem Thema 'USE of Computers for National Development' /20/ wurden kommentierte Bibliographien zu den Bereichen Wasserwirtschaft, Transportwesen, Landwirtschaft und Finanzen veröffentlicht.

Die Specialist Group gibt über die BCS einen Newsletter /21/ heraus, in dem u.a. die nationalen Computergesellschaften von Entwicklungsländern vorgestellt werden.

2.2.3 THE BRITISH COUNCIL

Der British Council, vergleichbar mit den Goethe-Instituten der BR Deutschland, informiert in der Broschüre 'Computer Studies in Britain' potentielle Stipendiaten aus Entwicklungsländern über Inhalt, Dauer und akademischen Abschluß von Kursen zu Computer Science und Computer Studies. Diese Zusammenstellung wurde gemeinsam mit dem UKCCD (vgl. 2.1) erarbeitet. Der Werbecharakter ist unverkennbar:

> "Why study computing in Britain? Britain is in the forefront of these major developments. Britain leads the world in computer technology, from its introduction in schools to its use in academic research at universities and research instituts and in industry. British Computer applications are among the most highly developed, using microprocessing technology to solve problems in business, industry and government. Studying in Britain offers: ... access to the world's most up-to-date computer hardware and software." (/22/, S.3)

2.2.4 UNIVERSITÄRE AUSBILDUNG

LONDON SCHOOL OF ECONOMICS

Die London School of Economics ist Teil der University of London und die größte Institution, die in Großbritannien Lehre und Forschung in den Sozialwissenschaften betreibt.

Für Student/inn/en aus Entwicklungsländern wird ein einjähriger Diplomkurs in "Management of Information Systems" /23/ angeboten, der bereits 1977 in Zusammenarbeit mit und Unterstützung durch die UNESCO eingerichtet wurde.

Ziel dieses Kurses ist es sicherzustellen, daß die Teilnehmer, die den Kurs erfolgreich abschließen und dann in ihre Heimatländer zurückkehren, in der Lage sind, einen entscheidenden Beitrag leisten zu können für die Entwicklung und das Management von Informationssystemen im Sinne eines integralen und erfolversprechenden Anteils an der nationalen Entwicklung. Neben technischem Wissen werden auch gesellschaftliche Auswirkungen der Informationstechnologien behandelt:

> "Among other things the course is designed to enable them:
>
> a) to recognize the full potential of information technology, including microcomputers as components of information systems, and the social, economic, educational and technological factors which are involved in the introduction of the technology.
>
> b) to make or influence policy and planning decisions which will ensure this potential is developed to maximum advantage." /23/

Die Ausbildung gliedert sich in die Themenblöcke

o Informationtechnology and data processing

o Systemanalysis

o Transfer and Development of Technology

o Information Systems in Developing Countries

o The Social Context of Information Systems

DEVELOPMENT PLANNING UNIT

Die Development Planning Unit (DPU) ist ein akademisches Zentrum innerhalb der Bartlett School of Architecture and Planning des University College London. Aufgabenfelder der DPU sind Lehre und Forschung im Bereich Stadtplanung und regionale Entwicklung in Entwicklungsländern. Ziel der DPU ist es, dazu beizutragen, daß Regierungen in Ländern der "Dritten Welt" den Problemen der Verstädterung besser gewachsen sind. Maßnahmen hierzu sind Kurse, die in London und in der "Dritten Welt" durchgeführt werden.

Das Curriculum für den Kurs "Computers and Development Planning" sieht Textverarbeitung, Statistik-Programmpakete, graphische Verarbeitung von Landkarten sowie Datenbanksysteme für die Stadtverwaltung vor. Der Kurs ist erfreulicherweise nicht eindimensional oder technokratisch ausgerichtet, wie schon aus dem Ankündigungstext /24/ hervorgeht:

> "It is important that computing is not seen simply as a technical matter divorced from economic and social development. There will be considerable attention paid to the problems of the implications of developments in new technology for employment, working conditions, balance of payments, transborder data flow and other problems."

Während eines Besuches war Gelegenheit, einen Kurs kennenzulernen, der speziell für die Anforderungen von fünf Teilnehmern aus Iran, Mauritius und Sri Lanka konzipiert wurde. Inhaltlich wurde der Computereinsatz im Einwohnermeldewesen bearbeitet. In praktischen Übungen an PCs (u.a. WORDSTAR, dBASE III, LOTUS) sollten die Teilnehmer in die Lage versetzt werden, die

Nützlichkeit der Informationstechnik für ihre beruflichen Anforderungen als Verwaltungsbeamte bewerten zu können.

An den beiden letzten Seminartagen wurde mit Vertretern des British Council und einem Spitzenmanager von ICL das Für und Wider der Informationstechnologie in "Dritte Welt"-Länder an Fallbeispielen problematisiert. In der Diskussion wurde der Satellitenkommunikation besondere Bedeutung beigemessen.

2.3 IRLAND

TRINITY COLLEGE DUBLIN

Das Trinity College wurde bereits 1591 gegründet. Diese Tradition begründet seinen anerkannten wissenschaftlichen Ruf. Seit 1977 wird ein Ausbildungsprogramm für Stipendiaten aus Entwicklungsländern durchgeführt: das Systems Development Programme /25/. Es ist Teil des Programmes der irischen Regierung, die technische Unterstützung für Entwicklungsländer zu verbessern, und daher H.E.D.C.O. (Higher Education for Development Cooperation) angeschlossen, das die Ausbildungsaktivitäten im Bereich der Entwicklungszusammenarbeit koordiniert. Ein Forschungsschwerpunkt am Trinity College ist "Informatik und industrielle Entwicklung" (/26,/27/).

In der Regel werden die Teilnehmer am Systems Development Programme von Regierungen, Unternehmen oder Verwaltungen entsandt. Berufspraxis wird zwingend vorausgesetzt. Auch sollte der Einsatz im Heimatland nach Abschluß des Kurses bereits zu Beginn festgelegt sein.

1985 wurden am Trinity College im Rahmen des Informatics Projects der United Nations University (s. Punkt 3.7) drei Wissenschaftler aus Äthiopien im Anwendungsbereich Satellitenkommunikation ausgebildet.

2.4 JAPAN

1976 wurde das "Center of the International Cooperation for Computerization" (CICC) mit Unterstützung des Ministry of International Trade and Industry (MITI) in Tokio gegründet. CICC wurde als gemeinnützige, d.h. nicht profitorientierte Gesellschaft initiiert mit dem Ziel: " cooperate with and give support to the promotion of computerization in overseas countries based upon our abundant experiences in Japan" (zit. nach /17/).

CICC wird heute hauptsächlich von vierzehn japanischen Unternehmen der Computerindustrie mit einem Jahresbudget von 1 Mio $ finanziert.

Im Rahmen von CICC werden u.a. für Teilnehmer aus der "Dritten Welt" Seminare veranstaltet und deren Kosten für die Teilnahme an Internationalen Tagungen übernommen.

3. INTERNATIONALE ORGANISATIONEN

Auf internationaler Ebene gibt es schon sehr lange Bemühungen, die Informationstechnologie zum Nutzen der 'Dritten Welt' einzusetzen und vor negativen Folgen zu warnen, seit eine Expertengruppe der Vereinten Nationen in den Jahren 1971 und 1973 die Berichte "The Application of Computer Technology for Development" vorlegte (/28/,/29/).

Ausgehend von der Einschätzung, daß die Computertechnologie einen wichtigen Beitrag für die wirtschaftliche und soziale Weiterentwicklung von Ländern der 'Dritten Welt' leisten kann, wurden Empfehlungen zur Ausbildung über Technologieanwendungen, die Notwendigkeit einer nationalen Technologiepolitik und insbesondere internationaler Zusammenarbeit niedergelegt.

Eine Weiterentwicklung dieser Ideen fand auf der von der UNESCO und vom Intergovernmental Bureau of Informatics (IBI) veranstalteten Konferenz "Strategies and Policies for Informatics" (SPIN) 1978 in Spanien statt. Hauptziel der Tagung war ein Erfahrungsaustausch über politische und stategische Aspekte des Einsatzes von Informationstechnologie, die Diskussion von Möglichkeiten, die Technologie entwicklungsfördernd einzusetzen, nationale Strategien zu entwerfen sowie ein Programm über internationale Zusammenarbeit und Unterstützung im Bereich Informatik zu erarbeiten. Als Ergebnis der Tagung wurde eine sehr detaillierte Liste von Empfehlungen veröffentlicht /30/.

Schwerpunkte der Empfehlungen der SPIN-Konferenz sind:

- die gegenwärtige und zukünftige Anwendung der Informatik: UNESCO und IBI werden aufgefordert, interdisziplinäre Studien und Vorhersagen über soziale und kulturelle Auswirkungen der Einführung von informatikorientierten Strukturen in Ländern mit anderer sozialer, kultureller und wirtschaftlicher Entwicklung zu erstellen.

grundlegende Voraussetzungen für den effektiven Einsatz von Informatik: Regierungen sollten die öffentliche Mitwirkung bei der Wahl neuer Anwendungen der Informatik fördern und dafür sorgen, daß der betroffene Sektor der Bevölkerung über Gründe und mögliche Folgen aufgeklärt wird.

regionale und internationale Zusammenarbeit

3.1 UNESCO - UNITED NATIONS EDUCATIONAL, SCIENTIFIC AND CULTURAL ORGANIZATION

Aus den Empfehlungen der SPIN-Konferenz gingen eine Reihe von konkreten Projekten hervor, die der UNESCO übertragen wurden (u.a. in Zusammenarbeit mit IBI oder IFIP). Hierzu zwei Beispiele:

Project RINSA (Regional Informatics Network for South and Central Asia) . Besondere Aufmerksamkeit gilt einem regionalen Ansatz für den Programmentwurf und der -implementation auf der Grundlage sozialer, kultureller, linguistischer und wirtschaftlicher Eigenheiten /31/.

In der Empfehlung Nr.19 der SPIN-Konferenz wurde die UNESCO zusammen mit IBI aufgefordert, das "Institute Africain d'Informatique"(IAI), Librev, Gabun, finanziell und technisch zu unterstützen. Dieses Institut entstand in Zusammenarbeit mit zehn französischsprachigen afrikanischen Staaten. Das Lehrpersonal stammt zum Teil aus Frankreich. An diesem Institut werden Programmierer und Systemanalytiker ausgebildet.

Für die Informatikprogramme im Biennium 1984/1985 /32/ sowie 1986/1987 /33/ stellte die UNESCO folgende Zielsetzungen in den Vordergrund:

Strategien für die Entwicklung und Anwendung der Informatik zu formulieren und die sozialen Folgen der Einführung von Informationstechnologie einzuschätzen;

den Zugang zur Microinformatik gezielt in bezug auf Entwicklungsstrategien zu erleichtern, nationale Forschung, Ausbildung und Anwendungsprogramme zu fördern, insbesondere durch regionale und internationale Kooperation.

Unterstützt werden sollen z.B. Ausbildungsprogramme in Angewandter Informatik sowie die Universitätsausbildung für anwendungsorientierte Informatik in Entwicklungsländern. Im Rahmen ihrer Informatik-Programme hat die UNESCO die Möglichkeit, Wissenschaftlern aus Entwicklungsländern die Teilnahme an Tagungen und Workshops auch in Europa zu ermöglichen. 1984 führte die UNESCO ein Symposium über die kulturellen, sozialen und Wirtschaftlichen Auswirkungen der neuen Kommunikationstechnologien in Rom durch /34/. Eine Anregung dieses Symposiums: Um die sozialen Auswirkungen des Informatikeinsatzes einschätzen zu können, sollten

Fallstudien durchgeführt werden. Neue Anwendungen und Anpassungen der Technologie an wirtschaftliche, soziale und kulturelle Bedingungen in Entwicklungsländern sollen in Pilotprojekten getestet werden, z.B. in der Landwirtschaft, in der Wasserwirtschaft und im Umweltschutz. Des weiteren sollen Datenbanken und Informationsdienste mit wissenschaftlichen und technischen Informationen aufgebaut werden.

Die Aktivitäten der UNESCO in Informatik sollen für alle Fachbereiche im INTERGOVERNMENTAL INFORMATICS PROGRAMME (IIP, /35/, /36/, /37/) koordiniert werden. Ansprechpartner und Focal Point für die Bundesrepublik Deutschland ist nach Absprache mit BMFT und BMZ die Gesellschaft für Mathematik und Datenverarbeitung (GMD) in Bonn. Bislang liegen keine verbindlichen finanziellen Zusagen zum IIP seitens der Bundesregierung vor.

3.2 UNIDO - UNITED NATIONS INDUSTRIAL DEVELOPMENT ORGANIZATION

Die UNIDO betätigt sich schwerpunktmäßig auf dem Gebiet der industriellen Entwicklung. Beispielsweise wurden im Rahmen eines Programms "Application of Small Computers in Industrial Management" folgende Modell-Projekte gefördert /38/:

- Unterstützung bei der Einführung von Managementsystemen auf der Basis von Kleinrechnern in einem Produktionsbetrieb
- Förderung der regionalen Zusammenarbeit auf dem Gebiet der Managementsysteme auf Kleinrechnerbasis
- Aufbau eines Beratungs- und Ausbildungszentrums für den Einsatz von Kleinrechnern im industriellen Management
- Erstellung eines "Guidebook on the Use of Small Scale Computers for Industrial Managers in Developing Countries" /39/

Im März 1984 veranstaltete die UNIDO in Wien ein Treffen aller Organisationen, die sich mit dem Einsatz der Informationstechnik in Entwicklungsländern befassen, um deren Aktivitäten zu koordinieren /40/. Vertreten waren neben der UNIDO das Centre Mondial, der Commonwealth Science Council, der Council for International and Public Affairs, das kanadische International Development Research Centre, das schwedische Research Policy Institute, die British Computer Socity und der UK Council for Computing Development. Die Vertreter der genannten Organisationen tauschten Erfahrungen über konkrete Projekte in Entwicklungsländern aus und verabschiedeten Empfehlungen, wie z.B. den Aufbau einer Software-Bibliothek für die besonderen Anforderungen der

Entwicklungsländer durch die UNIDO und die Herausgabe einer internationalen Fachzeitschrift "Information Technology for Development"

UNIDO bemüht sich insbesondere um die regionale Zusammenarbeit in der "Dritten Welt" auf dem Gebiet der Mikroelektronik. Zusammen mit der "Economica Commission for Western Asia" (ECWA) sind Aktivitäten wie "Arabisierung", CAD/CAM-Ausbildung sowie die Veröffentlichung einer lokalen Mikroelektronik-Zeitschrift geplant.

1986 wurde auf einer Konferenz in Venezuela der Aufbau eines regionalen Netzwerkes in Lateinamerika vorbereitet. Auf Einladung der Regierung von Kenia will sich die UNIDO an dem Entwurf eines Aktionsprogramms für die Entwicklung der Mikroelektronik beteiligen. Außerdem hat die UNIDO Studien über den Stand der Entwicklung der Mikroelektronik in Bangladesh, Indien, Korea, Pakistan, Venezuela sowie in einigen westasiatischen und nordafrikanischen Ländern angeregt.

3.3 UNDP - United Nations Development Programme

Mit Hilfe des UNDP wurde bereits in den sechziger Jahren der Aufbau von Rechenzentren in Entwicklungsländern finanziert. Ausgeführt werden diese Projekte meist von einer anderen UN-Organisation (z.B. ILO, UNESCO).

In Indien sind mehrere Großrechner mit UNDP-Mitteln angeschafft worden, wie z.B.:

1975 am "National Centre for Software Development and Computing Techniques" (DEC 10 Doppelprozessor), einem staatlichen Institut für Beratung, Softwareentwicklung und Grundlagenforschung

1977 am "National Informatics Centre" (CDC C-170/720), dem Rechenzentrum der Regierung.

Der Aufbau von vier regionalen Rechenzentren in Calcutta, Kanpur/Lucknow, Chandigarh und Puna wurde gleichfalls finanziell gefördert. Derzeit werden mit UNDP-Mitteln Computer für die Regierung von Burma finanziert.

Seit 1981 unterstützt UNDP in Indien das sehr interessante Projekt "Informational Education and Research for Applications of Computer Technology" (INTERACT, /41/), in dem gemeinschaftlich mit mehr als 30 Entwicklungsländern die wichtigsten entwicklungsrelevanten Einsatzgebiete für

Minicomputer identifiziert wurden und jetzt als Grundlage für gemeinsame Ausbildung und Software-Entwicklung dienen. Als wichtigste Anwendungen wurden Energiewirtschaft, Transportsysteme (insbesondere für die Eisenbahn) und meteorologische Frühwarnsysteme festgelegt.

3.4 ILO - International Labour Organization

Die ILO wurde im Jahre 1919 gegründet, um auf internationaler Ebene Regierungsvertreter, Arbeitgeber und Arbeitnehmer (Gewerkschaften) zusammenzubringen mit dem Ziel, soziale Gerechtigkeit für alle zu verwirklichen. Haupthemen in der Arbeit der ILO sind Gleichberechtigung, Arbeitszeiten, Kinderarbeit, Arbeitsschutz und soziale Sicherheit. 1946 wurde die ILO mit in die Vereinten Nationen übernommen. Die ILO ist die einzige UN-Organisation, in der auf allen Ebenen der Selbstverwaltung neben Vertretern der Regierungen auch Arbeitgeber und Arbeitnehmer repräsentiert sind. Die heutigen Schwerpunkte der ILO liegen in den Bereichen Ausbildung sowie Bekämpfung der Arbeitslosigkeit.

Seit Anfang der sechziger Jahre beschäftigt sich die ILO mit den Auswirkungen der Automation auf die Beschäftigten. 1970 fand ein Expertengespräch zum Thema Automation in Entwicklungsländern statt, in dessen Verlauf eine Reihe von Empfehlungen für die nationale Technologiepolitik dieser Länder erarbeitet wurde /42/. Beispiel für konkrete Projekte der ILO aus dem Bereich Informationstechnologie sind:

- Unterstützung beim Aufbau eines nationalen Beratungs- und Ausbildungsinstituts in Sri Lanka (National Institute of Business Management); Entwicklung von Informatikkursen für dieses Institut; Strategieempfehlungen für eine Politik des Einsatzes von Informationstechnik in Sri Lanka /43/

- Computer in und für Managementausbildung am "Institute for Social Management" in Sofia, Bulgarien

- Entwicklung von EDV-Kursen im Rahmen eines Ausbildungsprogramms für kaufmännische Angestellte am Botswana Institute of Administration and Commerce /44/.

In Anlehnung an die Erfahrungen aus dem zweiten Projekt wurde ein EDV-Schulungskonzept sowie EDV-Schulungsmaterialien für mittlere Angestellte entwickelt, die in Entwicklungsländern von der Einführung von EDV betroffen sind.

3.5 IFIP - International Federation for Information Processing

Die IFIP wurde 1959 unter der Schirmherrschaft der UNESCO gegründet als Dachorganisation von mittlerweile mehr als vierzig nationalen Computergesellschaften. Die Bundesrepublik wird in der IFIP durch die Gesellschaft für Informatik (GI) vertreten.

Die IFIP setzt sich schon seit langem für die speziellen Interessen der "Dritten Welt" ein (vgl. /45/). Andere internationale Organisationen wenden sich mit speziellen technischen Fragestellungen an IFIP oder ersuchen um Unterstützung bei der Auswahl von Informatikern für Anfragen aus der "Dritten Welt". Für die engere Zusammenarbeit zwischen UNESCO und IFIP wurde im März 1985 ein eigenes Kommittee /46/ gebildet.

IFIP organisierte u.a. folgende Veranstaltungen zum Thema "Informatik in Entwicklungsländern" :

1977 "International Conference on Computer Applications in Developing Countries" in Bangkok /47/

1980 "Computers in Developing Nations" Seminar im Rahmen des 8th IFIP World Conference in Melbourne /48/

1981 "International Symposium on Informatics for Development" in New Delhi /49/

1982 "International Symposium on Education in Informatics" in Madras; hier wurde z.B.das von der IFIP entwickelte modulare Informatik-Curriculum für Entwicklungsländer vorgestellt /50/

1986 "Woman, Work and Computerization" sowie "Informatics in a Developing World" 10th IFIP World Conference in Dublin /51/

Als Resultat der SPIN-Konferenz wurde in der IFIP ein eigenes Kommittee über die Fragen von Informatik und Entwicklung gegründet, das "IFIP Committee on Informatics for Development" (ICID). ICID hat die Aufgabe, aus der Sicht der Informatik die Angemessenheit von Informationstechnologie für Entwicklungsprobleme zu behandeln. Insbesondere sollen auch Informatiker aus Ländern der "Dritten Welt" zur Beteiligung an Aktivitäten der IFIP ermutigt werden. ICID bemüht sich z.B. darum, Informatikern aus der "Dritten Welt" die Teilnahme an Tagungen und Seminaren zu ermöglichen. ICID ist auch an der Vorbereitung von SPIN II beteiligt.

3.6 Data for Development

Anfang der siebziger Jahre wurde in Marseille die Institution "Data for Development" (DfD) gegründet, die sich schwerpunktmäßig mit dem Einsatz von Informationssystemen in der öffentlichen Verwaltung von Entwicklungsländern befaßt. Mitglieder des DfD sind Individuen (aus Universitäten, Regierungen usw.) und Organisationen (Regierungsinstitutionen, Forschungsabteilungen etc.).

Hauptzielsetzung ist die Verbreitung von Fachwissen und Erfahrung über Datenorganisation, -erfassung, -verarbeitung, und -verwendung in der öffentlichen Verwaltung. Hierzu werden Regierungen bei der Entwicklung und Anwendung von Informationssystemen unter Berücksichtigung der sozialen, politischen, kulturellen und wirtschaftlichen Rahmenbedingungen beraten sowie Hilfe bei der Evaluation von bereits eingesetzten Informationssystemen geleistet.

Als Resultat des Seminars "Informations Systems in Public Administration and their Role in Economic and Social Development", das gemeinschaftlich mit UNESCO und IFIP im Juni 1979 in Frankreich abgehalten wurde, entstanden Pilotprojekte in Ägypten, Kenia, Senegal und Tunesien sowie regionale Arbeitsgruppen über Regierungs-Informationssysteme für den Raum Asien und Pazifik, Afrika und Lateinamerika, sowie ein bibliographischer Dienst zu neuen Informations- und Kommunikationstechnologien /12/.

3.7 IBI - Intergovernmental Bureau for Informatics

Das IBI mit Sitz in Rom ging 1974 unter der Schirmherrschaft der Vereinten Nationen und der UNESCO aus dem Internationalen Rechenzentrum (gegründet 1951) hervor. Hauptziel des IBI war die Unterstützung insbesondere der "Dritten Welt" auf dem Gebiet der Informatik, um ein besseres Verständnis für die Auswirkungen der Informatik auf die Gesellschaft zu erzielen und die bestmögliche Nutzung ihrer Möglichkeiten zu fördern.. Informatik wird als notwendige, wenn auch nich hinreichende Voraussetzung für die Entwicklung und Eigenständigkeit der "Dritten Welt" angesehen.

Mit Ausnahme von Frankreich, Italien und Spanien sind die Mitglieder von IBI Entwicklungsländer, insgesamt vierzig Staaten /52/. In Madrid wurde 1976 das regionale Zentrum CREI gegründet, das sich speziell mit Informatik-Ausbildung in spanischsprechenden Ländern befaßt. 1981 entstand das CREALC als regionales Zentrum in Mexiko, das im lateinamerikanischen Raum beratend tätig ist, insbesondere in Fragen der Verwirklichung nationaler Informatikstrategien.

1982 folgten regionale Zentren für französischsprachige Informatikausbildung in afrikanischen Ländern in Dakar (Senegal), für englischsprachige Informatikausbildung in afrikanischen Ländern in Lagos (Nigeria), später ein regionales Zentrum für Informatikausbildung in arabischen Ländern.

Bis zur SPIN-Konferenz 1978, die vom IBI mitorganisiert wurde, war das IBI eher theoretisch in Form von Konferenzen, Arbeitsgruppen und Veröffentlichungen tätig. Da insbesondere das IBI aufgefordert war, die Empfehlungen der SPIN-Konferenz in die Tat umzusetzen, fand hier ein Umschwung zu praktischer Arbeit statt.

Ein sehr konkretes Beispiel ist das IBINET, ein Netzwerk von Kommunikationssatelliten und billigen Erdstationen, das 1985 in Betrieb ging. Ziel des Netzes ist es, Datenbanken auf entfernt gelegene Mini- und Mikrocomputer zu verteilen.

In seinem Programm für 1985/86 setzte das IBI folgende Schwerpunkte (/52/, /53/):

- o Ausbildung in Informatik
- o Technische Unterstützung in Informatik
- o Projekte für die Entwicklung der Informatik
- o Informatikstrategien
  - juristische Probleme
  - grenzüberschreitender Datenverkehr
  - Konzepte und Doktrinen der Informatik
  - SPIN II
  - Standardisierung in der Informatik
- o Informationstechnologie
- o Verbreitung von Informatik
- o regionale Zusammenarbeit
- o institutionelle Beziehungen

Seit 1978 wird über SPIN II diskutiert. Ausgangspunkt für die Konzeption von SPIN II ist die weltweite wirtschaftliche Krisensituation, die eine Bedrohung für den Frieden darstellt. Es wird die Ansicht geäußert, daß der Einsatz der Informationstechnologie die Entwicklung insbesondere in der "Dritten Welt" fördern und somit auch den Frieden sichern helfen kann:

> "On the other hand, no-one doubts the essential role that technology plays in development. Twenty years'experience in struggling to attain financial aspects, success or failure largely depands on the capacity to introduce and adapt appropriate technology to match a country's cultural situation. In this connexion, it should be borne in mind that there exists a strong correlation between the degree to which a country is informatized and its degree of development." /54/

In diesem Sinne wurde auf einem Vorbereitungstreffen für SPIN II die "Declaration of Mexico on Informatics, Development and Peace" /55/ verabschiedet, eine Art Grundsatzerklärung für die Rolle der Informatik in der Entwicklung und damit auch zur Erreichung von Wohlstand, Menschenwürde, sozialer Gerechtigkeit und letztlich Weltfrieden.

Auf diesem Treffen wurde auch das "Special Programme of Informatics for Development" (SPINDE) entworfen. SPINDE ist geplant als weltweites Programm für die Informatisierung der "Dritten Welt". Es sollte ursprünglich auf der Konferenz SPIN II 1983 in Cuba verabschiedet werden, wurde jedoch bereits in Gang gesetzt, da immer unklar war, ob SPIN II jemals stattfinden würde.

In diesem Programm soll über einen Zeitraum von fünf Jahren etwa eine Milliarde Dollar investiert werden. Angesichts der drohenden Probleme wie Arbeitslosigkeit, Hunger, hohe Kosten der Energieversorgung sei dieser Aufwand gerechtfertigt, zumal die vorhandenen Technologien einen so hohen Standard erreicht haben, daß Lösungen genug vorhanden sind. In diesem Sinn sollte das Programm den Einsatz der Technologie fördern, die Beschaffung vereinfachen und weltweit eine solide Infrastruktur in Management und Produktion errichten. Schwerpunkte des Programms sind die Verbreitung und Demonstration des technisch möglichen und die Ausbildung von Spezialisten.

Hauptziel bei Hilfeleistungen an Länder der "Dritten Welt" ist die Ankurbelung der sozioökonomischen Entwicklung in diesen Ländern, wobei Kultur, Umwelt und die Priorität der jeweiligen Regierungen Berücksichtigung finden sollen. Gefördert werden nur Projekte, die wichtige lokale und autonome Aktivitäten im Informatiksektor oder in verwandten Sektoren aufbauen oder weiterentwickeln. Besondere Priorität erhalten Projekte, die eine Infrastruktur für Ausbildung, Verwaltung, Ressourcenmanagement, Kommunikation und Industrie errichten. Hierbei muß ein echter Wissenstransfer und Erfahrungsaustausch gewährleistet sein. Ein weiteres Ziel von SPINDE ist die Förderung der Süd-Süd-Kooperation in Informatik.

Im Mai 1983 fand im Rahmen von SPINDE ein Treffen in Cuba statt, wo mit ca. 300 Teilnehmern einzelne Projekte diskutiert wurden, wie z.B. der Aufbau eines Kommunikationsnetzes mit Paketvermittlung in Cuba und der Transfer von Mikrocomputern und Software-Technologie der französischen Firma Symag nach Madagaskar, um mit der Ausbildung durch Symag die einheimische Industrie zum Entwurf und zur Produktion von Computerkomponenten aufzubauen /56/.

Das Treffen verdeutlicht die koordinierende Rolle, die IBI mit SPINDE spielt, indem Hersteller aus Industrieländern und Vertreter der Entwicklungsländer, die am technischen Fortschritt teilhaben wollen, zusammengebracht werden:

> "The aim, according to the IBI, is to apply the technology to nations' developmental needs while at the same time using the projects to promote the countries' own information industries." /56/

Die Koordination der Organisation und Finanzierung der Projekte durch das IBI sowie technischer Beistand sollte die Investitionsbereitschaft der beteiligten Firmen erhöhen.

In Bari wurde das IBI-Ausbildungszentrum eröffnet: das International Institute for Development of Informatics (IBIDI). Die Strategie von IBIDI /57/:

> "Informatics education ranging far beyond training users or designers or information processing systems, opens up new prospects for the fulfilment of the human mind by fertilizing the field of both technical and cultural innovation. Well-informed use of

informatics leads to unprecedented 'social efficency' in the links between the decision-making centres and the implementation centres, and enables citizen to play a more active part in social projects.

In this sense that informatics, made by man at the service of man, can be considered a form of humanism."

Die Aktivitäten des IBIDI umfassen State-of-the-Art-Wochenseminare, sowie zweimonatige Trainingskurse. Für 6 bis 12 Monate können Forschungs- und Entwicklungsaufträge über Anwendungen der neuen Informationstechnologien in unterschiedlichen wirtschaftlichen und gesellschaftlichen Kontexten vergeben werden. Ergänzend werden Pilotprojekte in Forschung und Ausbildung initiiert.

Neben einem Newsletter wurde die Publikation AGORA herausgegeben, die Beiträge zu Transboarder Data Flow und den Informatikanwendungen in den Schlüsselbereichen für Entwicklung wie Medizin, Gesundheit, Bildung und Landwirtschaft veröffentlicht.

3.8 UNU - United Nations University

Hauptsitz der United Nations University ist Tokio. Das Regionalbüro Europa ist in London angesiedelt.

Einer der neun Programmbereiche der UNU lautet: Wissenschaft, Technologie und die Informationsgesellschaft. Hierin ist das Projekt 'Micros for Development' /58/ angesiedelt. Die Einführung von Micros in die allgemeine Ausbildung zusammen mit dem notwendigen Training der Ausbilder ist dabei die Hauptaufgabe, die nach Ansicht von UNU nur nationale Regierungen oder internationale Organisationen in Angriff nehmen können.

Die UNU sieht ihre Rolle in der Entwicklung und Verbreitung von Methoden für das Training von Wissenschaftlern in Entwicklungsländern in den drei Bereichen

Anwendungen der Microprozessortechnologien (insbesondere in Entwicklungsländern) sowie die hierfür notwendige Ausbildung und Forschung

Auswertung der Fortschritte in der Microelektronik (Technologie, Anwendungen, Anforderungen)

Forschung über die speziellen Aspekte der gesellschaftlichen und kulturellen Dimensionen der Neuen Informationstechnologien.

Als Anwendungen, die für Entwicklungsländer besondere Bedeutung haben, gelten:

o Die Rolle der Microinformatik in der Telekommunikation

o Datenfernübertragung und Datenverarbeitung mit Micros

o Satellitendaten für örtliche Wettervorhersage

o Datenbanken für ländliche Energieplaner

o als Werkzeug für Produktion und Management in kleinen unabhängigen landwirtschaftlichen und industriellen Unternehmen.

Eine Arbeitsgruppe wird die Entwicklungen verfolgen, die besonders für Anwendungen in der "Dritten Welt" von Bedeutung sind: Bildungsbereich, Forschung und Entwicklung, öffentliche Verwaltung sowie Kommunikationstechnik. Ein Schwerpunkt der Arbeit der UNU wird es sein, die Anforderungen und Bedürfnisse der Endbenutzer von Informationssystemen auf Micros zu untersuchen.

Der Bereich der gesellschaftlichen und kulturellen Auswirkungen der Microelektronik wird anhand von Pilotstudien bearbeitet zu Themen wie:

Informationstechnologie und Innovation im Hinblick auf technologische Selbständigkeit der "Dritten Welt"

Technologiefolgenabschätzung des Einflusses der Microelektronik auf unterschiedliche lokale Kulturen mit Hilfe empirischer Vergleichsuntersuchungen

Der pragmatische Teil der Arbeit der UNU ist die Erteilung von Stipendien für Wissenschaftler, z.B. für das Informatik-Projekt /59/ am Trinity College Dublin (vgl. Punkt 2.3) über Informationstechnologie und Gesellschaft, um damit ein weltweites Netzwerk der Zusammenarbeit in Forschung und Entwicklung zu fördern.

3.9 COMMONWEALTH SCIENCE COUNCIL

Der Commonwealth Science Council (CSC) wurde 1946 in London gegründet. Seit 1982 konzentriert er seine Anstrengungen auf die Förderung von Forschung, Ausbildung und der wissenschaftlichen Infrastruktur. Von den insgesamt 49 Commonwealth-Ländern sind derzeit 33 Mitglied im CSC.

Im Rahmen des Industrieförderprogramms werden Kurse und Workshops über Informatikanwendungen durchgeführt, die regional für den pazifischen, afrikanischen oder karibischen Raum organisiert werden. Dabei wird beabsichtigt, ein personelles Netzwerk für die Zusammenarbeit in Forschung und Entwicklung aufzubauen.

Mitte 1984 wurde in Hyderabad (Indien) ein Workshop durchgeführt zum Thema "Application of Micro/Mini-Computers to Plant and Process Design" /60/.

Ein zweiter Workshop über "Basic Principles of Microprocessor Based Systems" fand 1985 in Port-of-Spain (Trinidad & Tobago) statt.

Die so geförderten personellen Netzwerke sollen ein konsultatives Verfahren gewährleisten für die

o Curriculum-Entwicklung der grundlegenden, spezialisierten und fortgeschrittenen Kurse

o Formulierung von Forschungs- und Entwicklungsprojekten

o Evaluierung der geförderten Projekte

Im CSC wird derzeit über den Einsatz von Expertensystemen im Planungsprozeß von Forschung und Entwicklung nachgedacht.

4. Literatur

/1/ FUMETTI W.: Die Rolle der Informationstechnologie in der deutschen Entwicklungspolitik. In: epd-Entwicklungspolitik Nr. 3/4, 1983

/2/ Berliner Tagesspiegel vom 8. 11. 1984

/3/ Stellungnahme zum "Regierungsbericht Informationstechnik". In: Computer Magazin Nr. 4, 1984

/4/ BtX-Leitung Peking-Bonn. In: VDI-Nachrichten , 27. 7. 1984

/5/ ENTWICKLUNGSPOLITISCHE KORRESPONDENZ (Hrsg.): SIEMENS - vom Dritten Reich zur Dritten Welt. EPK-Drucksache Nr.2, Hamburg 1984

/6/ AEG: chinesischer TV-Satelliten-Auftrag? In: Computerwoche, 16. 3. 1984

/7/ BDI knüpft Kontakte nach China. In: Computer Magazin 12/1983

/8/ GRÜNE sehen Mißbrauch der Entwicklungshilfe. In: Frankfurter Rundschau 10. 9. 1984

/9/ Anteil der kommerziellen Exportkredite soll steigen. In: Die WELT 18. 10. 1984

/10/ SPD und GRÜNE rügen Minister Warnkes Bericht: Entwicklungshilfe soll Export fördern. In: Westfälische Rundschau 19. 10. 1984

/11/ Westdeutsche Entwicklungspolitik. In: Passauer Presse 12. 5. 1984

/12/ DATA FOR DEVELOPMENT: Information systems in public administration and their role in economic and social development. Proceedings der Tagung vom 17. - 23. Juni 1979 in Chamrousse, Frankreich

/13/ Programme Scientifique 1985. Centre Mondial. Paris 1984

/14/ HURTADO M. E.: Missionaries of the microchip. In: South, May 1983

/15/ UKCCD Bulletin Nr. 2, August 1982

/16/ UKCCD Bulletin Nr. 6, September 1984

/17/ BOGOD J.: A Report of the Present National and International Support for Computing Development in the Third World. UKCCD, London 1981

/18/ UKCCD (Ed.): Information Technology for Development. Oxford, UK

/19/ BCS (Ed.): The use of microcomputers in transport planning and traffic management in Developing Countries. London 1984

/20/ BCS & Developing Countries Specialist Group (Eds.): Use of computers for national development. An annotated bibliography for transportation, agriculture, banking and finance. London 1982

/21/ Newsletter of the Specialist Group for Developing Countries. British Computer Society, London

/22/ The British Council: Computer Studies in Britain. London 1984

/23/ London School of Economics: Curriculum for the Diploma in the Management of Information Systems. London 1984

/24/ Development Planning Unit: Announcement for the postgraduate course "Urban Development Planning for Developing Countries". London 1985

/25/ Systems Development Programme. University of Dublin, Trinity College, Ireland 1985

/26/ FOSTER F.G. (Ed.): Informatics and industrial development. Proceedings of the international conference on politics for information processing for developing countries. Dublin 1982

/27/ UNIDO (Ed.): Informatics for industrial development. Development and Transfer of Technology Series Nr.22. Vienna, New York 1985

/28/ UNITED NATIONS: The application of computer technology for development. New York 1971

/29/ UNITED NATIONS: The application of computer technology for development. Second report of the Secretary General. New York 1973

/30/ SPIN Conference 1978: Intergovernmental conference on strategies and policies for informatics. Torremolinos, 28. August - 6. September 1978. Final Report, SC/MD/63, Paris 1979

/31/ SHESHAGIRI N.: Project RINSCA, regional network for south and central Asia. New Delhi 1981

/32/ UNESCO: Approved Programme and budget for 1984-85, programme VI.3: research, training and international co-operation in key areas in science and technology. Subprogramme VI.3.1: informatics. Paris 1984

/33/ UNESCO: Programme and budget for 1986-87. Programme VI.3: research, training and international co-operation in key areas in science and technology. Subprogramme VI.3.1: informatics. 23 C/5-II.A, S.236-240, Paris 1985

/34/ UNESCO: Symposium on the cultural, social and economic impact of the new communication technologies. Instituto della Enciclopedia Italiana, Rom. COM-84/ws/11, Paris 1984

/35/ UNESCO: Intergovernmental Council for the General Informatics Programme. Review of the implementation of the programme. PGI-84/CONF. 202 COL.3, Paris 1984

/36/ UNESCO: Interim Intergovernmental Committee for the Intergovernmental Informatics Programme. Final Report. SC/MD-77, Paris 1985

/37/ UNESCO: Intergovernmental Committee for the Intergovernmental Informatics Programme. Main working document. SC.86/Conf.208/4, Paris 1986

/38/ UNIDO: Application of small scale computers in industrial management. ID/WC.288/2, Vienna 1978

/39/ UNIDO: IOD.260, Vienna 1979

/40/ UNIDO meeting bring IT organizations together. In: UKCCD Bulletin Nr.6, London 1984

/41/ JHUNJHUNWALA R.P.: International education and research for application of computer technology. In: Computer Society of India / IFIP - Technical Committee on Education: International Symposium on education in informatics (EDINFO 82) in Madras. Bombay 1982

/42/ ILO: Automation in developing countries. ILO publications. Geneva 1972

/43/ SMYTH W. F., WALLACE J.B.: Effective computer use in developing countries. ILO, management development branch, Geneva 1980

/44/ SCHRAMM K.: The introduction of data processing in middle-level accountancy training programms in developing countries. ILO, management development brunch. Geneva 1984

/45/ AUERBACH J.: A future strategy and structure for IFIP. In: EURO-IFIP 79, Elsevier 1979

/46/ IFIP Newsletter, Vol. 1, Nr.3 (1984)

/47/ JORDAN J.A. JR., KANCHIT M. (Eds.): Proceedings of the international conference on computer applications in Developing Countries. Vol I and II. Bangkok 1977

/48/ KALMAN R.E. (Ed.): Proceedings of the seminar on computer in developing nations. World computer conference in Melbourne 1981. New York 1981

/49/ COMPUTER SOCIETY OF INDIA: Proceedings of an international symposium on informatics for development. New Delhi 1981

/50/ COMPUTER SOCIETY OF INDIA: Proceedings of an international symposium on education in informatics. Madras 1982

/51/ KUGLER H.-J. (Ed.): Information Processing 86. Proceedings of the IFIP 10th World Computer Congress, Dublin, Ireland 1986. Amsterdam 1986

/52/ IBI: Programme and Budget for 1983-1984, AS 11/05, Rome 1982

/53/ IBI: Programme of Activities and Budget. 1985-1986. Rome 1985

/54/ Informatics, development and peace - a strategy bearing hope. In: AGORA, Oct./Dec. 1981

/55/ IBI Newsletter 2, March 1982

/56/ KIRCHNER J.: IBI projects include cuban packet-switching net. In: Computerworld. May 1983

/57/ IBIDI: The International Institute for the Development of Informatics in Tecnopolis. Bari 1985

/58/ Mastering micros for development. UNU's work in microprocessor and information technology. In: United Nations University Focus, Nr. 3 (1984)

/59/ The United Nations University Informatics Project. UNU London 1985

/60/ Application of mini/micro computers to industrial plant and process design. Proceedings of a workshop in HYDERABAD, India 1984. Vol I: Inaugural Function: country reports (Papua New Guinea, Sri Lanka, Malaysia) and final recommendations. Vol II: Technical Papers. CSC Technical Publication Series Nr.145, ISP-2, London 1985

INFORMATIONSTECHNOLOGIE-ANWENDUNGEN IN NIEDERLASSUNGEN VON MULTINATIONALEN UNTERNEHMEN

Susanne Daniels-Herold
München

1. Die besondere Rolle der multinationalen Unternehmen

Multinationale Unternehmen tragen durch ihre weltweite Ausdehnung ganz besonders dazu bei, daß Neue Technologien innerhalb kürzester Zeit "Weltniveau" erreichen (s. auch ULLRICH). Solche Unternehmen sind Gebilde, die über nationale Grenzen hinweg ihre eigenen Territorien abstecken, und für die oft diese Grenzen keine Schranken bedeuten, sondern im Gegenteil sich zum Vorteil der Unternehmen nutzen lassen.

Multinationale Unternehmen aus der Chemie-, Textil-, Elektronik- und Touristik-Branche, aber auch Rohstoff-Handelsfirmen und andere bauen die Neuen Technologien in ihre Produkte ein oder setzen sie zur Fertigung ihrer Produkte ein. Außerdem benutzen sie sie für die Verwaltung und das Management aller anfallenden Information. All das hat Auswirkungen auf die Dritte Welt, ebenso wie die Strategien multinationaler Computerfirmen, die auf weltweiten Absatzmärkten operieren.

2. Einsatz von Neuen Technologien in Produkten bzw. in der Fertigung

Sowohl Lamborghini als auch Rada haben in ihrem Bericht an den Club of Rome - in "Auswirkungen auf das Unternehmen" und "Aussichten für die dritte Welt" - (FRIEDRICH/SCHAFF) darauf hingewiesen, daß die zunehmende Integration elektronischer Komponenten dazu führt, daß Funktionen, die früher von mechanischen, elektromechanischen oder elektrischen Komponenten erfüllt wurden, nun von einzelnen "black boxes" hoher Komplexität erfüllt werden. Ein Produkt muß heute nicht mehr aus hunderten von Einzelteilen mühsam zusammengesetzt werden, es besteht praktisch nur noch aus einem Chip und einem Gehäuse. Dadurch wird der Anteil der Lohnarbeit am Gesamtsystem drastisch gesenkt, ein Wertzuwachs durch manuelles Zusammensetzen ist kaum noch möglich, die Qualitätsanforderungen an die komplexen Einzelkomponenten werden höher. Das Interesse an billigen ungelernten Arbeitskräften aus Ländern der Dritten Welt nimmt daher in diesen Industriezweigen ab.

Eine andere wichtige Veränderung ist der zunehmende Einsatz von (voll-)automatisierten Fertigungssystemen in den Industrieländern, wodurch die Fertigung weitgehend unabhängig von Lohnkosten wird, und zu hohen Qualitätsanforderungen an Wartungspersonal und Arbeitsumgebung führt. Diese Anforderungen werden in den Entwicklungsländern i.a. nicht erfüllt. Die Rückverlagerung von Produktionsstätten aus Billiglohnländern in die Industriezentren war daher (vor allem in der Bekleidungs- und Elektronik-Industrie) in den letzten 10 Jahren heftig diskutiertes Thema - siehe auch A. King in seinem Bericht an den Club of Rome (FRIEDRICH/SCHAFF.)

Ernst (ERNST) hält dagegen, daß zumindest für die Elektronikfertigung

- die Lohnhöhe (des Wartungspersonals) weiterhin eine Rolle spielt
- das hohe Nachfragepotential in einigen Wachstumszentren der Dritten Welt die ··· Fertigung von Halbleitern steigen läßt
- die hohe Internationalisierungsstufe sich nicht so einfach herunterschrauben läßt
- und vor allem Automation und internationale Produktionsverlagerung heute keine Alternativen mehr sind, sondern als komplementäre Prozesse ablaufen.

Das bedeutet u.a., daß die Suche nach solchen Standorten an Bedeutung gewinnt, an denen die Nutzung extrem teurer Produktionsanlagen rund um die Uhr möglich ist und wo die Suche nach qualifizierter Arbeitskraft erfolgversprechend ist.

3. Einsatz von Neuen Technologien für den Informationsaustausch

3.1 IBM World Trade Centre

Ein Beispiel dafür, wie multinationale Unternehmen die Neuen Technologien für ihre weltweiten "Herrschaftsgebiete" einsetzen, ist zufällig gut dokumentiert: IBM. Zahlreiche andere multinationale Unternehmen lassen ihren Tochterfirmen weitergehende Autonomie, auf einen schnellen Informationsaustausch legen jedoch alle großen Wert.

Für das IBM World Trade Centre (WTC), die Zusammenfassung aller ausländischen Tochterfirmen von IBM gilt (MALIK): "Internally, IBM propaganda focuses on the ´One World of IBM´. And it is one world, in which, irrespective of the extent of nations involved, all the critical decisions are made by nationals of one country, having first in mind the interests of the parent corporation in that country and not the interests of the countries in which WTC operates."

Die gleiche Quelle beschreibt, wie IBM die Informationstechnologie im Interesse der Zentrale in Armonk für das Finanz-Management einsetzt: "... monthly results (are) set against plan, and that quite quickly - the previous month´s results go into the communications system at the start of the next. Cash flow control is tight: Armonk wants to know total revenue and total expenses, so that it can assess the difference. In WTC this operates on a weekly basis. The books are balanced, and what cash is not immediately required is lent out on the short term market. (In the US this is done on a daily basis and the money is lent out overnight)." Praktiken wie die der Gewinnrückführung durch Transfer-Preis-Manipulation (STRAHM) werden durch die Informationstechnologie überflüssig, weil Gewinnrückflüsse von außen praktisch nicht mehr kontrollierbar sind.

„Ätsch! Fangt mich!"

3.2 Umgehung von Datenschutzbestimmungen

Ein Beispiel dafür, wie multinationale Unternehmen nationale Grenzen für sich sinnvoll nutzen, ist die Methode, mit der Datenschutzbestimmungen einzelner Länder umgangen werden.

Für ein multinationales Unternehmen ist es ein leichtes, sensible Daten in ein Land ohne Datenschutzbestimmungen zu senden und dort zu verarbeiten. Etwas komplizierter wird es, wenn in einem Land mit Datenschutz bestimmte Daten legal gesammelt werden, in einem anderen Land mit Datenschutz legal verarbeitet, und die Ergebnisse wieder völlig legal im ersten Land verwendet werden.

Dazu kommt, daß Rohdaten in erster Linie von den Entwicklungsländern in die Industrieländer fließen, wo die Entwicklungsländer meist keinen Zugang zu den Daten haben. Die verarbeiteten Daten fließen dann zurück, um Entscheidungen zur Anwendung zu bringen, an denen die Entwicklungsländer keinen Anteil hatten (BECKER). Beispiele hierfür nennt (KANU): "... information is now available by computer on daily movements on the Colombian stock exchange and prevailing interest rates in Saudi Arabia and Mexico. It is obtained from specialised databases such as Rapidata and General Information Services in the US, Dafsa in France, Tekurs in Switzerland and Quotation Information Centre in Japan." Es folgen noch zahlreiche weitere Beispiele.

Laut (WECHSELWIRKUNG) vom August 85 wird auch bei General Motors der Datenschutz den organisatorische Möglichkeiten bald nicht mehr gewachsen sein. General Motors hat die EDV aller Tochterfirmen weltweit (auch die von Opel) zu einer separaten Firma zusammengefaßt, die ein weltweites Informationsnetz aufbauen und betreiben soll. Geplant sind

- Zentralisierung der Entscheidungsfunktionen
- Intensivierung und Verlagerung geistiger Arbeit (Zweig- und Tochterfirmen werden gegeneinander ausgespielt und unter Konkurrenzdruck gesetzt)
- dramatischer Personalabbau
- Kontrolle im Sozialbereich (mit dem neuen System sollen u.a. die Gesundheitskosten zwischen 5 und 10% gesenkt werden).

Welche Konsequenzen auf den Datenschutz sich aus der Datenerfassung über Satellit ergeben, ist noch viel zu wenig erforscht.

Grenzüberschreitende Datenflüsse werden seit einigen Jahren heftig umstritten und sollen auch mit der bereits erwähnten Weltinformationsordnung eingeschränkt werden, die aber bisher keine konkrete Gestalt angenommen hat.

4. Multinationale Vermarktung von Neuen Technologien

Entwicklungshilfe ist normalerweise nicht die Aufgabe einer (multinationalen) Computerfirma. "Die Multis sagen von sich selbst, daß sie weder ein Caritasverband noch sonst ein Wohlfahrtsverein sind, auch wenn einige bescheidene Summen für gute Werke bereitstellen. . . Ihre Ansprüche beruhen vielmehr auf der Theorie, indem sie sich selbst bereicherten, bereicherten sie die ganze Welt. . . Die Kernstrategie der Weltkonzerne ist die Schaffung einer weltweiten ökonomischen Umwelt, die ihnen Stabilität, Expansion und hohe Gewinne garantiert. Die Durchführung dieser Strategie hängt von der Kontrolle der drei grundlegenden Bestandteile der Konzernmacht ab: Finanzkapital, Technik und Marktideologie." (BARNET/MÜLLER)

Die Marktideologie sieht in der Dritten Welt einen Wachstumsmarkt für Neue Technologien. Die Werbung der Firmen spricht den Prestigewunsch derjenigen an, die das nötige Geld haben, um ihre Technologie zu kaufen. So habe ich schon 1979 selbst gesehen wie in Haiti, dem ärmsten Land Lateinamerikas, im Fernsehen (!) für einen Bürocomputer geworben wurde, der in einen attraktiven Schreibtisch integriert war. Wie es der Verkaufsleiter von Hewlett-Packard für Afrika ausdrückte: "Wenn die Geld haben, dann haben sie viel Geld" - und kaufen nur die größten Rechner, die ihnen angeboten werden. Ob für die Anwendung ein kleinerer Rechner sinnvoller wäre, mag Verkäufer und Kunden gleichermaßen bewußt sein, wird aber von beiden wohlweislich nicht angesprochen.

Für die ungenutzten Rechnerriesen in der Dritten Welt (s. auch Jamin in ARNOLD) ist auch IBM mitverantwortlich. Diese weltgrößte Computerfirma hat sich mit großzügigen Geschenken von ausgedienten großen Rechnern und das weltweit am besten ausgebaute Service-Netz, das dem Kunden Zubehör, Software und Wartung in erreichbare Nähe bringt, aber auch durch Unterlaufen von Kartellgesetzen (laut SPIEGEL 5/86) in vielen Ländern das Marktmonopol gesichert.

Hauptnutzer der Informationstechnologien sind wiederum multinationale Unternehmen sowie die Regierungen. Beide haben einen starken Demonstrationseffekt, was zur schnellen Weiterverbreitung der Technologien führt. Die Länder der Dritten Welt müssen insbesondere darauf achten, daß sie durch die Art und Weise, wie Technologietransfer von den multinationalen Unternehmen betrieben wird, nicht ihre Autonomie verlieren.

Literatur

ARNOLD, Rolf (Hrsg), Neue Technologien und Entwicklungszusammenarbeit Schriftenreihe der Deutschen Stiftung für Entwicklungshilfe 1985

BECKER, Jörg, Informationstechnologie in der Dritten Welt Gesellschaft für Information und Dokumentation, Frankfurt 1984

BARNET/MÜLLER, Die Krisenmacher, rororo Hamburg 1975

ERNST, Dieter, Die Auswirkung der Mikroelektronik auf die weltweite Neustrukturierung der Elektronikindustrie, Peripherie 4 , 1984

FRIEDRICH/SCHAFF, Auf Gedeih und Verderb, Bericht an den Club of Rome Europaverlag Wien 1982

MALIK, Rex, And Tomorrow. . . the World? Inside IBM, Millington Ltd, London 1975

STRAHM, Rudolf H., Warum sie so arm sind, Peter Hammer Verlag Wuppertal 1985

ULLRICH, Otto, Weltniveau, rotbuch verlag, Berlin 1980

WECHSELWIRKUNG, August 1985, Wechselwirkung Verlag GmbH, Berlin

SPIEGEL, 5/1986, Hamburg

Frauenarbeit und Informationstechnik in der sog. Dritten Welt

Asha Purna Kachru
Institut für Technologietransfer
Gesellschaft für Mathematik und Datenverarbeitung
Postfach 1240, 5205 St. Augustin 1

"Die verarmten Frauen Asiens (gilt auch für Südamerika und Afrika) bilden heute eine quasi unerschöpfliche Quelle billigster und extrem ausbeutbarer Arbeitskraft. Die dritte industrielle Revolution der Mikroelektronik, der Industrieautomaten und der Computer-Netzwerke und die damit einhergehende erhöhte Arbeitsteilung und Arbeitsplatzvernichtung in den kapitalistischen Zentren hat ihre Basis in der Dritte-Welt-Frauenarbeit. Die weiblichen Qualifikationen werden durch die Technologisierung entweder für überflüssig erklärt oder in den minderbewerteten Reproduktionsbereich übergeben". (/9/)

Es gibt mehrere Gründe, warum es notwendig und sinnvoll ist, im Zusammenhang von "Informatik und Dritte Welt" speziell auf die Frauenarbeit einzugehen. Zum einen weisen die Merkmale der Frauenarbeit in der sog. Dritten Welt ähnliche Tendenzen auf, wie die der Frauenarbeit in den Industrieländern, und in diesen ist die Bedeutung der Frauenarbeit im Bereich der neuen Technologien u.a. durch die Gründung spezieller Fach-Arbeitskreise, z.B. in der Gesellschaft für Informatik, schon erkannt worden.

Zum anderen nimmt die Frauenarbeit in der sog. Dritten Welt besonders gravierende Formen an, und die Diskriminierung der Frauenarbeit weltweit wird dadurch deutlicher.

Einige Entwicklungen in den Industrieländern im Zusammenhang mit Frauenarbeit und Informationstechnik mögen vorerst kurz erläutert werden:

Verschiedene Studien einiger nationaler und internationaler Organisationen wie der UNO, der ILO, der EG und der Stiftungen der Parteien und Gewerkschaften zum Thema "Neue Technologien und Frauen" kommen zu ähnlichen Aussagen, die so zusammengefasst werden können:

Die Frauenarbeitsplätze (z.B. in Büros) werden durch die neuen Technologien und die Informationstechnik stark verändert. Arbeitsplatzabbau, Überflüssigwerden der Frauenarbeitsqualifikationen, Monotonie, keine Höherqualifizierungs- und Höhergruppierungsmöglichkeiten sind überall deutliche Tendenzen.

Frauen der Industriewelt nehmen weder gleichberechtigten Einfluß auf die Gestaltung der Informatiostechnik, noch werden sie von den negativen Auswirkungen durch die IT verschont. (/4/,/7/,/11/)

Warum und inwieweit die Frauenarbeit in der sog. Dritten Welt besonderer Aufmerksamkeit bedarf, möge durch die nun folgenden zwei Beispiele erläutert werden.

Beispiel 1 "Mikroelektronik" :

Die amerikanische Firma INTEL in Südkalifornien, die Halbleiter produziert, braucht dafür die Arbeit einiger tausend Frauen aus Malaysia, Hongkong, Indonesien und Philippinen. In den USA werden die Teile der Produktion erstellt, die kapital- und technologieintensiv sind. Der arbeitsintensive Teil der Produktion wird in die Südostasiatische Region verlagert. Diese Arbeitsstätten sind bis über 90% weiblich besetzt. Die Frauen, die dort arbeiten (müssen), kommen aus umliegenden Dörfern, wo sie vorher hauptsächlich Landwirtschaft betrieben hatten. Sie kommen aus der Notsituation, die Existenz verbessern und für die Familienmitglieder bessere Voraussetzungen schaffen zu müssen. Daher sind sie schnell bereit, auf schlechte Vertragsbedingungen einzugehen.

Sie sind durchschnittlich 22 Jahre alt. Ihre weiblichen, femininen Eigenschaften wissen nicht nur der amerikanische Arbeitgeber, sondern auch die eigenen nach amerikanischem Muster ausgebildeten männlichen Vorgesetzten auszunutzen. Die Frauen müssen z.B. etwa 8 Stunden am Tag menschenhaarbreite Fädchen durch das mikroskopische Auge um kleine Mikro-Plättchen binden, oder sie müssen stundenlang in Sälen, in denen diese Plättchen chemisch gebadet werden, stehen. Man hat festgestellt, daß viele Frauen nach einigen JahrenArbeit in diesen Betrieben Augenschwächen und Atemwegskrankheiten bekommen. Viele müssen deswegen ihren Arbeitsplatz verlassen. Sie landen wieder da, wo sie angefangen hatten, nämlich in der Landwirtschaft, nur daß sie jetzt krank und unzufriedener geworden sind.

An der Produktivitätssteigerung der amerikanischen Firmen, die haüfig mit 1oo% exportorienten vertraglichen Bedingungen mit den einheimischen Regierungen arbeiten, haben diese Frauen natürlich keinen Anteil. Sie haben auch keine Interessenvertretungen und wagen auch nicht eine solche aufzustellen. /10/

Beispiel 2 "Spitzenindustrie Indiens":

Dieses Beispiel gibt einen guten Einblick in die Merkmale der Frauenarbeit allgemein. /9/
In dem indischen Bundesstaat Andhrapradesh arbeiten 100 bis 200 tausend Frauen in der in Heimindustrie organisierten Spitzenindustrie. Diese Technik des Häkelns wurde ursprünglich von europäischen Missionaren eingeführt. Für ihre englischen und schottischen Freundinnen ließen sie von indischen Frauen Tischdecken, Spitzenkragen etc. anfertigen. Die Arbeit war ursprünglich eine Sache ausschließlich der Frauen, aber sie bekamen nur einen Teil des Lohns dafür.

Die Männer, die hauptsächlich außerhalb der Familie tätig waren, führten auch eine Kommerzialisierung ein, die eine ausgeprägte Arbeitsteilung mit sich brachte. Frauen arbeiteten zu Hause, Männer zogen Geschäfte mit der Außenwelt vor. D.h. sie übernahmen den Verkauf der Häkelspitzen. Die Einführung neuer Maschinen, die erhöhte Nachfrage aus dem europäischen und dem nordamerikanischen Raum und der Druck des Weltmarktsystems führten also dazu, daß immer mehr

Frauen in die Subsistenzproduktion (Produktion von Lebenserhaltungwaren) und immer mehr Männer sich auf dem Markt beschäftigen.

Die Männer erhielten Geld für ihre Arbeit, die Frauen machten die eigentliche Häkelarbeit zu Hause, waren aber abhängig von ihren Männern, ob sie ihnen das verdiente Geld gaben oder nicht. Oft haben die Männer sogar behauptet, die Frauen wären ja immer nur zu Hause und hätten ja eigentlich nicht gearbeitet.
An diesen Beispielen wird deutlich, daß erstens die Arbeit der Frauen der sog. Dritten Welt besonderer Ausbeutung unterliegt. Die marktwirtschaftlichen und die patriarchalischen Strukturen greifen stärker in ihre tägliche Arbeit ein. Zweitens wird deutlich, daß die Frauenarbeit wegen ihrer besonderen Merkmale -Handfertigkeit, Geduld, Ausdauer, Familienorientiertheit etc. – stärkere Diskriminierung erfährt, v.a. da die Männer in die Öffentlichkeit treten und die Organisations- und Vertragsbedingungen selbständig bestimmen. /5/

Eine Untersuchung der ILO (/1/) git einen Überblick über den Wandel in der Rolle und dem Inhalt der Frauenarbeit für die Frauen der sog. Dritten Welt. Im folgenden ein Auszug:

"Rural women in the developing countries essentially perform two roles. As housewives and as mothers, they are responsible for the daily chores, which involve, in addition to child care and their "normal" tasks around the house, long hours of strenuous labour (e.g. in fetching water for household use over long distances and collecting fuel wood). As active agents of production, they are responsible for growing the field crops (producing subsistence food crops and assisting the men in cultivation of their cash crops), for poultry and livestock rearing, for home-based industries (such as food processing and handicrafts) and for marketing, transporting and trade. Furthermore in some countries women are actively engaged in construction activities. This typical pattern of the sexual division of labour clearly emerges from evidence available for rural africa reproduced in table 1; Although it varies from culture to culture, among different groups of women in a given rural area and between rural areas with different levels of male out-migration, it may generally be said that the culmination of tasks performed by rural women has led to underemployment among men in rural areas, whereas women are seriously overworked (Table 2)."

Folgende Tabellen geben einen Überblick über die geschlechtsspezifische Arbeitsteilung und den Vergleich für das Arbeitsvolumen, nach Alter und Geschlecht verteilt, für die ländliche Gegend Afrikas, Indonesiens und Nepals:

Table 1

Division of labour between men and women, rural areas of Africa (% of total labour)

TASK	Men *	Women *
Land clearing	95	5
Turning the soil	70	30
Planting	50	50
Hoeing and weeding	30	70
Harvesting	40	60
Transporting crops from farm to home	20	80
Storing crops	20	80
Processing food crops	10	90
Marketing excess crops	40	60
Trimming tree crops	90	10
Carrying water and fuel	10	90
Caring for domestic animals	50	50
Hunting	90	10
Feeding and caring for children, men and the aged	5	95

* With or without some help from children

Source: United Nations Economic Commission for Africa, African Training and Research Centre for Women, Women of Africa: Today and Tomorrow (Addis Ababa, 1975) p.6.

Table 2:

Daily workload of rural population by age and sex, Indonesia and Nepal 1972-73 (hours)

Age group	Indonesia			Nepal		
	M	F	Index for F (M=100)	M	F	Index for F (M=100)
6-8	3.6	3.5	97	3.7	4.9	132
9-11	3.3	5.4	164	6.5	8.4	129
12-14	4.8	8.7	181	7.5	9.9	132
15-19	8.0	10.2	128	9.5	11.3	119
20-29	8.7	12.0	138	10.4	12.1	116
30-39	9.3	11.9	128	11.2	14.1	126
40-49	8.4	10.5	125	10.4	12.7	122
50+	7.3	8.4	115	9.3	10.7	115

Source: Computed from M. Nag. R.C. Peet and B. White: "Economic value of children in two peasant societies"
International Population Conference: Mexico, 1977, Vol. 1 (Liege, International Union for the Scientific Study of Population, 1977)

Der Bericht der ILO kommt auch zu dem Schluß, daß die industrielle und technische Entwicklung allzuhäufig eine Vermehrung der Arbeit und Verringerung des Einkommens für die Frauen der sog. Dritten Welt bedeutet.

Die Nairobi-Weltfrauenkonferenz 1985 hat auch in verschiedenen Berichten und Appellen zum Ausdruck kommen lassen, daß die Arbeit der Frauen weltweit unterbezahlt, gesellschaftlich nicht anerkannt und nicht im Bruttosozialprodukt der Länder berücksichtigt wird. Daher ist dort ein Memorandum verabschiedet worden, die Frauenarbeit in die Bruttosozialprodukte aller UNO-Länder aufnehmen zu lassen. Dabei sollte hier vermerkt sein, daß nach Schätzungen der UNO selbst zweidrittel der gesamtgesellschaftlichen Arbeit weltweit von Frauen erledigt wird. /2/

Einige Fragen, die in Zusammenhang mit Informationstechnik zu klären sind:

1. Wann und unter welchen Voraussetzungen wird Arbeit Arbeit genannt und gesellschaftlich anerkannt?

2. Inwieweit könnte die IT dazu einen Beitrag leisten, die Frauenarbeit in ihren positiven Aspekten zu erhalten, ohne daß Frauen deswegen mehr Diskriminierung erfahren müssen?

3. Welche neuen Möglichkeiten gäbe es, Erwerbsarbeit und Familienarbeit miteinander in Übereinstimmung zu bringen?
Unter welchen Voraussetzungen könnte die IT in der Heimarbeit sinnvoll eingesetzt werden?
(/6/,/8/)

LITERATUR:

/1/ Iftikhar Ahmed, "Technology and Rural Women in the Third World", International Labour Review, Vol 122, No. 4, JuliAugust '83

/2/ Bericht über die Weltfrauenkonferenz in Nairobi, Unterrichtung durch die Bundesregierung, Deutscher Bundestag, Drucksache 10/3888, Sept'85.

/3/ Final Report of the European Seminar on the Role of the woman farmer in the rural development of the various countries of the European Community, Greetsiel (W.Germany), 16th-20th April 1986.

/4/ Christine Zmroczek-Shannon and Felicity Henwood, "New Information Technology and Women's Employment", Final Report of the European Community Project in connection with the FAST-Programme, SPRU, Sussex 1982.

/5/ Asha P. Kachru, "Challanges provided by the work and life situation of the 'Third World' women for a holistic approach to work with/without computers", Panel Statement at the IFIP'86 World Conference, Dublin, printed in the Proceedings.

-dto- "Frauen (hier und in der sog. Dritten Welt) und Technik-ein Widerspruch?" in "Frau nd Technik", Baumgärtel u.a. (Hrsg), FLV Frauenverlagsgesellschaft, Frankfurt 1985.

/6/ Colegrave Sukie, "YIN und YANG", Fischer Verlag, 1983.

/7/ Monika Oels a.o., "Microelectronic Technology and Vocational Training for Women", Study done for CEDEFOP, Berlin, Jan.'83.

/8/ Birgit Cramon-Daiber u.a. "Was wollen Frauen lernen? Zur selbstbestimmten Entfaltung weiblicher Kompetenzen" ISBN-3-88704-211, Extrabuch Verlag, 1984.

/9/ Maria. Miesu.a. "Frauen, die letzte Kolonie?", ROWOHLT Verlag, Reinbeck, 1982.

/10/ Rachael Grossmann u.a. "The global Assembly Line", South East Asia Chronicle, Nr.66, Feb. '79.

/11/ Dr. H. Kubicek, "Sozial- und technologiepolitische Herausforderungen zum Schutz der Frauen in Informations- und Kommunikationstechnischem Wandel", Anhörung SPD-Bundestagsfraktion am 2./3.1983, Bonn.

AUSBILDUNG ANHAND VON FALLSTUDIEN IM FACHGEBIET INFORMATIK UND "DRITTE WELT"

GÜNTHER CYRANEK

In den Industrieländern ist unbestritten, daß die Informationstechnologien "zur Veränderung fundamentaler Kategorien wie der Perzeption von Arbeit, Zeit, Ort, Sprache und Denken" (BECKER, S.111) beitragen. Diese Dimensionen können beim Einsatz der Informationstechnik in Ländern der "Dritten Welt" nicht unberücksichtigt bleiben. Die der Informationstechnik immanenten Strukturen wie Eindeutigkeit, Formalisierung, Standardisierung oder Systemdenken fordern deshalb besondere Aufmerksamkeit, wenn Informationstechnik mit gewachsenen und tradierten Arbeitsumgebungen in der "Dritten Welt" verknüpft werden soll.

Durch die vielfältigen und breitgestreuten Anwendungen in Industrieländern treten die negativen Wirkungen der Informationstechnik immer stärker ins Blickfeld öffentlicher Auseinandersetzung:

- o Strukturelle Arbeitslosigkeit durch verstärkte Automation in der Produktion und im Dienstleistungsbereich
- o Dequalifizierung und Ablösung tradierter Berufsbilder
- o Veränderung der Arbeitsorganisation
- o Beschleunigung der Taylorisierung am Arbeitsplatz
- o Erweiterte staatliche und betriebliche Kontrolle des Individuums
- o Veränderung menschlichen Denkens, Handelns und Erlebens durch Automation.

Informatik tangiert in den Industrieländern zusehends alle Branchen und Lebensbereiche. So ist es nur folgerichtig, daß in Forschung und Ausbildung eine Vernetzung der Einzeldisziplinen gefordert wird. Interdisziplinäres Vorgehen ist gefragt und wird ansatzweise in den anwendungsorientierten Fachgebieten Wirtschaftsinformatik, Bildungsinformatik, Medizinische Informatik oder Informatik und Gesellschaft verfolgt.

Das Fachgebiet "Informatik und Dritte Welt" muß den interdisziplinären Bogen noch weiter spannen, um soziale, entwicklungspolitische, ökonomische, technische und kulturelle Dimensionen in der Bewertung von Anwendungen der Informationstechnik im Entwicklungsprozeß berücksichtigen zu können.

Zentrale Fragestellungen im Fachgebiet "Informatik und Dritte Welt" sind:

- o Ist eine Verbesserung der Konkurrenzfähigkeit der "Dritten Welt" auf dem Weltmarkt durch Informationstechnologie greifbar, z.B. durch vollautomatische Produktion unter Einsatz von Robotern ?

- o In welchem Umfang steigt durch grenzüberschreitenden Datenverkehr bei Nutzung von Datenbanken des Nordens die Abhängigkeit der Entwicklungsländer von den Industrieländern?

- o Wer hat unter welchen Bedingungen Zugang zu den mittels Satellitentechnologie erhobenen Daten z.B. über Wetterlagen, Wasservorräte, Erntestand oder allgemein über Geologie und Geographie?

- o Sind Beiträge der Informationstechnik möglich zu einer Armutsbekämpfung, die mehr sein will als nur Armutsverwaltung?

Die Erfahrungen der vergangenen Entwicklungsdekaden zeigen, in welchem gigantischen Ausmaß Fehlinvestitionen getätigt wurden: Großprojekte und Wirtschaftswachstum waren die gehandelten Stichworte, die vermeintlich mit Entwicklung gleichgesetzt wurden. Doch der erwartete Triggle-Down-Effekt blieb aus (vgl. NUSCHELER).

Als Entwicklungsstrategie ist heute das Konzept der Befriedigung der elementaren Bedürfnisse die einzige Chance, für die Masse der Bevölkerung eine Veränderung hin zu einer menschlichen Lebensqualität ohne Hunger und Armut zu bewirken. So verstanden umfassen die Grundbedürfnisse neben einer gesicherten Ernährung auch "Gesundheitsfürsorge, sinnvolle Arbeit, gesunde Umwelt, kulturelle Identität und politische Partizipation" (NUSCHELER, S.333). Vor jeder weitergesteckten Entwicklung müssen diese Grundbedürfnisse gesichert sein.

Danach kann es nicht unser Ziel sein, die Anwendungen der High Tech in Entwicklungsländern aus technokratischer Haltung heraus als falsch verstandene Wissenschaftskooperation zu fördern. Stattdessen sollte der Beitrag der Informationstechnik für grundbedürfnisorientierte Entwicklungsstrategien kritisch untersucht werden. Als Bewertungsmaßstab für den Einsatz der Informationstechnik sollte nicht das Prestige und der Gewinn für die Eliten gelten, sondern der Nutzen für die Mehrheit der Bevölkerung.

Für den Fall, daß ein technisches Hilfsmittel einen geeigneten Lösungsweg für ein Problem aufzeigt, hat diese technische Lösung angemessen zu sein - das gilt für Industrieländer gleichermaßen wie für Entwicklungsländer: Angemessenheit ist der Maßstab.

Im Bereich der Informatik bedeutet Angemessenheit insbesondere, daß Software-Produkte tradierten Arbeitsumgebungen und der Qualifikation der Benutzer angemessen sind. Um dies zu erreichen, ist die Beteiligung der Benutzer am Prozeß der Softwareentwicklung notwendig. Die Diskussion über Benutzerpartizipation, Prototyping und Software-Ergonomie hat in Industrieländern gerade erst begonnen (vgl. FLOYD & KEIL-SLAWIK).

Der Transfer von angemessener Informationstechnik in Entwicklungsländer ist danach zu bewerten, inwieweit Integrationsmöglichkeiten in das soziale System gegeben sind: hierzu zählen Ausbildungsstand der Systementwickler und der zukünftigen Benutzer, bisherige Arbeitsorganisation sowie soziokulturelle Gegebenheiten.

Die Notwendigkeit der Lehre in Informatik und "Dritte Welt" resultiert aus zwei Gesichtspunkten:

- o An Informatik-Fachbereichen in der BR Deutschland studieren zahlreiche Student/inn/en aus Entwicklungsländern, sodaß ein großes Interesse besteht, die Situation der Informatik in Entwicklungsländern aus eigener Betroffenheit und im Hinblick auf eine eigene Berufsperspektive zu thematisieren.
- o In Arbeitskreisen und entwicklungspolitischen Institutionen gewinnt das Thema "Dritte Welt und Informatik" immer mehr an Aktualität, sodaß es angemessen erscheint, auf viele offene Fragen fachliche Antworten zu erarbeiten. Insbesondere sind die Informatiker/innen selbst aufgefordert, das Feld nicht nur den Entwicklungspolitikern zu überlassen.

Unser Anliegen in der Lehre ist es, insbesondere der Frage nachzugehen, inwieweit z.B. Basisbewegungen und Genossenschaften durch Anwendungen der Informationstechnik unterstützt werden können. In der Lehre im Fachgebiet "Informatik und Dritte Welt" sollten neben Grundkenntnissen über Entwicklungsprozeß und Entwicklungszusammenarbeit aussagekräftige Fallstudien vorgestellt werden. Wir wollen deshalb exemplarisch Anwendungen aus den entwicklungsrelevanten Bereichen Landwirtschaft, Bildung und Gesundheit herausgreifen und skizzieren.

1. Landwirtschaft

Berichte über den Einsatz der IT in der landwirtschaftlichen Produktion zur direkten Armutsbekämpfung konnten nicht ausfindig gemacht werden. Berichtet wird dagegen über derzeitige Computerunterstützung (vgl. Ebel, S.151f) der

- o Finanzverwaltung und Buchhaltung
- o Projektplanung
- o Verlaufskontrolle und Auswertung von Projekten
- o Textverarbeitung
- o Statistik über landwirtschaftliche Produkte
- o Arbeit in Forschungsprojekten.

Hier muß wie in allen übrigen Anwendungsbereichen eine Infrastruktur vorausgesetzt werden, die den Einsatz von (Personal) Computern erst ermöglicht:

- o Stromversorgung ohne Spannungsschwankungen
- o schnell erreichbare und billige Wartungs- bzw. Reparaturmöglichkeiten
- o fachliche und DV-Schulung der Benutzer
- o Partizipation der zukünftigen Benutzer bereits bei der Anforderungsdefinition für das Softwaresystem.

Es wird klar, daß Computertechnik nur im Bereich relativ industrialisierter Landwirtschaft oder aber im Rahmen von Forschungsprojekten sinnvoll genutzt werden kann.

Zwei Drittel der Bevölkerung der "Dritten Welt" leben auf dem Lande. Für diese Landbevölkerung kann der Bildschirm im Stall kein Mittel zur Armutsbekämpfung sein, denn Unterernährung ist nicht Folge von Computermangel, es sei denn, Chipkonsum pro Kopf der Bevölkerung gilt als Entwicklungsindikator.

Daß die Problemstellungen der Peripherie Europas mit denen der "Dritten Welt" Ähnlichkeiten aufweisen können, zeigt das Projekt des Einsatzes moderner Informationstechnik in der portugiesischen Landwirtschaft.

Mit Unterstützung der amerikanischen Entwicklungshilfeorganisation USAID war das portugiesische Ministerium für Landwirtschaft (seit 1979) bemüht, u.a. durch Einsatz von Microcomputern das Management in der Landwirtschft zu verbessern, um die Produktion von Nahrungs- und Futtermitteln zu steigern und die Abhängigkeit von Importen zu reduzieren - eine Aufgabe, die sich in Ländern der "Dritten Welt" gleichermaßen stellt.

In diesem Projekt PROCALFER (s. INGLE & CONNERLEY) waren als Anwendungen des PC-Einsatzes vorgesehen:

- o Finanzmanagement
- o Projektplanung und -kontrolle
- o Textverarbeitung
- o Statistische Auswertungen.

In der portugiesischen Hauptstadt waren keine infrastrukturellen Probleme aufgetreten, anders dagegen in ländlichen Regionen: Reparaturen an PCs konnten nur in Lissabon ausgeführt werden. Der Datenaustausch zwischen Provinz und Hauptstadt erfolgte durch Postversand von Floppies -

die Antwortzeiten des computergestützten Informationssystems waren danach in Tagen zu bemessen. Die Bewertung dieses Projektes erfolgte nach den drei Dimensionen

- o Technologiekosten
- o Veränderung in den Planungsmethoden durch Computerunterstützung
- o tatsächliche Verbesserung in der Landwirtschaft, gemessen an Produktivität und Einkommensumverteilung.

Nach unserer Meinung müßten ergänzend die sozioökonomischen Auswirkungen sowie die Rationalisierungseffekte auf Arbeitskräfte und die daraus resultierende Landflucht in die Bewertung des Projektes aufgenommen werden.

Senegal

Das französische Centre Mondial Informatique et Ressources Humaines führte in der Elfenbeinküste in Zusammenarbeit mit dem "African Institute of Economics and Social Development" Trainingskurse für Bauern durch. Die zum Teil analphabetischen Bauern werden mit Hilfe einer graphischen Benutzerschnittstellen und einem ca. 500 Worte beschränkten Vokabular der natürlichen Sprache mit dem Rechner als Fortbildungsinstrument vertraut gemacht (s. PECCOUD). Themen der Kurse sind Methoden der Felsbearbeitung sowie Handhabung der Düngemittel.

Nigeria

Ein weiteres Beispiel für ein breit angelegtes Entwicklungsprojekt im Rahmen von Computeranwendungen in der Landwirtschaft ist das "Ayangba Agricultural Development Project" im Benue State von Nigeria (s. UNIDO). Hier stehen im Rahmen großflächig betriebener Landwirtschaft Computerprogramme für die Berechnung

- o sinnvoller Feldgrößen
- o der Verteilung der Fruchtfolgen
- o des Arbeitskräftebedarfs
- o des Fünf-Jahres-Kostenplans zur Verfügung.

2. BILDUNGSWESEN

Bildungsinformatiker wie HAEFNER propagieren hier in der BR Deutschland den vehementen Einsatz von Rechnern in der Schule, weil uns sonst eine ungeahnte Bildungskatastrophe drohe: denn wer auf die Informationsgesellschaft nicht vorbereitet sei, so der Tenor, werde ins Abseits gestellt. Jedoch wird die Informatisierung der Schule kontrovers diskutiert.

Ohne auf die gegenwärtig geführte kritische Auseinandersetzung hierzulande weiter eingehen zu wollen, stellt sich die Frage nach der Ernsthaftigkeit und Dringlichkeit von Verbesserungen durch Informationstechnik im Bildungswesen der Länder der "Dritten Welt".

Tatsache ist, daß in den meisten Entwicklungsländern nicht einmal die Hälfte aller schulpflichtigen Kinder eine Grundschule besuchen können. Sollte dieser Misere durch Schulrechner abgeholfen werden können? Es fehlen oftmals Lehrer, Schulgebäude, Unterrichtsmaterialien sowie Ausbildungsstätten für Lehrer.

In zahlreichen Beiträgen wird die Hoffnung geäußert, daß die Neuen Informationstechniken das Ausbildungsniveau auf eine höhere Qualitätsstufe bringen könnten: " Die Ausbildung der Lehrer und ihr Unterricht sollte durch Unterrichtsmedien wie Tonbandcassetten, Film, Fernsehen und Mikrocomputer verbessert werden können, insbesondere dann, wenn durch flächendeckende Fernsehversorgung mittels Satellitentechnologie Stadt und Land von potentiellem Fernsehkonsum gleichermaßen profitieren können" (Schütte, S.5).

Die Frage ist nur, zu wessen Lasten die Anschaffungskosten gehen werden. Eine realistische Einschätzung wird sein, daß diese informationstechnischen Bildungseinrichtungen der Elite dienen werden, aber die Masse der Bevölkerung davon nicht profitieren kann (vgl. hierzu die Stellungnahmen von SÜLBERG).

Das Schulsystem in den Entwicklungsländern ist durch die ehemaligen Kolonialmächte geprägt und hierarchisch ausgerichtet. So ist erklärbar, warum Elite-Institutionen besonders mit den ehemaligen Mutterländern weiterhin eng kooperieren, um am Fortschritt teilzunehmen.

Indien

Beim Fernsehsatellitenexperiment SITE (vgl. Bericht der ILO) der indischen Regierung sollten unterentwickelte ländliche Regionen mit Bildungsprogrammen versorgt werden. Das Projekt war aber auf der pädagogischen Seite gescheitert, da für die curriculare und didaktische Aufbereitung der Fernsehprogramme nicht ausreichend Geld zur Verfügung stand: der Raketenstart war zu teuer geworden. Dennoch galt das Projekt als erfolgreich für Technikbeherrschung und Prestige.

Senegal

In Zusammenarbeit mit dem Centre Mondial wird im Senegal im Rahmen eines Modellversuchs untersucht, welche Faktoren bei einer Einführung von Computer Literacy bereits in der Grundschule zu berücksichtigen sind (COHEN). Als Programmiersprache wird im Unterricht LOGO verwendet, dessen Schlüsselworte in die Landessprache Wolof übersetzt wurden.

Im Rahmen dieses Projektes werden im Senegal und in Frankreich gleichzeitig LOGO-Kurse für Fünf- bis Sechsjährige in Partnerschulen durchgeführt. Die Kinder können noch nicht lesen und schreiben, aber sie können Symbole einer Zeichensprache auswählen oder mit dem Lichtgriffel auf dem Bildschirm malen.

3. GESUNDHEITSBEREICH

Zu lange Zeit wurden in Entwicklungsländern Großkrankenhäuser finanziert, die durch Zentralisierung und Bindung des ausgebildeten Personals an wenige Stellen des Landes nur der städtischen Bevölkerung zugute kamen, sofern sie die Kosten bezahlen konnte (sehr informativ hierzu ist der Reader der Kontakt- und Informationsstelle "Gesundheit in der Dritten Welt").

In großen zentralen Krankenhäusern der Dritten Welt wird nach Meinung der Planer die ganze Palette der Anwendungen der medizinischen Informatik möglich:

- o Zentrale Patientenaufnahme
- o Kostenrechnung
- o Anamnese
- o Unterstützung von Ärzten durch Expertensysteme.

Ergänzend werden auf der nationalen Ebene computergestützte Planungsysteme für Gesundheitsdienste eingesetzt. Erfahrungen in Entwicklungsländern zeigen, daß medizinische Technik häufig nicht benutzt wird, laufende Wartungs- und Reparaturkosten nicht aufgebracht werden können oder geeignete Ausbildungsmaßnahmen zur Handhabung der Geräte nicht vorgesehen sind. Diese Erfahrungen sollten beim Einsatz der Informationstechnik im Gesundheitsbereich berücksichtigt werden. Investitionsruinen werden kein günstiges Licht auf den Einsatz Neuer Technologien in der Medizin werfen.

Die ländliche Bevölkerung profitierte von den so konzipierten Gesundheitsdiensten nur minimal. Deshalb sollten in den letzten Jahren medizinische Dezentralen - einfach ausgerüstet und auf nur wenige Apparate konzentriert - die Basisgesundheitsversorgung für die Masse der Bevölkerung sicherstellen. Basisgesundheitsdienste zielen darauf ab, die Vermeidung von Krankheiten durch Aufklärung zu fördern, Kranke zu behandeln und dabei die traditionelle Heilkunde einzubeziehen. Es fällt schwer, sich in diesem Bereich die Informationstechnik als unterstützendes Instrument vorzustellen.

Tschad

Es gibt Überlegungen, die Barfußärzte im Tschad durch tragbare "Expertensysteme" im Buchformat in der Diagnose und in der Verteilung geeigneter Medikamente zu unterstützen (SCHWENN & EMMANUELLI). In Zusammenarbeit mit der Ärzteorganisation "Medecins Sans Frontieres" wurden im Centre Mondial Diagnoseprogramme für tragbare, batteriebetriebene Mikrocomputer entwickelt. Die Hardware wurde vom englischen Militär übernommen: die Wüstentauglichkeit steht fest. Das ursprünglich tarngrüne Gehäuse wurde weiß eingeschäumt, so der ärztliche Projektleiter, um die Barfußärzte im Umgang mit dem Gerät vor den Patienten als Mediziner aufzuwerten.

Ziel der Entwicklung eines "Expertensystems" war es, in Wüstenregionen eine medizinische Basisversorgung zu gewährleisten. Dabei sollte das wie ein Frage-Antwort-Systeme funktionierende "Expertensystem" auch von medizinischen Laien benutzt werden können. Eine erste praktische Erprobung erfolgte im Tschad.

Diese tragbaren "Expertensysteme" sollten in abgelegenen und wenig besiedelten Wüstenregionen von Barfußärzten bedient werden. Eine Anlernzeit von zwei Stunden soll für die Bedienung des Geräts ausreichend sein. Die Betriebsdauer eines Gerätes beträgt 400 Stunden, danach müssen die Rechner in der Hauptstadt gewartet werden. Für den Transport werden vom Projekt Fahrzeuge zur Verfügung gestellt. Mit dem "Expertensystem" können 80 Krankheiten diagnostiziert werden; die Therapievorschläge berücksichtigen 200 Medikamente. Die Europäische Gemeinschaft stellt die Medikamente zur Verfügung.

Ein zweites Expertensystem soll zur Diagnose subtropischer Krankheiten in einem Land des Äquators entwickelt und erprobt werden.

Offen bleibt bei diesen Projekten die Frage, welche Erfolge über das technisch Machbare hinaus im Gesundheitsbereich erzielt werden können. Für die Berücksichtigung sozio-kultureller Faktoren ist von Bedeutung ,inwieweit durch diese Expertensysteme ein Zusammengehen von westlicher Medizin und traditionellen Heilmethoden gefördert oder verhindert wird.

4. FORTSCHRITTSMYTHEN

Durch eine Vermittlung der Anwendungen der Informationstechnik in exemplarischen Entwicklungsländern sollen während der Informatik-Ausbildung Anregungen für Berufsfelder der Informatiker/innen mit Interesse am Thema "Dritte Welt" genau dort erarbeitet werden, wo ein Beitrag zur Armutsbekämpfung erwartet werden kann.

In Gesprächen mit Experten aus Entwicklungsländern konnte ich den Eindruck gewinnen, daß an die Informationstechnik hohe Erwartungen geknüpft werden. Dazu zählen z.B. folgende Statements:

> Ausbildungskosten können drastisch verkürzt werden, da sich Expertensysteme im Gegensatz zu qualifizierten Lehrern beliebig rasch verbreiten lassen.
>
> Expertensysteme für Herzchirurgie machen den Mangel an qualifizierten Fachärzten vergessen. Die Landbevölkerung wird in der medizinischen Versorgung nicht mehr benachteiligt sein.
>
> Akustische Sprachein- und Sprachausgabe bei der Mensch-Computer-Interaktion fördert die Tradition oraler Kommunikation.
>
> Akustische Sprachein- und Sprachausgabe ermöglicht auch dem Analphabeten, mit der Computertechnik zu lernen und zu arbeiten.

Die Flucht in diese Fortschrittsmythen ist meiner Ansicht nach für Entwicklungsländer wenig hilfreich. Die so geäußerten Perspektiven des Anwendungspotentials der Informationstechnik, insbesondere der Künstlichen Intelligenz, weckt für Länder der "Dritten Welt" - zumindest für deren Technokraten - fatalerweise besonders hohe Erwartungen in die Machbarkeit von Entwicklungssprüngen. Jedoch sollte die Realität nicht aus den Augen verloren werden. Die Bedeutung des Transfers von Informationstechnologien in die "Dritte Welt" wird am Beitrag zur sozialen Entwicklung für die Masse der Bevölkerung zu messen sein - und nicht am Wunschdenken von Eliten.

5. LITERATURANGABEN

ARNOLD R.(Hrsg.): Neue Informationstechnologien und Entwicklungszusammenarbeit. Schriftenreihe der Deutschen Stiftung für internationale Entwicklung. Baden-Baden 1985

BECKER J.: Informationstechnologien in der Dritten Welt. Frankfurt 1984

COHEN R.: Apprentissage. Les Projects. Centre Mondial Informatique et Ressource Humaine. Paris 1984

EBEL K.-H.: Die Wirkungen der Informationstechnologien auf Arbeitsmarktentwicklung und Armutsbekämpfung in den Ländern der Dritten Welt. In: ARNOLD, S.143 - 163

FEIGENBAUM E.A. & McCORDUCK P.: Die Fünfte Computer-Generation. Stuttgart 1984

FLOYD C. & KEIL-SLAWICK R.: Integrative Systementwicklung. Ein Ansatz zur Orientierung der Softwaretechnik auf die benutzergerechte Entwicklung rechnergestützter Systeme. TU Berlin 1983

HAEFNER K.: Die neue Bildungskrise. Stuttgart 1982

IBI: The socio-cultural Impact of Informatics in Africa. Document SP07. Intergovernmental Bureau for Informatics (IBI). Rom 1982

ILO: India's Rural Educational Television Broadcasting via Satellites. In: BHALLA A., JAMES D. & STEVENS Y.(eds.): Blending of New and Traditional Technologies. Case Studies. International Labour Office (ILO). Dublin 1984

KAISER H.: Überblick über die bisherigen bundesrepublikanischen und internationalen Maßnahmen des Technologietransfers und der Technologieanpassung. In: ARNOLD R. (Hrsg), S. 173-190

KONTAKT- und INFORMATIONSSTELLE (Hrsg.): Gesundheit in der Dritten Welt. Materialien-Sammlung der Kübel-Stiftung. Bensheim 1984

NUSCHELER F.: "Befriedigung der Grundbedürfnisse" als neue entwicklungspolitische Lösungsformel. In: NOHLEN D. & NUSCHELER F. (Hrsg.): Handbuch der Dritten Welt. Band 1. Unterentwicklung und Entwicklung: Theorien - Strategien - Indikatoren. Hamburg 1982, S. 323-358

SCHÜTTE H.: Ankopplung, Abschottung oder Inselstrategie? In: Entwicklung und Zusammenarbeit, Nr.3 (1985), S.4-6

SCHWENN T. & EMMANUELLI X.: Project Tchad. Le micro-ordinateur de brousse. Centre Mondial Informatique et Ressource Humaine. Paris 1984

SÜLBERG W.(Hrsg.): Pädagogik: Dritte Welt. Jahrbuch 1984: "Fortschrittstechnologien" und ihre Auswirkungen auf Erziehung und Identitätsbildung. Frankfurt 1985

KRANKENPFLEGER UND EXPERTENSYSTEME IM BUSCH

Beiträge zusammengestellt von

Said Hadjerrouit

Technische Universität Berlin*

1. Die Problematik der Gesundheitsversorgung in der Dritten Welt

Wenn man über die Dritte Welt spricht, denkt man im allgemeinen an Hunger, Krankheiten, Not und Krieg. Alle Organisationen, die versucht haben, einen Beitrag zur Beseitigung dieser Probleme zu leisten, waren mit der Komplexität und Verschiedenartigkeit dieser Probleme konfrontiert. Dennoch wurden einige Punkte klar erkannt:

- Die Strategien zur Bekämpfung des Hungers und Krankheiten könnten zum größten Teil in den Industrieländern formuliert werden.

- Jedes Gesundtheitsprogramm muß sich auf die Kurativmedizin stützen.

- Die allgemeine Medizin soll integraler Bestandteil der sozialen und ökonomischen Planung werden.

Die Gesundheit ist nicht nur von medizinischen Faktoren abhängig. Die Abnahme der Sterblichkeitsrate ist nicht nur eine Folge des medizinischen Fortschritts, sondern auch der

---

* Die folgende Zusammenstellung basiert auf drei fränzösischen Texten von X. Emmanuelli und P. Schwenn. Bei der Zusammenstellung wurden nur die wichtigsten Stellen berücksichtigt. Ich vertrete nicht die Meinung der Autoren.

allgemeinen sozio-ökonomischen Entwicklung, z.B. Ernährung, Hygiene, Qualität der Schulbildung, Ausbau der Kommunikation, Zuverlässigkeit der Verwaltungsstrukturen. Die Entwicklung der Industrie, die Erhöhung der Nahrungsproduktion, die Alphabetisierung haben zum Aufbau einer kurativen und präventiven Medizin beigetragen. Das prioritäre Problem bleibt, wohlgemerkt, die Verbesserung der Ernährungslage. Parallel zu diesen Anstrengungen muß die Kurativmedizin vor der Präventivmedizin eingeführt werden. Als Veranschaulichung dient folgendes Beispiel: ein Mann, der an Zahnschmerzen leidet, wird von der Wirksamkeit einer Behandlung, die das Leiden sofort behebt, überzeugt sein, und nicht von einer langfristigen Behandlung, die ihm empfiehlt, keine Nahrung mit Zucker, sondern gekochte und mit Fluor gemischte Nahrung einzunehmen. Der Patient muß die Wirksamkeit und die Ergebnisse der therapeutischen Aktion spüren. Die Zunahme der kurativen Erfolge erhöht die Möglichkeit zur Einführung vorbeugender und gesundheitserzieherischer Maßnahmen in einem zweiten Anlauf.

Ein charakteristisches Merkmal der Gesundheitsversorgung in der Dritten Welt ist die Ungleichheit zwischen Stadt und Land. Die Stadt hat ein westliches Niveau erreicht, während die ländlichen Gebiete quasi öde geblieben sind. Die Logik der westlichen Zivilisation hat mehr Gewicht auf die urbanische Medizin gelegt und die Kluft zwischen Bauern und Städtern vergrössert.

Eine der Antworten auf die Gesundtheitsprobleme der Dritten Welt läßt sich in drei Stufen zusammenfassen:

1.1 Die Strategie

Es muß eine Gesundheitsplanung konzipiert werden und sie muß integraler Bestandteil der sozialen und ökonomischen Planung sein. Die Planung darf nicht manche Sektoren begünstigen oder diesen oder jenen Problemen den Vorrang geben, sonst kommt es zu Engpässen, die die gesamte Planung zum Scheitern bringen. Sektoren, die vernachlässigt wurden, müssen ohne Verzögerung ausgebaut werden zum Nachteil anderer, die plötzlich nicht als wichtig angesehen werden. Das ist ein Teufeulskreis. Die Gesundheitsplanung muß spezifisch, stufenweise fortschreitend und realistisch sein. Die Planung muß sich auf die existierenden Realitäten stützen.

1.2 Die Taktik

Nach der Formulierung der einzelnen Etappen der Gesundheitsplanung müssen folgende Ressourcen zur Realisierung der erwünschten Ziele zur Verfügung stehen:

1. Die notwendigen administrativen und infrastrukturellen Ressourcen:

- Krankenhäuser, Dispensarien, Schulen, Transportmittel.

- Verteilungsmittel (Netz von Apotheken).

- Telekommunikation.

2. Die existierenden menschlichen Ressourcen. Aus Mangel an hochqualifizierten Ärzten rückt der Buschpfleger in den Mittelpunkt der medizinischen Versorgung. Alle Ärzte der Welt tendieren aus verschiedenen Gründen dazu, in den urbanischen Ortschaften zu bleiben und nicht in abgelegenen ländlichen Gebieten zu praktizieren. Folglich muß man auf medizinische Hilfskräfte zurückgreifen.

3. Die finanziellen Ressourcen:

- Bereitstellung von Finanzmitteln für den Ausbau geeigneter Infrastrukturen

- Vergütung des Personals, Beschaffung der Geräte und Medikamente.

1.3 Die Technik

Der zentrale Schützpfeiler der medizinischen Versorgung ist der Buschpfleger. Zwischen einem Krankenpfleger und einem Arzt eingestuft, muß er sowohl eine auf Pflegemedizin ausgerichtete Ausbildung haben als auch Erfahrungen in Öffentlicher Medizin vorweisen. Darüber hinaus muß er die Möglichkeit haben, seine Kenntnisse ständig zu vertiefen und in ein Netz von Fachärzten der kurativen Medizin eingebettet sein, das eine Unterstützung und eine kontinuierliche Weiterbildung gewährleistet. Neben dem Buschpfleger müssen auf dem Land sog. medizinische Dorfbetreuer existieren, die, als Repräsentanten der vorhandenen Gesundheitsversorgungspyramide auf unterster Ebene, der Bevölkerung das medizinische Basiswissen zur primären Pflegemedizin vermitteln können, so daß die Betroffenen zur Hilfe durch Selbsthilfe gelangen.

2. Der Krankenpfleger im Busch

Die wesentlichen Anstrengungen im Gesundheitsbereich beruhen auf dieser Schlüsselfigur des Gesundheitszentrums. Es gibt mehrere Möglichkeiten, die Tätigkeit des Buschpflegers so weit wie möglich anzupassen. Die vernünftigste besteht darin, einen in Präventiv- und Pflegemedizin erfahrenen Arzt an die Spitze der Gesundheitsversorgungspyramide zu stellen, die die Buschpfleger einrahmt und unterstützt. Vorbedingung dafür ist eine hieararchische und einsatzfähige Struktur, die sowohl Krankenhäuser, Dispensarien als auch ein Verteilungsnetz von Medikamenten einschließt. Dies soll im Rahmen einer Gesundheitsstrategie stattfinden und von einem globalen Entwicklungswillen getragen werden. Man darf aber nicht die einheimischen Kulturen verkennen. Die Kunst zum Heilen basiert nicht nur auf rationellen Daten, die Wurzeln der Krankheit weisen auch irrationale und magische Züge auf. Wenn man die Krankenpfleger befragt, um zu wissen, wer die Medizinzentren besucht und wer den Zauberern das Vertrauen schenkt, ist die Antwort: 90% der Bevölkerung hat Vertrauen in die westliche Medizin und 100% in die der Heilpraktiker. Es gibt keinen Widerspruch zwischen diesen beiden Ansätzen, sondern Koexistenz. Es wäre dramatisch und vergeblich, nur eine Denkweise aufzuzwingen. Die Menschen interpretieren die Krankheit nicht mit der Logik, sondern mit anderen

Instrumenten. Es gibt aber ein gewisses Niveau, oberhalb dessen eine Wirksamkeit nicht beansprucht werden kann. Es ist angebracht über diese minimale Basis nachzudenken. Der moderne Mensch, der vermutlich rational denkt, weiß, daß es nur Kausalbeziehungen gibt. Er spürt keine Magie hinter der Krankheit, sondern dieselbe Finalität. Während der westliche Mensch in seiner Umgebung dazu neigt, die Kausalverhältnisse zu erkennen, schätzt der Bauer aus der Dritten Welt mehr die Koinzidenzverhältnisse. Es ist nicht lange her, daß die Krankheit als Gottesstrafe hingenommen wurde, und man weiß nicht, inwieweit sich ein kranker erwachsener Mensch schuldig fühlt, in gewisser Hinsicht nicht "normal" zu sein. Die psychosomatische Medizin verbirgt noch viel Unbekanntes, so daß Praktiken wie die Psychotherapie, die Akupunktur und noch andere mehr an Bedeutung gewinnen. Die Kranken haben nicht das Verlangen, geheilt zu werden, sondern vielmehr den ihnen zustehenden Platz in der Familie und Stamm wieder einnehmen wollen. Die Dritte-Welt verfügt über einige vielseitige Verstümmelungs- und Opferungsriten. Man soll diese Dimension nicht unterschätzen, man muß aber logische und rationale Beziehungen von den Heilern zur wirkungsvollen Aktion verlangen. Daher soll der Buschkrankenpfleger ein medizinisches Basiswissen haben. Er soll weder ein uneingeweihter noch ein traditioneller Heiler, sondern ein "assimilierter" Krankenpfleger sein, denn er muß wissen, daß es eine Beziehung zwischen Symptomen und Diagnosen gibt. Wenn man keine Verbindung zwischen Fieber und Husten erkennt, so kann man auch nicht zur Diagnose "Bronchitis" oder "Pneumopathie" kommen, demzufolge kann man sie auch nicht behandeln. Wenn man darüber hinaus die Krankheit nur als eine Anhäufung von Symptomen betrachtet, besteht die Gefahr, den Kranken als eine "Mechanik" anzusehen, was zum Reduktionismus führt. Aus diesen Gründen ist es nicht möglich, den Arzt zu ersetzen. Der Buschpfleger ist nur als eine Näherungslösung anzusehen. Er muß entsprechend ausgebildet werden und ihm die Möglichkeit gegeben werden, seine Kenntnise weiter zu vertiefen für eine bessere Wirksamkeit und einen persönlichen sozialen Aufstieg.

Die Aufgaben des Buschpflegers im Rahmen des Gesundheitszentrums sind sowohl kurativer als auch präventiver Natur:

1. Kurative Aufgaben:

Er stellt mit Hilfe der im voraus aufgestellten Protokolle Diagnosen gemäß den Symptomenund Merkmalenauf.

Er behandelt die bekannten Beschwerden gemäß den therapeutischen Schemata.

Weil er seine Grenzen kennt, sortiert und leitet er die Fälle zu medizinischen Zentren, die seine Fähigkeiten übersteigen. Er kann aber je nach Patient chirurgische Aufgaben übernehmen und gemäß den geregelten Gesten in Fällen wie Blinddarmentzündung oder Hernie operieren.

2. Präventive Aufgaben:

Als wesentliches Element des Gesundheitszentrums nimmt er an folgenden Aufgaben teil:

- Mutter- und Kinderschutz. Das Zentrum gewährleistet die Erziehung der Mütter, die Pflege der Neugeborenen und der kleinen Kinder.

- Ernährung- und Sanitärerziehung. Dies erfordert ein Netz von Dorfbetreuern.

- Sanierungsaufgaben. Kontrolle der verschlechternden Faktoren zur gemeinschaftlichen Gesundheit: Wasser, Nahrungshygiene und Abfälle.

- Bekämpfung der ansteckenden Krankheiten durch Planung und Aufnahme der ermittelten Daten.

Man weiß, daß die Statistikdaten nicht ausgewertet werden können, solange die Diagnosen nicht exakt sind. Diese Diagnosen sind nur gültig, wenn die zur Verfügung stehenden Protokolle und Untersuchungen einfach sind. Unter solchen Umständen muß das Gesundheitszentrum ständig eine gewisse - aber begrenzte - Anzahl von den wichtigsten Medikamenten zur Verfügung haben (z.B die von der Weltgesundheitsorganisation kontrollierten 200 Medikamente).

Die Rolle des Buschpflegers besteht nicht darin, die Gesundheitsdaten zu sammeln, sondern auf die epidemiologischen Untersuchungen hinzuweisen. In diesem Fall kann man, dank der beweglichen Strukturen des Gesundheitszentrums, Strategien zur Impfung in Gang setzen.

3. Ein praktisches Instrument: der Mikrocomputer im Busch

Der Krankenpfleger ist der priviligierte Träger der Gesundheit, durch seine kurative Rolle, seine Stelle in der Vorbeugung und in der Planungsstrategie. Weil er sich in einem permanenten Bildungsprozeß befindet, erwirbt er medizinische Kenntnisse bis zu einer optimalen Schwelle, dann verläßt er das Gesundheitszentrum und wird durch einen neuen Krankenpfleger ersetzt. Der Prozeß fängt wieder von vorne an. Daher muß man ihm alle Ausbildungsmöglichkeiten zur Verfügung stellen .

Die heutige Technologie kann dazu beitragen, eine permanente Hilfe in Form eines automatisierten Systems zur Diagnose und Therapie zur Verfügung zu stellen. Die Informatik ist ein Instrument zur Erweiterung und Vertiefung der Kenntnisse. Aus diesem Grund ist es möglich, einen Mikrocomputer zur Verfügung zu stellen, der in der Lage ist, die Leistungen der im Busch isolierten Medizinhilfskräfte zu verbessern. Solche robusten, kompakten und autonomen Computer existieren bereits oder werden hergestellt. Die aktuelle Leistungsfähigkeit ist ausreichend, um einen Einsatz im Busch zu starten. Die Kosten sind natürlich hoch, sie können aber zur akzeptablen Norm herabgesetzt werden, wenn das System sich verbreitet. Darüber hinaus erfordert die Handhabung der Mikrocomputer nicht ein spezielles Wissen und kann daher von Nichtinformatikern benutzt werden, wenn die Interfaces zwischen Mensch und Maschine einfach sind.

In den siebziger Jahren haben die meisten Organisationen "guide-lines" empfohlen zur Aufzählung der Symptome, um zur Diagnose zu kommen. Diese "guide-lines" sind für Medizinhilfskräfte bestimmt. Sie sind bei weitem noch nicht "normalisiert" und unterscheiden sich in Form und Niveau von Organisation zu Organisation. Sie dienen im allgemeinen zur Sortierung und Sammlung von Statistikdaten. Man hat sie auch zur Ausbildung und für klar formulierte Probleme benutzt. Sie haben ihre Wirksamkeit gezeigt.

Fieber und Husten sind rigide Zeichen und können nur eine Alternative zulassen : vorhanden oder nicht. Die Summe aller positiven Zeichen, mit Ausnahme aller anderen, führt zur Diagnose. Der Mediziner denkt offensichtlich nicht auf diese Weise, aber er ist trotzdem gezwungen, diese Zeichen für seine Überlegungen in Betracht zu ziehen. Er kann eine feine Unterscheidung nach diesem Schema machen, in dem er zuerst den Kranken betrachtet und anschliessend seine Untersuchungen weiterverfolgt. Z.B. kann ein chronischer Raucher, der Husten und Fieber aufweist, wohl an einer akuten Bronchitis leiden. Er kann aber auch eine Harninfektion haben. Der Husten ist in diesem Fall nicht das Hauptorientierungszeichen. Er läßt sich durch eine gewöhnliche Nikotinsucht erklären. Das hohe Fieber und die Lendenbeschwerden bilden in diesem Fall die Hauptorientierung der Untersuchung. Bei den "guide-lines" ist es nicht möglich, eine feine Unterscheidung zu machen. Daher sind sie im wesentlichen als Sortierungsinstrumente für eine Massenmedizin gedacht. Man kann die "guide-lines" an einen Diagnoseansatz anhand von Orientierungshypothesen anpassen. Dem Benutzer bleibt die Wahl bei der endgültigen Entscheidung. Die Diagnosehypothese führt natürlich zu einem therapeutischen Verfahren. Man muß die plausiblen Krankheiten registrieren und die Raritäten oder diejenigen, die die lokalen Ressourcen übersteigen, aufgeben. Das System muß vollständig handhabar sein. Die Medikamente müssen auch identifiziert werden. Es ist nutztlos, im Busch eine gigantische "Ritter-Rüstung" zu benutzen. Die Experten sind sich darüber einig und haben eine Liste der 200 wichtigsten Medikamenten erarbeitet, die alle Bedürfnisse decken..

Schließlich ist das System ausbildungsorientiert. Der Benutzer kann es immer befragen, sowohl auf der Ebene der Wortbedeutung als auch auf der Ebene der physiologischen Mechanismen und physiopathologischen Ausdrücke. Man muß in diesem Sinne auch die Krankheiten erwähnen, die für die Praxis vernachlässigt wurden, und man soll sie dem Krankenpfleger entschleiern, wenn er es verlangt.

Da der Ansatz wiederholend ist, wird der Benutzer sehr schnell darauf verzichten, weil er die Abwicklung der Operationen kennen wird. Das ist das Ende der ersten Phase. Anschließend kann das System für didaktische Zwecke nach Bedarf benutzt werden. Da vermutlich nur ein kleiner Prozentsatz der Bevölkerung von diesem System untersucht wird - eine offensichtliche Krankheit wie Masern braucht nicht untersucht zu werden, weil die Diagnose sofort erkennbar ist - kann es nicht zur Sammlung Statistikdaten dienen. Es kann aber einen Alarm erlaube wenn man einen gefährlichen Fall registriert hat. Darü hinaus muß das System nach der Aufstellung der Diagnose de direkten Zugang zu Medikamenten erleichtern. Der Name des Medikaments muß mit einer vollständigen Beschreibung versehen werden - Dosierung, Gegenanzeigen, Zusammensetzung, Kosten. Dieser Ansatz ist logisch. Er kann anhand der existierenden Technologie ohne Schwierigkeiten realisiert werden.

Man kann nicht von einem Expertensystem im eigentlichen Wortsinn sprechen. Dafür gibt es zu viele Unbekannte sowohl in der Umgebung als auch bei dem Verhalten des Krankenpflegers und des Benutzers. Dieser Ansatz orientiert sich an einer Gesundheitsstrategie für die Dritte Welt. Er kann nur von jemandem benutzt werden, der das Diagnosekonzept versteht. Ein Taschenrechner ist auch nutzlos, wenn man nicht das Konzept der Mutiplikation oder Division begreift. Das System ist gleichermaßen nutzlos für einen Uneingeweihten. Ein solches Instrument gibt die Möglichkeit, sich an die verschiedenen lokalen Situationen anzupassen. Aber eine Verallgemeinerung des Verhaltens ist nicht erstrebenswert. Es erfordert eine präzise Umgebung, eine hieararchische Gesundheitspolitik, eine perfekte Verteilung der Medikamente und ein zuständiges Personal. Nachdem man die Situation klar erkannt hat, kann man gesetzmässig von der Informatik verlangen, eine Hilfe für den im Busch isolierten Krankenpfleger zur Verfügung zu stellen, ein Instrument zur Entscheidungshilfe, das die erste Etappe für Gesundheitssoftware und Epidemiologie bilden soll. Es ist aber sinnlos, solche Systeme zu erstellen, wenn nicht alle Bedingungen erfüllt sind.

Im folgenden wird das System kurz beschrieben.

4. Kurze Beschreibung des Systems

Das System wurde von der Arbeitsgruppe "Informatik und Medizin" vom Centre Mondial in Paris unter der Leitung von X. Emmanuelli und P. Schwenn entwickelt. Die Organisation "Medecins sans Frontieres" hat dazu beigetragen. Die Entwicklung des Systems ist noch nicht beendet. Mehrere Aspekte müssen noch berücksichtigt werden. Obwohl zahlreiche Experimente mit der ersten Version sowie ein Pilotprojekt im Tschad durchgeführt wurden, liegt eine Gesamtbewertung des Systems nicht vor.

Im folgenden wird ein kurzer Überblick über die Hardware und die Software gegeben.

4.1 Hardware

Die Hardware hat folgende Struktur:

- Die Anlage ist ein HUSKEY von der englischen Firma HUSKEY Computers.

- Sie hat eine Arbeitsautonomie von 600 Stunden.

- Das Gewicht von 2 Kg bei einer Größe von 24*20*4.4 cm.

- die Tastatur hat 40 Zeichen a 8 Zeilen.

- Die Speicherkapazität beträgt 352 K.

4.2 Software

Das System besteht aus zwei Softwareprogrammen, MEDIT und MEDIC, die auf eine gemeinsame Datenbank zugreifen können.

1. MEDIT ist ein graphischer Editor und dient zur Eingabe der Daten. MEDIT ist auf einer LISP-Maschine realisiert und stellt dem nicht in Informatik ausgebideten Mediziner ein Interface zum Editieren ärzlicher Urteilsstrukturen zur Verfügung, die daraufhin vom System MEDIC für die Diagnosehilfe benutzt werden. Der Dialog mit dem System beginnt mit einer Initialisierungsphase. Nach der Eingabe der Symptome (Schmerzen, Husten, Durchfall etc...) werden Entscheidungsbäume gewählt, die "ja" oder "nein" entsprechen. Das System führt den Dialog und stellt Fragen, die mit "ja" oder "nein" beantwortet werden müssen.

2. MEDIC ist ein Programm zur Unterstützung der Mediziner bei ihrer diagnostischen und therapeutischen Tätigkeit. MEDIC benutzt eine Datenbank und gestattet dem Benutzer, die klinischen Daten der Kranken zu speichern. MEDIC ist in C-Sprache geschrieben und kommuniziert im Dialog mit dem Benutzer bei der Aufstellung der Diagnose und den

entsprechenden therapeutischen Vorschlägen. MEDIC hat eine baumartige Struktur, die aus mehreren Entscheidungsknoten besteht. Jeder Knoten hat zwei Äste: Einen Ast für die Antwort "ja" und einen für die Antwort "nein'. Jedem Knoten ist eine Variable zugeordnet, die einem Symptom entspricht. Während der Traversierung des Baumes orientiert sich das Programm nach dem Wert der Variablen. Das System stellt dem Benutzer bis zur Aufstellung der Diagnose Fragen, die mit "ja" oder "nein" beantwortet werden müssen.
MEDIC soll als Bildungsinstrument für die im Tschad isolierten Krankenpfleger dienen.

3. Aufbau der Datenbank: Bei der Realisierung der Datenbank wurde der Ansatz vom Essex (Diagnostic Pathways in Clinical Medicine : B.J. Essex Medicine in the Tropics) benutzt, der die wichtigsten Symptome berücksichtigt. Die Symptome sind in hierarchicher Form aufgebaut, die aus einer Sequenz von Fragen besteht. Die Antworten auf diese Fragen sind "ja" oder "nein". Je nach Antwort wird ein Unterbaum der Datenbank gewählt usw... Nach diesem Ansatz wurde die Datenbank aufgebaut.

LITERATURVERZEICHNIS

1. P. Schwenn, X. Emmanuelli.
Le micro-ordinateur de brousse, projet Tschad, Centre Mondial 1984, Paris

2. P. Schwenn, X. Emmanuelli.
Aide médicale au tiers-monde, Centre Mondial, Programmes scientifiques, Centre Mondial 1985, Paris

3. X. Emmanuelli.
A propos des problèmes de santé dans le tiers-monde, plaidoyer pour un personnel compétent, Centre Mondial 1985, Paris

4. S. Hadjerrouit.
Expertensysteme im Tschad, Vortrag im SS 85 im Rahmen der Einheit "Informatik und Gesellschaft" (Fachbereich 20) an der TU Berlin

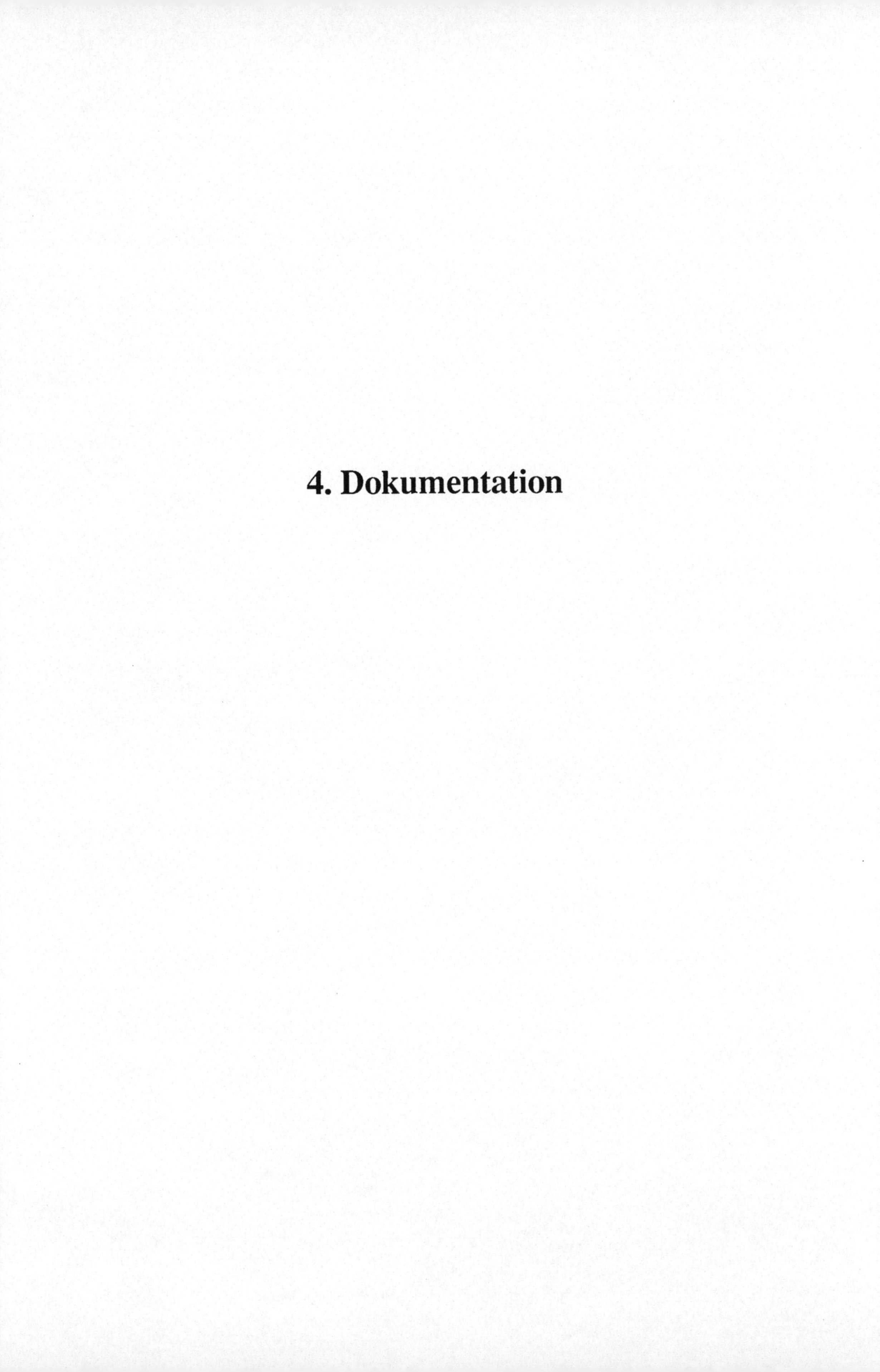

4. Dokumentation

AUSBILDUNGSKONZEPTE FÜR DEN BEREICH INFORMATIONSTECHNOLOGIE UND "DRITTE WELT"

Dokumentation erstellt von

GÜNTHER CYRANEK & MICHAELA REISIN

Der Arbeitskreis Informatik und "Dritte Welt" hat am 30. Juni 1984 im Institut für Angewandte Informatik der Technischen Universität Berlin einen Workshop u.a. mit zahlreichen Student/inn/en aus Ländern der "Dritten Welt" zum Thema Ausbildungskonzepte für den Bereich Informationstechnologie und "Dritte Welt" durchgeführt. Als Referenten waren eingeladen:

Dr. T. Z. Chung

Zentrum für Technologische Zusammenarbeit (ZTZ)
TU Berlin

W. v. Fumetti

Deutsche Gesellschaft für Technische Zusammenarbeit (GTZ)
Eschborn

Dr. D. Habermann

Technologiezentrum Berlin
Verband Deutscher Ingenieure (VDI)

Prof. K. Jamin

Fachhochschule München

Wir dokumentieren anhand der Tonbandaufzeichnung die Beiträge und die engagierte Diskussion.

Tzöl Zae Chung
Zentrum für Technologische Zusammenarbeit (ZTZ)
Technische Universität Berlin

An der TU studieren ungefähr 4600 ausländische Studenten, davon 80% aus Entwicklungsländern. Von den Studenten aus Entwicklungsländern studieren ca. 20% am Fachbereich Informatik. Die TU Berlin ist eine der Schwerpunktuniversitäten in der BR Deutschland, die sich mit der Anwendung der Informationstechnologie befaßt; ein Beleg hierfür ist z.B. der Sonderforschungsbereich 'Konstruktion unter Einsatz der Informationstechnologie'.

Vor dreieinhalb Jahren wurde ein Ausbildungsprogramm für TU-Absolventen am ZTZ eingerichtet für Elektrotechniker, Mathematiker und Informatiker, die im Bereich Informations- und Kommunikationstechnologien in ihren Heimatländern arbeiten wollen. Innerhalb des Trainingsprogramms 'Technologie und Entwicklung', das ein Jahr dauert - davon werden die letzten drei Monate im Einsatzland durchgeführt - gibt es ein Subprogramm Informationstechnik. Wir haben vor, praxisorientiert Tätigkeitsfelder für Informatiker vor allem in Schwellenländern zu erschließen. Das ist wichtig, weil diese Berufsbilder in den meisten Entwicklungsländern, sogar in den Schwellenländern noch nicht vorhanden sind. Diese Tätigkeitsfelder müssen neu erschlossen werden. Ich kann berichten, was z.B. die vielen indonesischen Absolventen auf Grund des Trainings beruflich machen: z.B. Leute, die in Indonesien IBM-Vertrieb machen für Personal Computer. Die Absolventen in Indonesien haben z.B. vor, dort Ausbildungscentren aufzubauen in Zusammenhang mit Beratungstätigkeit. Viele arbeiten in Firmen, um ihr Know How weiterzugeben bzw. zu vertiefen, leider nicht in deutschen Firmen, sondern vorwiegend in japanischen und amerikanischen Firmen. Sich selbstständig zu machen, ist in Indonesien wesentlich schwieriger als hier.

Unser Ansatz besteht darin, daß wir hier mit Softwarehäusern während des Kursus zusammenarbeiten. Diese Praxisphase wird von einem Mentor, Herrn Mendoza aus den Philippinen, der sich sehr gut in den ASEAN-Ländern auskennt, betreut mit dem Ziel der berufsorientierten Ausbildung. Ein siebenwöchiges Grundseminar bereitet die Projektarbeiten in Softwarehäusern vor: dazu gehören Feasibility-Studies, Projektmanagement, Vermittlung von betriebs- und volkswirtschaftlichen Kenntnissen, sowie die Einladung von Praktikern als Referenten, um auch die Berufswirklichkeit erfahren zu können.

Jeder Kursteilnehmer ist verpflichtet, von Anfang an eine eigene Projektidee zu verfolgen, die dann im Rahmen des dreimonatigen sogenannten Referendariats im Heimatland auf Durchführbarkeit untersucht werden sollte.

Referenten mit Erfahrung als Entwicklungsexperten aus Entwicklungshilfeinstitutionen sowie ehemalige Absolventen des Kursus werden gezielt eingeladen, um die Praxisarbeit in den Heimatländern vorzubereiten.

Unsere Philosophie am ZTZ ist es, davon auszugehen, daß man mit Computern leben muß, ob man will oder nicht. Es kommt auf uns an, wie wir dieses Instrument benutzen.

Das ZTZ reagiert auf Anfragen von Hochschulen wie im Fall von China im Hinblick auf die Fünfte Computergeneration oder auf individuelle Anfragen ehemaliger Absolventen.

Wir gehen davon aus, daß die Schwellenländer in absehbarer Zeit - das ist auch die erklärte Wissenschaftspolitik der Volksrepublik China - unbedingt High Technology selbst anpassen müssen. Deshalb erwerben diese Länder auch sehr viel Know How. Die Beispiele von Singapur und der Volksrepublik China zeigen, daß der eigenständig angepaßte Einsatz der High Technology Abhängigkeit abbauen hilft. China z.B. versucht längerfristig bis zum Ende dieses Jahrhunderts soweit zu kommen, daß es wirklich den Anschluß an die Technologieentwicklung auf internationaler Ebene nicht verpaßt, um technologisch nicht kolonialisiert zu werden. Aktivitäten in dieser Richtung würde das ZTZ unterstützen. Ein Beispiel hierfür ist die Kooperation in der ADA-Implementierung auf dem STARLET-Rechner von Prof. Giloi; die Softwareentwicklungen hiefür sollen vorwiegend in China durchgeführt werden.

Diskussionsleitung
Günther Cyranek, TU Berlin

In der Diskussion standen folgende Fragen im Vordergrund:

- Warum verfolgt das ZTZ den Schwerpunkt Südostasien?
- Wie wird mit den Auswirkungen der Informationstechnologien in diesen Kursen umgegangen?
- Was sind die entwicklungspolitischen Zielsetzungen des Trainingsprogramms?
- Wie wird die eigene Forschung und Stand der Lehre in Entwicklungsländern beurteilt?

Herr Chung nimmt wie folgt Stellung:

Der Schwerpunkt 'Südostasien' des ZTZ gilt nur in Hinblick auf wissenschaftlich-technologische Kooperation zwischen Universitäten im Rahmen der Partnerschaften der TU. In einer Region müssen infrastrukturelle Vorbedingungen erfüllt sein, um gemeinsam Forschungsvorhaben realisieren zu können. Die Orientierung auf Südostasien schließt nicht aus, daß ähnlich intensive Kooperationsmöglichkeiten z.B. mit Griechenland, der Türkei oder Algerien aufgebaut werden könnten.

Zur Frage der Zielsetzung des Ausbildungsprogramms: Es ist sehr wahrscheinlich, daß es möglich wäre, Betriebsgründungen von Absolventen auch finanziell bis zu einer bestimmten Höhe zu unterstützen - vorausgesetzt, daß das Vorhaben hinreichend dokumentiert ist. Es ist Absicht des ZTZ, die Entwicklung von eigenen Betrieben der Absolventen zu fördern.

Müssen EL mit Computern leben?

Es gibt neben Computern noch wichtigere Probleme wie Hunger, Ernährung. Wir haben an der TU ein großes Forschungsprogramm 'Sicherung der Nahrungsmittelversorgung in Entwicklungsländern' (SINAVEL), wo wir auch Computer einsetzen, ein Forschungsprojekt von 18 Hochschullehrern an 8 Instituten. In diesem Forschungsprojekt arbeiten wir als Bausteinchen mit, wie mit der Computer- und Informationstechnologie solche Probleme auch angegangen werden könnten.

Meine Erfahrung durch Reisen nach Asien zeigt, daß man mit Computern leben muß, vor allem in China. In ostasiatischen Kulturen kann man mit Computern sehr schöpferische Entwicklungen initiieren, wenn man z.B. die chinesische Schrift vollkommen digitalisieren könnte, wäre die Kommunikation so erleichtert, daß viele Probleme, die heute in China bestehen, gelöst werden könnten. Das ist meine Überzeugung, mit der ich versuche, die Projekte zu akquirieren und zu realisieren.

High Tech Forschung in Entwicklungsländern

Folgendes hat das ZTZ initiiert: In China, Indonesien und Singapur ist der theoretische Stand des Wissens an Universitäten, besonders in China, sehr gut. Jedoch fehlt die Infrastruktur wie hier, so daß man mit dem angeeigneten Wissen nicht implementieren kann.

China z.B. hat ganz gezielt sukzessive nur Mikrocomputer gekauft. Wenn ich die Projekte vermittle, versuche ich dafür die Weichen zu stellen, daß China im Laufe der Zeit tatsächlich gemeinsame Forschungsprojekte durchführen könnte: dafür braucht man Fähigkeiten, Kapazitäten und Kapital. Jedoch ist die verfügbare Infrastruktur an verschiedenen Universitäten sehr unterschiedlich. Vergleicht man China mit Indonesien, so muß man feststellen, daß Indonesien für die Forschung mehr Geld ausgeben kann als China.

Ost-Asien als deutscher Markt?

Die deutschen Konzerne waren zu unbeweglich, um sich dem ostasiatischen Markt anzupassen, der jetzt von USA und Japan besetzt ist. Wir versuchen an der TU die Rolle des Interface zwischen verschiedenen Systemen zu spielen. Entscheidend ist die Akzeptanz. Mit unserer Philosophie, wie wir programmiert sind, versuchen wir so weit zu vermitteln, damit die Adaption selbst in dem Land durchgeführt werden kann. Wir sagen, daß das, was von hier kommt, nicht angepaßt ist. Und die Anpassung soll auch nicht von hier geschehen, wie viele von den anderen Richtungen, die unbedingt ihre eigene Ideologie in die Dritte Welt transportieren wollen. Ich bin dafür, daß die Anpassung von den Eliten der Empfängerländer erfolgen sollte. Sind sie dazu nicht in der Lage, dann muß diese Adaptionsfähigkeit aufgebaut werden.

Dafür versuchen wir unsere Studenten auszubilden. Die letzten 15 Jahre haben gezeigt, daß es keinen Sinn hat, Studenten aus Entwicklungsländern Ideologien aufzuoktroieren. Das klappt überhaupt nicht. Es ist viel wichtiger, daß sie im Rahmen ihrer Möglichkeiten eigene Wege zu finden versuchen. Vor acht Jahren versuchte ich der TU zu erklären, daß Technologie drei Dimensionen hat: technische, ökonomische und soziale. Wenn man die Informationen hat, kann man auch gezielt nur bestimmte Dimensionen aufgreifen und damit negative Auswirkungen vermeiden.

Zusammenfassend sollen unsere Absolventen in der Lage sein

- geeignete Technologien auszuwählen (Choice of Technologie) beispielsweise durch Feasibility Studies oder durch bestimmte Methoden, die als wissenschaftliches Instrument vorhanden sind,
- Projektmanagement anhand der hier gewonnenen Erfahrungen durchführen zu können,
- die Spielregeln, die vorhanden sind, zu beherrschen, und seien es auch technokratische, da abkoppeln keinen Sinn macht.

Anmerkung zum Diskussionsverlauf:

In der Diskussion wurde insbesondere von den Teilnehmern unterstrichen, daß es sehr wichtig sei, nicht nur zwischen verschiedenen Computer-Herstellern die Technologiewahl zu beherrschen, sondern auch in der Lage zu sein, entscheiden zu können, wo Computereinsatz im Einzelfall sinnvoll ist oder nicht. Diese Ausrichtung eines Aufbaulehrgangs für Absolventen aus Entwicklungsländern solle auch curricular abgesichert sein. Um einer nur technokratischen Ausbildung in dem vorgestellten Kurs entgegen zu wirken, sollten die sozialen Auswirkungen der Anwendungen der Informationstechnologien gerade für Absolventen aus Entwicklungsländern stärkere Berücksichtigung in der Ausbildung finden.

Doris Habermann
VDI-Technologiezentrum Berlin

Bevor ich meinen Beitrag beginne, möchte ich Sie darauf aufmerksam machen, daß ich bewußt eine positive Haltung zur Einführung von Mikroelektronik und Informationstechnologien in Entwicklungsländer einnehmen werde. Ich halte es für die heutige Diskussion für fruchtbar, gegensätzliche Positionen zu vertreten, um die eigentliche Entwicklungsproblematik, um die es uns ja geht, umfassend transparent zu machen. Gleichseitig bitte ich Sie, mir diese pointierte Position nicht als Einseitigkeit auszulegen, obwohl ich sie einseitig darstellen werde. Ich kenne Entwicklungsländer aus eigener Anschauung. Ich habe drei Jahre in Bolivien verbracht, habe mit Indianern auf dem Lande gelebt, die Sprache gelernt und intensiven Kontakt zur Bevölkerung gehabt. Darüber hinaus habe ich einige Jahre in Thailand und Jamaica verbracht, so daß ich sagen kann, ich kenne die Probleme dort. Ich habe, erst nachdem ich in diesem Feld sehr stark verankert war, die andere Seite der Medaille kennengelernt. Ich muß offen gestehen, daß ich bis vor vier Jahren noch nicht einmal wußte, was Mikroelektronik ist. Erst in den letzten Jahren habe ich Zugang zu den neuen Technologien, insbesondere zur Mikroelektronik, gefunden und dabei die gesamte Problematik der sozialen Einbettung kennengelernt. Ich möchte ausdrücklich feststellen, daß die sozialen, kulturellen und politischen Probleme, die im Zusammenhang mit Neuen Technologien diskutiert werden, m.E. nicht nur in Entwicklungsländern, sondern in ebenso starkem Maße in Europa und in den USA virulent werden. Ich bin der Auffassung, daß wir in gewisser Hinsicht alle in einem Boot sitzen. Es gibt keine Alternative, kein Aussteigen mehr. Wir haben es mit einem synergetischen Effekt zu tun.

Zu unserem Institut. Das Technologiezentrum gehört nur organisatorisch zum VDI. Finanziert wird es zu 90 v.H. vom BMFT und zu 10 v.H. von diversen Projektträgern. Wir befassen uns mit der Diffusion - nicht mit der Einführung - von Mikroelektronik und Informationstechnologien innerhalb der Bundesrepublik Deutschland. Mikroelektronik und Informationstechnologien sind in der Bundesrepublik bereits eingeführt, jedoch weit davon entfernt, in genügendem Maße verbreitet zu sein. Insbesondere bei mittleren und Kleinunternehmen, die immerhin 90 v.H. aller Unternehmen ausmachen und wo über 50 v.H. aller industriellen Arbeitnehmer beschäftigt sind, sind die Möglichkeiten, die die neuen Technologien eröffnen, nicht bekannt. Hier geht es in erster Linie um Know-how-Transfer. Hier sehe ich Parallelen zum Technologietransfer in die dritte Welt.

Der Titel meines Vortrages lautet:

"Der Beitrag neuer Technologien - insbesondere der Mikroelektronik und Informationstechnologien - zur Entwicklung der Länder der Dritten Welt"

Einige Bemerkungen zum Entwicklungsbegriff:

Entwicklung begreife ich nicht allein als wirtschaftliche Entwicklung im Sinne von Wachstumsraten, hohen Renditen, Steigerung des Bruttosozialprodukts etc. Vielmehr bedeutet Entwicklung m.E. verbesserte ökologische Strukturen, höhere Integration in den sozialen Systemen, stärkere Dezentralisierung auf politischer Ebene, mithin Veränderung von Normen- und Wertstrukturen hin zu einer humanen Gesellschaft, hin zu hoher Lebensqualität auf soziokultureller und ökologischer Ebene. Sie ersehen aus dieser Definition von Entwicklung, daß nicht nur Länder der Dritten Welt, sondern - und dies gilt v.a. in sozialer, politischer, ökologischer und kultureller Hinsicht - auch die als entwickelt geltenden Industrieländer entwicklungsbedürftig sind.

Mein Beitrag gliedert sich wie folgt:

1. Grundthesen
2. Chancen der Informationstechnologien
3. Der Nutzen des Transfers neuer Informationstechnologien für Entwicklungs- und Industrieländer

1. Grundthesen

Vierzig Jahre mehr oder weniger systematischer Transfer traditioneller Technologien in die Entwicklungsländer - etwa 15 Jahre lang unterstützt durch eine partielle Orientierung an Grundbedürfnissen und angepaßten Technologien - haben nichts anderes bewirkt,als daß die Schere zwischen Industrie- und Entwicklungsländern immer weiter auseinanderklafft. Besonders deutlich wird dies an der enorm angestiegenen Verschuldung der Entwicklungsländer, die ja schon für sich genommen die Potenz einer weltweiten Krise in sich birgt.

Selbst wenn das jeweilige Wirtschaftswachstum der Länder der Dritten Welt fünf v.H. und der durchschnittliche Wachstumsrhythmus der Industrieländer zwei v.H. nicht überstiege, benötigte man noch 150 Jahre, bis das Einkommen der Länder der Dritten Welt dem heutigen Einkommen der Industrieländer gleichkäme (J.J. Servan-Schreiber).

Eine verspätet einsetzende Entwicklung in den Entwicklungsländern entlang des Industrialisierungspfades der Industrieländer führt schon aus rein mathematischen Gründen zu einer weiteren Öffnung der Schere zwischen Entwicklungs- und Industrieländern. Vergleicht man die industrielle Entwicklung der Industrieländer seit 1750 und die der Entwicklungsländer seit 1945 bis heute, so stellt man fest, daß die Differenz der Wachstumsraten sich exponentiell entwickelt. Daher ist es sinnlos, die Entwicklung in den Ländern der Dritten Welt auf dem herkömmlichen Entwicklungspfad nachvollziehen zu wollen. Sinnlos ist es m.E., die Technologiepolitik, wie sie bisher betrieben worden ist, fortzusetzen.

Ich sehe einen Ausweg aus diesem Dilemma nur mit Hilfe eines Technologie-Entwicklungssprunges, und dieser Entwicklungssprung ist nicht mit den Mitteln herkömmlicher Technologien, d.h. nicht auf dem traditionellen Industrialisierungspfad, zu erreichen.

Ebensowenig kann er mit einem Satz veralteter, bisweilen als angepaßt erachteter Technologien erzielt werden. Meiner Meinung nach ist die Einführung neuer Technologien unerläßlich, soll ein Technologiesprung vollzogen werden. Der Transfer traditioneller Technologien in die Länder der Dritten Welt ist gleichbedeutend mit dem Tritt auf die Bremse. Dabei ist festzustellen, daß bedauerlicherweise in jüngster Zeit immer mehr Institutionen - initiiert von cleveren Unternehmern - aus dem Boden wachsen, die veraltete Technologien (Maschinen etc.) hier billig aufkaufen und in die Länder der Dritten Welt mit Gewinn als angepaßte Technologien verkaufen. Das läßt sich um so besser durchführen, je schneller sich die Entwicklung in den Industrieländern vollzieht. Service, Wartung etc. bleibt dann Sache der Länder der Dritten Welt, denn für alte Anlagen werden weder hier noch dort Ersatzteile hergestellt.

Der Hauptfaktor jeden wirtschaftlichen Wachstums bleibt der technische Fortschritt. Im Vergleich zu traditionellen Technologien - und dies ist der qualitative Unterschied zwischen traditionellen und Informationstechnologien - bewirken die neuen Informationstechnologien doppelt so schnelle Produktivitätssteigerung, dreifach schnelleres Produktionswachstum und sechsmal langsamere Preissteigerungen.

Das partielle Hinterherhinken Europas hinter den USA und Japan ist nicht zuletzt auf den verzögerten Einsatz der neuen Informationstechnologien in wichtigen industriellen Bereichen zurückzuführen (z.B. in der Bundesrepublik Deutschland im Bereich der Werkzeug- und Investitionsgüterindustrie etc.). Die Beschleunigung des Entwicklungsprozesses in den Ländern der Dritten Welt ist nach meiner Auffassung nur durch einen den sozialen Bedingungen angemessenen Transfer von modernen Technologien, und insbesondere von Informationstechnologien, zu gewährleisten. Ein solcher Einsatz Neuer Technologien garantiert den unumgänglichen Entwicklungssprung. Es geht darum, Entwicklungssprünge zu initiieren. Allein die Neuen Technologien bergen für Entwicklungsländer die Chance, unabhängig zu werden. Japan z.B. hat die industrielle Entwicklung eben nicht schrittweise nachvollzogen, sondern durch den gleichzeitigen Vollzug der Technologie-Entwicklungssprünge mit den Industrieländern in der zweiten Hälfte dieses Jahrhunderts lange Entwicklungsphasen kompensiert und ist heute dadurch binnen kurzer Zeit zu einem selbständigen Konkurrenten selbst der USA geworden.

Die Dikussion, ob angepaßte, traditionelle oder Neue Technologien geeignet sind, Entwicklung voranzubringen, erübrigt sich. Ich meine, es können nur die Neuen Technologien sein, zumal sie sich mit angepaßten Technologien kombinieren lassen, d.h. mit den Kriterien der Angemessenheit verträglich sind. Die Diskussion erübrigt sich jedoch auch aus einem ganz anderen Grunde. Die Entwicklungsländer sind bereits von den Neuen Technologien indirekt und direkt betroffen. Indirekt sind Entwicklungsländer z.B. durch die Rückverlagerung von ehemals aus den Industrieländern ausgelagerten Produktionsbereichen betroffen. Es werden beispielsweise im Zuge der Automatisierung in Industrieländern Produktionsabschnitte der Chipherstellung, die früher wegen der billigeren Arbeitskräfte in den Billiglohnländern dorthin verlagert wurden, wieder in die Industrieländer zurückgeholt. Damit stellt sich für Entwicklungsländer die Frage, ob sie selber Neue Technologien einführen, um das vorhandene produktive Potential zu nutzen, oder nicht. Direkt sind Entwicklungsländer von den Neuen Technologien berührt durch die dort angesiedelten Unternehmen der Industrieländer.

In den meisten Entwicklungsländern durchdringen die Neuen Technologien, und insbesondere die Mikroelektronik und Informationstechnologien, bereits alle relevanten Produktions- und Reproduktionsbereiche in den Städten. Aus diesen Gründen haben Entwicklungsländer in der Regel nicht einmal mehr die Chance zu entscheiden, ob sie aussteigen oder mitmachen wollen.

Ein Aussteigen hätte einzig und allein eine Abkopplung vom Weltgeschehen zur Folge. Eine totale Kommunikationslosigkeit zwischen den Welten wäre das Ergebnis. In den Industrieländern setzen sich völlig neue Medien und Formen des Informationsaustausches, der Kommunikation und Organisation durch. Dabei stehen wir heute erst am Anfang dieser Entwicklung. Es ist davon auszugehen, daß gegenwärtig erst zehn v.H. der Produkte auf dem Markt verfügbar sind, die im Jahre 2000 im Angebot sein werden. In 30 Jahren etwa werden 98 Prozent der Arbeitsplätze im verarbeitenden Sektor nicht mehr vorhanden sein. Nur zwei Prozent der Arbeitskräfte werden in 30 Jahren noch benötigt werden, um die gegenwärtige Konsumnachfrage zu befriedigen.

Der Umfang der Umwälzung verdeutlicht, daß eine Abkopplung der Entwicklungsländer von diesen Entwicklungen die Welten gegeneinander total isolieren wird. Hierbei handelt es sich nicht um eine Wertung, und es geht auch nicht darum, die Isolation nur für die Länder der Dritten Welt festzustellen. Vielmehr sehe ich die Gefahr in der Existenz gegenseitig isolierter, ohne jegliche Kommunikationsmöglichkeit sich nebeneinander entwickelnder Welten - ähnlich wie heute z.B. die Urwaldstämme in Brasilien und die anderen Welten zwar koexistieren, jedoch gegeneinander isoliert und in letzter Instanz kommunikationslos sind.

2. Chancen der Informationstechnologien

Informationstechnologien - das wurde schon festgestellt - sind produktivitätssteigernd, qualitätsverbessernd, energiesparend, umweltschonend - alles Dinge, die ja auch für ökologische Belange maßgeblich sind. Der Einsatz Neuer Technologien bedeutet nicht, daß eine bedarfsorientierte Politik aufgegeben werden muß: Informationstechnologien können durchaus bedarfsorientiert sein, z.B. in Projekten der Gesundheitsversorgung, in Verwaltung und Ausbildung etc. eingesetzt werden. Darüber hinaus bieten sie die Möglichkeit der Kombination mit sogenannten angepaßten und in den jeweiligen Ländern bereits angesiedelten Technologien. So können etwa Windräder zur Energieerzeugung oder Solaranlagen durch Einsatz von Mikroelektronik besser gesteuert werden. Gerade die neuen Informationstechnologien und die Mikroelektronik sind in besonderer Weise gut geeignet, die in den Entwicklungsländern existierenden Probleme zumindest zu mildern. Insbesondere können die Probleme abgeschwächt werden, die durch die Einführung bzw. Imitierung der 1. und 2. industriellen Revolution der Industrieländer entstanden sind, etwa das Zentrum-Peripherie-Problem, das Problem des starken Qualifikations- und Produktivitätsgefälles. Die neuen Informationstechnologien könnten die Chance einer dezentralisierten Entwicklung eröffnen, um z.B. der starken Landflucht entgegenzuwirken. Mit Informationstechnologien können Entfernungen selbst ohne Straßen und ohne Pisten überwunden werden, d.h. die Zweiteilung in Zentrum und Peripherie kann abgemildert werden.

Ich denke aber auch an solche Fragen wie die Zerstörung der Großfamilie, veränderte Rolle der Frau durch Arbeitsteilung etc.; alles Fragen, die durch die Einführung Neuer Technologien in Industrieländern deshalb Probleme bereiten, weil viele der Strukturen, die nötig und möglicherweise wieder wünschenswert sind, gar nicht mehr existieren. So birgt die Einführung Neuer Technologien bei uns die Gefahr in sich, die Frau wieder zur Heimarbeit zu führen, was bei uns nicht als positiv angesehen werden kann, da dies durch die Struktur der Kleinfamilie auf die Isolation der Frau hinauslaufen muß.

In Entwicklungsländern demgegenüber, wo Großfamilien in der Regel noch existent sind, könnte durch die Einbettung des Arbeitsplatzes in den Kreis der Familie mehreren Problemen begegnet werden. Ich denke z.B. an Fragen der Kindererziehung, Subsistenzwirtschaft durch kleine Landwirtschaft, Altenversorgung etc. Ich habe in Bolivien gesehen, daß die Indianerinnen auf dem Lande durchaus emanzipiert sind, emanzipierter als ich selbst. Informationstechnologien ermöglichen zudem Männern und Frauen, dieselben Arbeitsplätze im häuslichen Umkreis einzunehmen, da Muskelkraft keine Rolle mehr spielt. Schließlich erfordern Informationstechnologien m.E. weniger Aufwand bei der Instandhaltung und Wartung der Geräte, ein Problemfeld, das bei traditionellen Technologien größte Schwierigkeiten für die Entwicklungsländer aufwirft.

Die Verbreitung von Informationstechnologien kann das im Ausland, d.h. in den Industrieländern, erworbene Know-how im eigenen Land binden und das Problem des "Brain Drain" reduzieren. Der Arbeitskräftebedarf, den Informationstechnologien erfordern, kommt der Struktur der Arbeitsmärkte in Entwicklungsländern eher entgegen als der Arbeitsmarktstruktur in Industrieländern. Ich denke sogar, daß die Denkstrukturen in vielen Ländern der Dritten Welt den neuen Erfordernissen der Mikroelektronik und Informationstechnologien eher entsprechen als unsere auf eins plus eins und Ursache-Wirkung orientierte Logik. Das kreative Potential scheint mir in Entwicklungsländern weitaus größer zu sein als bei uns.

Der arbeitssparende Effekt der neuen Informationstechnologien käme in Entwicklungsländern weniger als bei uns zum Tragen, da dort nicht alte Industriebereiche und die damit verbundenen Arbeitsplätze abgebaut werden müßten, sondern Technologien dazu benutzt werden könnten, etwas Neues erstmals aufzubauen. Informationstechnologien können z.B. in Forschung, aber ebenso bei der Entwicklung neuartiger Produkte eingesetzt werden und damit sogar zur Schaffung neuer Arbeitsplätze beitragen. Die Möglichkeit des Einsatzes von Lehrcomputern z.B. in Lehr- und Ausbildungsprogrammen in Entwicklungsländern sind noch längst nicht gänzlich erforscht, geschweige denn ausgeschöpft. Die Herstellung neuer Produkte in Entwicklungsländern für den eigenen Bedarf gemäß eigener Wertmaßstäbe kann zur Verringerung der Importquote führen.

Derartige Möglichkeiten bieten z.B. landeseigene Produktion moderner Agrarmaschinen, Ersatzteile für Industriemaschinen etc., die regional adäquat sind. Ich denke beispielsweise an die Entwicklung von staubunanfälligen Computern und vieles andere mehr. Die Vielfalt der Nischen, die von Entwicklungs- und Schwellenländern genutzt werden können, ist gegenwärtig nicht übersehbar.

Ich sehe die Ursachen der gegenwärtigen Verschuldung der Länder der Dritten Welt - und nicht nur der Länder der Dritten Welt - hauptsächlich darin, daß Entwicklungsgelder nicht angemessen eingesetzt worden sind. So sind Entwicklungsgelder in Entwicklungsländern lange Zeit hauptsächlich zu Konsumptionszwecken oder für den Ausbau von Verwaltung und Bürokratie verausgabt und nicht zur Entfaltung produktiver Bereiche investiert worden, so daß keine Rendite abgeworfen werden konnte. Die Einführung neuer Informationstechnologien und der gleichzeitige Aufbau eines eigenen produktiven Bereichs könnte zumindest eine Abmilderung der enormen Verschuldung vieler Länder der Dritten Welt herbeiführen.

3. Der Nutzen des Transfers neuer Informationstechnologien für Entwicklungs- und Industrieländer

Im Bereich traditioneller Technologien hatten Industrieländer, insbesondere in Europa, gegenüber den Entwicklungsländern seit jeher einen enormen Vorsprung an Wissen und Erfahrungen. Bezüglich der Informationstechnologien wird Europa selbst im Weltmaßstab immer mehr zum Entwicklunggebiet im herkömmlichen Sinne des Begriffs. Das zeigt sich insbesondere bei kleinen und mittleren Unternehmen, wird aber auch an der gesamten Problematik der Technologieakzeptanz in der Bundesrepublik Deutschland deutlich.

In bezug auf Entwicklungsländer hat diese Tatsache folgende Bedeutung: Zum einen können die eigenen Erfahrungen hinsichtlich der Entwicklung und des Transfers der Informationstechnologien möglicherweise ein besseres Verständnis für die Probleme in den Entwicklungsländern induzieren. So erfahren wir heute am eigenen Leib die fragwürdige Bedeutung der bloßen Finanzierung von großangelegten Technologieentwicklungsprojekten, wenn sie nicht gleichzeitig von intensiven unterstützenden Beratungs-, Ausbildungs- und Schulungsmaßnahmen begleitet werden. Zum anderen können die für Europa ausgearbeiteten Entwicklungsmechanismen und Instrumentarien des Technologietransfers bzw. der Technologieverbreitung,auf Schwellen- und Entwicklungsländer übertragen, u.U. dort bessere Erfolge erzielen, als es Entwicklungspolitik bisher vermochte. Dies um so mehr, als der soziokulturelle Hintergrund dieser Länder oft schneller und besser an die Erfordernisse der Neuen Technologien angepaßt werden kann als der tradierte kulturelle Rahmen in Europa. Dieser Umstand könnte auf die Industrieländer zurückwirken. In diesem Zusammenhang sei noch einmal Japan erwähnt, wo nicht trotz spezifischer, sondern gerade aufgrund spezifischer soziokultureller Faktoren und ihrer Wahrung den Flexibilitätsanforderungen der Neuen Technologien besser entsprochen werden konnte als anderswo in den Industrieländern. Entwicklungsländer haben eine große Chance insbesondere dann, wenn sie Europa nicht nur überholen, sondern ihren eigenen Weg mit den neuen Informationstechnologien finden.

Der Zusammenhang zwischen Technik und Gesellschaft bringt es m.E. mit sich, daß der Mikroprozessor einen Einfluß auf die gesellschaftlichen Verhältnisse haben wird und zu seiner Weiterentwicklung neue Normen und Strukturen hervorbringen wird. Die Struktur und Architektur von Mikroprozessoren, und insbesondere ihrer Entwicklung, basieren auf dem Prinzip der Integration. Insofern scheint eine Gesellschaft, deren Werte- und Normenstruktur von Wettbewerb, Arbeitsteilung, Individualismus, Konflikt etc. geprägt ist, für eine Entwicklung der Mikroelektronik und Informationstechnologie und für ihre optimale Nutzung weitaus weniger geeignet zu sein als eine Gesellschaft, die der Kooperation, dem Konsens und dem ständigen Informationsaustausch einen größeren Wert beimißt.

Diese kulturelle Begründung mag nicht zuletzt einen Hinweis für die schnellere Aufnahme der Informationstechnologien in Japan und neuerdings in etlichen Schwellenländern sein, und sie mag gleichzeitig eine Erklärung für den Rückfall Europas und insbesondere der Bundesrepublik Deutschland (Europasklerose) liefern. Forderungen nach einer Umorientierung der Werte, nach Deregulation, Dezentralisierung, Demonopolisierung, wie sie in der jüngsten Zeit in der Bundesrepublik laut werden, erübrigen sich möglicherweise in manchen Schwellenländern im Produktionsbereich.

Die Kooperation zwischen einem rohstoffarmen Land wie der Bundesrepublik Deutschland, dessen technologische Entwicklung zudem nachzulassen scheint, und einem Schwellenland, das zu einem großen Teil wegen seiner Wertestruktur den modernen Technologien weniger Widerstände entgegenbringt und diese sogar weiterzuentwickeln vermag, könnte nicht nur für das Schwellenland, sondern auch für die Bundesrepublik Deutschland eine Entwicklungschance bieten. Die Nutzung dieses Kreativpotentials, z.B. in Form von Verbundprojekten im Bereich der Forschung oder von gemeinsamer Produktentwicklung in Joint Ventures, kann auch bei uns das Entwicklungstempo beschleunigen helfen. Damit meine ich nicht nur wirtschaftliches Wachstum, sondern auch die Möglichkeit, schneller zu sozialverträglichen Formen des Zusammenlebens zu kommen.

Klaus Jamin, TH München
für:
Carl Duisberg Gesellschaft e.V.
Hohenstaufenring 30-32
5000 Köln 1

Die CDG führt Projekte überwiegend auf Antrag der Entwicklungsländer durch. Die meisten Projekte werden nicht in Deutschland vorgeschlagen, sondern nur dann durchgeführt, wenn ein Entwicklungsland eine Anfrage über die Botschaft der Bundesrepublik Deutschland an die Regierung stellt, d.h. zum Beispiel ein Entwicklungsprojekt im Bereich der Informations- oder anderer neuen Technologien durchzuführen beabsichtigt.

Nun sind in den letzten Jahren mehrere Anträge an die CDG gestellt worden. Ich selbst beschäftige mich seit über 12 Jahren mit dem Thema Technologietransfer und speziell mit der Verbreitung von Informationstechnologien.

Das erste große Projekt im Bereich "Informationstechnologien in Entwicklungsländern" wurde 1980 von der CDG im Rahmen der Entwicklungshilfe unter meiner Mitwirkung in Manila durchgeführt. Es bestand aus zwei Teilen: einer Konferenz und einem Seminar. Auf der Konferenz wurden 150 Teilnehmer aus fast allen asiatischen Ländern nach ihren Anforderungen und Zielstellungen bezüglich Informationstechnologien befragt. Ein Fragebogen wurde ausgearbeitet und beantwortet. Das Ergebnis dieser Befragung kann man über die CDG (vgl. Anschrift oben) beziehen. Im Anschluß an die Konferenz wurde im Seminar dargestellt, welche Möglichkeiten die Einführung von EDV und Informationstechnologien in den verschiedensten Bereichen eröffnet, z.B. in der Landwirtschaft, in der Medizin und in der Industrie. Es wurden aber auch Warnungen ausgesprochen bzw. auf die Probleme hingewiesen, die entstehen, wenn bestimmte Institutionen, Behörden, Regierungen auf Informationen in umfassendem Maße zugreifen und mit ihnen operieren können.

Ein weiteres Projekt, das die CDG durchgeführt hat, war eine größere Konferenz in Nairobi, die das Ziel hatte, festzustellen, welche

Bedürfnisse in Ostafrika bezüglich Informationstechnologien und Datenverarbeitung bestehen. Auch hierzu liegt ein Bericht vor, der bei der CDG angefordert werden kann.

Das Ergebnis dieser Aktivitäten kann wie folgt zusammengefaßt werden: Sowohl die asiatischen als auch die ostafrikanischen Länder legen interessanterweise ihren Fortbildungswunsch schwerpunktmäßig auf Trainingsmaßnahmen, und zwar nicht für Programmierer, nicht für Systemanalytiker und nicht für Organisatoren, sondern für zukünftige Dozenten, für Fachkräfte also, die Computerwissen als Multiplikatoren verbreiten können.

Die CDG führt nunmehr unter dem Motto "Training the Trainers" entsprechende Ausbildungsprogramme durch: für die Ausbildung von EDV-Fachkräften und Computerspezialisten, die als Lehrer in Firmen, Ministerien oder anderen Institutionen aktiv werden und ihren Landsleuten DV- und Informatik-Kenntnisse vermitteln können sollen. Damit ist m.E. auch die Adäquatheit des "Know-how-Transfers" recht gut gewährleistbar. Die Lehrer werden vollkommen neutral in die Möglichkeiten der Informatik-Vermittlung eingeführt. Es werden wohlgemerkt nur Fachkräfte in die Lehrgänge aufgenommen, die bereits über ein Grundwissen in der Datenverarbeitung verfügen. Sie werden entweder in der Bundesrepublik Deutschland oder in den eigenen Ländern ausgebildet. Sie können dann selbst Seminare konzipieren, und zwar für Anwendungsbereiche und Themenkreise, die im Land selbst als wichtig angesehen werden, z.B. selbstorganisierte Seminare im Bereich der Landwirtschaft oder der Zollabwicklung etc. Zwei Seminare, eins für Sri Lanka und eins für Bangladesh, haben bereits stattgefunden.

Dies ist die Linie, die die CDG gegenwärtig verfolgt, die Ausbildung von Ausbildern im Bereich der Informatik. Ich bin der Auffassung, daß Technologietransfer in dieser Weise sehr sinnvoll ist. Das Trainer-Seminar, das die CDG bisher konzipiert hat, dauert acht Wochen. Es findet allerdings ein zweiwöchiges Vorseminar und nach ungefähr einem Jahr ein zweiwöchiges Nachseminar statt. Das Vorseminar dient der allgemeinen Vorbereitung der Teilnehmer. In dem Nachseminar werden Probleme und Schwachstellen ermittelt und flankierende Unterstützungsmaßnahmen wie Materialien, Filme etc. er-

örtert und ggf. ihre Erstellung eingeleitet. Die Gesamtmaßnahme dauert nicht länger als drei Monate. Pro Seminar werden 15 Teilnehmer ausgebildet.
Das oben genannte Seminar für Teilnehmer aus Bangladesh dauerte allerdings ca. ein Jahr, weil EDV-Grundlagen geschaffen werden mußten. Das ist jedoch sicher nicht Aufgabe der Entwicklungshilfe.

Im übrigen gibt es zu diesen Aktivitäten der CDG von den bundesdeutschen Botschaften Nachkontakte, deren Ziel es ist, die real erzielten Ergebnisse zu ermitteln. Hierbei wird untersucht, wo die Trainer, die ein Seminar absolviert haben, eingesetzt werden und welche Erfolge sie erzielen. Es sei noch einmal ausdrücklich darauf hingewiesen, daß die CDG normalerweise kein Projekt, auch nicht die Ausbildungsmaßnahmen, ohne entsprechende Anträge der Landesregierungen selbst durchführt. Das Problem vieler Entwicklungsländer liegt darin, daß entsprechende Anträge nicht gestellt werden.

Wolfgang von Fumetti
Deutsche Gesellschaft für technische Zusammenarbeit GmbH (GTZ)
Eschborn

Einige Bemerkungen zur GTZ:

Die GTZ wickelt bilateral zwischenstaatlich vereinbarte Projekte für die Bundesregierung im Süden ab. Die Projekte kommen aufgrund eines Antrages des jeweiligen Landes zustande. Ob es sich bei den Anträgen um Straßenbau, Gesundheitsversorgung, EDV o.ä. handeln soll, entscheidet jeweils das Kabinett oder andere Planungsinstanzen der Regierung des antragstellenden Landes.
Der Bereich, den ich vertrete, heißt "Kommunikationswesen" und umfaßt Hörfunk, Fernsehen, Druckereiwesen, Satelliten und zu einem kleinen Teil EDV.

Ich beabsichtige nicht, im Folgenden in der Hauptsache über eines unserer Projekte zu sprechen. Das werde ich auch tun; mir scheint es jedoch wichtiger, einige allgemeinere Anmerkungen zur Diskussion zu machen.

Wir bei uns im Norden glauben, - ich unterscheide bewußt zwischen Norden und Süden - Wissen sei Entwicklung. Daher meinen wir, alle Hilfsmittel, mit denen Wissen erworben und verbreitet werden kann, seien der Entwicklung dienlich. Es ist ein logischer nördlicher Schluß.

In den sechziger Jahren etwa - zwischen 1958 und 1965 - forderten deshalb namhafte wissenschaftliche Vertreter der nördlichen Hemisphäre, u.a. US-amerikanische und westeuropäische, die technische Infrastruktur des Kommunikationswesens - also Hörfunk, Fernsehen, Fernmeldewesen etc. - im Süden auszubauen, damit die sozioökonomische Entwicklung vorangetrieben werden kann. Hierin bestand der Kern der Entwicklungsphilosophie Anfang der sechziger Jahre. Begründet wurde diese Orientierung mit der deutlichen Korrelation zwischen Wirtschaftswachstum und der zunehmenden Telefondichte im

Norden in der Zeit zwischen 1900 und 1960. Die Korrelation zwischen steigendem Bruttosozialprodukt und zunehmender Telefondichte wurde auf den Süden projeziert. Man hoffte, mit der Schaffung einer höheren Infrastruktur im Fernmelde- und Kommunikationswesen die wirtschaftliche Entwicklung zu beschleunigen. Im Jahre 1975 kamen jene Gelehrte auf einer Konferenz in Honelulu zusammen, um festzustellen, daß in den vorangegangenen zehn Jahren zwar sehr viel in die kommunikationstechnische Infrastruktur investiert worden war, die Ergebnisse jedoch als enttäuschend eingeschätzt werden konnten. Das war nur die halbe Wahrheit. Das eigentliche Ergebnis bestand darin, daß der Norden immer reicher und der Süden immer ärmer wurde. Im Grunde genommen trat das Gegenteil von dem, was man sich erhofft hatte, ein.

Welche Konsequenz zog man aus den Ergebnissen? Man kam zur Schlußfolgerung, daß die Probleme im Süden unterschätzt worden seien, und zwar in quantitativer Hinsicht. Folglich gelangte man zum Schluß, daß es darauf ankäme, die Investitionen noch mehr zu erhöhen und eine neue Linie einzuschlagen. Anfang der siebziger Jahre herrschte die Überlegung vor, daß dann, wenn man herkömmliche Kommunikationstechnologien und Satellitentechnologien, z.B. Direktempfangssatelliten, gleichermaßen fördern würde, das Problem der Unterentwicklung gebannt werden könnte. Das war, mit Verlaub gesagt, kurzsichtig. Ein Direktempfangssatellit in Indien, z.B. INSAT1 oder INSAT2 dafür einzusetzen, in Indien 100 Millionen Kinder ohne Lehrer auszubilden, ein Ansinnen, das immerhin von einem deutschen Professor im Auftrage der UNESCO vertreten und verfolgt wurde, kann einfach nicht zu den gewünschten Ergebnissen führen. Kinder im Alter von 6-12 Jahren brauchen einen Menschen, den sie wenigstens einmal fragen können, wenn sie etwas nicht verstehen.

Fazit: Es gibt jede Menge Direktempfangssatelliten im Süden, von den Entwicklungsproblemen konnte bis heute keines grundsätzlich gelöst werden; im Gegenteil, einiges hat sich verschärft.

Weshalb berichte ich hiervon? Ich habe mein berufliches Leben Anfang der sechziger Jahre begonnen und bin - das sage ich ganz offen -

dieser Entwicklung ständig hinterhergerannt. Aus den Erfahrungen und eingedenk meiner heutigen Einsicht, daß es so nicht geht, leite ich die kritische Frage, nicht zuletzt auch an Frau Habermann, her: Ist es nicht irrig, immer noch zu hoffen, die zur Zeit bestehenden Entwicklungsprobleme (wobei die Frage gestattet sei, ob wir richtig entwickelt sind) durch vermehrte Technologie, welche auch immer, zu überwinden? Mir scheint, daß dahinter die naturwissenschaftliche Sichtweise des Nordens steht, daß fast alle Probleme auf technische Weise gelöst werden können. Hier beginnt meine Kritik am Norden. Vergessen wird völlig der Faktor Mensch. Wir haben im Norden unsere Akzeptanzprobleme bei der Einführung von EDV, und zwar gewaltige Akzeptanzprobleme, darauf hat Frau Habermann hingewiesen. Ich frage mich, woher nehmen wir die Sicherheit, daß genau diese Technologien geeignet sind, gerade im Süden Entwicklungen voranzutreiben? In welcher Weise kommt eine umfassende Computerisierung oder Einführung von Mikroelektronik den einzelnen Völkern und insbesondere den einzelnen Menschen in den Entwicklungsländern zugute? Ich bin der Auffassung, daß wir lernen müssen, ehrlicher miteinander umzugehen. Was nutzt es, wenn davon gesprochen wird, daß es z.B. günstig wäre, wenn in Indonesien - einem Schwellenland - Datenverarbeitung eingeführt würde?

Indonesien hat z.B. 1977 im Leasingverfahren IBM-Computer angeschafft, um Programmsysteme für die Verwaltung, Bankwesen etc. entwickeln zu lassen und zum Teil selber zu entwickeln. Als sie die Systeme nationalisieren wollten, um endlich einen ausschließlich eigenen Zugriff auf eigene Programme zu haben, machte IBM nicht mit. Indonesien verzichtete auf die Nationalisierung und ist abhängig geblieben.

Ich möchte nun anhand einiger Beispiele verdeutlichen, daß Technologietransfer mit Bedacht und Behutsamkeit erfolgen muß. Dabei spielt es keine Rolle, ob es sich um "große" oder "kleine" Technologien handelt, ich werde auf beide Technologieformen eingehen.

Zu großen Technologien:

Soll Informationstechnologie in einem großen Maßstab, z.B. für die gesamte Verwaltung eines Landes im Süden eingeführt werden, in bester Absicht natürlch, dann muß man sich mit dem Umstand auseinandersetzen, daß Verhältnisse geändert werden müssen, deren Wandel bei uns ca. 200 Jahre dauerte. Vor 200 Jahren ritten preußische Offiziere durch die Gassen von Köln und haben an jedes einzelne Haus ein Nummernschild angenagelt und sich den Namen des Bewohners des Hauses notiert. Hieraus entwickelte sich in einem langandauernden Prozeß das Einwohnermeldewesen. In Obervolta z.B. gibt es kein Einwohnermeldesystem. In Indonesien gibt es zwar eins, es ist jedoch mit unserem nicht im entferntesten vergleichbar, d.h. es ist insbesondere noch weit davon entfernt, der Computerisierung zugänglich zu sein. Wenn Statistiken anhand von Basisdaten dort erhoben werden, wo Subsistenzwirtschaft, undurchschaubare Arbeitsmigration etc. vorherrschen und hieraus Verwaltungsaufgaben abgeleitet werden, um diese zu computerisieren, dann frage ich mich, wozu es gut sein und wem es nützen soll. Oder wird mit dem Transfer von Informationstechnologien das Ansinnen verfolgt, ganze Gesellschaftsgebilde zu verändern? Kann es das Ziel von Entwicklungshilfe und Technologietransfer sein, bestehende und gewachsene Gesellschaftsgebilde nach einem vorgegebenen Muster zu ändern? Wenn dies die Ziele sind, sollte man sie offen kundtun.

Kleine Technologien:

Ich weiß, daß wir versuchen, Windräder, Solarzellen, Biogas usw. einzuführen, um Arbeitsprozesse in ländlichen Bereichen in Afrika, Asien, Lateinamerika zu initiieren. Hervorragend! Da besitzt nun eine bäuerliche Familie in Afrika - nehmen wir an, es handele sich um eine 10köpfige Familie, die gemeinsam eine Hütte bewohnt - ein Windrad. Es hilft ihnen, Wasser zu pumpen, und erspart ihnen einen 15 km langen Weg zur nächsten Wasserstelle. Aber ist mit diesem Fortschritt schon wirklich etwas Positives gewonnen?

Dies will ich anhand eigener Erfahrungen aus Indonesien veranschaulichen. In einem Dorf sollte ein Brunnen gebaut werden. Die Dorfbewohner lehnten dies strikt ab. Die Weigerung der Dorfbewohner schien zunächst völlig unverständlich, da sie einen 10-KM langen Weg in größter Hitze zum nächsten Brunnen zurücklegen mußten. Das Angebot bestand gerade darin, einen Brunnen inmitten des Dorfes zu errichten, um die Dorfbewohner von dieser Mühsal zu befreien. Es stellte sich jedoch heraus, daß die Weigerung begründet war. Die herkömmliche Wasserstelle lag im Zentrum einer Gruppe von vielen Dörfern. Es war üblich, daß die jungen Bewohner der Dörfer das Wasser holen gingen und es ergab sich, daß dies der einzige Weg war, soziale Kontakte zwischen den beiden Geschlechtern traditionell anzuknüpfen.

In den letzten 100-150 Jahren sind wir im Norden sehr stark darauf hinerzogen worden, alle Probleme aus einer vornehmlich technischen Perspektive zu betrachten und für Probleme jeder Art, soziale, medizinische, kulturelle etc. technologische Lösungskonzepte zu entwickeln und zu verfolgen. Vergessen wurde dabei, daß technisches Wissen allenfalls als Hilfsmittel im sozialen Umfeld geeignet ist. Mehr noch, der Schwerpunkt verlagerte sich zunehmend vom sozialen zum technischen Feld. Technik schlechthin wurde zum Hauptforschungs- und Entwicklungsgegenstand.

Fazit: Daß der sich im Norden vollziehende technische Wandel auch den Süden ergreifen wird, steht außer Zweifel. Ich hielte es auch für falsch, sich den neuen Technologien zu verschließen. Gleichwohl bin ich der Auffassung, daß insbesondere bei den im Norden mit Entwicklungspolitik befaßten aber auch bei den sonstigen politischen Funktionsträgern und technischen Eliten in den Ländern des Südens ein stärkeres Bewußtsein hinsichtlich der mit der Einführung neuer Technologien verbundenen soziokulturellen und gesellschaftlichen Veränderungen entwickelt werden muß. Neue Technologien setzen entweder enorme soziale Veränderungen voraus oder haben solche als naturwüchsiges Ergebnis. Der soziale Kontext kann sich nur evolutionär entwickeln und erfordert seine Zeit. Jede brachiale Transplantation sozialer Kontexte vom Norden in den Süden (auch wenn sie unbeabsichtigt erfolgt) muß zu Friktionen und u.U. zu weitreichenden negativen

Konsequenzen führen. Hier liegt meines Erachtens der Schlüssel für verantwortungsbewußten Technologietransfer. Ohne den bisherigen Entwicklungen Rechnung zu tragen, den tatsächlichen sozialen und kulturellen Erfordernissen zu entsprechen und ohne die gebotene Behutsamkeit kommen wir in der Lösung der globalen ökonomischen, politischen und sozialen Probleme nicht einen Schritt weiter. Selbstverständlich muß es in der Dritten Welt Ingenieure geben, die die neue technologische Entwicklung verfolgen und genau wissen, um welche technischen, infrastrukturellen Fragen es gegenwärtig geht. Deshalb ist es gut, wenn Menschen aus solchen Ländern hier in Deutschland studieren und Erfahrungen sammeln. Gleichwohl halte ich es für notwendig, den Stellenwert des Anschlusses der eigenen technologischen Entwicklung eines jeweiligen Landes an einen vorgegebenen Weltstandard zugunsten einer vernünftigen Einbettung neuer Technologien in bestehende soziale Umfelder zu relativieren.

Damit diese Feststellungen nicht abstrakt bleiben, möchte ich meinen Beitrag mit einem Bericht über ein Projekt in Sana (Nordjemen) abschließen.

Es handelt sich um ein Druckerei-Projekt. In der Druckerei sind ca. 100 Menschen beschäftigt; es werden 1,5 Mio. Bücher in einer bestimmten Zeit gedruckt, wozu Material in größeren Mengen verbraucht wird. Irgendwie hat sich im Laufe der Zeit ergeben, daß die Druckereibetreiber immer erst dann neues Material zu bestellen beginnen, wenn das alte aufgebraucht ist. Da das Material aus Europa bezogen wird, bedeutet dies, daß die Maschinen einige Monate stillstanden. Es ging also darum, das Material bereits zu bestellen, bevor es völlig auslief. Um den Angestellten diese Weise des Vorratsdenkens überhaupt zu vermitteln, wurde ihnen zunächst nahegelegt, auf Karteikarten aufzuschreiben, wieviel Material z.B. bei jedem Auftrag verbraucht wurde und das jeweils verbrauchte Material gesondert aufzuaddieren, mit dem vorhandenen ins Verhältnis zu setzen, um auf dieser Basis kalkulieren und vorzeitig bestellen zu können. Dies war die erste Maßnahme: Einführung von Kalkulationswesen mit Hilfe von Karteikarten. Gleichzeitig wurde ein Kleincomputer installiert, mit dem die nötigen Bestellkalkulationen und die sonstigen Lagerverwaltungs- und Finanzaufgaben leichter vorgenommen werden konnten. Die Maßnahme war, daß für die Dauer des Projekts - zwei Jahre - das Bestellwesen, die Kostenkalkulation, Materialverwaltung etc. von zwei Jemeniten, die dafür verantwortlich waren, auf beide Weisen abgewickelt werden sollten, mit Hilfe von Karteikarten und mit Hilfe des Computers. Erst nachdem der Sinn und Zweck eines Kalkulations- und Bestellwesens akzeptiert und die damit verbundenen Aufgaben bekannt waren, konnte entschieden werden, welches Hilfsmittel für Arbeitserleichterung geeigneter war. Wären wir hingegen von vornherein mit einem Computer hingekommen und hätten wir den Leuten erklärt: "...hier drückt Ihr auf den Knopf und dann auf die Taste und dann.....das ist die Materialverwaltung...", dann bliebe vermutlich alles beim Alten. Diese Projektstrategie wird mir oft als Technologiefeindlichkeit ausgelegt. Ich bin nicht technologiefeindlich. Nur eines glaube ich inzwischen erkannt zu haben: Ich möchte mitbestimmen, worum es geht und nicht bestimmt werden und beanspruche dasselbe für die Projektpartner im Süden.

Adressenverzeichnis

Dr. T. Z. Chung
Zentrum für Technologische Zusammenarbeit
TU Berlin
Straße des 17. Juni 135
1000 Berlin 12

W. v. Fumetti
Deutsche Gesellschaft für Technische Zusammenarbeit GmbH (GTZ)
Dag-Hammerskjold-Weg 1-2
6236 Eschborn/Ts 1

D. Habermann
VDI-Technologiezentrum Berlin
Budapester Str. 40
1000 Berlin 30

Prof. Dr. K. Jamin
Fachhochschule München
Fachbereich 07
Lothstr. 34
8000 München 2

D. Lemkuhl
Carl Duisberg Zentrum (CDG)
Pfänder Str. 6-10
8000 München 19

Eine Diskussion zum Einsatz der Computertechnologie in Nicaragua

Der folgende Text dokumentiert eine Diskussion zum Einsatz der Computertechnologie in Nicaragua, die von Juni 1985 bis August 1985 in der Schweizer Zeitung "die Wochenzeitung" ("die Wochenzeitung" wird im folgenden mit WOZ abgekürzt) geführt wurde.

Die Diskussion wurde durch einen Bericht der WOZ ausgelöst, welcher ein Projekt zur Unterstützung Nicaraguas im Bereich der Computertechnologie vorstellte und zu mehreren Stellungnahmen von Seiten der Leser/innen, der Redaktion und den Projektträgern führte.

Bei dem Projekt handelt es sich um ein Projekt der "Gruppe Ingenieure und technische Angestellte" der SMUV (Schweizer Metall- und Uhrenarbeiter Verband), welches die Unterstützung der seit 1983 im Aufbau befindlichen "Universidad Nacional de Managua" im Bereich der Computertechnologie zum Ziel hat. Die Unterstützung der Universität soll personell, finanziell als auch durch Zusenden von Hard- und Software geschehen.

Neben der Schweizer Initiative existiert auch in Deutschland ein Initiativkreis UNINIC, der ebenfalls die Unterstützung der Universität in Managua im Bereich der Computertechnologie zum Ziel hat. Die Gruppe UNINIC hat es sich zum Ziel gesetzt die "Universidad Nacional de Ingeniera" (UNI) in Managua durch Zusendung von Materialien zur Ausstattung und zum Betreiben der technischen Labors zu unterstützen. Hinzu kommt die personelle Unterstützung der Universität durch Gruppenmitglieder, welche an der Universität Lehrveranstaltungen durchführen und beim Aufbau der Labors Hilfestellung leisten. Die Existenz der deutschen Initiativgruppe, macht die Diskussion in der schweizer Zeitschrift auch für uns interessant.

Die Arbeit beider Initiativen beschränkt sich aufden Hochschulbereich, wobei die Hauptziele,wie für die Gruppe UNINIC schon dargestellt, in der Ausstattung und Wartung der Labor- und Werkstatträume und der Lehre von Computerwissen gesehen werden.

Die geführte Diskussion beschränkte sich thematisch jedoch nicht auf die Unterstützung der Universität, sondern spricht auch grundsätzliche Fragen an, die den Einsatz der Computertechnologie in Nicaragua prinzipiell hinterfragen und neben der Lehre auch die Anwendungen und deren Auswirkungen mit einbeziehen.

In der folgenden Dokumentation wird versucht, die wesentlichen Punkte und Positionen darzustellen.

Einschätzung der Diskussion

Die in der WOZ geführte Diskussion zeigt wie die meisten Diskussionen in diesem Themenbereich, daß keine allgemein gültigen Aussagen getroffen werden können. Jedes Argument muß in dem entsprechenden Umfeld des Landes und dessen Bevölkerung bewertet werden, wobei selbstverständlich sein sollte, daß alle das Land betreffenden Entscheidungen von der Bevölkerung des Landes zu treffen sind.

Interessant wird die Diskussion dadurch,daß sie innerhalb der Solidaritätsbewegung sehr emotional geführt wird. Es treffen hier Themenbereiche aufeinander, die bisher in keinem Zusammenhang gesehen wurden.

So existierten bisher zwischen der Unterstützung der Sandinisten/innen und ihren Zielen und der Arbeit in Initiativen welche sich kritisch mit dem Einsatz der Computertechnologie beschäftigen,keine Berührungspunkte.

In der hier dokumentierten Diskussion ist dies nicht mehr der Fall, da hier Nicaragua, welches unsere Unterstützung findet, bestrebt ist, Technologien einzusetzen, deren Einsatz bei uns von vielen Menschen, wegen der möglichen negativen Auswirkungen, abgelehnt wird. Hierdurch rückt die Diskussion unseren eigenen Lebensumständen näher und gewinnt an Emotionalität.

Obwohl wir in dieser Diskussion letztlich über das Leben und die Lebensweise in Nicaragua sprechen, betreffen uns die Inhalte der Diskussion und können vieleicht dazu führen, daß wir stärker und aus neuen Blickwinkeln über unsere Beweggründe und Standpunkte im Rahmen der "3.Welt-Solidarität", als auch unser Technologieverständnis nachdenken.

Wir sollten diese Möglichkeit nutzen um hier nicht ähnliche Fehler zu begehen wie sie von Pascal Bruckner formuliert wurden: "Die Dritte-

Welt-Solidarität, das war die den Afrikanern, Lateinamerikanern, Chinesen und Indonesiern gnädig gewährte Erlaubnis, im gigantischen weltweiten Wettrennen um die sozialistische Weltrevolution für uns die Kohlen aus dem Feuer zu holen. Den beraubten Völkern wurde das Recht verwehrt, ihre eigene Geschichte zu improvisieren, und sie durften nur soweit an dem großen Abenteuer teilhaben, wie sie sich dem für sie vorgesehenen Programm anpaßten: so wie Waffenhändler Ihr Material in den überseeischen Konflikten testeten, probierten wir unsere Dogmen an den Völkern der 3. Welt aus."[1]

Im folgenden sollen vier wesentliche Punkte der Diskussion dargestellt werden.

1. Sind Computer "von Natur" aus schlecht ?

Diese Frage wird in der Diskussion häufig angesprochen und ist im Prinzip unabhängig von dem konkreten Projekt. Es geht hierbei vielmehr um grundsätzliche Einschätzungen der "modernen Technologien", unabhängig vom Einsatzort.

Dieser Selbstbezug spiegelt sich auch in den Diskussionsbeiträgen wider, "selbst wenn Computer einfach böse wären, müssen die Nicaraguaner jetzt, wird vielleicht später mal schauen, was sie mit dieser Technologie anfangen können"[2].

In der Diskussion wird zu dieser Frage folgende Standpunkte vertreten.

Für einige, stellt der Computer zunächst nur ein Instrument dar, welches in "guten" Händen zum Aufbau einer besseren Gesellschaft benützt werden kann[3].

Für andere ist der Computer zwar nicht wertfrei, doch flexibel, und sie sehen in ihm ein Instrument, welches langfristig gesehen von allen nichtkreativen Arbeiten befreien kann[4].

1 Pascal Bruckner, Das Schluchzen des weißen Mannes, Berlin 1984
2 Martin Flüeler,Nol Anders, Ernst Stollenwerk in: WOZ Nr.27/28/29, Zürich 01.07.1985, Seite 10,11
3 Vgl. WOZ Nr.27/28/29, Zürich, 12.07.1985, Seite 10
4 Vgl. Martin Flüeler,Nol Anders, Ernst Stollenwerk in: WOZ Nr.27/28/29, Zürich 01.07.1985, Seite 10,11

Diesen beiden Sichtweisen widersprechen die Kritiker des Projekts. Für sie ist eine Anpassung der Menschen an die Maschinen immer gewaltsam[5]. Der Computer ist für Teile dieser Gruppe "zentralistisch, denk- und sprachverkürzend, kontrollorientiert, konsumistisch und gewalttätig"[6], und hat Auswirkungen auf Kommunikation, Kultur und Gesundheit sowie wachsende Abhängigkeit zur Folge[7].

Die Kritiker des Projekts sehen weiter eine Gefahr darin, daß die Ideologie den technischen Fortschritt nur teilweise steuern kann und dieser selbst die Kraft hat, auf die Ideologie einzuwirken, was langfristig eine Gefahr für die Errungenschaften der Revolution darstellen kann[8].

Zu dem letzten Punkt bemerkt allerdings ein Beführworter des Projekts, "daß Nicaragua seine Wirtschaft optimieren muß, ob diese Optimierung bar jeglicher Humanität ausfällt, ist ein politisches Problem, und da sollten wir doch ein gewisses Vertrauen aufbringen"[9].

2. Einsatz der Computertechnologie in Nicaragua und mögliche Auswirkungen.

Dieser Bereich stellte einen Kernpunkt der Diskussion dar. Es ist hier allerdings zu berücksichtigen, daß Nicaragua schon vor der sandinistischen Revolution (1979) erhebliche Werte an Computertechnologie installiert wurden. Nach der Revolution verließen die ausländischen wie auch die meisten nicaraguanischen Experten das Land und hinterließen meist nur die Hardware. Die Hardware konnte ohne Software und ohne Experten weder betrieben noch gewartet werden, so daß bis zum Aufbau der Universität in Nicaragua erhebliche Werte an Computer-Hardware brach lagen und verrotteten (vgl. 2.7 Informatik und Informatikausbildung in Nicaragua).

Die Befürworter des Projektes gehen davon aus, daß Nicaragua heute nicht mehr ohne Informationstechnologie auskommt[10], der Computer qualifiziertes Personal freistellen kann, den optimalen Einsatz von

5 Vgl. Jan Morgentaler in: WOZ Nr.26, Zürich 28.06.1985, Seite 4
6 Res Stehle in: WOZ Nr.27/28/29, Zürich 12.07.1985, Seite 11
7 Vgl. Christof Schurch in: WOZ Nr.31, Zürich 31.07.1985, Seite 4

8 Vgl. WOZ Nr.35, Zürich 30.08.1985
9 Computer-Gruppe Zürich in: WOZ Nr.31, ZÜrich 31.07.1985, Seite 4
10 Vgl. Computer-Gruppe Zürich in: WOZ Nr.31, ZÜrich 31.07.1985, Seite

Energie und Rohstoffen ermöglicht[11] und richtig eingesetzt, zum Beispiel dezentral in der Kooperative, die peripheren Gruppen stärken und zu großer Autonomie führen kann[12].

Als Beispiel für den "sinnvollen" Einsatz eines Computers wird angeführt, daß die Arbeit der zur Zeit mit Entlohnung beschäftigten 150 Angestellten des Erziehungsministeriums durch den Einsatz maßgeschneiderter Software von nur drei Angestellten geleistet werden könnte, wodurch die frei werdenden Angestellten, für die aufgrund ihrer Qualifikation großer Bedarf besteht, effektiver eingesetzt werden könnten[13].

Die Kritiker des Projektes stellen diesen Argumenten entgegen, daß Nicaragua keien Computersolidarität braucht, da das Land weit größere Probleme als einen perfekten Verwaltungsapparat hat und zunächst bei uns intensiver über die Folgen nachzudenken sei, bevor die Computer nach Nicaragua kommen[14].

Dem Einsatz der Computer zur Entlohnung im Erziehungsministerium wird entgegengehalten, daß "je mehr solche Arbeiten von Computern erledigt werden, desto mehr wird das Stadt-Land-Gefälle, das Metropolen-Peripherie-Problem zementiert"[15]. Die Kritiker des Projekts fordern, daß neben dem Computereinsatz auch mehr nach alternativen Lösungsmöglichkeiten gesucht wird[16].

3. Lehre der Computertechnologie in Nicaragua

Obwohl sich die Arbeit der schweizer wie auch der deutschen Initiativgruppe auf die Unterstützung der Universität in Managua beschränkt, wird dieses Thema von den Kritikern des Projekts nur am Rande angesprochen.

Die Beiträge enthalten diesbezüglich vor allem die Befürchtung das die Hochschule in Managua zu wenig kritisches Technologiebewußtsein vermitteln könnte.

---

11 Vgl. Martin Flüeler,Nol Anders, Ernst Stollenwerk in: WOZ Nr.27/28/29, Zürich 01.07.1985, Seite 10,11
12 Vgl. Jan Morgentaler in: WOZ Nr.26, Zürich 28.06.1985, Seite 4
13 Vgl. Jan Morgentaler in: WOZ Nr.26, Zürich 28.06.1985, Seite 4
14 Vgl. Christof Schurch in: WOZ Nr.31, Zürich 31.07.1985, Seite 4
15 Jan Morgentaler in: WOZ Nr.26, Zürich 28.06.1985, Seite 4
16 Vgl. Jan Morgentaler in: WOZ Nr.26, Zürich 28.06.1985, Seite 4

Für die Befürworter des Projekts hat dieser Bereich eine weit größere Bedeutung, da es den eigentlichen Inhalt des Projekts darstellt.

So sehen die Beführworter des Projekts, erst durch die Kenntnis der Computertechnologie eine fundierte Entscheidungsgrundlage gegeben[17]. "Durch die Weitergabe des gelernten Wissens an das Volk kann eine Diskussion über Technologie erst beginnen. Ein Volk, das keine Ahnung hat, was Informationstechnologie ist, kann auch keien Stellung beziehen"[18].

Bezogen auf die ökonomische Situation Nicaraguas meint ein Befürworter: " Das Übel an der Wurzel packen heißt hier: eigene Fachleute heranbilden, eine eigene Infrastruktur aufbauen"[19]

4. Computer zur Unterstützung des Zentralstaats

Diese Frage wird von einigen Kritikern des Projekts aufgeworfen, die in einem Einsatz der Computertechnologie in Nicaragua auch die Gefahr der Verschleierung des zentralen Planstaats sehen[20]. Sie fordern die Projektgruppe dazu auf, diese Zentralisierung zu diskutieren und als Ziel zuzugeben.

Die Beführworter des Projekts sehen in der Zentralisierung allerdings eher ein politisches, organisatorisches und nicht ein von Anfang an durch die zum Einsatz gebrachte Technlogie definiertes Problem[21]. Auch kann sich Nicaragua ihrer Meinung nach nicht mehr frei entscheiden, ob es einen Zentralstaat will oder nicht. Für die Unterstützer des Projekts ist es ein Unterschied, ob ein Staat mit allen Mitteln den Kapitalismus bewahren will oder ob der Staat eine Revolution schützt[22]. Ihrer Meinung nach ist die wirtschaftliche Strategie der Sandinisten/innen vorläufig unterstützungswürdig, dazu gehört auch die Einbeziehung moderner Technologien[23].

17 Vgl. Jan Morgentaler in: WOZ Nr.26, Zürich 28.06.1985, Seite 4
18 Computer-Gruppe Zürich in: WOZ Nr.31, Zürich 31.07.1985, Seite 4
19 Verein Technik für die Dritte Welt in: WOZ Nr.26, Zürich 28.06.1985, Seite 4
20 Vgl. Jan Morgentaler in: WOZ Nr.26, Zürich 28.06.1985, Seite 4
21 Computer-Gruppe Zürich in: WOZ Nr.31, Zürich 31.07.1985, Seite 4
22 Vgl. WOZ Nr.27/28/29, Zürich, 12.07.1985, Seite 10
23 Martin Flüeler,Nol Anders, Ernst Stollenwerk in: WOZ Nr.27/28/29, Zürich 01.07.1985, Seite 10,11

Abschließende Beurteilung der Diskussion

Die einzelnen Standpunkte innerhalb der dargestellten Themenbereiche betrachtend, läßt sich abschließend feststellen, daß die Kritiker des Projekts vor allem negative Einflüsse des Computereinsatzes in politischen und strukturellen Bereichen Nicaraguas befürchten.

Die Beführworter des Projekts sehen diese Bereiche nicht bzw. nicht dominant von der eingesetzten Technologie beeinflußt. Sie sehen diese Bereiche vornehmlich durch die Politik der Sandinisten/innen bestimmt, wobei sie jedoch die äußere Bedrohung Nicaraguas, welche die politischen Spielräume stark einschränkt, berücksichtigen.

Die eigentlichen Projektziele, welche im Bildungsbereich zu sehen sind, werden in der Diskussion kaum kritisiert. In diesem Zusammenhang muß die Tatsache, daß in Nicaragua schon vor der Revolution Computer eingesetzt wurden und viele Fachkräfte nach der Revolution das Land verlassen haben, berücksichtigt werden. Die Kritiker des Projekts weisen hier lediglich auf die Notwendigkeit von technologiekritischen Lehrinhalten hin.

Eine Entscheidung darüber, ob der Einsatz der vorhandenen Computer und darüber hinaus vielleicht neuer EDV-Anlagen "sinnvoll" ist, kann und sollte diese Diskussion nicht bieten. Diese Entscheidung ist onehin, wie schon zu Anfang erwähnt, von Nicaragua zu fällen. Die Diskussion sollte uns vielmehr dazu veranlassen, uns mit den einzelnen Standpunkten auseinanderzusetzen.

Es wird sich in Nicaragua vielleicht zeigen, ob der Computer auf die Bedürfnisse dieses Landes ausgerichtete, angepasste Technologie darstellt oder ob der Computer die Errungenschaften der Revolution negativ beeinflußt.

Für Nicaragua scheint jedenfalls das Beste, "...eine möglichst breite Solidarität von möglichst vielen verschiedenen (auch technologisch orientierten, d.Verf.) Gruppen,, verbunden mit der Einsicht in die Problematik einzelner Hilfestellungen"[24].

---

24 Vgl. WOZ Nr.35, Zürich 30.08.1985

Das Ziel Nicaraguas muß bleiben, "...eine selbstbestimmte, den regionalen und lokalen Bedingungen angepaßte Technologie zu entwickeln und einzusetzen"[25].

(Dokumentation: Thomas Dey-Menzl)

25 Computer-Gruppe Zürich in: WOZ Nr.31, Zürich 31.07.1985, Seite 4

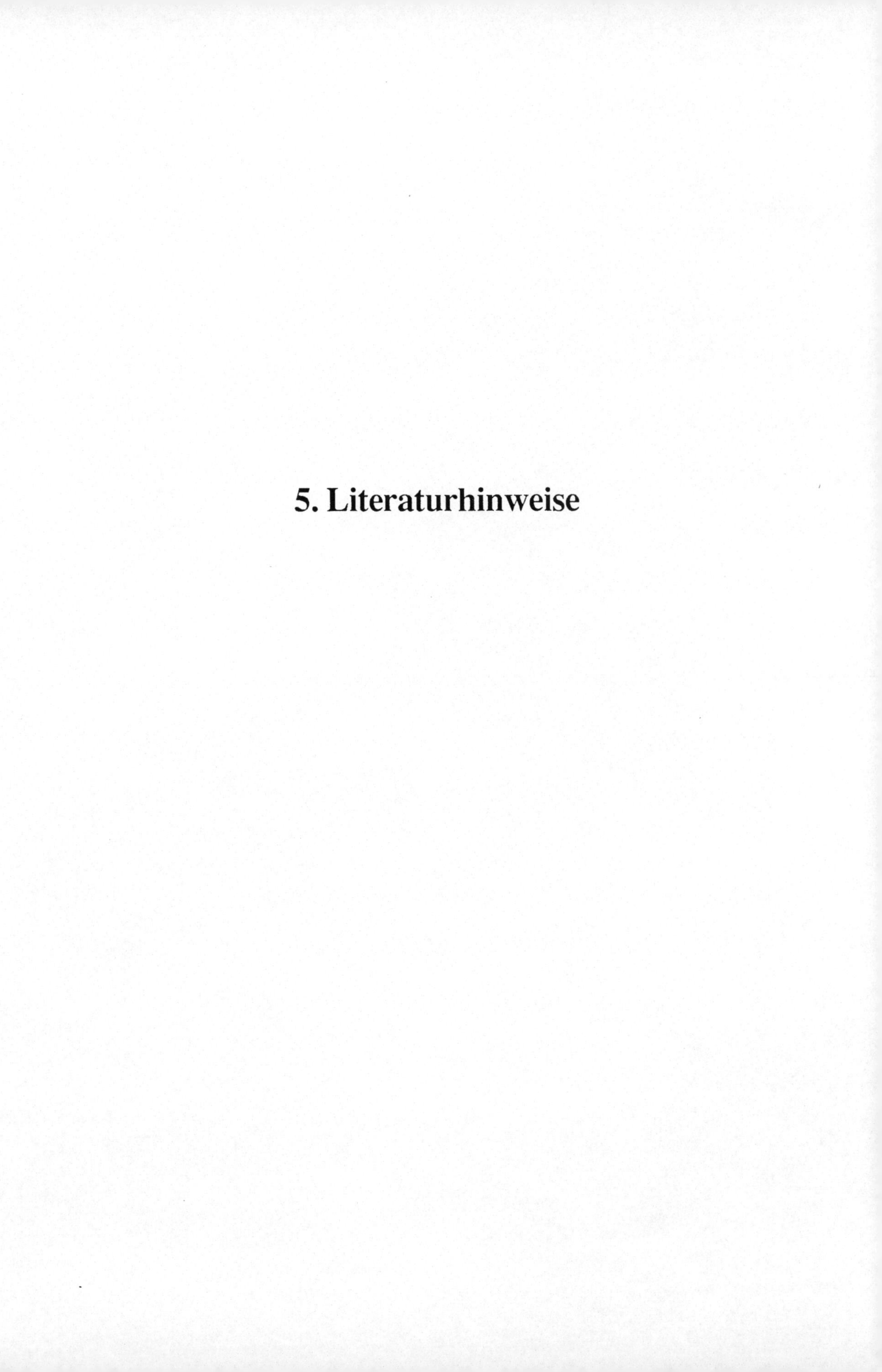

5. Literaturhinweise

5.1. *Einführende Literatur*

Arnold, Rolf (Hrsg.): Neue Informationstechnologien und Entwicklungszusammenarbeit. Baden-Baden: Nomos, 1985.

Becker, Jörg: Informationstechnologie in der Dritten Welt. Frankfurt: IDD, 1984.

Becker, Jörg; Jens Harms; Verena Metze-Mangold (Hrsg): Informationstechnologie und internationale Politik. Bonn: Friedrich-Ebert-Stiftung; Frankfurt/M.: Gemeinschaftswerk der Evangelischen Publizistik,1983.

Becker, Jörg; Reiner Steinweg (Red.): Medienmacht im Nord-Süd-Konflikt: Die Neue Internationale Informationsordnung. Frankfurt/M.: Suhrkamp, 1984 (Friedensanalysen; Bd.18).

Junne, Gerd (Hrsg.): New technologies and Third World development. Special issue von: Vierteljahresberichte, (1986)103.

Medienwelt und Dritte Welt. Schwerpunktheft von: Der Überblick, (1986)4.

Meyer-Stamer, Jörg: Die Differenzierung der Abhängigkeit: Mikroelektronik und Dritte Welt. In: Aus Politik und Zeitgeschichte, B 35/1986.

Rada, Juan F.: Aussichten für die Dritte Welt. In: Günter Friedrichs; Adam Schaff (Hrsg.): Auf Gedeih und Verderb. Mikroelektronik und Gesellschaft. Bericht an den Club of Rome. Reinbek: Rowohlt, 1985.

Wad, Atul: Microelectronics: implications and strategies for the Third World. In: Third World Quarterly, 4(1982)4.

5.2. *Weiterführende Literatur*

Becker, Jörg: Massenmedien im Nord-Süd-Konflikt. Frankfurt/Main, New York: Campus, 1985.

Becker, Jörg: Informations- und Kommunikationstechnologien im Zeitalter transnationaler Politik. Bremen 1986 (Fachbereich Mathematik/Informatik der Universität Bremen, Report No. 1/1986).

Bhalla, Ajit; Dilmus James (Eds.): Blending of new and traditional technologies. Case studies. Dublin: Tycooly, 1984.

Hoffmann, Kurt (Ed.): Microelectronics, international competition and development strategies: the unavoidable issues. Special issue von: World Development, 13(1985)3.

Informatics - is there a choice? Special issue von: Development: Seeds of change, 3(1985)1.

Information technology and the Third World. Special issue von: Media Development, 30(1983)4.

Jacobsson, Staffan; Jon Sigurdson (Eds.): Technological trends and challenges in electronics. Dominance of the industrialized world and responses in the Third World. Lund: Research Policy Institute, 1983.

Keune, Richard (Hrsg.): New communication technologies and their impact on western industrialized countries. Bonn: Friedrich-Ebert-Stiftung, 1984.

Stover, William: Information technology in the Third World: Can I.T. lead to humane national development? Boulder, Colo.: Westview, 1984.

Weizsäcker, Ernst U.v.; M.S. Swaminathan u.a. (Eds.): New frontiers in technology application. Integration of emerging and traditional technologies. Dublin: Tycooly, 1983.

5.3. *Literatur zu einzelnen Themenfeldern*

5.3.1. *Computer in Entwicklungsländern*

Bennett, John M.; Robert E.Kalman (Eds.): Computers in developing nations. Amsterdam usw.: North Holland, 1981.

Beyschlag, Ulf; Klaus Jamin: Datenverarbeitung in der Entwicklungshilfe. In: Entwicklung und Zusammenarbeit, 25(1984)2.

Conquy Beer-Gabel, J.: Information du Tiers-monde et cooperation internationale. Paris: La Documentation Francaise, 1984.

Corfmat, Francois: Computerisierung von Finanzverwaltungen in Entwicklungsländern. In: Finanzierung und Entwicklung, 22(1985)3.

Delapiere, M.; J.B. Zimmermann: Le Tiers-monde et l'informatique: de la technique aux choix politiques. In: Revue Amérique Latine, (1983)13.

Hartmann, Eva-Maria; Günther Cyranek; Rolf Hutzenlaub: Anschluß suchen. Informatik in Ostafrika. In: Wechselwirkung, 9(1987)33.

Kumar, Arun: Software policy: Where are we headed? In: Economic and Political Weekly, 22(1987)7.

Lalor, Sean Eamon: Overview of the micro-electronics industry in selected developing countries. In: Industry and Development, (1986)16.

Meyer-Stamer, Jörg: Zauberformel Informationstechnik - Schwellenländer im internationalen Wettbewerb. In: Wechselwirkung, 9(1987)33.

Murphy, Brian: The world wired up. Unscrambling the new communications puzzle. London: Comedia, 1983.

Sola Pool, Ithiel de: Communications, computers and automation for development. New York: United Nations Institute for Training and Research, 1971.

Schmitz, Ludger: Mikroelektronik und Dritte Welt, unter besonderer Berücksichtigung des Einsatzes von Computern in Entwicklungsländern. Diplomarbeit Marburg 1985.

Terminal: Pays en voie d'informatisation. Schwerpunktheft von: Terminal, 19(1984)17.

5.3.2. Internationale Informationsordnung; grenzüberschreitender Datenverkehr

Becker, Jörg: Attacke auf Kopf und Konto. Telekommunikation, Computer und Dritte Welt. In: Der Überblick, 22(1986)4.

Cruise O'Brien, Rita (Ed.): Information, economics, and power. London: Hodder & Stoughton, 1983.

Grewlich, Klaus W.: Freier elektronischer Informations- und Datenfluß? In: Außenpolitik, 36(1985)1.

Klee, Hans-Dieter: Transnational data flow: threat or blessing for Developing World? In: Development and Kooperation, (1981)1.

Metze-Mangold, Verena: Es sei denn, wir wären betroffen ... Ein Jahrzehnt Kommunikationsdebatte. In: Publizistik, 29(1984)3/4.

Meyer-Stamer, Jörg; Klaus-D.Oelmann: Auf dem Weg zur Weltinformationsgesellschaft? Neue Medien und die 3.Welt. In: Blätter des iz3w, (1985)123.

Mohan, C.Raja; C.Vishnu Mohan: The information revolution: issues of transborder data flows. In: India Quarterly, (1982)1.

Mowlana, Hamid (Hrsg.): International flow of news: An annotated bibliography. Paris: UNESCO, 1985.

Osang, Helmut (Hrsg.): Neue Internationale Informationsordnung - Oder "Computopia"? Frankfurt: Evangelischer Pressedienst, 1986 (epd-Entwicklungspolitik. Materialien; III/86).

Roach, Colleen: Annotated bibliography on a New World Information and Communication Order. In: Media Development, 32(1985)1.

Sauvant, Karl P.: Grenzüberschreitender Datenverkehr: Bedeutung, Auswirkungen, Handlungsmöglichkeiten. In: Vierteljahresberichte, (1984)97.

Schiller, Herbert I.: Die Verteilung des Wissens. Informationen im Zeitalter der großen Konzerne. Frankfurt/M.: Campus, 1984.

Towards a New World Information and Communication Order. Schwerpunktheft von: Development Dialogue, (1981)2.

Turner, George; Gerhard Zeidler (Hrsg.): Dritte Welt und technische Kommunikation. Einsichten und Prognosen. Stuttgart: Poller, 1983.

Viele Stimmen - eine Welt: Kommunikation und Gesellschaft - heute und morgen. Bericht der Internationalen Kommission zum Studium der Kommunikationsprobleme unter dem Vorsitz von Sean MacBride an die UNESCO. Konstanz: Universitätsverlag, 1981.

5.3.3. *Informationstechnologie und internationale Arbeitsteilung*

Castells, Manuel: High technology, world development, and structural transformation: the trends and the debate. In: Alternatives, 11(1986)3.

Davis, Warren E.; Daryl G. Hatano: The American semiconductor industry and the ascendancy of East Asia. In: California Management Review, 27(1985)4.

Ernst, Dieter: Mikroelektronik, Automation und die Internationalisierung der Elektronikindustrie - Strategische Implikationen für Entwicklungsländer. In: Mehrwert, (1985)26.

Eßer, Klaus: Wird durch Mikroelektronik die internationale Arbeitsteilung so nachhaltig verändert, daß der 'relative Vorteil' der Entwicklungsländer hinfällig wird? In: Hans-Hermann Hartwich (Hrsg.): Politik und die Macht der Technik. Opladen: Westdeutscher Verlag, 1986.

Hoffman, Kurt; Howard Rush: Microelectronics, indsutry, and the Third World. In: Futures, 12(1980)4.

Junne, Gerd: Neue Technologien bedrohen die Exporte der Entwicklungsländer. In: Prokla 60, 15(1985)3.

Kaplinsky, Raphael (Ed.): Comparative advantage in an automating world. Special issue von: IDS Bulletin, 13(1982)2.

Kevenhörster, Paul: Gefährdet die Mikroelektronik die Entwicklungschancen der Dritten Welt? In: Entwicklung und Zusammenarbeit, 25(1984)8/9.

Laplane, Mariano Francisco: El progreso tecnico y la division internacional del trabajo. Los métodos electrónicos de automación de la producción industrial. In: Realidad Economica, (1984)59.

Meyer-Stamer, Jörg: Mikroelektronik und Internationale Arbeitsteilung. In: epd-Entwicklungspolitik, (1987)2, Dok.-Teil.

Meyer-Stamer, Jörg: Mikroelektronik, Internationale Arbeitsteilung und Differenzierung der Dritten Welt. In: Blätter des iz3w, (1985)130.

Meyer-Stamer, Jörg: Neue Technologien contra Neue internationale Arbeitsteilung? Mikroelektronik und Industrialisierung in Schwellenländern. Diplomarbeit Hamburg 1986.

Rada, Juan F.: Advanced technologies and development: are conventional ideas about comparative advantage obsolete? In: Trade and Development, 5.1984.

Tulpule, Bagaram: Computers, industrial industrial development and workers. In: Economic and Political Weekly, 21(1986)48.

5.3.4. *Regional- und Länderstudien*

Agi, Michael: Datenverarbeitung und Telekommunikation in der arabischen Region. München: CW-Publications, 1981.

Arriaga, Patricia; Jose Baldivia u.a. (Eds.): Estado y communicacion social. Mexico, D.F.: CEESTEM y Editorial Nueva Imagen, 1984.

Chaponnière, J.R.: L'industrie électronique à Taiwan. In: Industrie et Développement international, Février 1987.

Crawford, Morris H.: Technology transfer and the computerization of South Korea and Taiwan. In: Information Age. Part 1: Developments in the private sector, 9(1987)1; Part 2: The public sector and high-technology policy, 9(1987)2.

Ernst, Dieter: The global race in microelectronics. Innovation and corporate strategies in a period of crises. Frankfurt/M., New York: Campus, 1983.

Fabig, Kai; Meyer-Stamer, Jörg: Taiwan und Südkorea - Schwellenländer als High-Tech-Konkurrenz? In: Blätter für deutsche und internationale Politik, 31(1986)4.

Grieco, Joseph M.: Between dependency and autonomy: India's experience with the international computer industry. Berkeley, Ca.: University of California Press, 1984.

Hopmann, Cornelius: Computer in Nicaragua. In: Forum Wissenschaft, (1986)3.

Kasch, Volker: "Electronics - go home". Südostasiatische Exportindustrie in der Krise. In: Der Überblick, (1986)2.

Lahera, Eugenio; Hugo Nochteff: Microelectronics and Latin American development. In: CEPAL Review, (1983)19.

Mattelart, Armand; Hector Schmucler: Communication and information technologies: freedom of choice for Latin America? Norwood, N.J.: Ablex, 1985. (Span.: América Latina en la enrucijada telemática. Mexico D.F.: Ed. Folios, 1983. Franz.: L'ordinateur et le Tiers-monde. Paris: Maspero, 1983)

Platz, Burckhardt: Zwischen Autonomie und Abhängigkeit - Computerpolitik in Indien. In: Wechselwirkung, 9(1987)33.

Simon, Denis Fred: China's computer strategy. In: The China Business Review, 13(1986)6.

Relevance of computers in India. Proceedings of 16th Annual Convention of CSI. New Delhi 1981. 4 Bde.

Secretaria de programmacion y presupuesto - SPP (Ed.): Diagnostico de la informatica en Mexico, 1980. Mexico, D.F.: SPP, 1980.

Stegmann, Edda; Burckhardt Platz; Bernward Kaatz: Informatik und Dritte Welt oder Automatisierung der Unterentwicklung. Universität Hamburg, Fachbereich Informatik, 1986 (FBI-HH-M-140/86).

Stepanek, James B.: Microcomputers in China. In: China Business Review, 11(1984)3.

Uehara, Takashi: Computers in China. In: China Newsletter, (1985) 55 u. 56.

5.4. *Zeitschriften*

Agora (hrsg. v. Intergovernmental Bureau for Informatics, Rom).

ATAS Bulletin (hrsg. v. Advance Technology Alert System, Centre for Science and Technology for Development, United Nations, New York).

CSI Communications und

CSI Journal "Computer science and informatics" (hrsg. v. d. Computer Society of India, Bombay).

Global Electronics (hrsg. vom Pacific Studies Center, Mountain View, USA).

Information Technology for Development (hrsg. v. UK Council for Computing Development / Oxford Univ. Pr.).

Microelectronics Monitor (hrsg. v. d. UNIDO, Wien).

Autorenverzeichnis

Bijan Atashgahi; *geb. 1958 in Teheran/Iran; studiert Informatik in Berlin. Mitbegründer des AK "Informatik und Dritte Welt" am Fachbereich Informatik der TU Berlin. Seit 1984 Arbeit als Tutor für das Seminar "Informatik und Dritte Welt" beim Fachgebiet "Informatik und Gesellschaft" der TU Berlin. Bis Februar 1987 Mitglied des GI-Arbeitskreises "Informatik und Dritte Welt".*

Hans-Hermann Büsselmann; *Jg. 1955; Diplom-Wirtschaftswissenschaftler; seit 1980 Arbeit als Systemanalytiker für große Informationssysteme (IS); April 1983 bis Februar 1984 CDG-Stipendiat der mexikanischen Regierung am Zentrum für Fragen der Dritten Welt (Centro de Estudios Economicos y Sociales del Tercer Mundo / CEESTEM) in Mexiko-Stadt über Software in Mexiko. Gründungsmitglied und seit 1987 stellvertretender Vorsitzender des GI-Arbeitskreises "Informatik und Dritte Welt".*

Günther Cyranek; *Jg. 1948; M.A., Dipl.-Inform.; Studium der Informatik, Erziehungswissenschaft und Psychologie an den Universitäten Stuttgart, Karlsruhe und Gießen. Wissenschaftlicher Mitarbeiter in Forschungsprojekten zu "Informatik im Bildungswesen" sowie 1980-85 am Institut für Angewandte Informatik der TU Berlin; 1986 Vorbereitung eines Forschungsprojekts "Informatik und Entwicklung" sowie Studienaufenthalt in Kenia und Tansania; seit 1987 Oberassistent am Institut für Informatik der ETH Zürich. Veröffentlichungen zu den Arbeitsschwerpunkten: Informatik und Ausbildung, Mensch-Computer-Interaktion, Angewandte Informatik in Entwicklungsländern. Gründungsmitglied, seit 1983 stellvertretender Vorsitzender, seit 1987 Vorsitzender des GI-Arbeitskreises "Informatik und Dritte Welt".*

Susanne Daniels-Herold; *Jg. 1954; Dipl.-Inform.; Seit 1978 in verschiedenen internationalen Industrieunternehmen tätig, Marketing, Schulungen, Projekte im In- und Ausland; z.Zt. in München. Seit 1987 stellvertretende Vorsitzende des GI-Arbeitskreises "Informatik und Dritte Welt".*

Thomas Dey; *Jg. 1959; Dipl.-Inform.; Studium der Informatik an der TH Darmstadt.*

René Gonzales-Rojas; *Chilene; cand. inform.; studiert Informatik an der TU Berlin. Mitbegründer des AK "Informatik und Dritte Welt am Fachbereich Informatik der TU Berlin. Seit 1987 stellvertretender Vorsitzender des GI-Arbeitskreises "Informatik und Dritte Welt".*

Said Hadjerrouit; *Jg.1954; Dipl.-Inform.; seit 1985 wissenschaftlicher Mitarbeiter am Fachbereich Informatik der TU Berlin, Fachgebiet "Informatik und Gesellschaft". Arbeitsschwerpunkte: Datenschutz, Computer in der Arbeitswelt, Vernetzung, Auswirkungen der künstlichen Intelligenz, Informatik und Dritte Welt. 1983 bis Februar 1987 Mitglied des GI-Arbeitskreises "Informatik und Dritte Welt".*

Klaus-Dieter Heß; *Jg. 1952; Studium der Informatik in Darmstadt und Bonn, Diplom 1978; 1979-82 wissenschaftlicher Mitarbeiter an der Universität Bonn; 1982-84 Hochschuldozent in Nicaragua, anschließend Mitarbeiter beim Informationsbüro Nicaragua e.V. (z.Zt. ehrenamtlich) in Wuppertal. Ehrenamtliche Tätigkeiten seit 1977 in der gewerkschaftlichen Bildungsarbeit zu den Auswirkungen Neuer Technologien in Bonn und Wuppertal. Febr.1985-März 1987 Mitarbeiter der Forschungsgruppe Computer und Arbeit (im Projekt: "Auswirkungen Von Bildschirmtext auf die Beschäftigten im Dienstleistungssektor).*

Bernward Kaatz; *Jg.1960; cand.inform.; Studium der Informatik an der Universität Hamburg.*

Asha P. Kachru; *Jg. 1942; M.A.; wissenschaftliche Angestellte an der Gesellschaft für Mathematik und Datenverarbeitung (GMD); Erwachsenenbildungstätigkeit über Situation der Frauen in der sogenannten Dritten Welt und zu Problemene des Technologietransfers; 1983 bis zum Austritt im Februar 1987 stellvertretende Vorsitzende des GI-Arbeitskreises "Informatik und Dritte Welt".*

Heidrun Kaiser; *Jg. 1954; Dipl.-Inform.; 15monatiger Aufenthalt am Indian Institute of Technology; Erarbeitung einer Studie über die Rolle der Informationstechnologie in der Dritten Welt am Beispiel Indiens; seit 1985 International Labour Office (ILO), Genf (Benutzerorientierte EDV-Ausbildung für Angestellte in Verwaltungs- und Bürotätigkeiten in der Dritten Welt); z. Zt. ILO, Bangkok. 1983-86 Vorsitzende des GI-Arbeitskreises "Informatik und Dritte Welt".*

Bettina Lutterbeck; *Jg. 1960; studiert Politikwissenschaft an der Universität Tübingen; im Herbst 1985 viermonatiges Forschungsprojekt zur Theorie und Praxis der Informatikpolitik Kolumbiens; mehrere journalistische Arbeiten über Kolumbien für den Süddeutschen Rundfunk.*

Jörg Meyer-Stamer; *Jg. 1958; Dipl.-Pol.; Studium der Politikwissenschaft, Volkswirtschaftslehre und Geschichte in Hamburg; zahlreiche Zeitschriftenveröffentlichungen zur Bedeitung der neuen Informationstechnologien für die internationale Arbeitsteilung und die Situation in den Schwellenländern; z. Zt. wissenschaftlicher Mitarbeiter in einem Forschungsprojekt am Fachbereich Informatik der Universität Hamburg.*

Michael Paetau; *Jg. 1947; Dipl.-Soz.; Studium in Hamburg und Marburg; wissenschaftlicher Mitarbeiter im Institut für Angewandte Informationstechnik der GMD. Arbeitsschwerpunkte: Forschungen zu Fragen der Mensch-Maschine-Kommunikation und der gesellschaftlichen Auswikrungen des Einsatzes von Informationstechnik. Veröffentlichungen: Soziologische Dimensionen computergestützter Bürokommunikation. Arbeitspapier Nr.18 der GMD, 1983; (zs.m. M.Pieper:) Computer und menschliche Kommunikation. Beiträge zur techniksoziologischen Erforschung computergestützter Kommunikation. Arbeitspapier Nr. 144 der GMD, 1985; diverse Buch- und Zeitschriftenbeiträge zu den Problembereichen Computer und Dritte Welt, Auswirkungen des Einsatzes von Informationstechnik auf Kommunikation in Organisationen und zu Problemen der Mensch-Computer-Kommunikation.*

Burckhardt Platz; *Jg. 1959; cand.inform.; Studium der Informatik an der Universität Hamburg.*

Michaela Reisin; *Jg. 1946; Dipl.-Soz., Dipl.-Inform.; wissenschaftliche Mitarbeiterin am Institut für Informatik der TU Berlin; Schwerpunkte: Software-Technik, Informatik und Frieden, Mensch-Computer-Interaktion, Qualifikations- und Demokratisierungs-orientierte Gestaltung von Computeranwendungen, Transfer der Informationstechnologie in Entwicklungsländer.*

Petra Schlapp; *Jg. 1959; Dipl.-Inform.; Studium der Informatik an der TH Darmstadt; Schwerpunkte: Auswirkungen des DV-Einsatzes für Frauen; Informatik, Frauen und Dritte Welt.*

Edda Stegmann; *Jg. 1961; cand.inform.; Studium der Informatik an der Universität Hamburg.*